南宁统计年鉴

NANNING STATISTICAL YEARBOOK

2020

南宁市统计局　编

中国统计出版社
China Statistics Press

图书在版编目（CIP）数据

南宁统计年鉴 . 2020 = Nanning Statistical Yearbook 2020 : 汉英对照 / 南宁市统计局编. -- 北京 : 中国统计出版社, 2021.1
ISBN 978-7-5037-9443-8

Ⅰ. ①南… Ⅱ. ①南… Ⅲ. ①统计资料 – 南宁 – 2020 – 年鉴 – 汉、英 Ⅳ. ①C832.671-54

中国版本图书馆 CIP 数据核字（2021）第 014434 号

南宁统计年鉴 – 2020

作　　者 / 南宁市统计局
责任编辑 / 钟　钰
装帧设计 / 李朝晖　林　洁
出版发行 / 中国统计出版社有限公司
地　　址 / 北京市丰台区西三环南路甲 6 号　邮政编码 /100073
电　　话 / 邮购（010）63376909　书店（010）68783171
网　　址 / http://www.zgtjcbs.com
印　　刷 / 广西瑞丰印务有限公司
经　　销 / 新华书店
开　　本 / 890mm × 1240mm　1/16
字　　数 / 1300 千字
印　　张 / 28.5
版　　别 / 2021 年 1 月第 1 版
版　　次 / 2021 年 1 月第 1 次印刷
定　　价 / 300.00 元 Price：300.00 yuan（RMB）

如有印装差错，由本社发行部调换。

《南宁统计年鉴—2020》编辑委员会及编辑人员

编 者 说 明

一、《南宁统计年鉴－2020》是一本经济信息资料性年刊。本书全面系统地汇集了2019年南宁经济数据，以及历史重要年份的主要统计数据，是党政领导和各部门了解市情，进行定性定量分析、预警预测、宏观规划、宏观调控、科学决策的重要依据；是研究机构和各企业事业单位了解社会经济基本情况、进行微观策划的重要依据；也是社会各界了解南宁经济状况的指南。

二、本年鉴内容分两大部分。（一）特辑：包括政府工作报告、统计公报；（二）统计资料：内容分为12个篇目，1. 综合；2. 国民经济核算；3. 人口、劳动力和职工工资；4. 农业；5. 工业；6. 运输、邮电；7. 固定资产投资；8. 能源购进、消费与库存；9. 商业、旅游、物价；10. 服务业、科技；11. 财政、金融、保险；12. 广西及省会城市主要统计指标。为方便读者使用资料，附有主要统计指标解释。因政府工作报告、统计公报为年初发布，故使用的是初步统计的快报数，如有冲突，以第二部分统计资料的数据为准。

三、本年鉴所采用的广西及各省会城市数据均为年快报数。

四、本年鉴历年全市口径数据中，2000年以后均为现行行政区划的数据，其余年份数据统计口径请注意各页的注脚。

五、本年鉴中符号使用说明：表内“空格”表示该项指标无数据；“…”表示该数据极小，不足计量单位；“#”表示其中的主要项。

六、本年鉴中由于小数位四舍五入，某些指标分项合计数与总计数尾数略有出入。

七、《南宁统计年鉴》公开出版以来，得到广大读者的关心和支持，对此我们深表谢意。限于我们的水平，年鉴中的错误和不足之处，恳请广大读者给予批评指正，同时竭诚欢迎对本年鉴的结构、指标体系提出宝贵意见。

GDP总量（亿元）

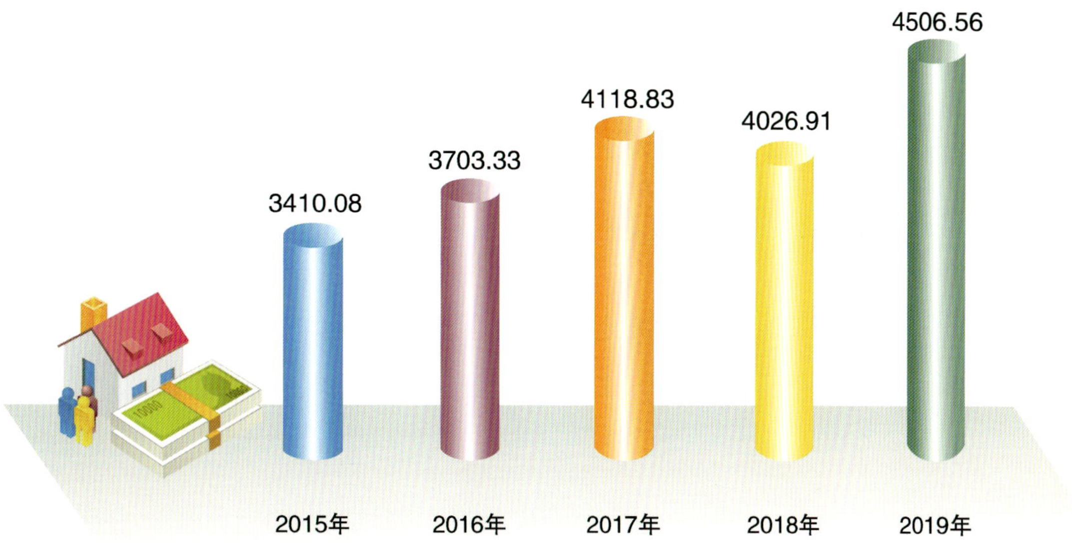

GDP指数（%）

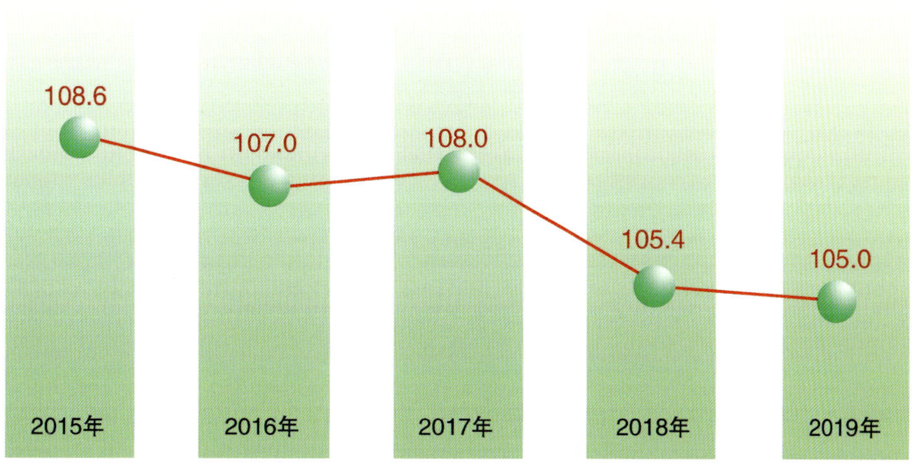

三次产业增速（%）

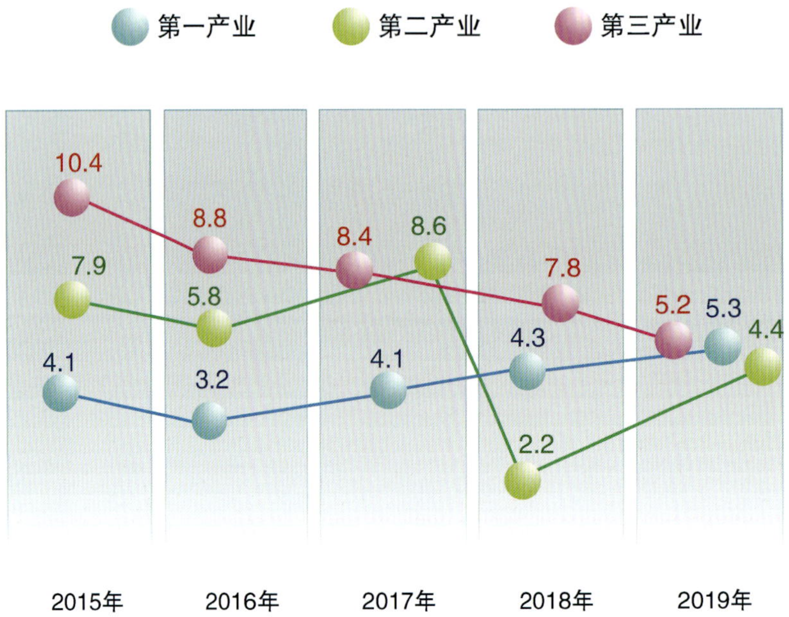

三次产业构成（%）

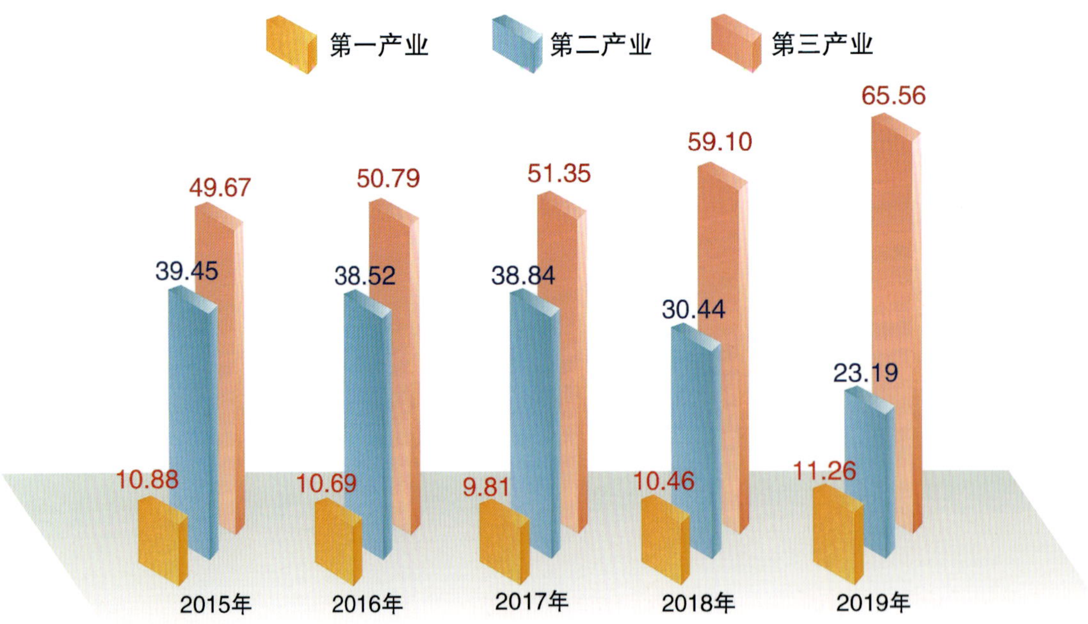

财政收入（亿元）

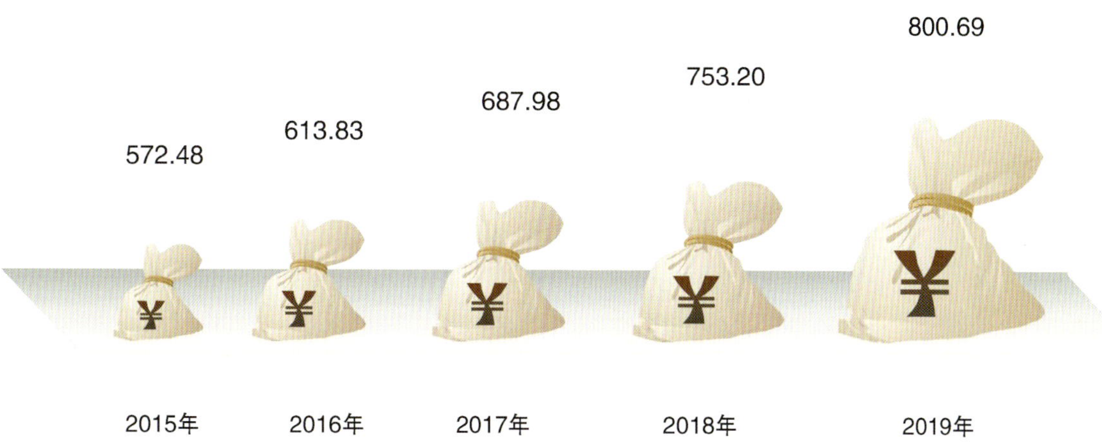

金融机构贷款余额（亿元）

城乡居民储蓄存款余额（亿元）

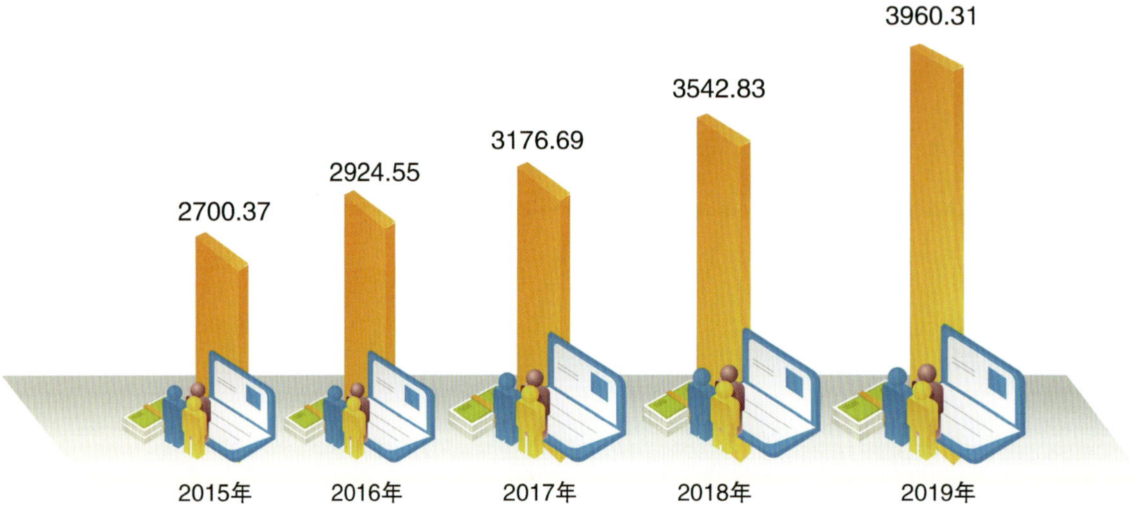

农林牧渔业总产值（亿元）

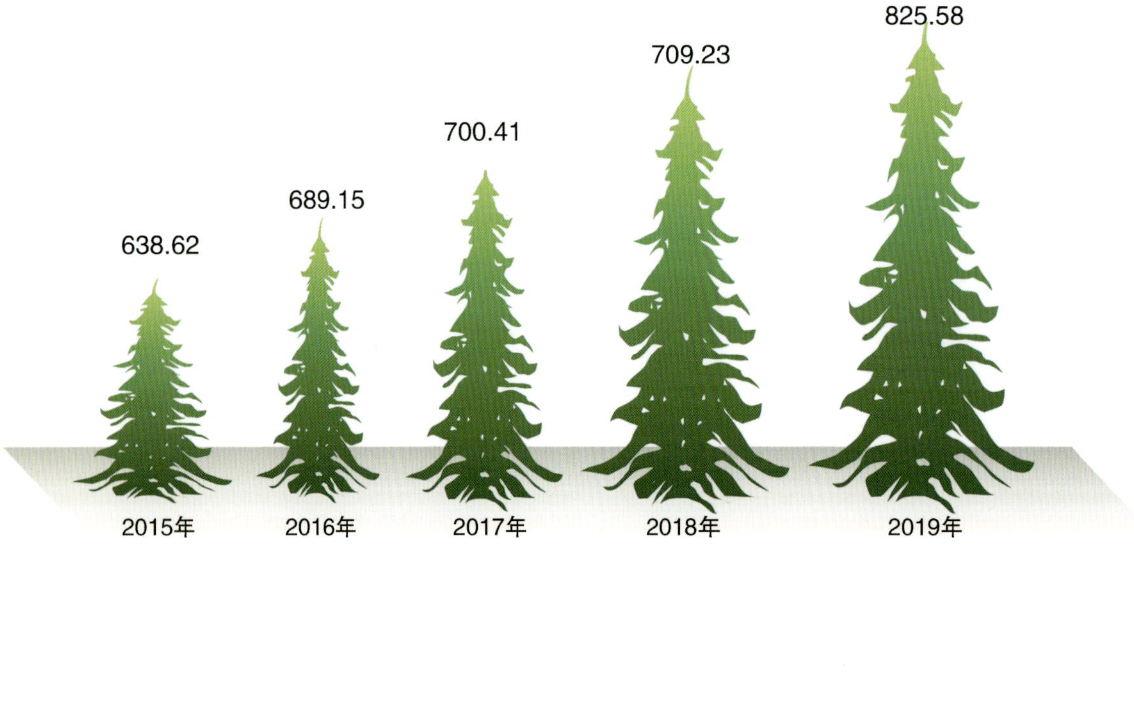

农林牧渔业总产值构成（%）

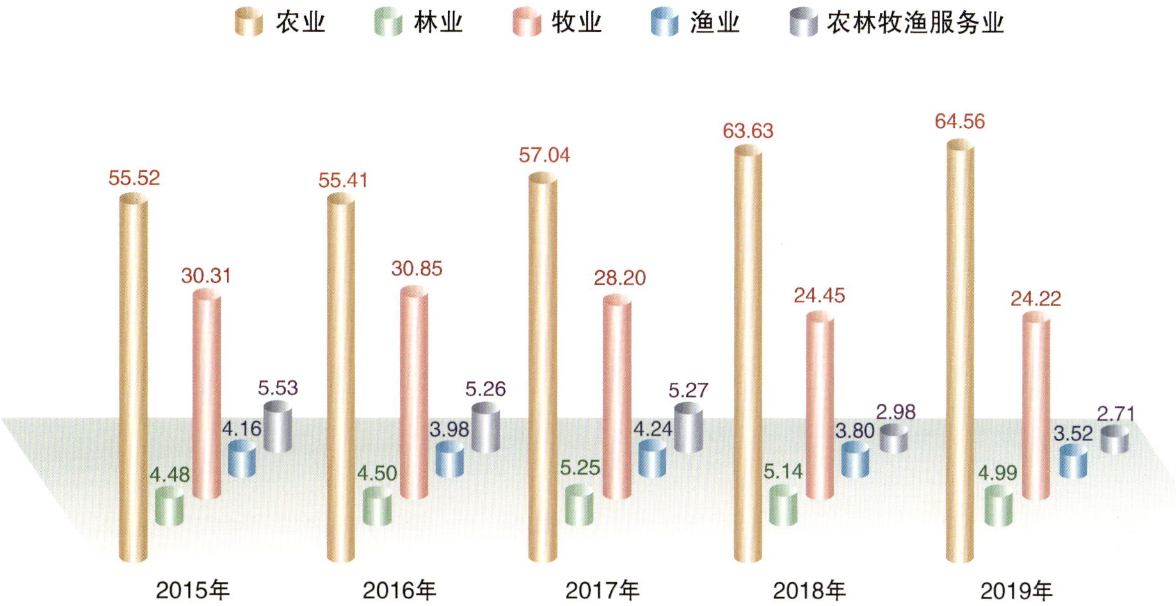

全部工业增加值（亿元）

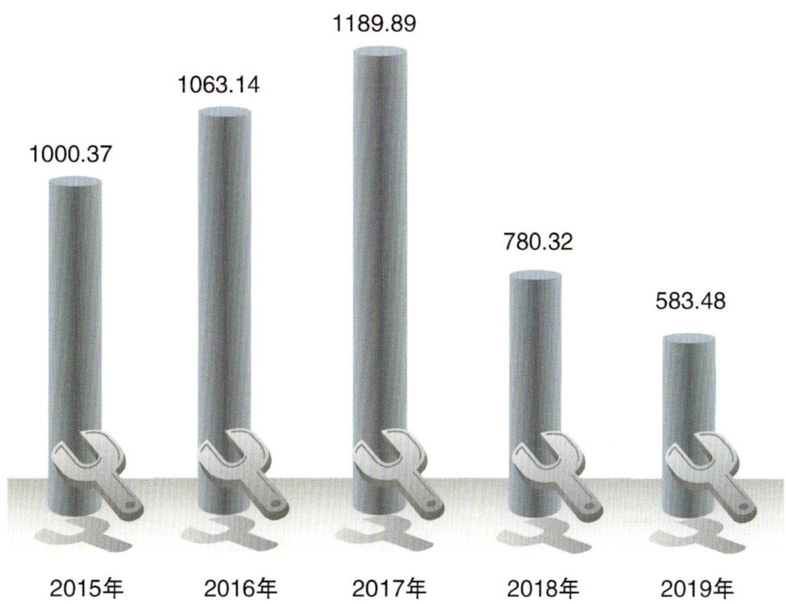

全部工业增加值指数（%）

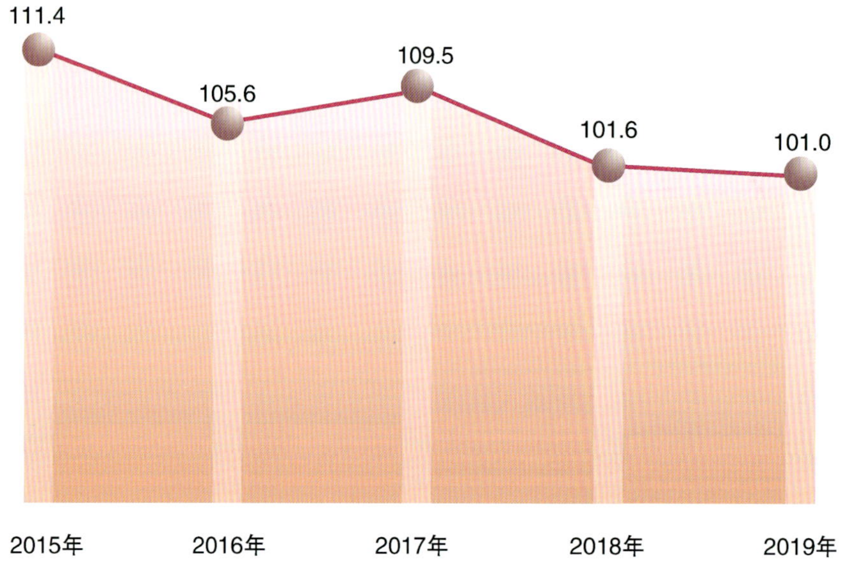

固定资产投资总额（亿元）

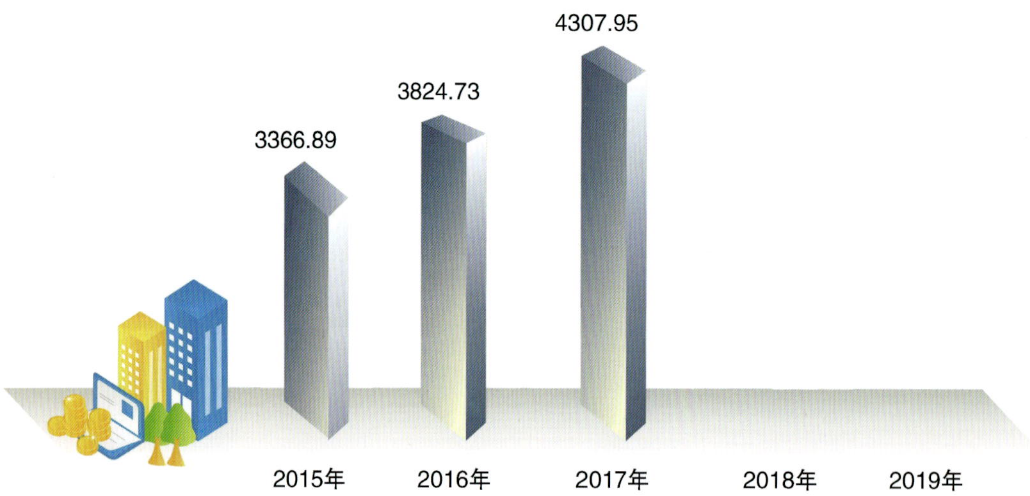

固定资产投资总额增速（%）

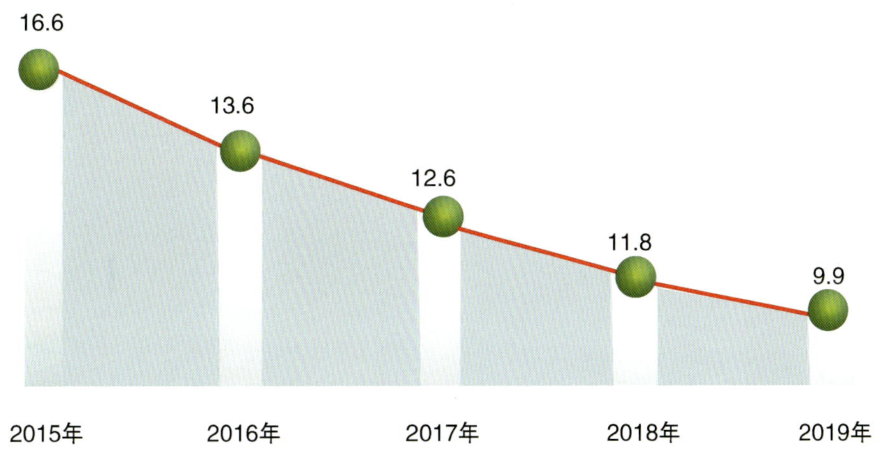

社会消费品零售总额（亿元）

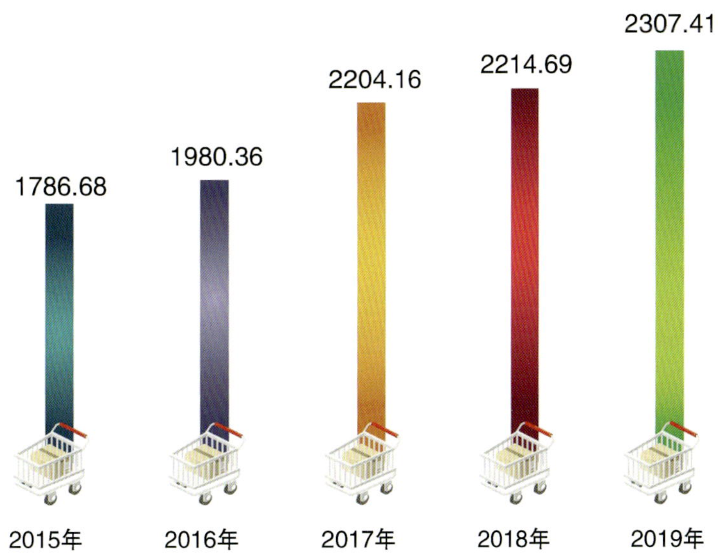

进出口总值（亿元）

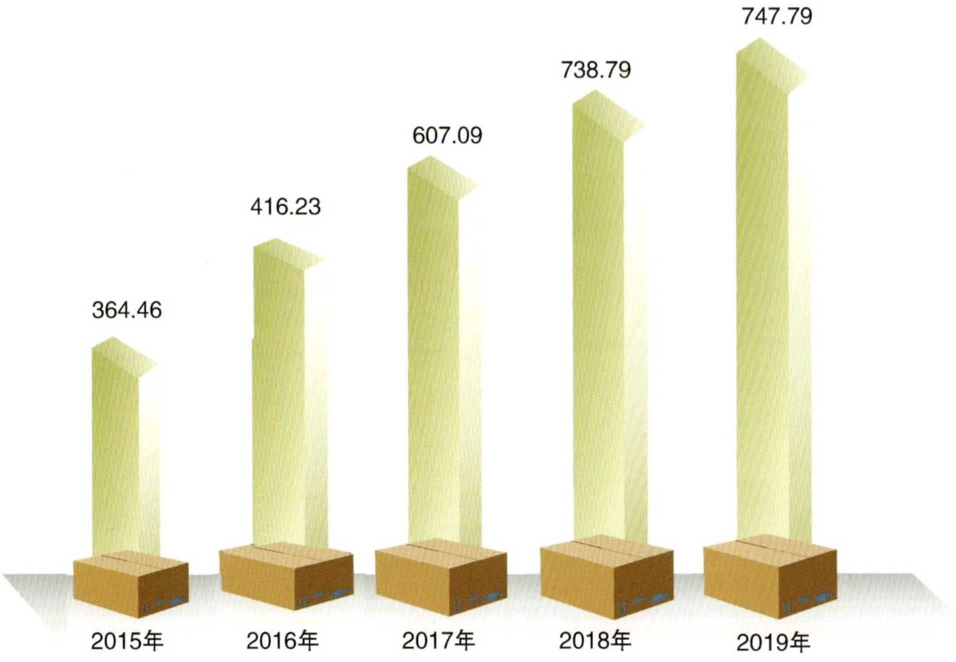

居民消费价格指数（%）

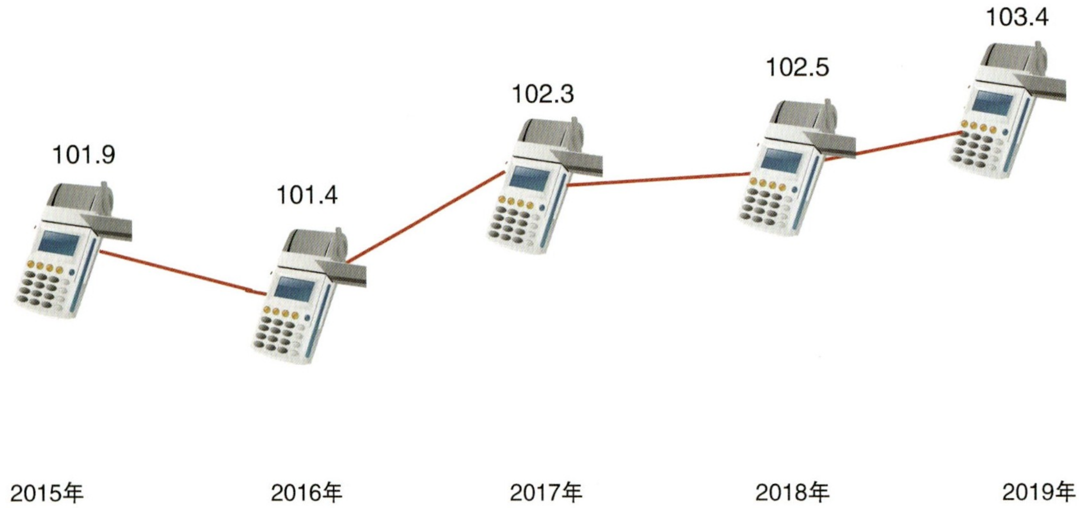

旅游人数(万人次)

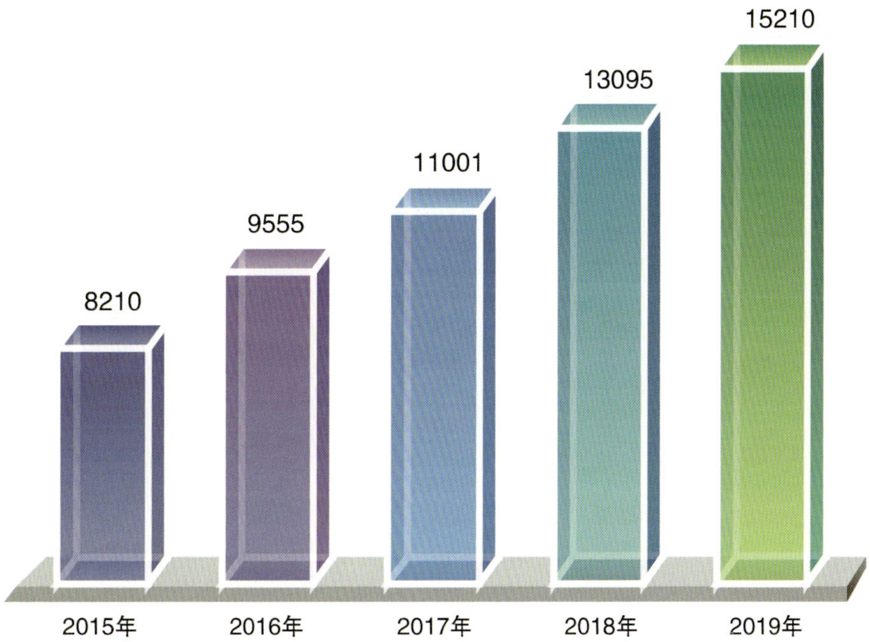

入境旅游人数(万人次)

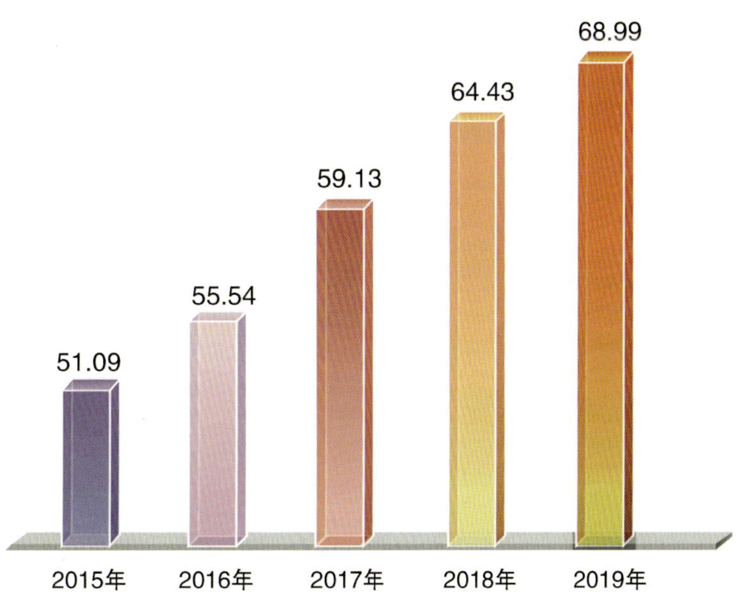

旅游收入（亿元）

国际旅游收入（万美元）

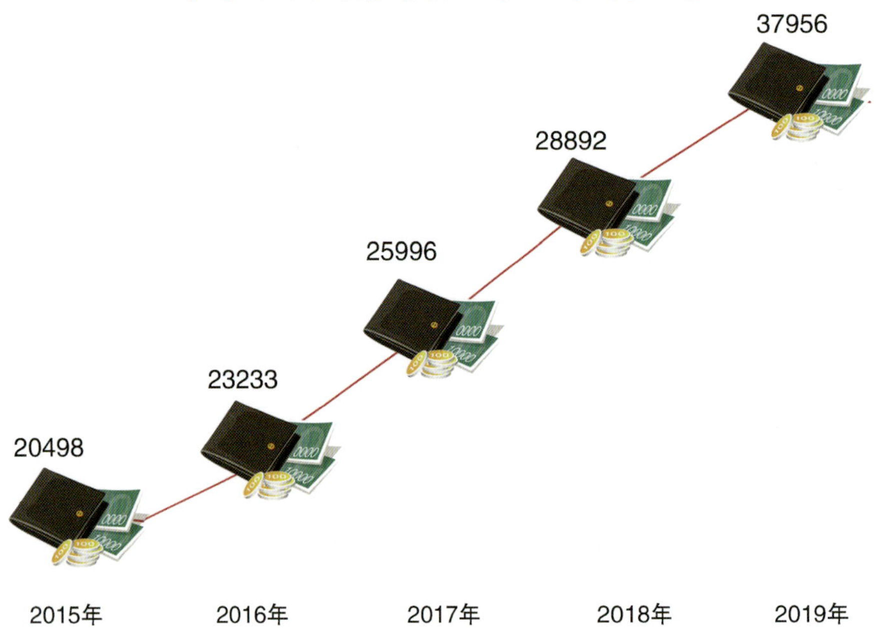

年末户籍人口(万人)

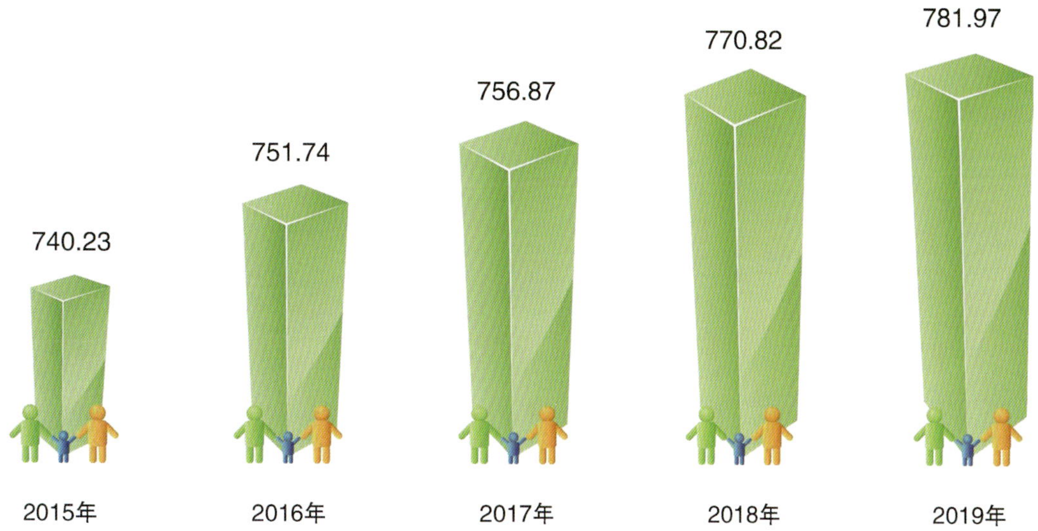

城镇化率(%)

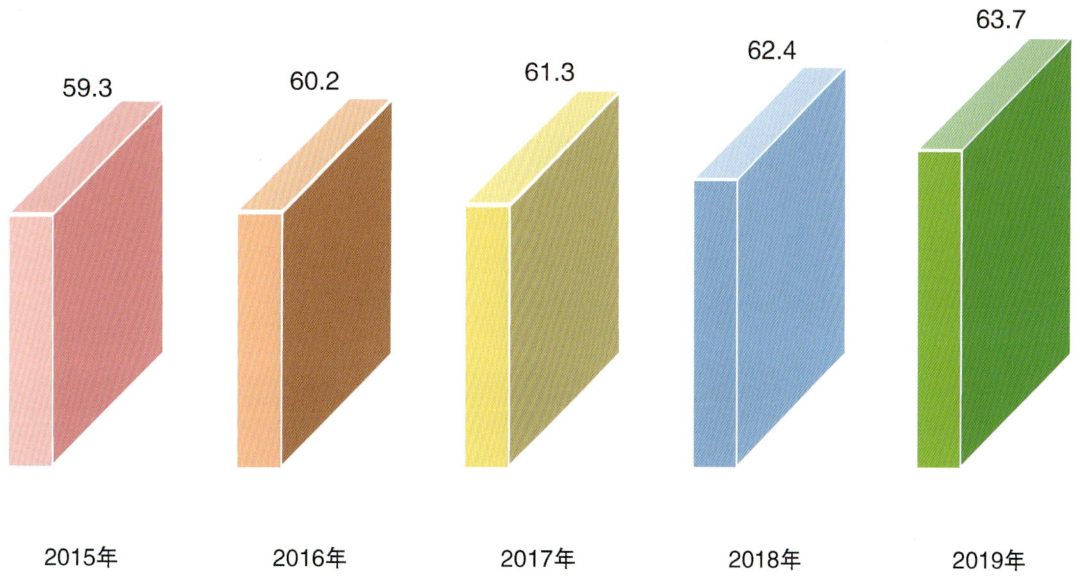

粮食总产量（万吨）

甘蔗产量（万吨）

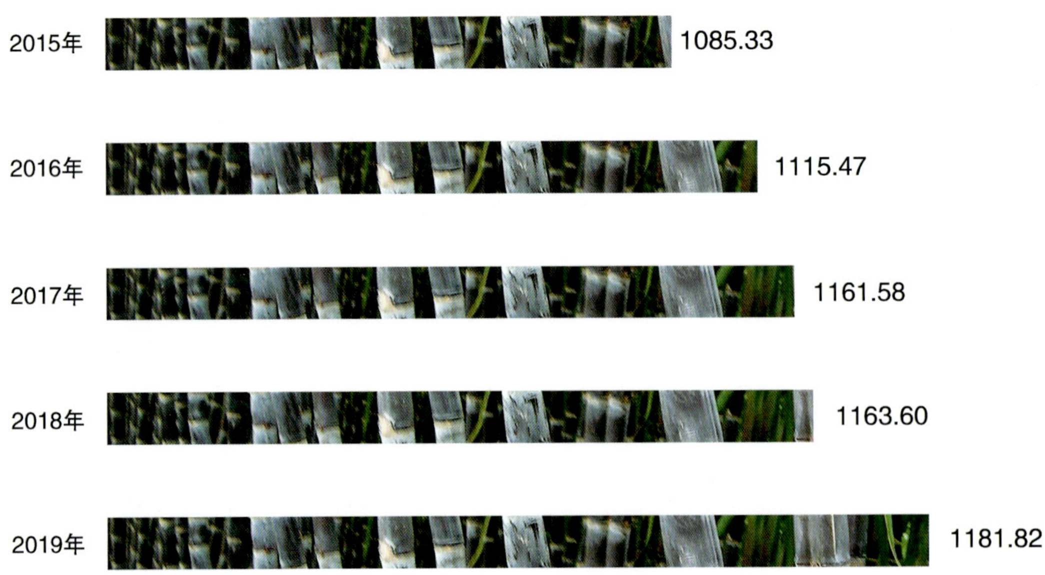

水果产量（万吨）

蔬菜产量（万吨）

肉类总产量（万吨）

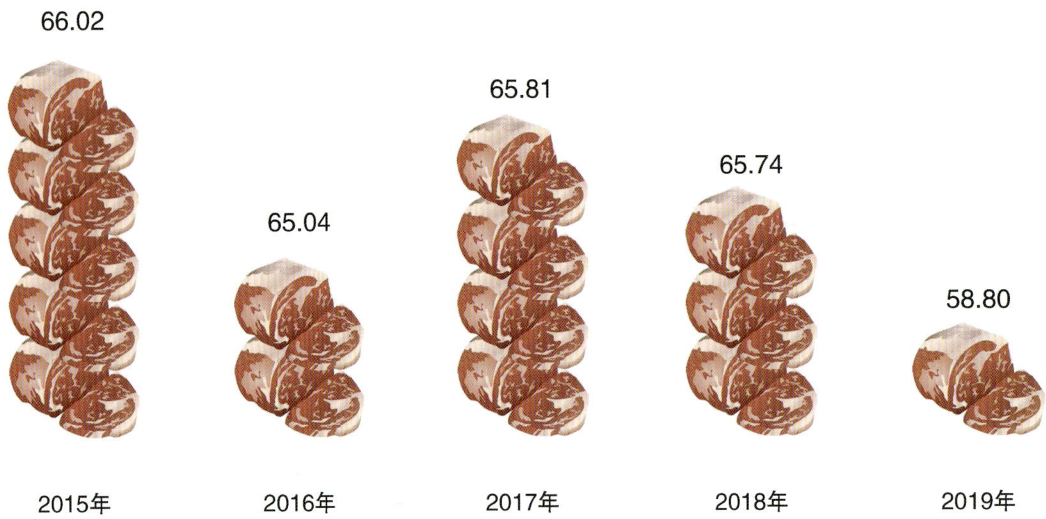

水产品产量（万吨）

发电量（万千瓦时）

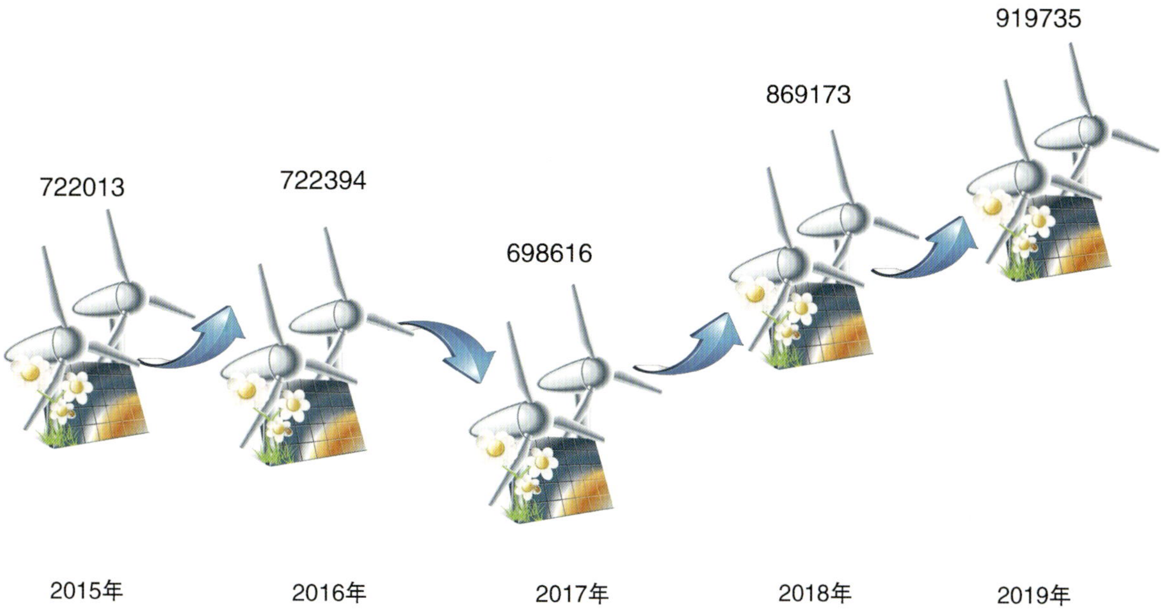

成品糖（万吨）

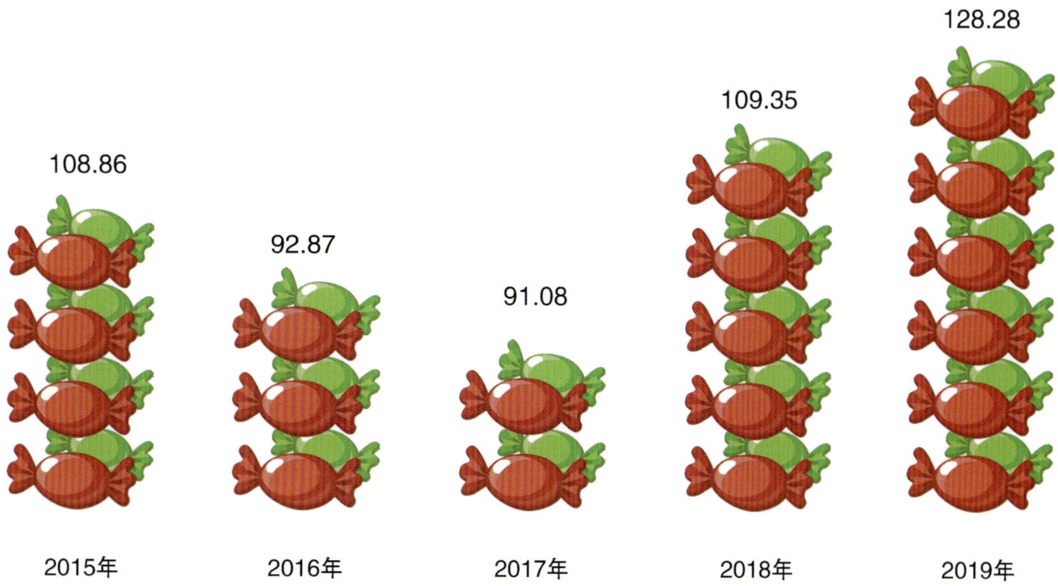

人均GDP（元）

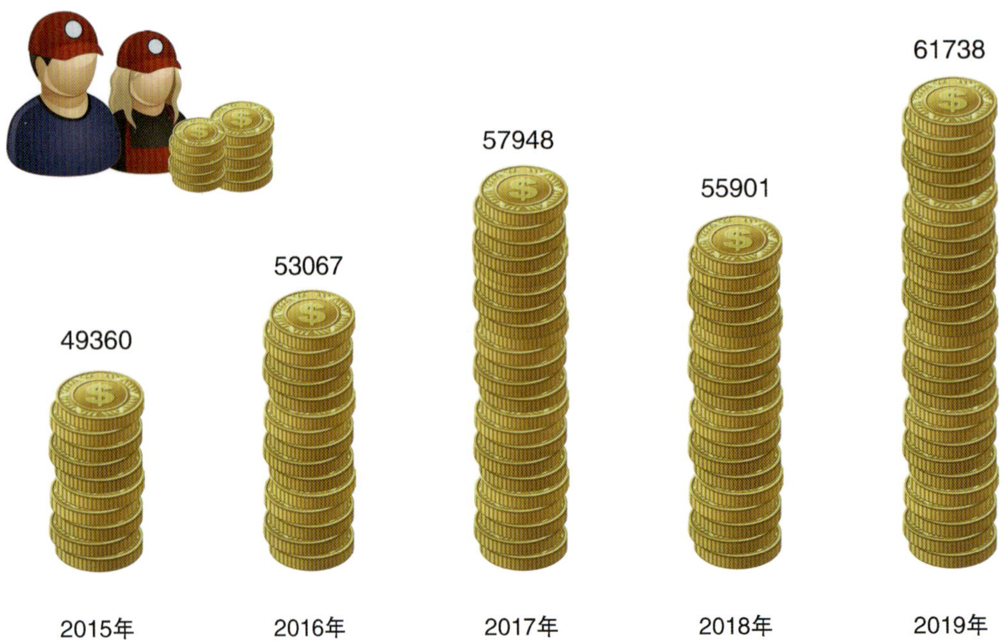

人均GDP指数（%）

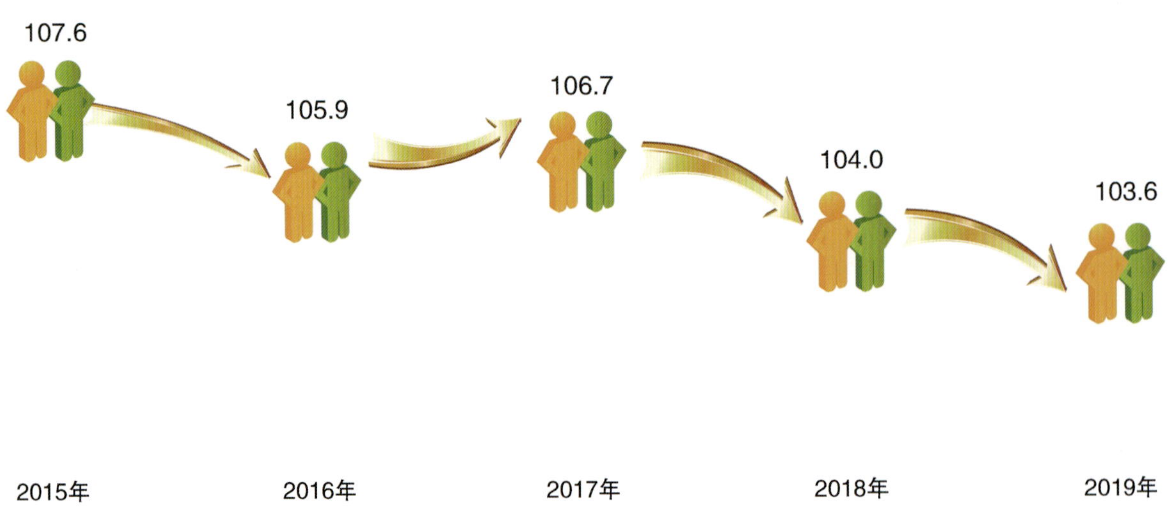

人均财政收入（元）

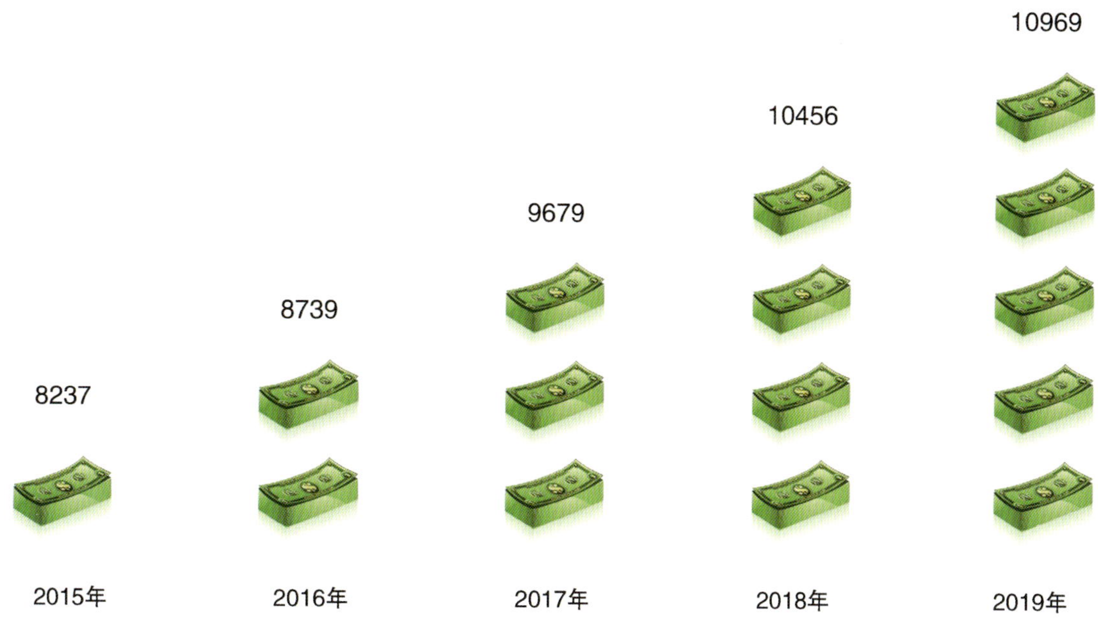

在岗职工年平均工资(元)

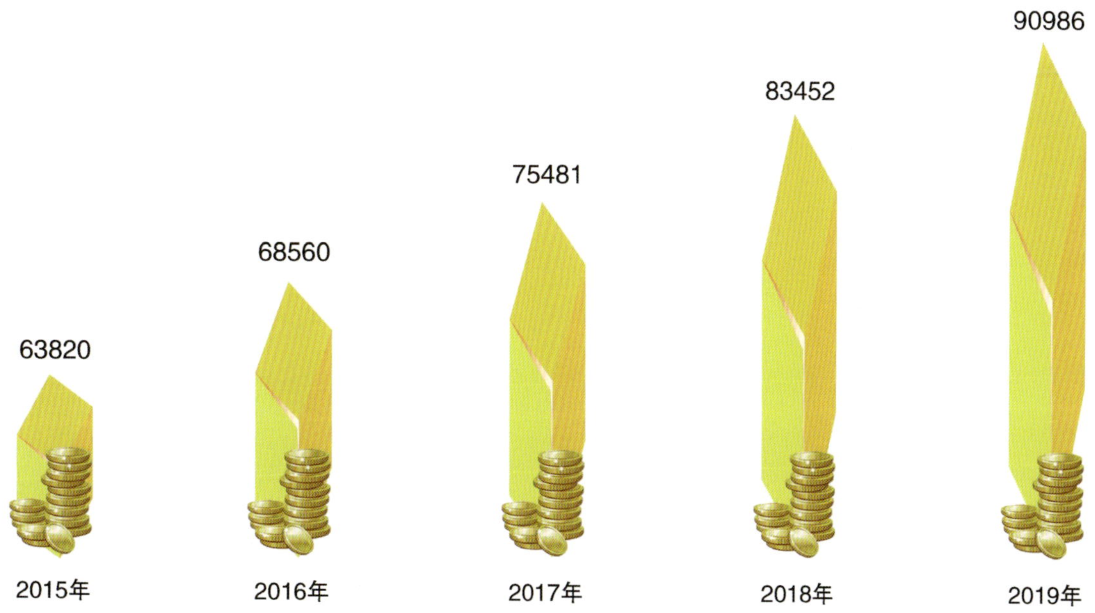

城镇居民人均可支配收入(元)

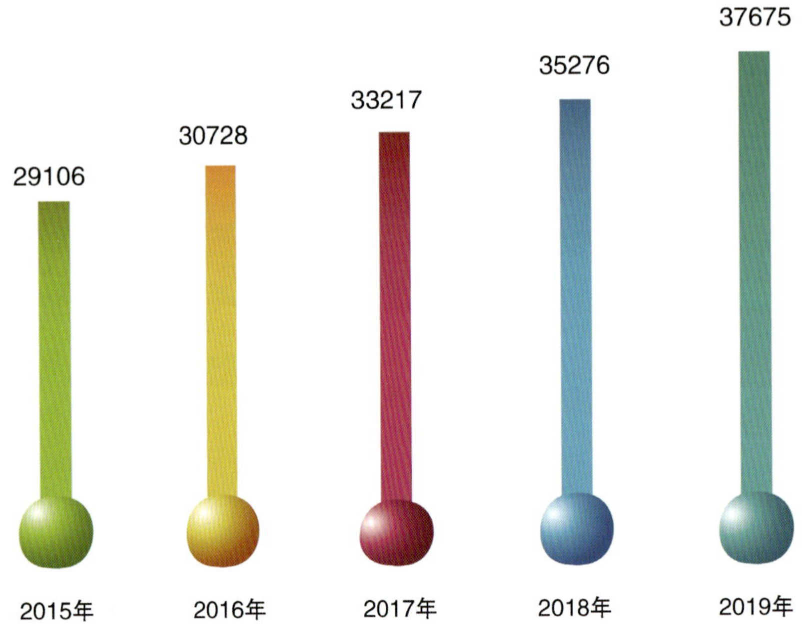

农村居民人均可支配收入(元)

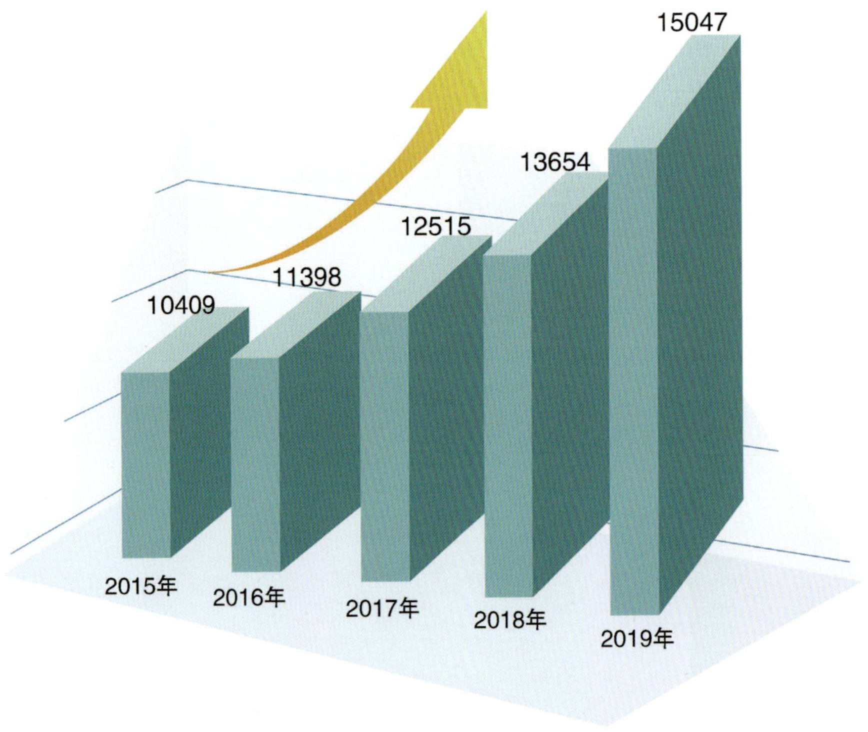

目 录

Contents

第一部分 特 辑

Part I Special Issue

第二部分 统计资料

Part II Statistical Data

一、综 合

Chapter 1 General Survey

二、国民经济核算

Chapter 2 National Accounts

三、人口、劳动力和职工工资
Chapter 3 Population, Labor Force And Worker's Salary

四、农 业
Chapter 4 Agriculture

五、工 业
Chapter 5 Industry

六、运输、邮电
Chapter 6 Transport, Postal And Telecommunication

七、固定资产投资
Chapter 7 Investment In Fixed Assets

八、能源购进、消费与库存
Chapter 8 Purchase, Consumption And Stock Of Energy

九、商业、旅游、物价
Chapter 9 Business，Travel, Price

十、服务业、科技

Chapter 10 Service Industry，science and technology

十一、财政、金融、保险

Chapter 11 Government Finance, Banking And Insurance

十二、广西及省会城市主要统计指标

Chapter 12 Main Indicators of Guangxi And Provincial Capital Cities

第一部分　特辑

PART Ⅰ　SPECIAL ISSUE

政府工作报告

一、2019年工作回顾

2019年是南宁发展进程中极不平凡的一年。这一年，我们见证参与了新中国成立70周年系列庆祝活动，我们为新中国70年的辉煌成就喝彩，我们为不同凡响的中国力量点赞。南宁人民唱响了心向党、心向党中央，建设壮美广西、共圆复兴梦想的嘹亮赞歌。这一年，党中央赋予南宁更多新使命，我们积极承接西部陆海新通道、自由贸易试验区、面向东盟的金融开放门户建设等多项国家战略，奋力书写了改革创新、先行先试的壮美华章。这一年，自治区对实施强首府战略进行全面动员部署，我们以坐不住、等不起、慢不得的责任感、使命感、紧迫感，迈出了首府高质量发展的铿锵步伐。

过去一年，全市上下坚持以习近平新时代中国特色社会主义思想为指导，认真贯彻落实习近平总书记对广西工作的重要指示精神，在市委的正确领导下，紧紧围绕市委十二届七次、八次全会和市十四届人大四次会议确定的目标任务，解放思想、改革创新、扩大开放、担当实干，把发展的方向、工作的重点和主观的努力有机结合起来，全力以赴稳增长、促改革、调结构、惠民生、防风险、保稳定，全市经济平稳运行，民生持续改善，社会大局和谐稳定。

——南宁经济运行总体平稳、稳中有进、稳中提质。全年完成地区生产总值4506.56亿元、同比增长5%，固定资产投资增长9.9%，社会消费品零售总额增长4.2%，建筑业增加值增长9.2%。财政收入突破800亿元大关，增长6.3%；非税收入占一般公共预算收入的比重比全区平均占比低9.83个百分点；二产税收增收对全市税收增长贡献率达72%，其中制造业税收增长31.74%。居民人均可支配收入增长8%。居民消费价格上涨3.4%。

——南宁市民获得感、幸福感、安全感持续增强。全市民生支出占一般公共预算支出的79.27%。建成使用公办中小学校35所、建成幼儿园20所，新增学位6.6万个。发放城乡低保4.7亿元、特困人员救助1.6亿元。百里秀美邕江持续提升。南宁动车直通香港。地铁3号线开通运营，线网单日客运量最高达116.57万人次。市区空气质量优良率达91.2%，综合指数达到2013年以来的最好水平，在全国168个重点城市中排名第17位，比上年提升3位。荣获“2019美丽山水城市”称号，成为全国唯一的三连冠城市。人民群众安全感达96.9%。

——南宁企业感受到更多的变化、简化、优化。“互联网+不动产登记”被列为国务院第六次大督查32项典型经验之一（广西仅2项），促进社会投资健康发展、企业债券发行、债券品种创新与风险防范等工作获国务院督查激励；“智慧人社”等经验做法获国家部委肯定推广，“创新全链条审批服务开启办事创业‘一事通办’新模式”获2019年中国政府信息化管理创新奖。企业开办、登记财产、获得电力等营商环境指标进入国内一流水平。在全区率先设立政策兑现专窗，第一批60项政策兑现事项实现“一窗申办”。落地落实减税降费政策，为企业降本减负超110亿元。在36个省会、直辖市及副省级以上城市信用监测排名为第11名。入围全国法治政府建设示范创建实地评估56个“综合示范创建候选地区”，法治政府建设迈入全国前列。

——南宁客商享受到更多的福利、红利、赢利。出台并实施自贸试验区南宁片区支持政策9条、加快建设广西面向东盟的金融开放门户南宁核心区措施28条、支持重大文化旅游项目办法等，发布城市发展机会清单。南宁口岸全年进出口整体通关时间较上年均压缩50%以上，人员自助通关率达70%。全年新签5000万元以上项目605个，其中10亿元以上项目34个，小米集团核心供应商大会在我市成功举办。全市新增市场主体14万户，增长20.2%，存量和增量均居全区首位。

我们主要做好了以下六方面工作：

（一）把稳增长作为压倒一切的首要任务，发展质量效益持续提升。

我们积极谋划全面落实强首府战略重大政策举措，出台实施意见，主动策划储备项目179个。全力打好“三个攻坚突破年”主动仗和稳增长七场攻坚硬仗，出台稳工业10条、稳投资14条、稳消费10条、稳财政9条等举措。新动能加速成长，全市新登记制造业企业1584户、增长77%，制造业净开户1035户、增长128.5%；国家高新技术企业达990家，科技型中小企业总量突破

500家，成为全区首个“国家知识产权示范城市”，科技进步对经济增长贡献率达58.8%。新业态加快发展，软件和信息技术服务业营业收入增长30%以上，电子商务交易额增长20.9%，电信业务总量增长75.7%，快递业务量增长18.8%。质量效益持续提升，618个区市层面统筹推进重大项目完成投资950.56亿元，民间投资增长22%，全市规模以上服务业企业营业利润、利润总额分别增长35%、29.9%。青秀区成为全区唯一连续两年同时入选全国五个“百强区”的县区。

（二）全力以赴打好三大攻坚战，决胜全面小康的基础更加坚实。

我们始终把打好“三大攻坚战”作为重要政治任务盯紧抓牢，不断夯实决胜全面建成小康社会的基础支撑。

重大风险有效防控。在全国首创的公共资产负债管理智能云平台内涵和外延不断拓展。稳妥推进政府隐性债务存量化解，债务风险安全可控。坚决落实“房住不炒”的要求，保持调控政策连续性稳定性，房地产市场平稳健康发展。加强地方金融监管，着力压降网贷风险，严厉打击非法集资，防控农村中小金融机构和扶贫小额信贷风险，牢牢守住了不发生系统性金融风险的底线。

脱贫攻坚成效显著。筹措各级财政资金33.78亿元用于扶贫。马山、上林、隆安3个贫困县实现脱贫摘帽。全市109个贫困村出列，90735名贫困群众脱贫。全市贫困发生率下降至0.43%。出台六条强化措施，创新开展“强基础、补短板”等专项行动，劝返建档立卡贫困户辍学子女249人，确认门诊特殊慢性病待遇资格63150人，大病救治率达99.64%，农村饮水安全项目受益104.87万人。全市厅级以上领导包抓12个县区、100个重点乡镇和56个深度贫困村，选派3656名驻村干部和43130名“一帮一联”干部入户帮扶。县区“5+2”特色产业覆盖率达90%以上，村级集体经济收入达5万元以上贫困村382个、占90.74%。获得粤桂扶贫协作财政帮扶资金1.21亿元、安排实施扶贫项目30个。中央第二巡视组反馈意见全部完成整改销号。

污染防治扎实推进。全力抓好中央环保督察“回头看”反馈意见整改。狠抓扬尘污染源头管控，深化大气污染防治，实现大气六项主要污染物指标连续三年稳定达标。国家考核断面水质优良比例100%，城市水质指数同比改善7.7%。全面推进河长制、湖长制，全力攻坚建成区黑臭水体治理，排查出8545个雨污管网错接混接点并完成改造3721个，完成市政污水管网建设约255公里；新（改、扩）建的6个污水处理厂通水试运行，新增污水处理能力每日46万吨；扎实推进水塘江、心圩江、那平江等流域治理，38个黑臭河段中有35个初见成效，成功入围国家2019年城市黑臭水体治理示范城市并获中央财政支持4亿元。海绵城市建设试点顺利通过国家验收并获全国首批优秀试点城市，再获中央财政奖励1.5亿元。全力推进土壤治理，集中回收处置废弃农资包装物，南化公司地块土壤污染修复治理成为全区样板。

（三）突出强龙头补链条聚集群，产业高质量发展基础不断夯实。

我们强化创新引领，积极培植“工业树”、打造“产业林”，不断筑牢打实高质量发展产业基础。

创新支撑产业发展。南宁·中关村创新示范基地累计入驻重点企业90家、创新团队170个，南宁·中关村科技园入驻产业项目17个。建设一批高层次研发创新平台，广西先进铝加工创新中心中标的高端高精铝材关键热处理项目获国家补助近2亿元，实现了国内重大短板装备制造的突破；南宁华数轻量化电动汽车设计院自主研发的国内首台8米全铝纯电动公交车车型获工信部公告，可投入批量生产；引进武汉大学节能环保工程研究中心等6家新型产业技术研究机构和知名高校分支机构。打造一批高层次创新创业载体，新增国家企业技术中心2家、国家级孵化器1家。引育一批高层次创新创业人才，评选出首批“邕江计划”创新创业领军人才（团队）21支，促成欧阳平凯院士带项目落地创办企业。实施一批高层次科技创新项目，落实“千企技改”、“三百二千”科技创新工程，实施科技计划项目272项；2个专利获中国专利优秀奖，2项科技成果获国家科技进步奖、其中一项实现我市国家技术发明奖“零的突破”。

工业加快转型升级。大力实施工业强市战略，坚持扩增量与优存量并进，做大做强电子信息、先进装备制造、生物医药三大重点产业。在富士康、鸿盛达、南南铝加工三家企业受中美贸易摩擦影响减产120多亿元的情况下，全市规模以上工业企业销售额仍实现增长8%。电子信息连续两年成为全市总量最大的工业产业，产值占全市工业比重达25.27%。突出产业链精准招商，全年共引进5000万元以上工业项目308个、总投资525亿元，其中三大重点产业项目114个，合众、天际新能源汽车等标志性重大项目成功落户。加快重大工业项目建设，推进区市层面“双百双新”重大工业项目 80 个，歌尔、国人射频、瑞声二期、蓝水星等一批项目竣工投产，瑞声光学模组、音卓、浪潮、宝德等项目开工建设。推出“投贷补”联动新举措，破解中小企业技改融资难问题，全年技改项目达 330 项，超前两年项目数总和。扶持重点工业企业发展，全年 6 家企业产值首次突破 10 亿元，实现新建投产入规企业 85 家、数量创历史新高，广西申龙汽车公司获客车整车生产资质、填补了我市汽车整车生产资质的空白，瑞声科技、桂芯、美斯达等龙头企业产能逐步释放，对工业增长支撑作用进一步增强。

服务业提质增效。现代金融业快速发展，全市人民币存贷款余额 2.47 万亿元、增长 11.7%，增速在西部 12 个省会（首府）城市、直辖市中排第 1 位；全年新增信贷投放 1873.2 亿元、增长 18.9%，新增资本市场直接融资 813.27 亿元、增长 50.8%，政府性融资担保费率比商业担保费率低 50% 以上，南宁在第十一期“中国金融中心指数”发布的全国 31 个金融中心综合竞争力排名提升 6 个名次。南宁成为全国首批国家物流枢纽，中新南宁国际物流园一期新中智慧园试运营，树立了智慧物流的标杆；中越跨境集装箱班列（南宁—河内）开行 111 列，南宁—胡志明市全货机航线开通。中国（南宁）跨境电子商务综合试验区吸引了 50 家跨境电子商务企业入驻，全年进出口业务量超 3500 万单、名列第三批综试区前茅。全市公路、水上客货运周转量分别增长 6.6%、16.2%，新增 3A 级以上物流企业 8 家、总数达 33 家。万有（南宁）国际旅游度假区项目成功落户，邕宁区获评广西特色旅游名县，青秀山成为国庆旅游热门景区，全市新增、升级 4A 级景区 6 家、3A 级景区 7 家，全市接待旅游总人数、旅游总消费分别增长 16.11%、24.34%。

现代特色农业加快发展。香蕉、茉莉花、火龙果、甜玉米等产业规模持续位居全国第一。武鸣区成为全国最大沃柑种植区，中国首趟果蔬高铁专列“鸣鸣果园 • 沃柑号”冠名“南宁东—北京西”动车组。分别新增国家级、自治区级农业产业化重点龙头企业 3 家、5 家，规模以上农产品加工企业超 120 家。“邕”系品牌进一步打响，“三品一标”产品累计达 182 个，新增“马山黑山羊”、“武鸣沃柑”两个地理标志商标。横县茉莉花复合栽培系统入选第五批中国重要农业文化遗产名单。新增广西现代特色农业核心示范区 9 个、自治区级现代农业产业园 2 个，横县现代农业产业园获认定为第二批国家现代农业产业园。狠抓“菜篮子”、“米袋子”产品保障供给，投入各级财政资金 1.4 亿元支持非洲猪瘟防控和生猪稳产保供，家禽、肉牛羊等替代品生产增势迅猛，实现了保供稳价工作目标。

（四）坚持深化改革扩大开放，发展动力活力持续增强。

我们围绕释放市场主体活力破除藩篱，聚焦畅通“南宁渠道”扩大开放，在增强改革成效和扩大开放优势上迈出重要步伐。

重点改革扎实推进。市级明确的 110 项改革任务基本完成，承担的 29 项国家级、自治区级改革试点扎实推进。基本完成市、县政府机构改革。1476 个六类依申请 + 公共服务事项办理实现“最多跑一次”，48 项政务服务事项实现承诺审批，推行 125 个“一件事”套餐服务，推行“同城通办”试点。积极参与电力体制改革，全年直接交易电量 62.7 亿千瓦时，为企业减少用电成本 5.2 亿元。建成工程建设项目审批系统，项目报建审批控制在 95 个工作日内。推进收入分配制度改革，将差异化补贴政策向条件艰苦的边远乡镇及工作人员倾斜。全面完成农村集体资产清产核资工作。积极探索农村“三变”改革。土地流转面积累计超 180 万亩。农村产权交易市场建设加快。扎实推进国资国企改革，完成南宁威宁集团重组大地飞歌集团，完成广西赖氨酸厂分流安置并依法进入破产程序。积极稳妥引入非公资本参与混合所有制改革。

开放平台作用有效发挥。圆满服务第 16 届中国—东盟博览会和商务与投资峰会。自贸试验区南宁片区新增企业超过 1800 家，其中 3 家世界 500 强公司新注册成立 7 家企业。建成南宁国际铁路港一期等西部陆海新通道关键性项目。中国—东盟信息港南宁核心基地累计建成项目 32 个，中国—东盟北斗中心揭牌运营，华为、浪潮、阿里等互联网龙头企业入驻。中国—东盟金融城新增持牌金融机构和重点金融企业 39 家、总数达 60 家，金融业务创新 50 多项，中银香港东南亚业务营运中心、太平保险东盟保险服务中心、交通银行金融创新联合实验室开业运营。南宁综合保税区实现进出口总额 245.36 亿元、增长 54%。与粤港澳大湾区企业新签 5000 万元以上项目 64 个。坚持“引进来”与“走出去”并重，全市外贸进出口总值实现 747.79 亿元，其中加工贸易进出口总额占全区比重达 63.5%，与东盟的进出口总额增长

23.7%，与127个“一带一路”共建国家进出口总额增长11.1%。全市实际到位资金1026亿元、增长7.97%，全年商务口径实际利用外资3.1亿美元、增长120.4%。

立体交通高效便捷。公路扩面增效，建成贵港至隆安高速公路，绕城高速西段路面改造、那容至南宁东收费站段改扩建工程建成通车，六景至宾阳、吴圩至隆安、沙井至吴圩高速公路开工建设。水路船闸扩能，西津二线船闸工程加快推进，亭子码头一期工程竣工。铁路增线扩运，南宁至玉林城际铁路开工建设，贵阳至南宁高铁、南宁至崇左城际铁路推进顺利。航空提质扩容，开工建设南宁国际空港综合交通枢纽工程（GTC）；培育以东盟为主的国际（地区）航线27条，南宁机场旅客年吞吐量达1576.25万人次；南宁空港口岸出入境158万人次、增长29.5%。

开放交流不断扩大。成功举办了第七届中国—中亚合作论坛、2019亚信金融峰会等高级别国际论坛。“中国杯”足球赛、苏迪曼杯羽毛球锦标赛、“环广西”自行车赛等重大国际赛事取得圆满成功。第十二届中国（南宁）国际园林博览会圆满闭幕。成功举办第二届南宁市海（境）外人才创新创业大赛、2019年中国—东盟新型智慧城市协同创新大赛。“春天的旋律·2019”跨国春晚的影响力进一步提升，获第九届广西文艺创作铜鼓奖。“南宁渠道丝路交响”跨国采访行动走进“一带一路”沿线国家。国际友好城市总数达24个，在五个自治区首府城市中排名首位。

（五）坚持治水建城为民，生态宜居优势进一步凸显。

我们坚决践行绿水青山就是金山银山的发展理念，突出城市建设的“形、实、魂”，绿城品质不断提升。

五象新区有新发展。重点项目完成投资501.03亿元，增长19.28%。中国—东盟金融城规划建设的117栋单体建筑封顶率84.61%，投入使用率48.71%，一站式服务大厅建成使用，高层次金融人才公寓项目完成验收，保险创新综合试验区、区域性离岸金融中心等建设取得新突破。数字经济要素加快聚集，入驻广投数字经济示范基地企业38家，入驻中国—东盟新型智慧城市协同创新中心企业和机构23家，中国—东盟检验检测认证高技术服务集聚区6个东盟中心建成启用。率先试行“带方案出让”模式，实现产业项目“拿地即发证”。新区第四实验小学、蟠龙西邻里中心等一批公共服务设施建成使用。五象新区步入高质量发展新阶段。

城市建设有新成效。第三次国土调查现阶段成果通过国家级内业核查。启动全市国土空间总体规划编制。加强城市配电网建设和农村电网改造升级，建成电动汽车充电站（点）422座、充电桩3334个。经开区获认定为国家级绿色园区，实现我市国家级绿色园区“零的突破”；明阳糖厂、巨星医疗获认定为国家级绿色工厂。建成邕江上游引水一期工程。地下综合管廊建成管廊主体66.2公里、运营管理50.3公里、入廊管线127.18公里。5县均通天然气。建设电信普遍服务试点城市，推动5G网络商用和产业发展。出台既有住宅加装电梯政策规定，更加方便居民生活。

治理能力有新突破。深入开展“城市精细化管理年”活动。荣获国家卫生城市“三连冠”。完成高铁沿线安全隐患问题整改664处。全面提升邕江沿岸公园管理水平。积极解决“垃圾围城”问题，实施集团化运作，集“收、转、运和处置”的垃圾处理改革迈出新步伐，兴宁区二塘建筑垃圾破碎循环利用试验基地正式运营，双定循环产业园项目开工建设，生活垃圾分类覆盖居民99.61万户。新型智慧城市建设加快，在2019年中欧绿色智慧城市和企业优秀案例评选中获评荣誉城市。“爱南宁APP”应用汇聚全市47个部门信息服务资源，上线应用超100项，成为全国领先的城市级互联网公共服务平台，实现“一码通城”。

（六）全力保障和改善民生，民生福祉持续增进。

我们注重加强普惠性、基础性、兜底性民生建设，保障群众基本生活。全市民生支出624.39亿元，增长15.63%。教育高质量发展。深化义务教育学区制管理改革和集团化办学，1302所公办义务教育学校纳入学区制管理。我市提前一年通过验收，成为全区首个实现普及高中阶段教育的设区市。加强中等职业学校办学条件达标建设。南职院成为全区唯一入选国家“双高计划”中国特色高水平高职学校建设单位。南宁教育园区初步成形，累计开工建设13所院校，3所学校招生办学。筹建哈罗礼德学校等高端教育品牌学校。健康南宁加快建设。在5县和武鸣区、邕宁区加快医共体建设，并以上林县为试点推进医共体医保支付方式改革。成立市第一、第二人民医院医疗集团。建成使用市第三、第九人民医院及市妇幼保健院门诊综合楼。建成智慧健康信息化工程。上林县获“世界长寿乡”称号。大明山获“中国天然氧吧”

称号。全市举办县级以上体育赛事活动500多场。马山县获评“全国攀岩进校园推广示范县”。文化事业提档升级。圆满举办庆祝新中国成立70周年系列群众文化活动。乡村社区业余文艺队演出6300场、惠及群众305万人次。举办纪念南宁昆仑关大捷80周年活动。隆安县旧石器时代“娅怀洞遗址”入选第八批全国重点文物保护单位。舞剧《刘三姐》荣获广西第十五届精神文明建设“五个一工程”奖。成功举办第七届中国—东盟（南宁）戏剧周、“百里秀美邕江”美术书法精品展、摄影大赛获奖作品展和“一带一路”艺术行——俄罗斯油画名家南宁邀请展。社会保障不断完善。城镇新增就业7.52万人，城镇登记失业率2.71%。全市基本养老、基本医疗、工伤、失业、生育保险参保总人次达1287.27万。市第二社会福利院一期试运营，建成公办示范性养老福利机构5家，新增备案养老机构30家、备案床位4052张，开展50个“长者饭堂”试点，居家和社区养老服务改革试点考评在全国排第3名。筹集各类公租房房源5233套，新增分配政府投资公租房2041套，分别完成危旧房改造、棚户区改造国家新开工任务2695套、7051套。做好退役军人就业安置、优抚褒扬等工作，实现自治区双拥模范城“九连冠”。全民国防教育深入开展，兵员征集工作“五率”考评全区第一，民兵工作接受中央军委国防动员部检查考评，成绩进入全国第一方阵。市本级为民办实事项目全面完成。社会治理水平持续提升。深入实施“六大警务”，全力打好扫黑除恶专项斗争等九大攻坚战，严厉打击黄赌毒、电信网络诈骗、传销等违法犯罪活动。坚持发展新时代“枫桥经验”，市公安局中山派出所获命名为全国首批“枫桥式公安派出所”。在全区成立第一所励志专门学校，有效推进未成年人不良行为的教育矫正和转化工作。强化应急管理改革，防灾减灾救灾成效显著，安全生产事故有效控制。搭建“老友议事会”协商平台，推广“逢四说事”协商机制，开展城乡社区“三社联动”服务模式，全市新登记成立社会组织270家。被评为全国“深入推进少数民族流动人口服务管理体系建设试点城市”。

与此同时，我们坚持把政治建设摆在首要位置，切实落实全面从严治党要求，深入开展“不忘初心、牢记使命”主题教育和解放思想大讨论，专项整治形式主义、官僚主义突出问题，加强党风廉政建设，抓好巡视、巡察发现问题整改。统筹推进法治政府建设，全面推行行政执法“三项制度”，优化市级公共法律服务实体平台，现代化公共法律服务体系加快形成，荣获全国“七五”普法中期先进城市。提请市人大常委会审议地方性法规草案4件，出台政府规章5件。人大代表建议、政协提案均已办结，办理满意和基本满意率分别为100%、99.73%。加强政府决策科学化、民主化建设，新一届决策咨询队伍人数是上届的1.27倍。不折不扣落实中央八项规定及其实施细则精神，驰而不息纠“四风”，全市共压减一般性支出5.57亿元，压减率超6%。全市举办新闻发布活动60多场，及时发布权威信息，回应社会关切。深入开展“基层减负年”活动，严格减文控会，规范督查考核。强化政府执行力建设，动员全市上下锐意进取、实干苦干，涌现出全国模范退役军人周生凤、全国民族团结进步模范个人韦勇薛等一批先进个人、先进集体。

此外，宗教、保密、档案、审计、统计、林业、人防、粮食和储备、机关事务管理、公共资源交易、地方志、供销、海关、海事、出入境边防检查、侨务、台湾事务、贸促、税务、气象、调查、水文、文史、哲学和社会科学等工作扎实推进，妇女、儿童、老年人、残疾人、慈善、红十字等事业健康发展。

各位代表！过去一年取得的成绩，是以习近平同志为核心的党中央坚强领导的结果，是习近平新时代中国特色社会主义思想科学指引的结果，是自治区党委、政府正确领导的结果，是市委团结带领全市人民克难攻坚、拼搏赶超的结果，凝聚了方方面面的智慧和汗水。迈入新一年，一场突如其来的全球性新冠肺炎疫情，给人民群众的生命健康安全和经济社会健康运行带来了严重冲击，全市上下坚决贯彻落实习近平总书记关于“坚定信心、同舟共济、科学防治、精准施策”的防控总要求，党员冲锋在前，干部闻令而动，医者无畏逆行，市民守望相助，筑就了众志成城抗击疫情的铜墙铁壁，奏响了和衷共济护佑生命的时代强音。在抓好疫情防控的基础上，我们在全区率先出台支持中小企业保经营稳发展16条措施，在全国率先落地疫情期间援企稳岗返还政策，分区分级有序推进复工复产，在常态化疫情防控中加快推进生产生活秩序全面恢复。在此，我代表市人民政府，向全市各族人民，向人大代表、政协委员，向各民主党派、工商联、无党派人士和人民团体，向驻邕部队、武警官兵、政法干警，以及所有参与、关心和支持南宁发展的各界人士，特别是在打好这场疫情防控的人民战争、总体战、阻击战中付出艰苦努力的广大干部群众，表示崇高的敬意和衷心的感谢！

我们也清醒地认识到，我市经济社会发展仍然存在不少突出矛盾和问题：受疫情冲击，经济下行压力持续加大，工业短板依然突出，三产增速放缓，项目投资支撑不足，乡村振兴任务艰巨，一些民生诉求尚未得到有效解决，全面落实强首府战略的合力还不够强大，等等。为此，我们将坚持问题导向、目标导向、结果导向，接续奋斗、克难攻坚，以改革创新的精神破解难题，以抓铁有痕的韧劲狠抓落实，努力在应对困难和挑战中再创佳绩、再立新功。

二、2020年总体要求

各位代表！2020 年是决胜全面建成小康社会、决战脱贫攻坚和“十三五”规划收官之年，也是全面落实强首府战略起步之年。实施强首府战略，是自治区党委、政府作出的重大决策部署，充分体现了对南宁工作的高度重视，对南宁发展的殷切期望。全面落实强首府战略，对南宁而言，是一种政治责任、历史责任、时代责任。南宁的发展站到了新的历史关口。

——我们要紧紧围绕把南宁建设成为面向东盟开放合作的区域性国际大都市的战略定位，持续畅通“南宁渠道”，不断深化交流合作，引领构建中国面向东盟的高水平开放合作新格局。

——我们要紧紧围绕把南宁建设成为“一带一路”有机衔接的重要门户枢纽城市的战略定位，充分发挥西部陆海新通道重要节点和国家物流枢纽作用，提升交通、信息、资金、物流、人文互联互通水平，打造西部地区连接“一带”和“一路”的重要枢纽。

——我们要紧紧围绕把南宁建设成为北部湾城市群与粤港澳大湾区融合发展的核心城市的战略定位，强化北部湾城市群核心城市作用，主动对接大湾区先进生产力，积极承接产业转移，引领带动北部湾城市群与大湾区融合发展。

——我们要紧紧围绕把南宁建设成为具有浓郁壮乡特色和亚热带风情的生态宜居城市的战略定位，大力践行绿水青山就是金山银山的理念，提升城市承载能力和治理水平，打造成为壮乡魅力彰显、多元文化共生、亚热带风貌突出的生态宜居城市典范。

今年政府工作的总体要求是：坚持以习近平新时代中国特色社会主义思想为指导，全面贯彻党的十九大和十九届二中、三中、四中全会以及中央经济工作会议精神，紧扣全面建成小康社会目标任务，按照“建设壮美广西共圆复兴梦想”的总目标总要求，坚持稳中求进工作总基调，坚持新发展理念，坚持以供给侧结构性改革为主线，坚持以改革开放为动力，坚持“解放思想、改革创新、扩大开放、担当实干”工作方针，全面落实强首府战略，紧盯市委十二届八次、九次全会确定的目标任务，统筹抓好疫情防控和经济社会发展，加快产业转型升级，深化改革扩大开放，完善功能提升品质，加快补齐短板弱项，持续增进民生福祉，着力推动高质量发展，保持社会大局和谐稳定，奋力完成“十三五”规划目标任务，确保与全国同步全面建成小康社会。

今年全市发展的主要预期目标是：地区生产总值增速高于全区增速 0.5 个百分点，固定资产投资增长 10.0%，居民人均可支配收入名义增长 8.5%，居民消费价格涨幅 3.7% 左右，完成自治区下达的节能减排降碳任务。

提出以上目标，既综合考虑疫情的影响、国内外经济发展形势和环境的变化，又注意与全面建成小康社会和“十三五”规划目标任务相衔接，既充分考虑了我市全面落实强首府战略的目标要求，又充分考虑了产业项目的现实支撑，符合稳中求进工作总基调，是实现高质量发展的需要。实现上述目标，南宁有基础、有条件，也有压力和挑战，需要我们锐意进取，奋力拼搏，久久为功。这是撸起袖子加油干的时代，更是迈向伟大复兴的时代，我们坚信，在市委的正确领导下，只要全市上下一心、担当实干，就一定能爬坡过坎、战胜困难，拼出攻无不克、拼出锐不可当、拼出南宁高质量发展的“加速度”。

三、2020年重点任务

平凡孕育伟力，奋斗见证辉煌。2020 年，改革发展的任务更加繁重艰巨。我们将扎实做好“六稳”工作，落实“六保”任务，贯彻落实市委提出的“五个始终”工作经验，更加注重打基础、利长远，更加注重抓具体、管过程，更加注重提质量、优效率，更加注重集要素、聚合力，更加注重强担当、重实干，突出强经济强产业，按照“六强”的要求，推进“强二扬三优一”，组织开展“产业发展攻坚年”行动，全力推动强首府战略开好局、起好步，科学规划“十四五”，全力以赴抓好各项工作落实。

今年，我们将着力做好以下重点工作：

（一）聚焦“双胜利”，统筹推进常态化疫情防控和经济社会发展。

绷紧疫情防控这根弦，巩固疫情防控向好态势，加快经济社会秩序全面恢复。

抓紧抓实抓细常态化疫情防控。有针对性地加强外防输入、内防反弹举措。强化境外入境人员闭环管控，严防出现境外输入关联本地病例。织牢织密防控措施，全面推广使用健康码，实行“测体温、亮码、扫码”出行；实施网格化管理，筑牢社区、村第一道防线；加强无症状感染者精准防控，做好治愈出院者健康跟踪管理。强化物资保障，从实从细抓好开学复课等各方面的防控举措。

落实落细复工复产举措。着力推动产业链协同复工复产，促进重点企业满产达产。支持企业保经营稳发展，从助企稳岗、降本减负、融资支持、审批服务等四个方面发力，着力为中小企业减税降费。全力做好要素保障，坚持“政策找人、补助找企业”，推动各类惠企政策落地落实、终端见效。突出项目投资拉动，主动承接中央和自治区稳投资项目，谋划包装、推出一批“新基建”项目，加快交通网、能源网、信息网、物流网、地下管网“五网”项目实施；按照“四定”要求，健全重大项目推进协调机构和协调机制，推动资金、土地、基础配套、人才跟着项目走，加快开工、续建、竣工投产一批重大项目。

着力扩内需促消费。加快发展新零售业态，引导购物中心、大型百货向智能化、多样化商业服务综合体转变，力争首创奥特莱斯等项目投入运营。推动核心商圈设施提升改造和功能错位发展，积极创建国家级步行街升级改造试点，加快建设五象新商圈。引导传统市场向城市配送方向发展，打造工业品下乡、农产品上行供应链。促进汽车消费升级，开展家电以旧换新活动。鼓励发展夜间经济，依托中山路美食街、邕江夜游、“老南宁·三街两巷”开展“品美食、赏文创、看大戏、游绿城、欢乐购”系列文旅活动，打造地标性夜生活集聚区和特色夜间消费购物街区。开展放心消费创建活动。

加快补齐公共卫生短板。完善公共卫生应急保障体制机制，加大传染病防治法治保障力度。加强医疗卫生机构能力建设，按照“平战结合”原则，推进传染病医院（院区、楼）项目和各级医疗机构发热门诊规范化建设；结合常态化疫情防控需求，全面落实县区级以上疾控机构、二级以上综合医院核酸检测实验室建设，加快建设应急物资储备中心、公共卫生人才培训基地等公共卫生项目，分片区建设急救医疗分中心。

（二）聚焦决战决胜脱贫攻坚，确保与全国同步全面建成小康社会。

以精准脱贫攻坚为重中之重，统筹推进乡村振兴战略，增强县（区）域经济实力，确保如期实现全面小康。

坚决打赢打好脱贫攻坚战。聚焦“两不愁三保障”突出问题，按照“跟上、盯住、办好”的要求，啃下“硬骨头”、完成“硬任务”，坚决高质量完成剩下的6799户18803建档立卡贫困人口、3个贫困村脱贫摘帽任务。持续推进“四大战役”，打好“五场硬仗”，攻克深度贫困“堡垒”，在产业扶贫、就业扶贫、消费扶贫、电商扶贫、易地扶贫搬迁后续扶持、村级集体经济发展等重点工作上持续发力。深化与茂名市的扶贫协作。持续巩固脱贫攻坚成果，紧盯“脱贫监测户、边缘户”，强化兜底保障和综合性保障措施，建立健全防止返贫预警机制，做好与乡村振兴的接续工作。持续强化扶贫领域腐败和作风问题专项治理。加大对各级扶贫干部的关心关怀。

全力以赴抓好农业现代化。落实好中央一号文件精神，保障重要农产品供给和农民持续增收。下大力气抓好粮食生产和高标准农田建设，开展水稻绿色高质高效活动创建，稳定粮食种植面积和产量。落实“菜篮子”市长负责制，抓好重要“菜篮子”产品保供稳价。做强做优特色农业，实施优质农产品全产业链打造行动，推动南宁火龙果、武鸣沃柑、横县甜玉米、宾阳古辣香米等升级为国家级区域公用品牌，有效期内绿色食品、有机产品和地理标志农产品达90个以上。持续推进现代特色农业示范区增点扩面提质，加快“三区三园一体”建设，力争每个县区新增创建自治区级核心示范区1个以上，全面完成县、乡、村级示范区（园、点）建设任务，持续打造田园综合体四级梯队建设的“南宁样板”。建成15个县级以上农产品加工集聚区，加快完成30个休闲农业示范区建设，新增市级以上农业产业化重点龙头企业8家以上、农民专业合作社200家、家庭农场50家以上。狠抓农业生产保障供给，加强农产品仓储保鲜冷链物流设施建设；加强对柑橘黄龙病、香蕉枯萎病、草地贪夜蛾等病虫害的综合防治；抓好非洲猪瘟等重大动物疫病防控，推动生猪屠宰标准化创建，年底前生猪产能基本恢复到接近常年的水平。

推进县（区）域经济特色引领、差异发展。提高重点开发区工业化水平，加快江南工业园、六景工业园、黎塘工业园等重点产业园转型升级，打造邕宁蒲庙—青秀伶俐—横县六景—宾阳黎塘先进制造业产业带，横县、邕宁、宾阳二产比重不断提高。农产品主产区提质增效，宾阳、隆安、武鸣农产品加工业产值与农业总产值比达2∶1以上。重点生态功能区特色旅游逐步成为富民产业，上林、马山培育形成1个以上有特色有市场的主题旅游主打产品，旅游总消费保持两位数增长。兴宁、江南、青秀、西乡塘、良庆产城融合加速，现代服务业、新兴产业成为支柱产业。

持续夯实乡村发展基础。加快补上农村基础设施和公共服务短板。支持自治区改革集成第一批试点单位青秀区、横县加快推进城乡融合发展改革集成试点工作。全面铺开农村集体产权制度改革，持续推动兴宁、西乡塘、武鸣等全国第四批农村集体产权制度改革整县（区）推进试点。建设4个县级农村产权交易服务中心。推动全市行政村“三变”改革试点达30%以上，每个行政村村级集体经济年收入达5万元以上。做好农村土地承包经营权确权登记颁证后续工作。持续开展“美丽南宁·幸福乡村”活动、农村人居环境整治和乡村风貌提升三年行动，抓好农业生产废弃物资源化利用等重点任务落实。完成五化灌区“十四五”续建与现代化改造工程的前期工作。打通出行“最后一公里”，年底前实现全部建制村通客车。推进基本整治型、设施完善型、精品示范型村庄建设，让全市农村环境更秀美、生活更甜美、乡村更和美。

（三）聚焦“强工业”，加快建设区域性高技术和先进制造业基地。

做好产业发展、园区建设、企业培育三篇文章，抓好产业、项目、投资三项工作，大力开展“制造业发展攻坚突破年”活动，加快工业转型升级。

突出主导产业引领。坚持强龙头、补链条、聚集群，力争三大重点产业产值占比同比提升1个百分点。深入实施“双百双新”工程，着力推进68个投资额合计超千亿元的重点工业项目建设，加快推进合众、天际新能源汽车等一批标志性项目建设。继续实施“千企技改”工程和“投贷补”联动，实施企业技改项目300项以上。建立强工业重大项目库，谋划一批全局性、战略性的重特大项目，形成有梯队、有支撑的滚动项目库。电子信息产业着力构建网络通讯、智能终端、新型显示、集成电路四大产业链，重点发展高端服务器、智能终端设备等产品，加快补齐PCB板、光学元器件等关键环节，推进瑞声光学模组、音卓、浪潮、宝德等项目尽快投产。先进装备制造产业大力引进新能源汽车、轨道交通装备及工程机械（物料处理）、智能装备、智能运维、无人机等重点高端产业链。生物医药产业重点发展现代中药、保健食品和医疗器械，大力引进领先技术医药制造企业，加快推进一力集团南宁药品生产基地等项目建设。全面实施铝、食品、化工、建材等传统优势产业“二次创业”，加快推进海天调味品生产基地等项目开工建设。

增强工业园区支撑。推动工业园区聚焦主业抓发展，高新区、经开区、东盟经开区规模以上工业总产值分别增长25%、29%、32%以上。拓展工业发展空间，推动南宁现代工业园、青秀伶俐工业园、吴圩空港经济区、六景工业园、黎塘工业园全年分别储备5000亩以上工业用地。在全市推广产业用地“带方案出让”模式。推动县（区）域工业园区特色化发展。推动共建“飞地园区”。推进市属国有平台公司与县区合作共建产业园区。年底前完成全市现有低效用地的盘活处置。

积极培育强优企业。在政策上、资源上突出扶优扶强导向，支持一批品牌影响较大、有市场竞争优势的本土企业做大做强，重点培育富士康、瑞声科技向千亿级企业迈进，申龙、合众、天际、博世科向百亿级企业迈进。推进中小微企业成长，年内新建投产入规企业90家。

（四）聚焦“强创新”，加快培育经济发展新动能。

推动创新与产业融合发展，全年新增国家级创新创业平台3个，引育高层次科技人才和团队20个。

推动改革促创新。完善科技创新资金投入和政策支持保障机制，健全企业研发费用奖励补助制度，探索建立以重大科技计划和普惠性研发费用补贴为主的财政科技经费制度，开展科技成果权属改革等试点改革。深入推进国家知识产权示范城市建设。坚持以改革育产业，推广厂—网—河（湖）一体化建设运营维护管理新模式，在环卫、市政基础设施等领域推行“事权下放、管养分离、事企分开”改革，实施专业公司市场化运维管理，培育全市集中建设运营维护的市政产业体系。贯彻落实《优化营商环境条例》，开展优化营商环境大行动，持续深化“放管服”改革。深化国资国企等重点领域改革，稳妥推进混合所有制改革，支持南宁威宁集团改组国有资本运营公司试点落地落实。建好平台促创新。大力推进南宁·中关村创新示范基地和南宁·中关村科技园建设。全年引进新型产业技术研究机构5家。引进高校、科研院所在南宁建立分支机构，加快桂林电子科技大学、桂林理工大学产教融合基地建设。深化与清华大学深圳国际研究生院、华中科技大学等院校的合作。支持企业建设和提升一批重点实验室、工程技术研究中心、企业技术中心等创新平台。加快科技成果转移转化，实施重大科技计划项目10项、重大科技成果转化90项。

培育主体促创新。大力发展民营经济，鼓励民营资本进入现代金融、智慧物流、数字经济、文化传媒以及新兴制造等产业领域。强化企业创新主体地位，持续实施高新技术企业倍增行动，通过企业研发投入奖补、科技创新券、科技保险、高新技术企业认定奖励等措施，加大对“瞪羚企业”和培育入库企业的支持，培育“瞪羚”入库企业10家，年内高新技术企业数量突破1100家。完善科技企业孵化体系，探索在发达地区设立“飞地孵化器”。推动“1+6”人才政策、强首府人才新政18条等政策落地见效，加大对本地存量人才的培育。

加快发展新经济新业态。积极构建多元应用场景，推进新兴产业“无中生有”，加快培育“蛙跳”产业，把南宁建设成为区域性新经济发展策源地。依托中国—东盟信息港南宁核心基地发展数字经济，加快中国—东盟信息港小镇等项目建设，运营好中国—东盟新型智慧城市协同创新中心，提升华为软件开发云服务效能。培育发展平台经济，探索“市场+平台+服务”模式，鼓励南宁农产品交易中心等商品市场搭建平台与中小商户共享，推动传统交易场景的数字化重构；鼓励发展面向东盟为主的网络直播经济，推动南宁产品“卖全球”、南宁市场“买全球”，促进形成商贸、跨境电子商务、文创、影视等多业态融合发展产业链。加快发展总部经济，吸引知名企业来邕设立综合型总部和职能型总部，支持有实力的企业建设总部楼宇，推动京东、苏宁易购等一批区域总部企业发展壮大。大力发展智能经济、绿色经济、创意经济、流量经济、共享经济、楼宇经济等。

（五）聚焦“强金融”，加快建设面向东盟的金融开放门户核心区。

坚持把金融业摆在更加突出的位置，大力推进金融要素集聚和金融开放创新，力争金融业增加值达580亿元。

高质量建设中国—东盟金融城。大力引进一批金融机构总部、中外资金融分支机构、金融配套服务机构，加快推动浙商银行、富邦华一银行、财达证券等在邕设立分支机构。加快金融租赁、消费金融、财富管理、金融科技、供应链金融等新业态发展。全年新增入驻金融机构（企业）40家。

深化金融领域开放创新。深化以人民币面向东盟跨区域使用为重点的金融改革，促进跨境投融资便利化。深化跨境人民币试点业务，推动跨境人民币双向融资，推动中国银行广西区分行升级打造中国—东盟现钞调运中心，加快区域性离岸金融中心、货币交易清算中心、跨境投融资服务中心建设。加快创建保险创新综合试验区和绿色金融改革创新示范区。支持金融创新联合实验室开展创新政策研究。积极筹建中国—东盟金融合作学院，加快金融后台服务、财富管理服务、金融信息服务和金融交流培训基地建设。强化金融市场开放合作，有序推动中国—东盟大宗商品现货交易市场、黄金产业交易市场、区域股权投资市场、区域产权交易市场和资本培育服务市场体系建设。

强化金融服务实体经济。加强财政政策、产业政策与金融政策联动，引导金融机构全力服务重点产业和重大项目。发展多层次资本市场，推动更多企业上市（挂牌）融资；推动债券融资，重点推动市属国有企业实现境内外发债。提升南宁金融集团服务实体经济能力。发挥产业发展基金、天使投资基金等政府引导基金放大效应，鼓励各类社会资本参与或发起设立各类基金。提升普惠金融服务水平，持续推进政府性融资担保体系建设，运营好广西（南宁）民营小微企业首贷续贷中心，加大对涉农和民营、小微企业的信贷支持。强化地方金融监管和属地风险处置，持续打击非法集资，加大互联网金融、各类交易场所、农村中小金融机构风险防范化解，确保不发生系统性重大风险。

（六）聚焦“强枢纽”，大力建设国家物流枢纽。

加快建设陆港型国家物流枢纽，完善以南宁为中心、呈放射状的陆海空水一体化的交通网络。

加快对外通道建设。开工建设平果至南宁、南宁经横县至玉林、吴圩经上思至防城港、南宁至湛江、上林至横县等高速公路项目，年内新开工高速公路450公里以上。加快柳南第二高速、隆安至硕龙等高速公路，新江至扶绥、南宁至宾阳（黎塘）等一级公路建设。加快推进贵阳至南宁、南宁至崇左、南宁至玉林等铁路项目建设，开工建设南宁北站，改造南宁站，建设第二动车所，推进五象站前期工作。加快推进西津二线船闸工程建设，配合开展平陆运河前期工作，提升西江南宁段航运能力。持续推动南宁机场军民航分离，推进南宁机场改扩建，续建南宁国际空港综合交通枢纽。

加快物流枢纽建设。围绕“水铁公机”，规划布局建设物流园区、快递园区、高铁物流园区，积极构建物流枢纽集疏运体系。大力推进智慧物流，提升南宁现代化建材加工及物流中心等物流平台，推进中新南宁国际物流园项目一期正式运营，二期加快建设，三期尽快启动。加快推进南宁国际铁路港、南宁农产品物流中心二期、玉洞铁路货运中心及连接线建设，促进南向运输跨境货物在南宁集散，推动南宁南站建成西南地区货物出海重要铁路货运编组站。引导开行新的南宁连接中南半岛国家的跨境公路运输线路，加密面向东盟的全货机国际货运航线。推动在南宁国际铁路港建设海关监管作业场所。

培育壮大枢纽经济。优化物流园区功能布局，培育壮大物流市场主体，推动顺丰等企业区域总部和德国敦豪等一批重点项目落地，培育一批跨境运输龙头企业。推动先进制造、跨境电子商务等与物流关联性强的产业在物流枢纽周边聚集，加快相关产业在枢纽周边布局。

（七）聚焦“强开放”，进一步畅通“南宁渠道”。

推进开放再扩大，在全区构建“南向、北联、东融、西合”全方位开放发展新格局中发挥龙头带动作用。

厚植开放发展新优势。围绕把南宁加快打造成为中国企业走向东盟市场和东盟企业进入中国大陆的产业投资聚集地、贸易往来结算地、科技创新支撑地、生活服务保障地，加快打造东博会升级版，推动东博会服务区域向“一带一路”沿线国家（地区）延伸。推动会展业提升水平、扩大规模。全面融入粤港澳大湾区创新链、产业链、人才链，积极推进CEPA示范城市建设，加强邕港、邕澳合作，加快建设承接粤港澳大湾区产业转移和科技成果产业转化的示范区。

培育开放型经济新动能。推动设立开放型企业资金池，推进设立广西“新外贸”孵化基地。以中国（南宁）跨境电子商务综合试验区为载体，全市跨境电子商务交易额达13亿元以上。依托南宁综合保税区发展加工贸易产业，推动蓝水星等项目达产，全年新增加工贸易进出口总额100亿元以上。实施进口贸易促进计划，完善保税仓储、贸易物流等专业化服务。建设中国服务外包示范城市，全市服务外包执行额增长10%以上。聚焦重点产业集群补链强链和战略性新兴产业发展，按照产业链全景图精准招商，着力推进“三企入桂”和“浙商广西行”等，力争全年实际到位资金1130亿元，商务口径实际利用外资4亿美元。新签5000万元以上项目500个，其中工业项目250个。2020年、2019年、2018年签约项目开工率分别达20%、50%、80%。鼓励企业开拓国际市场，培育“走出去”行业优势，推动面向东盟的北斗导航应用示范合作。

拓展对外交流合作。着力打造中国—东盟人文交流门户。实施中国—东盟中医药全产业链发展行动计划，加强与东盟国家在中药材种植、研发等方面的健康医疗合作。支持院校与东盟国家院校联合办学，促进教育科技交流。积极开发具有东盟特色的跨境旅游产品，办好系列文化对外交流活动。

创建国际消费中心城市。大力发展首店经济，鼓励国际国内知名品牌在邕设立全国性、区域性品牌首店、旗舰店和体验店。规划建设服务东盟消费者的一站式购物中心、免税店，推进商旅文融合发展，打造一批具有国际范、民族风、多业态融合发展的消费场景，培育国际化综合型消费商圈。

（八）聚焦“强治理”，全力推进南宁治理现代化。

突出城市建设的“形、实、魂”，坚持治水、建城、为民，努力在推进治理体系和治理能力现代化中走在前作表率。

推动社会治理现代化。深入推进法治南宁、平安南宁建设，深化扫黑除恶专项斗争，持续严厉打击黄赌毒、传销、电信网络诈骗等突出违法犯罪活动，打造社会治安防控体系建设标准化城市。着力推进市域治理现代化试点，深入推进政治、法治、德治、自治、智治“五治融合”发展，坚持和发展新时代“枫桥经验”。完善综治网格化管理体系，深化城乡（社区）治理，加强矛盾纠纷多元预防化解。探索创新对特殊群体的服务管理，加快推进南宁市励志专门学校二期工程建设。推动接访下访工作常态化，解决群众合理诉求。创建国家食品安全示范城市，搭建南宁市农产品集采集配信息化平台，提升“明厨亮灶 + 互联网”食品安全监管水平。深化事故隐患大排查大整治和安全生产集中整治，坚决防范遏制重特大事故。完善市政道路消防栓建设，整治阻碍消防通道等违法行为。持续打好防范化解重大风险攻坚战，强化政府债务风险防控，深化拓展公共资产负债管理智能云平台应用，切实管控好政府和国有企业债务规模。坚持“房住不炒”，稳地价、稳房价、稳预期，促进房地产市场平稳健康发展；完善住房保障体系，推进公租房建设和政策性租赁住房试点工作。加快社会信用体系建设，构建以信用为基础的新型监管机制，争创全国第三批社会信用体系建设示范城市。深入推进民族团结进步创建活动。

提升城市功能品质。落实新土地管理法。加快编制我市国土空间总体规划，基本完成国土空间信息平台建设，积极推进生态保护红线、永久基本农田、城镇开发边界三条控制线划定工作，确定全域国土空间保护、开发、利用、修复、治理总体格局。大力推进武鸣城区、吴圩空港新城、六景产业新城以及那马、伊岭等特色近郊城镇组团建设。加快轨道交通第三轮建设规划编报，力争年内开工市郊铁路南宁机场线，加快武鸣线前期工作。推进站城一体化（TOD）和第一批轨道小镇规划建设。开通运营轨道交通 4 号线、2 号线东延线，加快建设 5 号线。开展 BRT3 号线前期工作。有序落实“窄马路、密路网”、“街区制”指导方针，优化主干路网布局和城市微循环。加快建设邕江上游引水二期、陈村水厂三期工程，推进石埠水厂和市第二水源建设前期工作，加强市县供水配套管网建设。实施城市电网建设三年大会战，推动城市电网智能化升级。推进城市天然气管网建设，城市天然气普及率提升至 60%。积极搭建“住建云”，推动全市地上地下资产数字化、一体化管理。持续推进地下综合管廊规划建设，加快市政管线入廊。有序开展城市更新，坚持街区（片区）整体改造原则，重点改造南宁站、中尧路、五一中路等片区。加大既有住宅加装电梯等工作力度，全面推进老旧小区改造。

提高城市精细化管理服务水平。全面落实河长制、湖长制、林长制，深入推进邕江综合整治和开发利用，建设世界级城市滨水空间。争创“国际花园城市”。整合青秀山、园博园、五象岭资源，全面启动南宁植物园建设。扎实开展“城市治理提升年”活动，巩固深化“美丽南宁 • 整洁畅通有序大行动”成果，加强对城市管理的精准调度。推进人行道净化、道路降尘“本色行动”。开展城市道路、井盖、建成区户外广告专项整治。强化道路桥梁安全运维管理。攻坚生活垃圾分类，实现建成区生活垃圾分类全覆盖，确保生活垃圾回收利用率达 35% 以上。继续推进“互联网 + 建筑垃圾治理”。以政务数据资源“聚通用”为抓手，大力推进智慧城市建设，加快实现核心区域 5G 网络连续覆盖，持续拓展“爱南宁 APP”惠民应用，推动南宁与区内其他地级市便民应用互联互通，实现“一码八桂”。

持续打好污染防治攻坚战。以更大力度打好蓝天、碧水、净土保卫战，加强区域联防联控联治，强化城市扬尘、机动车尾气、秸秆（垃圾）焚烧等污染源头治理，确保市区空气质量优良率达 92% 以上，持续提升“南宁蓝”品质。强化饮用水水源地监管保护，深化水环境综合整治，推进邕江航运船舶排放污染治理；持续强化雨污管网错接混接点改造，填补污水管网空白区，加快污水处理厂建设，城市生活污水集中收集率达 60%。深化朝阳溪等流域综合治理，全面消除建成区黑臭水体并推进治理常态化、长效化；对武鸣河等流域地表水“提质进位”整治，全面完成国务院“水十条”治理目标。加强土壤污染综合防治，有效管控农用地和建设用地等土壤环境风险。强化重要生态系统保护和修复，推进左右江流域山水林田湖草生态保护修复工程等项目建设。持续抓好中央环保督察“回头看”和自治区生态环保督察等反馈问题的整改落实。全面完成第二次全国污染源普查工作，建立环境监督执法正面清单。

（九）聚焦五象新区高质量发展，打造强首府重要引擎。

抢抓六大国家级开放平台落户机遇，完善新区规划建设之“形”，健全产业发展之“实”，铸牢精神文化之“魂”，在全面落实强首府战略中走在前作表率。

高标准建设自贸试验区南宁片区。以制度创新为核心，促进投资和贸易便利化，深化商事制度改革，高水平对接《区域全面经济伙伴关系协定》（RCEP）等国际经贸规则，提高南宁片区开放水平。以产业发展为导向，完善支持政策体系，全力推进片区现代金融、智慧物流、数字经济、文化传媒、新兴制造产业发展，全年新增企业5000家以上。

提速产业集聚发展。结合国土空间规划编制拓展新区发展空间，重点保障产业项目用地需求。统筹南宁现代工业园、良庆经开区、邕宁新兴产业园等产业园协同发展。锁定新区年度15%以上的投资增速，加快浪潮集团东盟运营总部、中国电信东盟国际信息园等项目建设，中国—东盟金融城在建楼宇累计竣工投入使用70栋以上。支持广投数字经济示范基地、中国—东盟地理信息与卫星应用示范产业园等项目提质升级，快速聚集一大批数字经济企业、项目，形成数字经济产业生态园。

打造高品质宜居新区。压缩项目开工报建时限，力推“带方案出让”模式、实现更多“拿地即发证”，创新开展产业用地“拿地即开工”模式。完善配套设施，加快推进振良大道等在建道路和哈罗礼德学校等一批项目建设。实施新区园林绿化提质工程，建设绿色生态廊道，塑造重点区域“国际范”。

（十）聚焦服务业提质增效，全力加快现代服务业发展。

加快推动生产性服务业向价值链高端延伸、生活性服务业向高品质升级，全面提升现代服务业比重。

促进服务业集聚发展。支持信息服务、现代物流、文化创意、健康养老等重点服务业集聚区建设，建设运营好中国—东盟检验检测认证高技术服务集聚区、中盟科技园软件和信息服务业集聚区等，加快建设安吉华尔街工谷、联讯U谷等一批集聚区，引进工业设计、商务服务、科技服务等一批现代服务业企业。

大力发展大健康产业。围绕“医、养、管、食、游、动”大健康产业链，积极创建国家中医药健康旅游示范区，加快规划建设一批健康特色小镇、示范基地等，推动多业态融合发展。加快建设全国首批医养结合试点城市，建设中医药特色医养结合示范基地，实施社区医养结合项目，鼓励探索公立医院运营管理公办养老机构的医养模式。打造全国养老服务业综合改革试点城市，推动养老机构公建民营改革，全面放开养老服务市场。探索推进多种形式的婴幼儿照护服务模式，有序推进婴幼儿照护服务体系建设。大力发展健身休闲、山地户外、民族体育等运动产业，办好南宁体育产业博览会。抓好华润悦年华、泰康医养综合社区、大明山山地户外营地等一批项目建设，提升大健康产业的融合力、集聚力、带动力。

加快发展文旅产业。推进区域性国际旅游中心城市建设，积极创建国家全域旅游示范区。加快建设环首府生态旅游圈，加快推进万有（南宁）国际旅游度假区建设，办好月月文化旅游节系列活动。持续推进园博园·百里秀美邕江、大明山、昆仑关等创建国家5A级旅游风景区。积极创建文化产业示范园区，大力发展数字出版、动漫、文化艺术等高端创新与设计产业。

（十一）聚焦民生改善，抓好做实利民惠民便民各项工作。

坚持以人民为中心的发展思想，聚焦幼有所育、学有所教、劳有所得、病有所医、老有所养、住有所居、弱有所扶，增强人民群众获得感幸福感安全感。

全力加快健康南宁建设。始终把人民群众的身体健康和生命安全放在第一位，深入实施传染病及地方病防控等20个专项行动。提升县域医共体建设质量，推动城市医疗集团服务半径覆盖城区街道乡村。稳步实施多元复合式医保支付方式改革。加强基层中医药适用技术培训和推广，提高公共卫生人员和乡镇卫生院（社区卫生服务中心）医务人员、乡村医生待遇保障水平。深入推进“互联网＋医疗健康”应用，完善“智慧健康”信息化运行管理和考核机制。积极推进社会办医，吸引高端医疗产业机构落户。全面加强全民健康教育和健康促进工作，深化全民健身和全民健康深度融合试点市建设，建设城市社区“10分钟健身圈”。积极争创全民运动健身模范市。

坚持教育优先发展。继续破解“择校热”、“大班额”、普惠性学前教育供给不足等问题。推进公办中小学校建设，大力举办公办幼儿园。全面提高义务教育质量，推行教师“县管校聘”管理改革，推进校长教师交流轮岗。持续推进高中阶段教育优质普及。进一步完善职业教育体系，优化专业结构，深化产教融合。加快建设南宁教育园区，年内新开工建设学校2所、新增招生办学学校4所。支持和规范社会力量兴办教育，巩固校外培训机构治理成果。打造平安智慧校园。提升继续教育、社区教育、特殊教育和智慧教育水平。

繁荣发展文化事业。积极培育和弘扬社会主义核心价值观，深入开展“五个礼让”活动，力争实现全国文明城市“五连冠”。加强爱国主义和道德规范的宣传教育，开展送戏下基层、进校园，戏曲进乡村等活动，提升公共文化服务质量。积极创建国家历史文化名城，持续改造提升“老南宁·三街两巷”、中山路片区、蒲庙老街等历史文化街区，充分挖掘邕江两岸红色历史文化资源，大力推进壮乡歌圩文化（南宁）生态保护区和南宁市非物质文化遗产展示中心建设，更好传承城市文脉、留住城市记忆、讲好南宁故事。

促进更充分更高质量就业。全力防范化解规模性失业风险，突出抓好高校毕业生、失业人员、农民工、退役军人、易地扶贫搬迁群众等重点人群就业工作，年内城镇新增就业6万人。实施职业技能提升行动，年内技能人才突破60万人，其中高技能人才突破13万人。加强托底安置就业，确保零就业家庭动态清零。

提升社会保障水平。稳步推进市儿童福利院、市残疾人康复托养基地建设，提升改造市社会福利院、市福利医院等。继续调整提高企业退休人员基本养老金，加强工程建筑领域欠薪源头治理，促进劳动关系和谐。开展好符合条件退役士兵社会保险接续工作。建立健全退役军人事务组织管理、工作运行、政策制度体系。积极开展新一轮全国双拥模范城创建。做好第七次全国人口普查。

办好为民办实事。推进自治区级和市本级为民办实事工程，更好地为群众办实事、解难事、谋福事。

各位代表！新时代新使命对政府建设提出了新的更高要求，我们必须增强“四个意识”，坚定“四个自信”，做到“两个维护”，把党的领导贯穿于政府工作各领域、全过程，全面提升政府治理效能。必须强化制度建设。不折不扣贯彻落实中央、自治区和市委重大决策部署，落实关于进一步提升政府系统执行力的若干规定，全面实行清单化管理、时限化推进、责任化落实。必须坚持依法行政。以法治政府示范创建为抓手，深化行政执法体制改革，加快落实行政执法责任制，加强普法依法治理和公共法律服务，做好“七五”普法全面验收，谋划好“八五”普法，建设一流法治政府。依法接受人大及其常委会的法律监督和工作监督，自觉接受人民政协的民主监督，广泛听取民主党派、工商联、无党派人士和各人民团体意见，积极回应社会关切。必须厉行勤俭节约。巩固拓展减税降费成效，政府带头过“紧日子”，优化财政支出结构，大力压减一般性支出和“三公”经费，一般性出国和出境考察大大压缩，把宝贵的财政资金用于经济社会发展急需领域。必须勤政廉政为民。坚持干字当头，做到定了就干、干就干成、干就干好。加强调查研究，严格规范督查、检查、考核等事项，整治过度“痕迹管理”等问题。深化“不忘初心、牢记使命”主题教育成果，坚定不移纠“四风”、树新风，力戒形式主义、官僚主义。严格落实中央八项规定及其实施细则精神，严格执行国务院“约法三章”。优化绩效考核，激励公职人员担当作为，努力建设人民满意的廉洁政府、阳光政府、法治政府。

各位代表！宏伟蓝图催人奋进，百年梦想只争朝夕。让我们更加紧密地团结在以习近平同志为核心的党中央周围，坚持以习近平新时代中国特色社会主义思想为指导，进一步解放思想、改革创新、扩大开放、担当实干，坚守初心使命、认真履职尽责，真抓实干、善作善成、造福于民，为全面落实强首府战略、与全国同步全面建成小康社会而努力奋斗！

2019年南宁市国民经济和社会发展统计公报

南宁市统计局

2020年4月23日

2019年，在市委、市政府的正确领导下，我市坚持以习近平新时代中国特色社会主义思想为指导，认真贯彻落实习近平总书记对广西工作的重要指示批示精神，全力以赴稳增长、促改革、调结构、惠民生、防风险、保稳定，全市经济社会持续健康发展。

一、综合

经济增长：初步核算，全年地区生产总值4506.56亿元，按可比价格计算，比上年增长5.0%。按常住人口计算，全市人均地区生产总值61738元，增长3.6%。三次产业中，第一产业增加值507.27亿元，增长5.3%；第二产业增加值1044.97亿元，增长4.4%；第三产业增加值2954.32亿元，增长5.2%。

图1　2015年-2019年全市地区生产总值增长速度

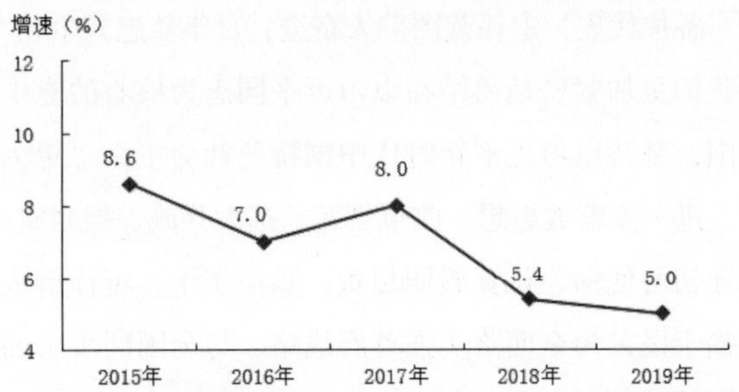

三次产业的比重为11.2：23.2：65.6。与2018年比较，第一产业比重上升0.8个百分点，第二产业比重下降0.7个百分点，第三产业比重下降0.1个百分点。

图2　2019年三次产业增加值占全市地区生产总值比重

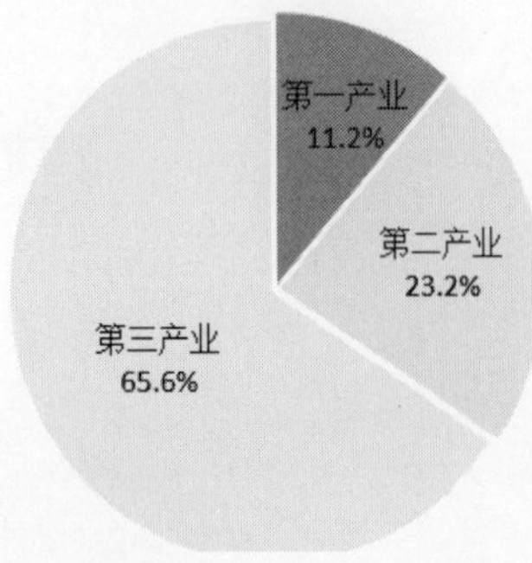

价格：全年居民消费价格比上年上涨3.4%，分类别看，八大类消费价格指数“六升二降”。（见表1）

表1　居民消费价格指数

指　标	2019年	比上年涨跌（%）
居民消费价格总指数	103.4	3.4
食品烟酒	109.5	9.5
衣着	101.8	1.8
居住	100.7	0.7
生活用品及服务	99.9	–0.1
交通和通信	98.1	–1.9
教育文化和娱乐	103.3	3.3
医疗保健	100.9	0.9
其他用品和服务	102.3	2.3

图3　2015-2019年居民消费价格涨跌幅度

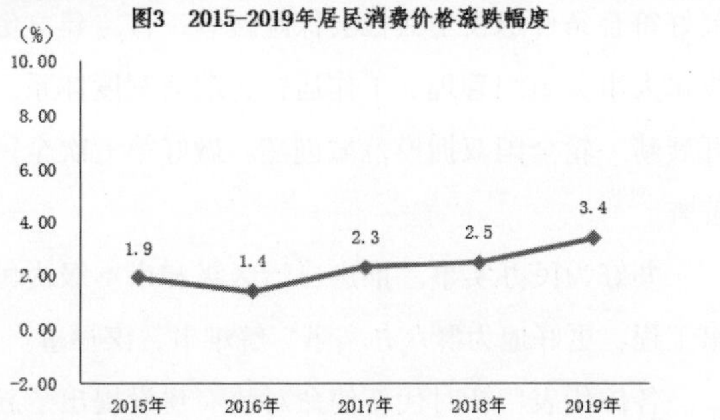

二、农业

产值：全年全市实现农林牧渔及服务业总产值825.58亿元，比上年增长4.2%。其中，农业产值533.00亿元，比上年增长7.6%；林业产值41.22亿元，比上年增长13.1%；畜牧业产值199.94亿元，比上年下降6.0%；渔业产值29.04亿元，比上年增长0.7%；农林牧渔服务业产值22.38亿元，比上年增长4.4%。占农林牧渔及服务业产值的比重分别为：农业64.6%，比上年上升6.3个百分点；林业5.0%，比上年下降0.6个百分点；畜牧业24.2%，比上年下降1.7个百分点；渔业3.5%，比上年下降1.1个百分点；农林牧渔服务业2.7%，比上年下降2.9个百分点。

图4　2018年-2019年农林牧渔及服务业总产值构成（%）

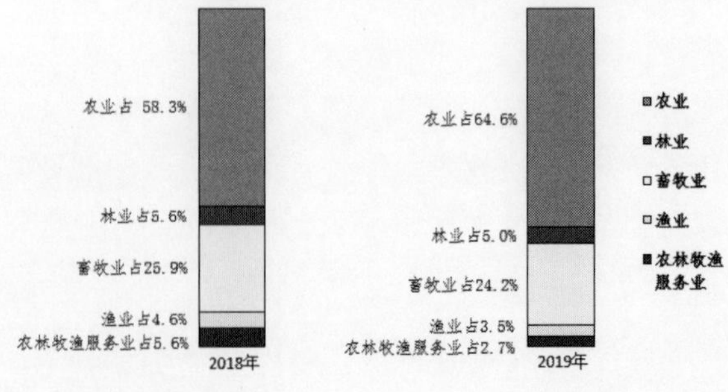

农作物种植面积：全年农作物播种面积 97.95 万公顷，比上年下降 0.4%。其中，粮食种植面积 41.94 万公顷，比上年下降 1.5%。经济作物种植面积 22.62 万公顷，比上年下降 1.2%，其中，甘蔗种植面积 13.90 万公顷，比上年下降 2.0%；油料种植面积 5.09 万公顷，比上年增长 1.9%。其他农作物种植面积 33.39 万公顷，比上年增长 1.6%，其中蔬菜种植面积 26.73 万公顷，比上年增长 2.2%。各类经济作物（含其他农作物）种植面积占农作物总播种面积的比重为 57.2%，全年粮食作物和各类经济作物的种植面积比例为 1 ： 1.3。

农作物产品产量：全年粮食总产量 205.46 万吨，比上年下降 2.8%；蔬菜产量 633.95 万吨，比上年增长 6.2%；水果产量 336.96 万吨，比上年增长 22.8%；甘蔗产量 1181.86 万吨，比上年增长 1.6%；花生产量 15.44 万吨，比上年增长 5.6%；木薯产量 22 万吨，比上年下降 5.4%。

图5　2015年-2019年全市粮食总产量及增长速度

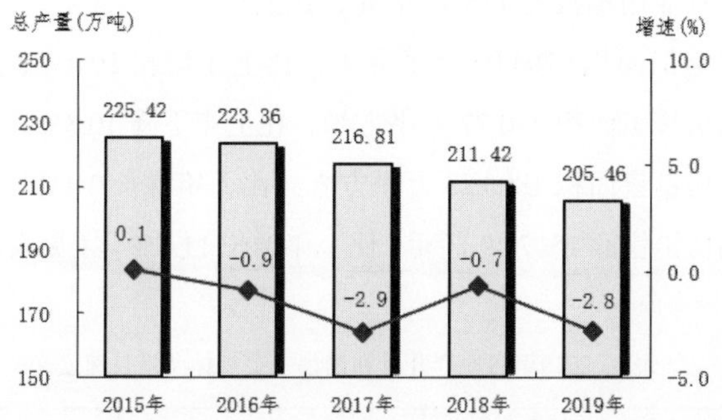

养殖业产品产量：全年肉类产量 58.80 万吨，比上年下降 10.6%，其中，猪肉产量 26.87 万吨，比上年下降 30.3%；全年生猪出栏 352.18 万头，比上年下降 30%；生猪存栏 140.81 万头，比上年下降 55.3%；禽蛋产量 3.73 万吨，比上年增长 27.3%；牛奶产量 1.48 万吨，比上年增长 18.4%；水产品产量 22.00 万吨，比上年下降 1.9%。

林业生产：全社会木材采伐量 538.84 万立方米，比上年增长 18.6 %。林木的培育和种植 8.31 万公顷，比上年增长 33.8 %。

农村基础设施：全年农村用电量 14.12 亿千瓦时，比上年增长 10.4%。化肥使用量（折纯）46.16 万吨，比上年下降 1.9%。有效灌溉面积 21.6 万公顷，比上年下降 0.4%。

三、工业和建筑业

工业：全年全部工业总产值比上年增长 1.4%。规模以上工业总产值比上年增长 1.4%；其中，国有企业比上年增长 8.0%，集体企业比上年增长 13.5%，股份制企业比上年增长 1.4%，外商及港澳台投资企业比上年增长 1.0%。全年全部工业增加值比上年增长 1.0%。

图6　2015年—2019年全市规模以上工业总产值增长速度

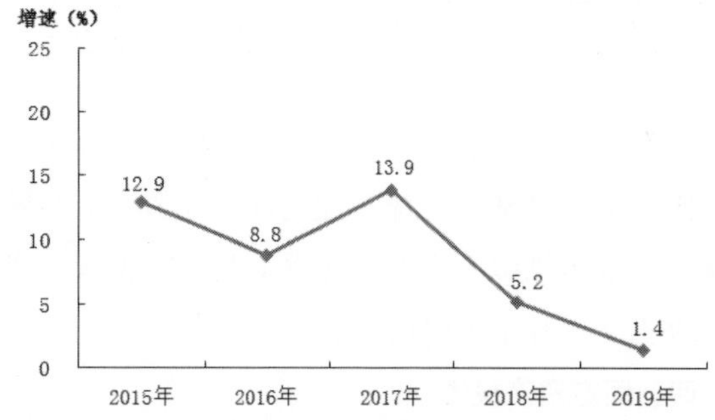

分轻重工业看，全市规模以上轻工业总产值比上年下降 3.2%，重工业总产值比上年增长 4.0%，重工业增速快于轻工业 7.2 个百分点。

全年规模以上工业产值最高的六个行业共拉动规模以上工业总产值比上年增长 3 个百分点。其中计算机、通信和其他电子设备制造业产值比上年下降 0.6%；农副食品加工业产值比上年下降 5.2%；非金属矿物制品业产值比上年增长 21.3%；电力、热力生产和供应业产值比上年增长 9.7%；烟草制品业产值比上年增长 7.4%；木材加工和木、竹、藤、棕、草制品业产值比上年增长 23.9%。

全市规模以上工业企业主营业务收入 2309.56 亿元，比上年增长 4.8%；利润 125.83 亿元，比上年增长 17.3%。全年规模以上工业产销率 98%，比上年提高 1.9 个百分点。

年末全市拥有规模以上工业企业 1044 家，比上年增加 39 家。其中工业产值超亿元的企业 361 家。

主要产品产量（见表 2）。

表 2　2019年主要工业产品产量及增长速度

产品名称	单 位	产 量	比上年增长（%）
配混合饲料	万吨	439.02	−12.8
成品糖	万吨	128.28	24.4
饮料	万吨	172.88	−11.8
啤酒	千升	294041	3.0
卷烟	亿支	350.28	−0.8
人造板	万立方米	598.80	27.5
纸浆	万吨	21.87	−19.1
机制纸及纸板	万吨	34.49	19.3
硅酸盐水泥熟料	万吨	955.60	−2.7

水泥	万吨	1577.31	4.2
铝材	万吨	21.34	-48.2
钢材	万吨	59.53	17.6
电力电缆	千米	310265	31.4
乳制品	万吨	8.92	7.5
合成复合肥	万吨	76.97	-15.3
塑料制品料	万吨	24.99	-12.1

建筑业：年末，全市具有资质等级的建筑企业449个，比上年增加39个。全年建筑业增加值比上年增长9.2%。全市建筑施工企业（资质企业）完成施工产值1938.96亿元，比上年增长14.9%。

四、固定资产投资

2019年，全市固定资产投资比上年增长9.9%。其中，项目投资比上年下降9.4%；房地产开发投资比上年增长32.1%。分投资主体看，国有经济投资比上年下降1.1%，集体经济投资比上年增长3.4%，私营个体投资比上年增长48.0%，港澳台商投资比上年下降28.3%，外商投资比上年下降38%，其他经济投资比上年下降34.8%。

图7 2015年-2019年固定资产投资增长速度

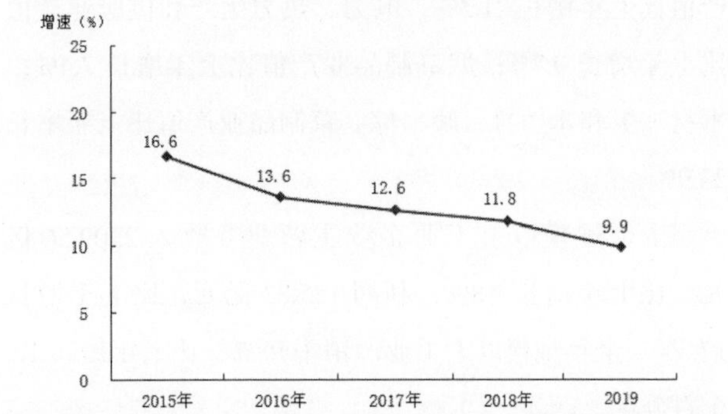

在固定资产投资中，第一产业投资比上年增长30.8%；第二产业投资比上年下降2.4%，其中，工业投资比上年增长4.1%；第三产业投资比上年增长9.7%。固定资产投资增长较快的行业主要为采矿业，信息传输、软件和信息技术服务业，公共管理、社会保障和社会组织等行业。（见表3）

表3 2019年分行业固定资产投资增长速度

行 业	比上年增长（%）
固定资产投资	9.9
农、林、牧、渔业	30.8
采矿业	16.1
制造业	-1.4
电力、燃气及水的生产和供应业	20.7
建筑业	-90.4
批发和零售业	-21.2
交通运输、仓储和邮政业	-10.2
住宿和餐饮业	-9.9
信息传输、软件和信息技术服务业	75.6
金融业	29.4
房地产业	26.8
租赁和商务服务业	-35.1
科学研究和技术服务业	-19.3
水利、环境和公共设施管理业	-21.5
居民服务、修理和其他服务业	-53.3
教育	14.3
卫生和社会工作	23.1
文化、体育和娱乐业	-51.9
公共管理、社会保障和社会组织	60.6

全年房地产开发投资1461.08亿元，比上年增长32.1%。其中，商品住宅投资1034.06亿元，比上年增长33.9%；办公楼投资82.78亿元，比上年增长31.5%；商业营业用房投资115.41亿元，比上年增长17.3%。商品房施工面积9704.05万平方米，比上年增长19.4%；商品房竣工面积710.77万平方米，比上年下降10.3%；商品房销售面积1805.23万平方米，比上年增长3.4%；商品房销售额1517.49亿元，比上年增长11.7%。（见表4）

表4 2019年房地产开发和销售主要指标及增长速度

指 标	单位	绝对数	比上年增长（%）
房地产开发投资	亿元	1461.08	32.1
其中：住宅	亿元	1034.06	33.9
商品房施工面积	万平方米	9704.05	19.4
其中：住宅	万平方米	6310.69	19.3
商品房新开工面积	万平方米	2156.19	26.1
其中：住宅	万平方米	1532.44	27.6
商品房竣工面积	万平方米	710.77	-10.3
其中：住宅	万平方米	466.9	-20.1
商品房销售面积	万平方米	1805.23	3.4
其中：住宅	万平方米	1550.33	7.8
商品房销售额	亿元	1517.49	11.7
其中：住宅	亿元	1329.23	20.1
本年实际到位资金小计	亿元	2007.73	20.2
其中：国内贷款	亿元	362.86	41.4
自筹资金	亿元	402.85	-0.2
定金及预付款	亿元	769.67	31.3
个人按揭贷款	亿元	373.19	15.6

五、交通和邮电通信业

交通运输：全年货物运输总量41324.35万吨，比上年增长7.7%。旅客运输总量9520.15万人，比上年增长0.5%。其中，铁路货物运输量210.75万吨，比上年下降5.5%；铁路旅客运输量3731.66万人，比上年增长6.4%；公路货物运输量36880万吨，比上年增长7.5%；公路旅客运输量4972万人，比上年下降4.3%；水路货物运输量4221.4万吨，比上年增长9.5%；航空货邮发送量12.2万吨，比上年增长87.7%；民航旅客发送量807.5万人，比上年增长4.7%。

邮电通信：全年邮电业务总量781.34亿元，比上年增长71.8%，其中电信业务总量768.20亿元，比上年增长72.9%；邮政业务总量13.14亿元，比上年增长27.2%。

六、国内贸易

全年全市社会消费品零售总额2307.41亿元，比上年增长4.2%。按销售单位所在地统计，城镇消费品零售额2100.76亿元，增长4.1%；乡村消费品零售额206.64亿元，增长5.0%。按消费类型统计，商品零售额比上年增长3.8%；餐饮收入比上年增长7.2%。

图8 2015年-2019年社会消费品零售总额增长速度

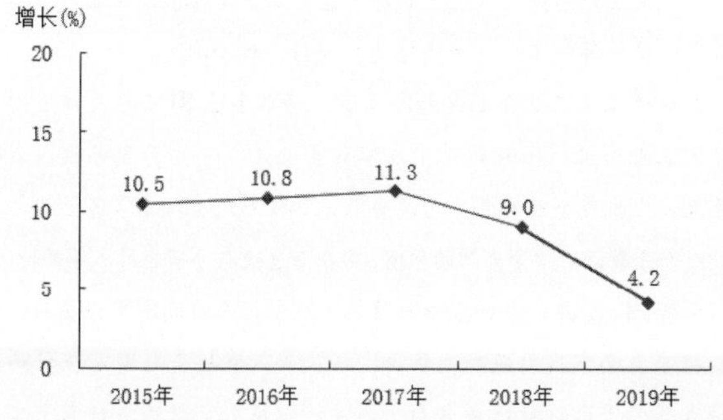

在限额以上企业商品零售额中，汽车类零售额比上年下降8.1%，家用电器和音像器材类比上年下降11.0%，通讯器材类比上年下降9.7%，体育娱乐用品类比上年增长33.9%，文化办公用品类比上年增长5.1%，家具类比上年下降16.1%，建筑及装潢材料类比上年增长4.2%，日用品类比上年下降3.4%，粮油、食品类比上年增长4.0%，饮料类比上年增长18.0%，烟酒类比上年增长13.5%，服装、鞋帽、针纺织品类比上年下降17.0%，化妆品类比上年增长2.0%，金银珠宝类比上年下降10.8%，中西药品类比上年下降34.0%。

七、对外开放和旅游业

对外贸易：全年外贸进出口总值747.79亿元，比上年增长1.0%。其中，出口总值363.91亿元，比上年增长2.5%；进口总值383.88亿元，比上年下降0.3%。

图9 2015年-2019年全市进出口总值及增长速度

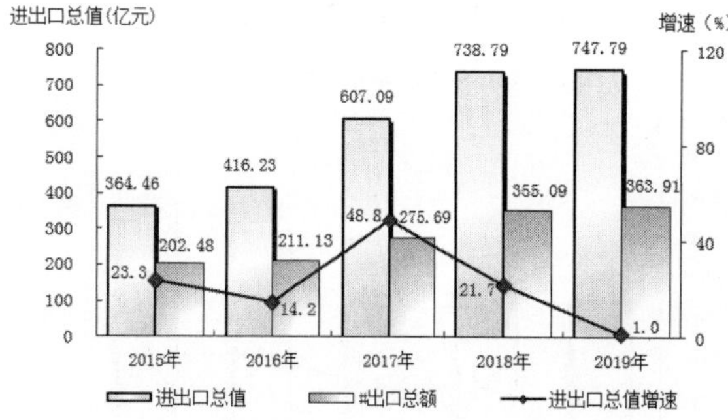

招商引资：全年区外境内实际到位内资1021.86亿元，比上年增长13.5%。全年商务口径实际利用外资3.10亿美元，比上年增长120.4%。

开发区：年末全市共有开发区、工业集中区15个。其中，南宁高新技术产业开发区、南宁经济技术开发区和广西－东盟经济技术开发区年末累计入园企业28711家，比上年末增加3543家；财政收入105.54亿元，比上年增长5.4%；规模以上工业总产值比上年增长3.1%；固定资产投资比上年增长17.6%。

旅游：全年共接待国内游客15209.74万人次，比上年增长16.2%；接待入境过夜游客68.99万人次，比上年增长7.1%。其中，外国游客42.34万人次，比上年增长4.1%；香港游客10.68万人次，比上年增长19.2%；澳门游客6.94万人次，比上年增长14.4%；台湾同胞9.02万人次，比上年增长3.3%。国内旅游消费1699.02亿元，比上年增长24.2%。国际旅游（外汇）消费3.80亿美元，比上年增长31.4%。年末全市实有星级宾馆51家。拥有4A级旅游景区34家，5A级旅游景区1家。拥有旅行社150家，其中出境旅行社40家。

八、财政、金融和保险

财政收入：全年财政收入800.69亿元，比上年增长6.3%。其中一般公共预算收入370.93亿元，比上年增长3.3%。一般公共预算收入中，税收收入271.21亿元，比上年增长3.8%。全年一般公共预算支出787.71亿元，比上年增长12.9%。财政支出中，投向节能环保、科学技术和城乡社区的支出增长较快。其中，节能环保支出23.99亿元，比上年增长37.8%；科学技术支出10.41亿元，比上年增长32.7%；城乡社区支出148.17亿元，比上年增长29.6%。

金融：年末全市金融机构人民币各项存款余额10718.32亿元，比上年增长6.2%。其中，住户存款余额3960.31亿元，比上年增长11.8%。金融机构人民币贷款余额13964.35亿元，比上年增长15.9%。

图10　2015年-2019年住户存款余额及增长速度

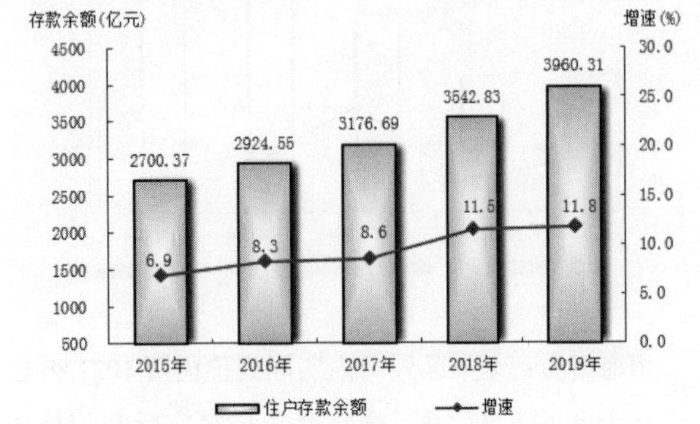

保险：全年保费收入211.52亿元，比上年增长4.9%。其中，财产险保费收入91.51亿元，比上年增长8.8%；寿险保费收入120亿元，比上年增长2%。全年各项保险赔款及给付71.61亿元，其中，财产险业务赔款及给付51.22亿元；寿险、健康险和意外伤害险赔款及给付20.4亿元。

九、人口和人民生活

人口：年末全市户籍人口781.97万人，比上年增加11.14万人，增长1.4%，其中市区人口397.77万人，比上年增加10.64万人，增长2.7%。全市人口出生率11.6‰，比上年下降1.5个千分点；人口死亡率5.4‰，与上年持平；人口自然增长率6.1‰，比上年下降1.6个千分点。

年末全市常住人口734.48万人，比上年增加9.07万人，增长1.3%，其中市辖区常住人口449.23万人，比上年增加7.47万人，增长1.7%；城镇常住人口467.88万人，比上年增加15.26万人，增长3.4%，城镇化率63.7%，比上年提高1.3个百分点。全市常住人口出生率14.0‰，比上年下降1.1个千分点；常住人口死亡率为6‰，比上年提高0.4个千分点；常住人口自然增长率8.1‰，比上年下降1.4个千分点。

城乡居民生活：全年全市居民人均可支配收入28929元，比上年增加2131元，增长8%。按常住地分，城镇居民人均可支配收入37675元，比上年增加2399元，增长6.8%；农村居民人均可支配收入15047元，比上年增加1393元，增长10.2%。

图11　2015年-2019年城镇居民人均可支配收入及增长速度

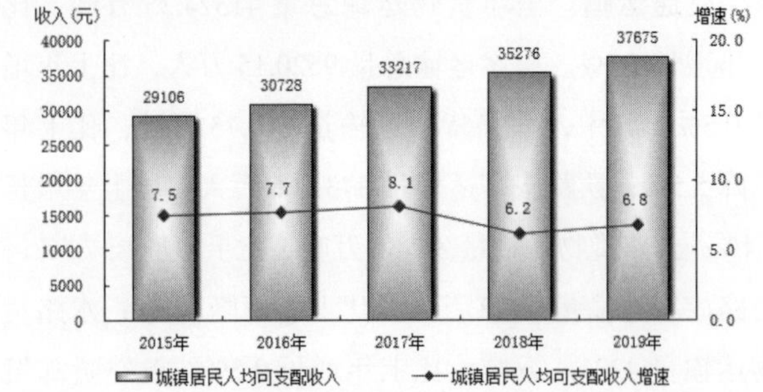

图12　2015年-2019年农村居民人均可支配收入及增长速度

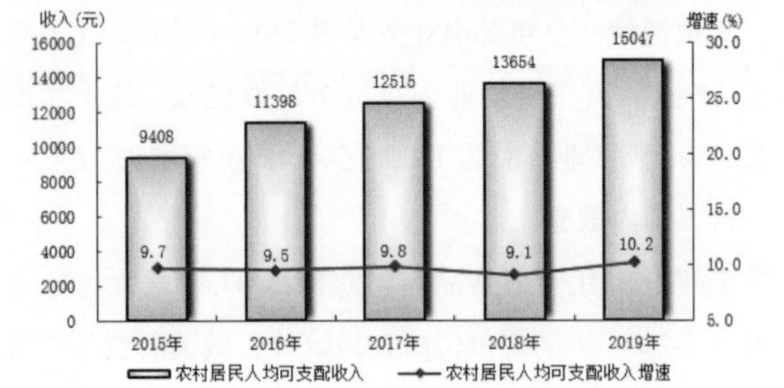

注：2015年统计口径为农民人均纯收入，2016年起统计口径更改为农村居民人均可支配收入。

注：

1. 本公报中数据均为初步统计数。

2. 地区生产总值、三次产业增加值、工业增加值、农业产值增速按可比价格计算；工业总产值增速按现行价格计算。

3. 规模以上工业企业是指年主营业务收入2000万元及以上的全部法人工业企业；限额以上批发零售企业是指年主营业务收入2000万元及以上批发企业和年主营业务收入500万元及以上零售企业。

4. 部分数据因四舍五入的原因，存在着总项与分项合计不等的情况。

5. 资料来源：本公报中户籍总人口数据来自南宁市公安局；财政数据来自南宁市财政局；物价、居民收入数据来自国家统计局南宁调查队；进出口数据来自南宁海关；招商引资数据来自南宁市投资促进局；金融数据来自中国人民银行南宁中心支行；保险数据来自中国银行保险监督委员会广西监管局；旅游数据来自南宁市文化广电和旅游局；旅客、货物运输量数据来自南宁市交通运输局、南宁铁路局、广西沿海铁路公司和广西机场管理集团有限责任公司南宁吴圩国际机场；邮政业务数据来自广西邮政公司南宁市分公司、广西邮政速递物流有限公司南宁分公司；电信业务数据来自中国移动广西有限公司南宁分公司、中国联合网络通信有限公司南宁分公司、铁通公司南宁分公司和中国电信股份有限公司南宁分公司；人口出生率、人口死亡率、人口自然增长率数据来自南宁市卫生健康委员会；开发区数据来自南宁高新技术产业开发区、南宁经济技术开发区和广西-东盟经济技术开发区；其他数据均来自南宁市统计局。

第二部分　统计资料

PART Ⅱ　STATISTICAL DATA

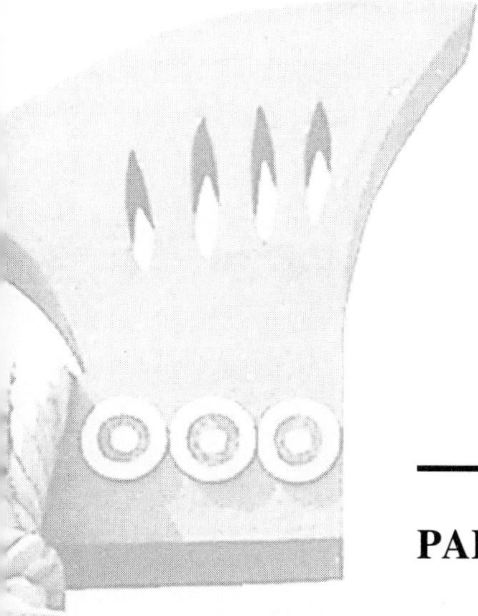

一 综合

CHAPTER 1 GENERAL SURVEY

1-1 行政区划

Administrative Divisions

（2019 年）

单位：个 (unit)

县(区) County(District)	乡镇、街道办事处 Township、Town and Urban Sub-district Office	乡 Township	镇 Town	办事处 Urban Subdistrict Office	村民、居民委员会 Village and Neighbourhood Committees	村委会 Village Committees	社区居委会 Neighbourhood Committees
全市 Nanning	**127**	**13**	**89**	**25**	**1802**	**1385**	**417**
市区 Urban District	62		37	25	835	550	285
兴宁区 Xingning District	6		3	3	75	37	38
青秀区 Qingxiu District	9		4	5	117	46	71
江南区 Jiangnan District	9		4	5	116	68	48
西乡塘区 Xixiangtang District	13		3	10	152	79	73
良庆区 Liangqing District	7		5	2	78	57	21
邕宁区 Yongning District	5		5		75	65	10
武鸣区 Wuming District	13		13		222	198	24
隆安县 Long'an County	10	4	6		132	118	14
马山县 Mashan County	11	4	7		156	134	22
上林县 Shanglin County	11	4	7		134	115	19
宾阳县 Binyang County	16		16		237	192	45
横　县 Hengxian County	17	1	16		308	276	32

注：江南区含经济技术开发区，西乡塘区含高新技术开发区，武鸣区含广西－东盟经济开发区。

1-2 乡（镇）、街道办事处一览表

List Of Counties (Towns) And Subdistrict Offices

（2019 年）

县（区） County(District)	乡（镇）、街道办事处	Township(Town)、Urban Subdistrict Office
隆安县 Long'an County	城厢镇、南圩镇、乔建镇、那桐镇、丁当镇、雁江镇、布泉乡、都结乡、屏山乡、古潭乡	Chengxiang、Nanxu、Qiaojian、Natong、Dingdang、Yanjiang、Buquan、Dujie、Pingshan、Gutan
马山县 Mashan County	白山镇、百龙滩镇、古零镇、金钗镇、永州镇、林圩镇、周鹿镇、乔利乡、加方乡、古寨瑶族乡、里当瑶族乡	Baishan、Bailongtan、Guling、Jinchai、Yongzhou、Linxu、Zhoulu、Qiaoli、Jiafang、Guzhaiyaozu、Lidangyaozu
上林县 Shanglin County	大丰镇、明亮镇、巷贤镇、白圩镇、三里镇、乔贤镇、西燕镇、澄泰乡、木山乡、塘红乡、镇圩瑶族乡	Dafeng、Mingliang、Xiangxian、Baixu、Sanli、Qiaoxian、Xiyan、Chengtai、Mushan、Tanghong、Zhenxuyaozu
宾阳县 Binyang County	思陇镇、新桥镇、宾州镇、新圩镇、大桥镇、邹圩镇、王灵镇、黎塘镇、和吉镇、洋桥镇、武陵镇、中华镇、古辣镇、露圩镇、甘棠镇、陈平镇	Silong、Xinqiao、binzhou、Xinxu、Daqiao、Zouxu、Wangling、Litang、Heji、Yangqiao、Wuling、Zhonghua、Gula、Luxu、Gantang、Chenping
横　县 Hengxian County	横州镇、百合镇、那阳镇、南乡镇、新福镇、莲塘镇、平马镇、峦城镇、六景镇、石塘镇、陶圩镇、校椅镇、云表镇、马岭镇、马山乡、平朗乡、镇龙乡	Hengzhou、Baihe、Nayang、Nanxiang、Xinfu、Liantang、Pingma、Luancheng、Liujing、Shitang、Taoxu、Xiaoyi、Yunbiao、Maling、Mashan、Pinglang、Zhenlong
兴宁区 Xingning District	三塘镇、五塘镇、昆仑镇、朝阳街道办事处、民生街道办事处、兴东街道办事处	Santang、Wutang、Kunlun、Chaoyang、Minsheng、Xingdong
青秀区 Qingxiu District	新竹街道办事处、中山街道办事处、建政街道办事处、南湖街道办事处、津头街道办事处、刘圩镇、伶俐镇、南阳镇、长塘镇	Xinzhu、Zhongshan、Jianzheng、Nanhu、Jintou、Liuxu、Lingli、Nanyang、Changtang
江南区 Jiangnan District	金凯街道办事处、福建园街道办事处、江南街道办事处、沙井街道办事处、那洪街道办事处、苏圩镇、延安镇、江西镇、吴圩镇	Jinkai、Fujianyuan、Jiangnan、Shajing、nahong、Suxu、Yan'an、Jiangxi、wuxu
西乡塘区 Xixiangtang District	衡阳街道办事处、北湖街道办事处、西乡塘街道办事处、安吉街道办事处、华强街道办事处、新阳街道办事处、上尧街道办事处、石埠街道办事处、安宁街道办事处、心圩街道办事处、金陵镇、双定镇、坛洛镇	Hengyang、Beihu、Xixiangtang、Anji、Huaqiang、Xinyang、Shangrao、Shibu、Anning、Xinxu、Jinling、Shuangding、Tanluo
良庆区 Liangqing District	大沙田街道办事处、玉洞街道办事处、良庆镇、那马镇、大塘镇、那陈镇、南晓镇	Dashatian、yudong、Liangqing、Nama、Datang、Nachen、Nanxiao
邕宁区 Yongning District	蒲庙镇、那楼镇、新江镇、百济镇、中和乡	Pumiao、Nalou、Xinjiang、Baiji、Zhonghe
武鸣区 Wuming District	城厢镇、锣圩镇、陆斡镇、双桥镇、宁武镇、太平镇、罗波镇、灵马镇、仙湖镇、府城镇、两江镇、马头镇、甘圩镇	Chengxiang、Luoxu、Luwo、Shuangqiao、Ningwu、taiping、Luobo、Lingma、Xianhu、Fucheng、Liangjiang、Matou、Ganxu

注：江南区含经济技术区的那洪街道办事处、金凯街道办事处、吴圩镇；西乡塘区含高新技术开发区的安宁街道办、心圩街道办事处。

1-3 南宁市国民经济主要指标占全区比重

Main Indicators Of Nanning's National Economy As Percentage In Guangxi

（2019 年）

指标名称 Item	单位 Unit	南宁市 Nanning	广西 Guangxi	南宁市占广西的比重（%） Nanning As Percentage In Guangxi
年末总人口 Population at Year-end	万人 (10000 persons)	781.97	5695	13.73
生产总值 Gross Domestic Product	亿元 (100 million yuan)	4506.56	21237.14	21.22
第一产业 Primary Industry	亿元 (100 million yuan)	507.27	3387.74	14.97
第二产业 Secondary Industry	亿元 (100 million yuan)	1044.97	7077.43	14.76
#工业 Industry	亿元 (100 million yuan)	583.48	5277.57	11.06
第三产业 Tertiary Industry	亿元 (100 million yuan)	2954.32	10771.97	27.43
固定资产投资 Investment in Fixed Assets	亿元 (100 million yuan)			
#第一产业投资 Primary industry investment	亿元 (100 million yuan)			
第二产业投资 Second industry investment	亿元 (100 million yuan)			
第三产业投资 Third industry investment	亿元 (100 million yuan)			
#项目投资 Project Investment	亿元 (100 million yuan)			
房地产开发投资 Real Estate Development	亿元 (100 million yuan)			
社会消费品零售总额 Total Retail Sales of Consumer Goods	亿元 (100 million yuan)	2307.41	8200.87	28.14
海关进出口总额 Total Value of Exports and Imports	亿元 (100 million yuan)	747.79	4694.70	15.93
#出口总额 Exports	亿元 (100 million yuan)	363.91	2597.15	14.01
财政收入 Financial Revenue	亿元 (100 million yuan)	800.69	2969.22	26.97
#一般公共预算收入 Public Budget Income	亿元 (100 million yuan)	370.93	1811.89	20.47
一般公共预算支出 Public Budget Expenditure	亿元 (100 million yuan)	787.71	5849.02	13.47
金融机构存款余额 Urban & Rural Savings Deposits	亿元 (100 million yuan)	10718.32	31504.98	34.02
金融机构贷款余额 Total Wages Bill of Staff & Workers on the Job	亿元 (100 million yuan)	13964.35	29988.52	46.57

1-4 全市各时期主要经济指标平均增长率

Average Growth Rate Of Main Economic Indicators In Each Period

单位：%

时期 Period	生产总值 Gross Domestic Product	第一产业 Primary Industry	第二产业 Secondary Industry	第三产业 Tertiary Industry	全社会固定资产投资 Total Investment in Fixed Assets	地方财政收入 Local Government Revenue	地方财政支出 Local Government Expenditure	社会消费品零售总额 Total Retail Sales of Consumer Goods
"一五"时期 (1953-1957) "First Five-Year Plan" Period	9.5	4.4	29.5	16.5	42.2	24.9	14.9	12.5
"二五"时期 (1958-1962) "Second Five-Year Plan" Period	5.3	-1.3	8.8	10.0	5.4	-2.3	2.5	7.1
调整时期 (1963-1965)1963-1965 Period of Adjustment	10.8	11.4	22.7	4.7	28.1	7.5	11.2	3.9
"三五"时期 (1966-1970) "Third Five-Year Plan" Period	6.9	7.6	13.1	3.1	-7.6	9.6	4.2	2.8
"四五"时期 (1971-1975) "Fourth Five-Year Plan" Period	9.0	9.2	11.2	5.9	13.6	14.6	9.0	8.4
"五五"时期 (1976-1980) "Fifth Five-Year Plan" Period	8.0	3.2	13.9	8.2	12.9	7.3	13.2	11.9
"六五"时期 (1981-1985) "Sixth Five-Year Plan" Period	8.6	6.9	9.1	11.5	20.3	9.0	18.2	16.8
"七五"时期 (1986-1990) "Seventh Five-Year Plan" Period	9.4	3.5	10.4	15.9	11.6	14.3	20.2	16.3
"八五"时期 (1991-1995) "Eighth Five-Year Plan" Period	14.6	8.5	16.6	18.0	51.7	8.3	16.1	25.0
"九五"时期 (1996-2000) "Ninth Five-Year Plan" Period	10.5	7.2	8.4	14.4	9.7	12.9	15.1	14.3
"十五"时期 (2001-2005) "Tenth Five-Year Plan" Period	11.5	5.5	14.2	12.3	26.2	23.7	20.4	12.2
"十一五"时期 (2006-2010) "Eleventh Five-Year Plan" Period	15.6	6.5	19.2	15.9	32.5	24.6	28.9	19.0
"十二五"时期 (2011-2015) "Twelve Five-Year Plan" Period	10.6	4.8	14.2	9.2	24.4	13.7	19.2	14.4
"十三五"时期 (2016-2019) "Thirteen Five-Year Plan" Period	6.3	4.2	5.2	7.5	12.0	8.7	10.5	8.8

注：2016 年起，全社会固定资产投资统计口径改为固定资产投资。

1-5 全市历年主要指标
Main Indicators Of Nanning City Over The Years

年份 Year	年末户籍人口(万人) Population at Year-end (10000 persons)	生产总值(万元) Gross DomesticProduct (10000 yuan)	第一产业 Primary Industry	第二产业 Secondary Industry	第三产业 Tertiary Industry	生产总值指数(%) Indices of Gross Domestic Product(%)	第一产业 Primary Industry	第二产业 Secondary Industry	第三产业 Tertiary Industry
1950	228.55	14272	10376	587	3309	100	100	100	100
1951	233.89	16885	12045	844	3996	113.2	110.1	147.6	119.0
1952	239.35	19369	13449	1228	4692	112.7	109.2	146.4	116.0
1953	245.81	22355	14565	2283	5507	115.3	108.1	199.9	117.8
1954	251.68	23675	14713	2557	6405	108.4	103.7	112.6	119.7
1955	254.93	25529	15113	3053	7363	108.3	102.9	118.6	118.0
1956	261.44	28189	15404	4048	8737	109.9	102.3	129.6	118.5
1957	266.89	30015	16262	4163	9590	105.6	104.9	105.2	109.0
1958	279.89	34627	15512	7887	11228	112.4	96.3	158.0	114.4
1959	286.78	43541	16522	12986	14033	127.9	106.3	170.1	128.1
1960	290.98	46193	14144	15527	16522	109.7	89.2	123.6	117.8
1961	292.75	36679	13623	8305	14751	79.9	94.2	52.7	95.3
1962	298.48	37274	14913	7279	15082	102.5	109.0	87.1	104.3
1963	309.93	39195	15925	7771	15499	104.3	106.5	102.9	103.0
1964	318.88	44568	17948	10157	16463	111.6	112.7	136.0	101.5
1965	329.84	53362	21483	13309	18570	116.8	115.2	132.0	109.6
1966	338.72	59518	23441	16911	19166	113.2	109.0	125.2	111.1
1967	345.70	59634	25458	15366	18810	101.2	108.0	92.8	102.4
1968	352.82	55120	25297	11956	17867	93.0	99.2	79.0	94.7
1969	361.74	67743	29168	20006	18569	118.4	109.7	172.4	103.6
1970	368.74	75982	33585	23099	19298	110.7	112.9	117.1	104.3
1971	380.39	82528	37749	25116	19663	107.1	108.7	107.7	104.3
1972	390.19	92412	43136	27863	21413	112.1	113.0	115.0	108.0
1973	401.91	103457	48440	31523	23494	111.5	113.9	113.6	104.8
1974	413.16	109354	49650	34988	24716	106.4	103.2	109.8	107.6
1975	423.38	117937	52955	38654	26328	107.9	107.6	110.3	104.8
1976	432.37	121775	51557	42621	27597	103.2	97.0	109.7	107.0
1977	440.08	130702	54687	46009	30006	107.9	103.5	112.7	109.8
1978	451.77	147407	61866	52192	33349	111.5	110.3	112.1	112.6
1979	460.86	166868	66443	64096	36329	112.4	100.3	127.9	110.2
1980	470.05	180111	70093	70017	40001	105.5	105.3	108.0	101.7
1981	480.27	194836	75578	72684	46574	109.0	107.0	107.5	117.4
1982	490.35	225795	96967	79171	49657	114.9	125.3	110.1	106.2
1983	497.86	241907	100133	84744	57030	106.9	103.6	108.0	113.3
1984	509.27	247810	98513	84852	64445	100.2	97.2	99.2	107.9
1985	519.06	309278	118263	108351	82664	112.7	103.4	122.1	113.1

注：本表数据均为 2003 年行政区划调整后大南宁范围口径的数据。

1-5 续表 1

年份 Year	年末户籍人口(万人) Population at Year-end (10000 persons)	生产总值(万元) Gross Domestic Product (10000 yuan)	第一产业 Primary Industry	第二产业 Secondary Industry	第三产业 Tertiary Industry	生产总值指数(%) Indices of Gross Domestic Product(%)	第一产业 Primary Industry	第二产业 Secondary Industry	第三产业 Tertiary Industry
1986	529.34	351522	126421	127214	97887	107.9	101.4	111.7	114.1
1987	538.79	420513	146358	156696	117459	112.6	105.2	117.6	114.2
1988	540.52	537786	178831	191331	167624	109.7	92.8	109.0	129.6
1989	547.50	620446	191616	219227	209603	107.4	107.7	102.8	114.9
1990	558.20	708788	231018	248354	229416	109.6	111.1	111.6	107.8
1991	563.74	793241	239063	274634	279544	106.3	100.6	106.9	111.6
1992	571.55	918098	277741	304726	335631	112.7	115.1	109.3	114.3
1993	579.54	1346171	344360	499312	502499	123.5	106.9	134.4	128.3
1994	587.86	1872259	491029	675122	706108	116.5	107.7	119.6	120.7
1995	594.92	2358085	615225	807943	934917	114.5	112.6	114.9	115.7
1996	601.95	2671991	690541	845891	1135559	111.4	105.9	110.4	116.5
1997	607.19	3044914	785856	922155	1336903	112.5	113.9	108.8	115.2
1998	612.20	3395532	834421	997314	1563797	111.5	108.4	110.3	114.8
1999	615.11	3569886	852645	1019933	1697308	109.4	107.4	108.1	111.7
2000	625.27	3779364	876615	1053679	1849070	107.7	100.7	104.6	113.9
2001	629.75	4181684	907401	1131645	2142638	108.8	102.2	106.4	113.2
2002	634.68	4631795	943479	1255606	2432710	110.9	107.7	112.2	111.6
2003	641.67	5217793	997023	1523485	2697285	110.9	103.7	119.3	109.4
2004	648.85	6191189	1076785	1933768	3180636	113.2	105.9	118.2	113.1
2005	659.54	7279032	1242538	2312059	3724435	113.4	108.2	115.6	114.0
2006	671.89	8801064	1443354	2973069	4384641	116.8	108.4	125.3	114.4
2007	683.51	10890730	1780002	3722713	5388015	117.4	107.3	121.1	117.9
2008	691.69	13204348	2031087	4579360	6593901	114.7	105.3	114.8	117.4
2009	697.90	15247144	2123780	5274575	7848789.242	115.1	105.8	117.0	116.3
2010	707.37	18002613	2444349	6518841	9039423	114.2	105.7	117.8	113.7
2011	711.49	22114358	3055458	8296138	10762762	113.5	105.7	118.3	112.2
2012	713.50	25031812	3229563	9607494	12194755	112.3	105.2	118.1	109.6
2013	724.43	28455976	3367878	11082707	14005390.68	110.3	104.8	114.6	108.1
2014	729.66	31483154	3546924	12515380	15420849.66	108.5	104.2	109.9	108.2
2015	740.23	34304970	3711012	13603348	16990610	108.6	104.1	110.4	107.9
2016	751.74	37275137	3959322	14443868	18871946.98	107.0	103.2	105.8	108.8
2017	756.87	41188293	4041842	15994975	21151476	108.0	104.1	108.6	108.4
2018	770.82	41623699	4320500	9953487	27349712	105.4	104.3	102.2	107.8
2019	781.97	45065576	5072701	10449719	29543156	105.0	105.3	104.4	105.2

年份 Year	全社会固定资产投资 Total Investment in Fixed Assets	财政收入 Financial Revenue	#一般公共预算收入 Public Budget Income	一般公共预算支出 Public Budget Expenditure	农业总产值 Gross Output Value of Farming,Forestry,Animal,Husbandry & Fishery	工业总产值 Gross Industrial Output Value	社会消费品零售总额 Total Retail Sales of Consumer Goods
1950	388	781	774	317	14674	1223	5834
1951	458	1648	1624	545	17009	1932	7482
1952	547	1898	1850	1084	19131	2967	9021
1953	2287	2733	2680	1184	20602	4941	11127
1954	1682	3464	3454	1298	20769	5981	13165
1955	1697	3468	3416	1322	21545	7290	13434
1956	3621	4659	4617	1939	22043	9151	16912
1957	3178	5676	5618	2168	23144	9678	16248
1958	6860	5744	5645	4037	22060	18666	18312
1959	14569	7654	7604	4446	23646	30235	23701
1960	16761	6725	6616	5933	20471	36901	25139
1961	6162	4613	4561	3442	19772	19501	20949
1962	4126	5058	5006	2456	21665	17648	22843
1963	4649	5205	5140	2648	23266	18857	22905
1964	7710	5339	5263	3548	26084	23917	22851
1965	8662	6293	6212	3377	31782	32618	25626
1966	7217	7402	7286	3538	34898	44529	27943
1967	3709	6435	6310	3493	37765	40518	26755
1968	2725	5081	4839	3196	37156	31260	22728
1969	4764	7946	7858	4223	43077	53287	29638
1970	5851	9930	9819	4142	50570	63861	29429
1971	6615	12178	12023	4692	56731	65930	29591
1972	8515	14032	13628	8047	64208	75342	32041
1973	8848	16591	16175	5748	70500	86364	36544
1974	9725	19180	18711	6645	71747	96037	39891
1975	11062	19813	19405	6381	75695	106363	43954
1976	12086	19461	19270	6581	73039	117477	45133
1977	11396	21537	21273	7579	76148	127749	49347
1978	20349	23188	23184	10879	81632	136758	54365
1979	28550	24008	23992	9962	91527	144489	62380
1980	20248	27538	27538	11833	97019	157057	76941
1981	18437	28864	28864	12399	106454	168984	83388
1982	22813	31563	31563	13174	126695	182935	92740
1983	24934	32792	32757	13577	136535	198420	104626

1-5 续表 3

单位：万元 (10000 yuan)

年份 Year	全社会固定资产投资 Total Investment in Fixed Assets	财政收入 Financial Revenue	#一般公共预算收入 General Public Bugetary Revenue of Local Government Revenue	一般公共预算支出 Public Budget Expenditure	农业总产值 Gross Output Value of Farming,Forestry,Animal,Husbandry & Fishery	工业总产值 Gross Industrial Output Value	居民消费价格指数 (%)	社会消费品零售总额 Total Retail Sales of Consumer Goods
1984	28394	33915	33813	16635	143894	211645	104.4	123936
1985	51008	42633	42321	27267	172481	260770	118.3	167304
1986	67233	47723	47376	39718	184142	305786	105.2	186098
1987	78940	55007	54675	45438	215076	376240	111.1	224707
1988	108827	64246	64246	60931	272515	490246	121.6	294082
1989	84519	74593	74593	60261	286725	607592	119.4	339300
1990	88386	82478	82478	68441	361702	671708	98.0	356467
1991	103255	89637	89637	71913	379696	766803	104.1	410693
1992	147118	94542	94542	75287	444538	938925	106.7	493513
1993	288531	141425	141425	107415	563494	1337414	125.1	669925
1994	447150	193018	107076	128398	791925	1774347	124.8	828756
1995	711065	219576	122823	144050	995180	1984448	118.6	1088523
1996	825818	240141	138598	155555	1116908	2044709	103.3	1293125
1997	969255	273637	159742	178987	1242108	2159248	100.2	1464026
1998	1049861	308392	178092	202323	1317691	2332161	96.7	1618304
1999	1111761	339803	201008	245770	1342494	2311969	95.9	1724235
2000	1131659	375390	225728	290667	1377932	2417251	100.0	2124265
2001	1214061	452926	291860	348556	1407186	2608100	102.8	2313462
2002	1455615	525341	312805	452120	1455675	2911858	99.4	2567758
2003	1903567	610594	362435	524981	1519259	3341979	100.8	2884483
2004	2627634	746328	432526	621191	1798585	4040693	104.2	3191846
2005	3628975	1002186	451954	735508	2045862	4909198	101.1	3658768
2006	4472211	1203603	566191	930781	2384753	6392812	102.5	4206948
2007	5602200	1508393	701510	1180007	2944579	8302142	104.4	4988185
2008	6934353	1911682	928812	1660830	3380719	10598632	108.4	6202910
2009	10439120	2313664	1204628	2035519	3511968	11757647	98.2	7209601
2010	14830158	3008756	1560958	2612785	4032427	15011824	102.5	8684461
2011	20189453	3635192	1862928	3018491	5071561	20002301	105.7	10241898
2012	25851818	4219938	2297183	3765096	5345172	22827319	102.9	11883979
2013	24750080	4736625	2562467	4172858	5772670	26591777	102.1	13587834
2014	29338739	5265905	2748518	4657665	6094853	29550538	101.6	15180676
2015	34184261	5724781	2970501	5267231	6386212	33238249	101.9	16733639
2016	38247267	6138706	3127921	5869793	6891485	36280744	101.4	18465449
2017	43079465	6879808	3321500	6463707	7004068	37941377	102.3	20533283
2018		7532000	3589559	6979282	7092330		102.5	22342673
2019		8006868	3709283	7891986	8255800		103.4	23277990

注：1、社会消费品零售总额 2000 年以后不含制造业零售和农业生产零售，2005 年—2008 年数根据二经普结果相应调整；2、2013 年起，固定资产投资起报点从计划总投资 50 万调整为计划总投资 500 万元起报；3、2016 年起，全社会固定资产投资统计口径改为固定资产投资。

1-6 全市历年人均主要指标

Per Capita Main Indicators Of Nanning City Over The Years

单位：元 (yuan)

年份 Year	生产总值 Gross Domestic Product	财政收入 Financial Revenue	全社会固定资产投资 Total Investment in Fixed Assets	社会消费品零售总额 Total Retail Sales of Consumer Goods	住户存款余额 Savings Deposit of Urban and Rural Househoulds	在岗职工年平均工资 Average Annual Wage of Staff and Workers	农村居民人均可支配收入 Per Capita Annual Net Income of Rural Residents
1950	62	3	2	26	…	338	54
1951	73	7	2	32	…	356	56
1952	82	8	2	38	1	427	63
1953	92	11	9	46	1	458	61
1954	95	14	7	53	2	461	62
1955	101	14	7	53	2	488	60
1956	109	18	14	66	2	527	67
1957	114	21	12	62	2	551	68
1958	127	21	25	67	4	510	62
1959	154	27	51	84	6	448	56
1960	160	23	58	87	5	435	49
1961	126	16	21	72	3	457	56
1962	126	17	14	77	2	502	58
1963	129	17	15	75	3	535	51
1964	142	17	25	73	4	549	64
1965	165	19	27	79	4	539	66
1966	178	22	22	84	5	507	68
1967	174	19	11	78	5	537	70
1968	158	15	8	65	6	518	72
1969	190	22	13	83	5	490	70
1970	208	27	16	81	6	516	68
1971	220	33	18	79	6	482	74
1972	240	36	22	83	7	499	82
1973	261	42	22	92	8	528	87
1974	268	47	24	98	9	540	80
1975	282	47	26	105	10	549	81
1976	285	45	28	105	10	519	74
1977	300	49	26	113	11	528	76
1978	331	52	46	122	13	565	88
1979	366	53	63	137	16	612	105
1980	387	59	44	165	22	730	107
1981	410	61	39	175	28	746	135
1982	465	65	47	191	34	791	158
1983	490	66	50	212	43	818	239
1984	492	67	56	246	62	963	316
1985	602	83	99	325	84	1051	367

注：1、本表中人均城乡居民储蓄存款余额、在岗职年平均工资、农民人均纯收入 1950–1999 年为原南宁口径的数据，2000 年以后为行政区划调整后的数据。2、自 2016 年起，农民人均纯收入统计口径更改为农村居民人均可支配收入。

1-6 续表

单位：元 (yuan)

年份 Year	生产总值 Gross Domestic Product	财政收入 Financial Revenue	全社会固定资产投资 Total Investment in Fixed Assets	社会消费品零售总额 Total Retail Sales of Consumer Goods	住户存款余额 Savings Deposit of Urban and Rural Households	在岗职工年平均工资 Average Annual Wage of Staff and Workers	农村居民人均可支配收入 Per Capita Annual Net Income of Rural Residents
1986	671	91	128	355	116	1292	404
1987	787	103	148	421	153	1428	461
1988	997	119	202	545	185	1685	521
1989	1141	137	155	624	253	1784	574
1990	1282	149	160	645	354	2111	624
1991	1414	160	184	732	459	2331	683
1992	1617	167	259	869	598	2720	778
1993	2339	246	501	1164	890	3786	912
1994	3208	331	766	1420	1365	4976	1093
1995	3987	371	1202	1841	1889	5668	1326
1996	4465	401	1380	2161	2392	6009	1553
1997	5036	453	1603	2422	2665	6508	1788
1998	5569	506	1722	2654	3269	7315	1942
1999	5817	554	1812	2810	3562	8077	2079
2000	6086	605	1825	3425	4700	8185	1791
2001	6656	722	1935	3687	5287	9572	1954
2002	7327	831	2302	4062	6170	11363	2111
2003	8176	957	2983	4520	7036	13172	2231
2004	9595	1157	4072	5146	7949	15447	2467
2005	11127	1532	5547	5778	9070	17520	2680
2006	13220	1808	6718	6542	10142	20650	3033
2007	16070	2226	8266	7608	10458	24789	3462
2008	19204	2780	10085	9354	12924	29377	4001
2009	21945	3330	15025	10896	16065	32596	4385
2010	27069	4524	22298	13621	20687	37042	5538
2011	33017	5427	30143	16022	23605	40120	6471
2012	37016	6240	38229	18567	27561	43847	7498
2013	41711	6943	36278	21266	31613	48188	8503
2014	45735	7650	42620	23489	33728	54826	9489
2015	49360	8237	49186	25708	38854	63820	10409
2016	53067	8739	54451	28194	41636	68560	11398
2017	57948	9679	60609	31011	44693	75481	12515
2018	57781	10456		30744	49181	83452	13654
2019	61738	10969		31890	54255	90986	15047

注：1、自2010年起人均指标按常住人口计算。2、自2016年起，农民人均纯收入统计口径更改为农村居民人均可支配收入。3、2016年起，全社会固定资产投资统计口径改为固定资产投资。

1-7 全市社会经济主要指标
Main Social Economic Indicators Of Nanning City

指标名称 Item	单位 Unit	2019 年	2018 年	2019 年为 2018 年% Rate of Development (%)
人口、土地面积 Population,Land Area				
年末户籍人口 Population at Year-end	人 (person)	7819667	7708223	101.4
#男性人口 Male	人 (person)	4062268	4011052	101.3
女性人口 Female	人 (person)	3757399	3697171	101.6
#城镇人口 Town population	人 (person)	3531093	3430769	102.9
乡村人口 Rural population	人 (person)	4288574	4277454	100.3
年平均人口 Annual Average Population	人 (person)	7763945	7638440	101.6
自然增长率 Natural Growth Rate of Population	‰	6.72	7.04	-0.32 ▲
年末常住人口 Residents Population	万人	734.48	725.41	101.3
#城镇人口 Town population	万人	467.88	452.62	103.4
城镇化率 Urbanization Rate	%	63.7	62.4	1.3*
土地面积 Land Area	平方公里 (sq.km)	22099	22099	100.0
#建成区面积 Urban Area	平方公里 (sq.km)	403	397	101.5
生产总值(当年价) Gross Domestic Product	**万元 (10000 yuan)**	**45065576**	**41623699**	**105.0**
第一产业 Primary Industry	万元 (10000 yuan)	5072701	4320500	105.3
第二产业 Secondary Industry	万元 (10000 yuan)	10449719	9953487	104.4
工业 Industry	万元 (10000 yuan)	5834774	5828321	101.0
建筑业 Construction	万元 (10000 yuan)	4633997	4144198	109.2
第三产业 Tertiary Industry	万元 (10000 yuan)	29543156	27349712	105.2
人均生产总值(当年价) Per Capita Gross Domestic Product	元 (yuan)	61738	57781	103.6
生产总值构成 Composition of Gross Domestic Product	%	**100**	**100**	
第一产业 Primary Industry	%	11.26	10.38	0.88*
第二产业 Secondary Industry	%	23.19	23.91	-0.73*
工业 Industry	%	12.95	14.00	-1.06*
建筑业 Construction	%	10.28	9.96	0.33*
第三产业 Tertiary Industry	%	65.56	65.71	-0.15*

注：1. 生产总值发展速度按可比价计算。2. "▲" 为增减千分点，"*" 为增减百分点。

1-7 续表 1

指标名称 Item	单位 Unit	2019 年	2018 年	2019 年为 2018 年% Rate of Development (%)
农业 Agriculture				
农林牧渔业总产值(当年价) Gross Output Value of Agriculture, Forestry, Animal Husbandry and Fishery	万元 (10000 yuan)	8037403	7092330	104.3
农业 Farming	万元 (10000 yuan)	5316254	4512727	107.7
林业 Forestry	万元 (10000 yuan)	398836	364641	112.7
牧业 Animal Husbandry	万元 (10000 yuan)	1803139	1734153	94.3
渔业 Fishery	万元 (10000 yuan)	292314	269214	100.8
服务业 Services in support of Agriculture	万元 (10000 yuan)	226859	211595	103.4
粮食总产量 Output of Grain	吨 (ton)	2054565	2114181	97.2
油料产量 Output of Oil-bearing Grops	吨 (ton)	155699	147819	105.3
蔬菜产量 Output of Vegetables	吨 (ton)	6339526	5967581	106.2
甘蔗产量 Output of Sugarcane	吨 (ton)	11818247	11635979	101.6
水果产量 Output of Fruits	吨 (ton)	3369630	2743696	122.8
肉类产量 Output of Meat	吨 (ton)	588034	657412	89.4
水产品产量 Output of Aquatic Products	吨 (ton)	219959	219145	100.4
农业机械总动力 Total Agricultural Machinery Power	万千瓦 (10000 kw)	502.75	482.57	104.2
农村用电量 Electricity Consumed in Rural Areas	万千瓦时 (10000 kwh)	141207	127929	110.4
农用化肥施用量(折纯量) Consumption of Chemical Fertilizers	吨 (ton)	461576	470426	98.1

1-7 续表 2

指标名称 Item	单位 Unit	2019 年	2018 年	2019 年为 2018 年% Rate of Development (%)
工业 Industry				
全部工业总产值增速 ALL Included Gross IndustrialOutput Value	%	4.3	5.3	-1*
# 规模以上工业总产值 Above Designated Size	%	4.9	5.2	-0.3*
规模以上工业企业主要指标 Main Indicators of IndustrialEnterprises above Designated Size				
企业单位数 Number of Enterprises	个 (unit)	1000	1005	99.5
# 亏损企业 Loss-making Enterprises	个 (unit)	217	209	103.8
规上工业总产值 Gross Industrial Output Value	%	4.9	5.2	-0.3*
内资企业 Domestic Funded	%			
国有企业 State-owned Enterprises	%	8.0	0.8	7.2*
集体企业 Collective-owned Enterprises	%	12.9	2.3	10.6*
股份合作企业 Cooperative Enterprises	%			
股份制企业 Share-holding Enterprises	%	-21.6	-0.6	-21*
外商及港澳台商投资企业 Enterprises with Funds from Foreign,Hong Kong,Macao and Taiwan	%	42.4	23.4	19*
按轻重工业分 Grouped by Light & Heavy Industries	%			
轻工业 Light Industry	%	-0.7	-1.2	0.5*
重工业 Heavy Industry	%	8.0	9.4	-1.4*
按企业规模分 Grouped by Size of Enterprises	%			
大中型企业 Large and Medium-sized Enterprises	%	2.1	6.3	-4.2*
# 国有及国有控股大中型企业 State-owned and state-controlled Large and Medium-sized Enterprises	%	5.5	0.6	4.9*
主营业务收入 Revenue from Principal Business	万元 (10000 yuan)	23110378	25031094	92.3
利润总额 Total Profits	万元 (10000 yuan)	1148416	1254050	91.6
亏损企业亏损额 Total Losses of Loss-making Enterprise	万元 (10000 yuan)	256233	175425	146.1

注："*"为增减百分点。

1-7 续表 3

指标名称 Item	单位 Unit	2019 年	2018 年	2019 年为 2018 年% Rate of Development (%)
交通、邮电、电力 Transport,Postal and Telecommunication Services				
货运总量 Freight Traffic	万吨 (10000 tons)	41324	38382	107.7
客运总量 Passenger Traffic	万人 (10000 persons)	9520	9473	100.5
内河港口货物吞吐量 Volume of Freight Handled in Major Ports of Inland Rivers	万吨 (10000 tons)	796	736	108.1
邮电业务总量 (2010 年价) Business Volume of Postal and Telecommunication Services (2010 constant prices)	万元 (10000 yuan)	7813409	4547164	171.8
年末电话用户数 Number of Telephone Subscribers at Year-end	户 (subscribers)	13721305	13594994	100.9
# 移动电话用户数 Number of Mobile Telephone Subscribers at Year-end	户 (subscribers)	10835559	10963463	98.8
全年用电量 Electricity Consumption	万千瓦时 (10000 kwh)	2503122	2247990	111.3
# 工业用电量 Industry	万千瓦时 (10000 kwh)	822399	809304	101.6
城乡居民生活用电量 Residentrial Consumption	万千瓦时 (10000 kwh)	793790	656753	120.9
固定资产投资增速 Investment in Fixed Assets				
# 固定资产投资 Investment in Urban Fixed Assets	%	9.9	11.8	-1.9*
# 项目投资 Project investment	%	-9.4	9.2	-18.6*
房地产开发投资 Real Estate Development	%	32.1	15.5	16.6*
第一产业 Primary Industry	%	30.8	-0.9	31.7*
第二产业 Secondary Industry	%	-2.4	13.9	-16.3*
工业 Industry	%	4.1	8.7	-4.6*
第三产业 Tertiary Industry	%	9.7	11.8	-2.1*
民间投资 Private investment	%	22.0	8.0	14*
非公投资 Non-Public Ownership Investment	%	16.8	10.8	6*

注：1. 年末互联网用户为宽度用户数。2.2013 年起，固定资产投资起报点从计划总投资 50 万起报调整为计划总投资 500 万元起报，发展速度按可比口径计算。3. 房屋施工、竣工面积不含私人建房。4. “*” 为增减百分点。

1-7 续表 4

指标名称 Item	单位 Unit	2019 年	2018 年	2019 年为 2018 年% Rate of Development (%)
商业、外贸、旅游 **Domestic Trade**				
社会消费品零售总额 Total Retail Sales of Consumer Goods	万元 (10000 yuan)	23277990	22342673	104.2
# 城镇零售额 Retail Sales of Consumer Goods in Urban District	万元 (10000 yuan)			
乡村零售额 Retail Sales of Consumer Goods in Rural District	万元 (10000 yuan)			
批发零售贸易业商品销售总额 Sale Values of Enterprises of Wholesale and Retail rades	万元 (10000 yuan)	62153291	59938683	103.7
外贸进出口总值(海关数) Total Exports & Imports	万元 (10000 yuan)	7477891	7387917	101.0
进口总值 Exports	万元 (10000 yuan)	3838836	3836988	99.7
出口总值 Imports	万元 (10000 yuan)	3639055	3550930	102.5
外商直接投资 Direct Foreign Investments	万美元 (10000 USD)		136944	
旅游者人数 Number of Tourists	万人次 (10000 person-times)	15210	13095	116.2
# 国际旅游人数 International Tourists	万人次 (10000 person-times)	68.99	64.43	107.1
旅游收入 Earnings from Tourism	万元 (10000 yuan)	16990200	13875401	122.4
# 国际旅游收入 International Tourism	万美元 (10000 USD)	37956	28892	131.4
财政、金融 **Finance,Banking&Insurance**				
全部财政收入 Financial Revenue	万元 (10000 yuan)	8006867	7532000	106.3
# 一般公共预算收入 Public Budget Incomee	万元 (10000 yuan)	3709285	3589559	103.3
一般公共预算支出 Public Budget Expenditure	万元 (10000 yuan)	7891986	6979282	113.1
金融机构各项存款余额 Total Deposits of Financial Institutions	万元 (10000 yuan)	107183153	100931251	106.2
# 住户存款余额 Householder Savings Deposits	万元 (10000 yuan)	39603083	35428272	111.8
金融机构各项贷款余额 Total Loans of Financial Institutions	万元 (10000 yuan)	139643528	120521342	115.9

1-7 续表 5

指标名称 Item	单位 Unit	2019 年	2018 年	2019 年为 2018 年% Rate of Development (%)
劳动工资 Employment and Wages				
年末在岗职工人数 Number of Staff & Workers on the Job at Year-end	人 (person)	784033	734321	106.8
国有单位 State-owned Units	人 (person)	346380	320686	108.0
城镇集体单位 Urban Collective Owned Units	人 (person)	6824	6704	101.8
其他经济类型单位 Units of Other Types of Ownership	人 (person)	430829	406931	105.9
在岗职工工资总额 Total Wages Bill of Staff & Workers on the Job	万元 (10000 yuan)	7510813	6539357	114.9
国有单位 State-owned Units	万元 (10000 yuan)	3628058	3130255	115.9
城镇集体单位 Urban Collective Owned Units	万元 (10000 yuan)	38320	33269	115.2
其他经济类型单位 Units of Other Types of Ownership	万元 (10000 yuan)	3844435	3375833	113.9
在岗职工年平均工资 Average Wage of Staff & Workers on the Job	元 / 人 (yuan/person)	90986	83452	109.0
国有单位 State-owned Units	元 / 人 (yuan/person)	102912	96698	106.4
城镇集体单位 Urban Collective Owned Units	元 / 人 (yuan/person)	62362	56764	109.9
其他经济类型单位 Units of Other Types of Ownership	元 / 人 (yuan/person)	84089	76169	110.4
城乡居民收入 The income of urban and rural residents				
居民年人均可支配收入 Per capita disposable income of residents	元 / 人 (yuan/person)	28929	26798	108.0
# 城镇居民年人均可支配收入 Disposable income of urban residents	元 / 人 (yuan/person)	37675	35276	106.8
农村居民年人均可支配收入 Per capita disposable income of rural residents	元 / 人 (yuan/person)	15047	13654	110.2
居民消费价格指数 Consumer Price index	**%**	**103.4**	**102.5**	**103.4**

1–8 市区社会经济主要指标

Main Social Economic Indicators Of Urban Districts

指标名称	单位 Unit	2019 年	2018 年	2019 年为 2018 年% Rate of Development (%)
人口、土地面积 Population,Land Area				
年末户籍人口 Population at Year–end	人 (person)	3977743	3871306	102.7
# 男性人口 Male	人 (person)	2019377	1971911	102.4
女性人口 Female	人 (person)	1958366	1899395	103.1
年平均人口 Average Annual Population	人 (person)	3924525	3812535	102.9
自然增长率 Natural Growth Rate of Population	‰	9.08	9.06	0.02 ▲
年末常住人口 Residents Population	万人	449.23	441.76	101.7
# 城镇人口 Town population	万人	356.8	345.91	103.1
城镇化率 Urbanization Rate	%	79.42	78.30	1.12*
土地面积 Land Area	平方公里 (sq.km)	9836	9836	100.0
# 建成区面积 Urban Area	平方公里 (sq.km)	319	317	100.8
生产总值（当年价） Gross Domestic Product	**万元 (10000 yuan)**	**36445138**	**33699443**	**104.9**
第一产业 Primary Industry	万元 (10000 yuan)	2841051	2328279	106.2
第二产业 Secondary Industry	万元 (10000 yuan)	7854055	7531378	103.5
工业 Industry	万元 (10000 yuan)	4012874	4114035	98.5
建筑业 Construction	万元 (10000 yuan)	3854223	3430769	109.7
第三产业 Tertiary Industry	万元 (10000 yuan)	25750032	23839786	105.2
人均生产总值（当年价） Per Capita Gross Domestic Product(current prices)	元 (yuan)	81808	77005	103.1
生产总值构成 Composition of Gross Domestic Product	%	**100**	**100**	
第一产业 Primary Industry	%	7.80	6.91	0.89*
第二产业 Secondary Industry	%	21.55	22.35	–0.8*
工业 Industry	%	11.01	12.21	–1.2*
建筑业 Construction	%	10.58	10.18	0.39*
第三产业 Tertiary Industry	%	70.65	70.74	–0.09*

注：1. 生产总值、农业总产值发展速度按可比价计算。2. “▲”为增减千分点，“*”为增减百分点。2、2016 年起，市区年末常住人口含武鸣区。3、2016 年起，建成区面积含武鸣区。

1-8 续表 1

指标名称	单位 Unit	2019 年	2018 年	2019 年为 2018 年% Rate of Development (%)
工业 **Industry**				
规模以上工业企业主要指标 **Main Indicators of Industrial Enterprises above Designated Size**				
企业单位数 Number of Enterprises	个 (unit)	708	757	93.5
# 亏损企业 Loss-making Enterprises	个 (unit)	170	167	101.8
主营业务收入 Revenue from Principal Business	万元 (10000 yuan)	18141478	20594032	88.1
利润总额 Total Profits	万元 (10000 yuan)	742300	938716	79.1
亏损企业亏损额 Total Losses of Loss-making Enterprise	万元 (10000 yuan)	234783	135543	173.2
固定资产投资增速 **Investment in Fixed Assets**				
固定资产投资额 Investment in Urban Fixed Assets	%	7.1	11.8	-4.7*
# 项目投资 Project investment	%	-14.8	8.0	-22.8*
房地产开发投资 Real Estate Development	%	31.0	16.8	14.2*

注：1. 其他投资含城镇工矿区私人建房。2. 2013 年起，固定资产投资起报点从计划总投资 50 万起报调整为计划总投资 500 万元起报，发展速度按可比口径计算。3. “*” 为增减百分点。

1-8 续表 2

指标名称 Item	单位 Unit	2019 年	2018 年	2019 年为 2018 年% Rate of Development (%)
商业 **Domestic**				
社会消费品零售总额 Total Retail Sales of Consumer Goods	万元 (10000 yuan)	20595914	19837500	103.8
# 城镇零售额 Retail Sales of Consumer Goods in Urban District	万元 (10000 yuan)			
乡村零售额 Retail Sales of Consumer Goods in Rural District	万元 (10000 yuan)			
财政、金融 **Finance,Banking&Insurance**				
全部财政收入 Financial Revenue	万元 (10000 yuan)	7472354	6996045	106.8
# 一般公共预算收入 Public finance budget income	万元 (10000 yuan)	3376977	3260989	103.6
一般公共预算政支出 Local Government Expenditure	万元 (10000 yuan)	5659280	4996664	113.3
金融机构各项存款余额 Total Deposits of Financial Institutions	万元 (10000 yuan)	98437593	92796707	106.1
# 城乡居民储蓄存款余额 Urban & Rural Savings Deposits	万元 (10000 yuan)	32548147	28948666	112.4
金融机构各项贷款余额 Total Loans of Financial Institutions	万元 (10000 yuan)	133898647	115688520	115.7

1-9 各县区社会经济主要指标

指标名称	单位	隆安县			马山县		
		2019 年	2018 年	2019 年为 2018 年% Rate of Development (%)	2019 年	2018 年	2019 年为 2018 年% Rate of Development (%)
人口、土地面积 Population,Land Area							
年末户籍人口 Population at Year-end	人 (person)	424471	424476	100.0	574434	575172	99.9
男性人口 Male	人 (person)	225723	225596	100.1	302845	303244	99.9
女性人口 Female	人 (person)	198748	198880	99.9	271589	271928	99.9
年平均人口 Average Annual Population	人 (person)	424474	423436	100.2	574803	573205	100.3
年末常住人口 Residents Population	万人	32.02	31.84	100.6	41.68	41.42	100.6
# 城镇人口 Town population	万人	10.34	9.95	103.9	12.04	11.4	105.6
城镇化率 Urbanization Rate	%	32.29	31.25	1.04*	28.89	27.52	1.37*
土地面积 Land Area	平方公里 (sq.km)	2306	2306	100.0	2341	2341	100.0
生产总值(当年价) Gross Domestic Product	**万元 (10000 yuan)**	**942651**	**845214**	**105.1**	**858363**	**770133**	**106.3**
第一产业 Primary Industry	万元 (10000 yuan)	382721	322955	105.2	228418	195044	104.6
第二产业 Secondary Industry	万元 (10000 yuan)	221192	206811	106.7	198671	177845	111.1
工业 Industry	万元 (10000 yuan)	149677	136133	110.7	122508	113638	108.6
建筑业 Construction	万元 (10000 yuan)	71781	70919	98.8	77963	65876	115.6
第三产业 Tertiary Industry	万元 (10000 yuan)	338738	315448	103.9	431273	397244	105.1
人均生产总值(当年价) Per Capita Gross Domestic Product(current prices)	元 (yuan)	29522	26671	104.3	20659	18663	105.6
生产总值构成 Composition of Gross Domestic Product	**%**	**100**	**100**		**100**	**100**	
第一产业 Primary Industry	%	40.60	38.21	2.39*	26.61	25.33	1.28*
第二产业 Secondary Industry	%	23.46	24.47	−1*	23.15	23.09	0.05*
工业 Industry	%	15.88	16.11	−0.23*	14.27	14.76	−0.48*
建筑业 Construction	%	7.61	8.39	−0.78*	9.08	8.55	0.53*
第三产业 Tertiary Industry	%	35.93	37.32	−1.39*	50.24	51.58	−1.34*

注：1. 生产总值发展速度按可比价计算。2. “▲” 为增减千分点， “*” 为增减百分点。

1-9 续表 1

指标名称 Item	单位 Unit	隆安县			马山县		
		2019 年	2018 年	2019 年为 2018 年% Rate of Development (%)	2019 年	2018 年	2019 年为 2018 年% Rate of Development (%)
农业 Agriculture							
农林牧渔业总产值(当年价) Gross Output Value of Agriculture,Forestry,Animal Husbandry and Fishery	万元 (10000 yuan)	605477	514981	104.5	355818	316106	104.7
农业 Farming	万元 (10000 yuan)	441024	362915	109.3	196037	174100	106.0
林业 Forestry	万元 (10000 yuan)	22554	23448	102.1	32411	25536	125.6
牧业 Animal Husbandry	万元 (10000 yuan)	103617	94752	92.6	113331	103794	97.3
渔业 Fishery	万元 (10000 yuan)	21922	18806	74.6	12887	11620	105.3
农林牧渔服务业 Services in support of Agriculture	万元 (10000 yuan)	16360	15060	104.5	1152	1056	104.5
工业 Industry							
规模以上工业企业主要指标 Main Indicators of Industrial Enterprises above Designated Size							
企业单位数 Number of Enterprises	个 (unit)	50	40	125.0	19	13	146.2
# 亿元工业企业 Above 100 million yuan	个 (unit)	17	16	106.3	5	4	125.0
# 亏损企业 Loss-making Enterprises	个 (unit)	11	10	110.0	7	4	175.0
规模以上工业总产值增速 Above Designated Size	%	13.7	7.6	6.1*	23.9	30.5	-6.6*
固定资产投资增速 Investment in Fixed Assets							
固定资产投资 Investment in Fixed Assets	%	16.7	3.6	13.1*	23.7	13.3	10.4*
# 项目投资 Project Investment	%	17.6	230.2	-212.6*	23.2	8.1	15.1*
房地产开发投资 Real Estate Development	%	12.1	-77.7	89.79*	27.2	80.8	-53.6*

注： "*" 为增减百分点。

1-9 续表 2

指标名称 Item	单位 Unit	隆安县			马山县		
		2019 年	2018 年	2019 年为 2018 年% Rate of Development (%)	2019 年	2018 年	2019 年为 2018 年% Rate of Development (%)
商业 Domestic							
社会消费品零售总额 Total Retail Sales of Consumer Goods	万元 (10000 yuan)	170449	163579	104.2	249238	248741	100.2
# 城镇零售额 Retail Sales of Consumer Goods in Urban District	万元 (10000 yuan)						
乡村零售额 Retail Sales of Consumer Goods in Rural District	万元 (10000 yuan)						
财政、金融 Finance,Banking&Insurance							
财政收入 Financial Revenue	万元 (10000 yuan)	52703	53734	98.1	36736	35623	103.1
# 一般公共预算收入 Public finance budget income	万元 (10000 yuan)	28892	26579	108.7	19994	19566	102.2
一般公共预算支出 Local Government Expenditure	万元 (10000 yuan)	330358	269393	122.6	398461	338812	117.6
金融机构各项存款余额 Total Deposits of Financial Institutions	万元 (10000 yuan)	1187020	1067593	111.2	938336	913200	102.8
# 住户存款余额 Householder Savings Deposits	万元 (10000 yuan)	941139	864965	108.8	755407	704384	107.2
金融机构各项贷款余额 Total Loans of Financial Institutions	万元 (10000 yuan)	786911	605028	130.1	611400	536435	114.0
城乡居民收入 The income of urban and rural residents							
全体居民年人均可支配收入 Per capita disposable income of all residents	元 / 人 (yuan/person)	17818	16364	108.9	16409	15034	109.1
# 城镇居民年人均可支配收入 Disposable income of urban residents	元 / 人 (yuan/person)	29197	27415	106.5	29031	27183	106.8
农村居民年人均可支配收入 Per capita disposable income of rural residents	元 / 人 (yuan/person)	12876	11674	110.3	11844	10719	110.5

1-9 续表 3

指标名称 Unit	单位 Unit	上林县 2019年	上林县 2018年	上林县 2019年为2018年% Rate of Development (%)	宾阳县 2019年	宾阳县 2018年	宾阳县 2019年为2018年% Rate of Development (%)
人口、土地面积 Population,Land Area							
年末户籍人口 Population at Year-end	人 (person)	502610	502129	100.1	1062183	1060558	100.2
男性人口 Male	人 (person)	264949	264473	100.2	568830	567442	100.2
女性人口 Female	人 (person)	237661	237656	100.0	493353	493116	100.0
年平均人口 Average Annual Population	人 (person)	502370	500931	100.3	1061371	1058235	100.3
年末常住人口 Residents Population	万人	36.83	36.6	100.6	83.08	82.54	100.7
# 城镇人口 Town population	万人	12.59	12.11	104.0	36.85	35.71	103.2
城镇化率 Urbanization Rate	%	34.18	33.09	1.09*	44.35	43.26	1.09*
土地面积 Land Area	平方公里 (sq.km)	1871	1871	100.0	2298	2298	100.0
生产总值（当年价） Gross Domestic Product	**万元 (10000 yuan)**	**810876**	**714686**	**107.6**	**2719591**	**2484206**	**106.0**
第一产业 Primary Industry	万元 (10000 yuan)	261680	220973	107.1	587936	522279	103.6
第二产业 Secondary Industry	万元 (10000 yuan)	122319	105670	114.4	803727	734014	109.2
工业 Industry	万元 (10000 yuan)	54027	50272	108.2	534662	485650	110.9
建筑业 Construction	万元 (10000 yuan)	68718	55793	120.3	270834	249970	105.8
第三产业 Tertiary Industry	万元 (10000 yuan)	426877	388043	106.1	1327928	1227913	105.1
人均生产总值（当年价） Per Capita Gross Domestic Product(current prices)	元	22086	19602	106.9	32841	30190	105.3
生产总值构成 Composition of Gross Domestic Product	%	**100**	**100**		**100**	**100**	
第一产业 Primary Industry	%	32.27	30.92	1.35*	21.62	21.02	0.59*
第二产业 Secondary Industry	%	15.08	14.79	0.3*	29.55	29.55	0.01*
工业 Industry	%	6.66	7.03	−0.37*	19.66	19.55	0.11*
建筑业 Construction	%	8.47	7.81	0.67*	9.96	10.06	−0.1*
第三产业 Tertiary Industry	%	52.64	54.30	−1.65*	48.83	49.43	−0.6*

1-9 续表 4

指标名称 Item	单位 Unit	上林县			宾阳县		
		2019 年	2018 年	2019 年为 2018 年% Rate of Development (%)	2019 年	2018 年	2019 年为 2018 年% Rate of Development (%)
农业 Agriculture							
农林牧渔业总产值(当年价) Gross Output Value of Agriculture, Forestry, Animal Husbandry and Fishery	万元 (10000 yuan)	413862	357846	107.2	918406	834128	103.8
农业 Farming	万元 (10000 yuan)	243340	186427	122.7	576647	515285	105.3
林业 Forestry	万元 (10000 yuan)	18270	20276	90.8	40110	39168	108.2
牧业 Animal Husbandry	万元 (10000 yuan)	127121	129168	86.2	241747	225887	99.3
渔业 Fishery	万元 (10000 yuan)	23642	20639	114.7	45865	40762	105.0
农林牧渔服务业 Services in support of Agriculture	万元 (10000 yuan)	1489	1336	107.2	14037	13027	103.6
工业 Industry							
规模以上工业企业主要指标 Main Indicators of Industrial Enterprises above Designated Size							
企业单位数 Number of Enterprises	个 (unit)	20	18	111.1	88	70	125.7
# 亿元工业企业 Above 100 million yuan	个 (unit)	6	5	120.0	47	45	104.4
# 亏损企业 Loss-making Enterprises	个 (unit)	3	3	100.0	13	12	108.3
规模以上工业总产值增速 Above Designated Size	%	6.2	-9.9	16.1*	20.7	13.6	7.1*
固定资产投资增速 Investment in Fixed Assets							
固定资产投资额 Investment in Fixed Assets	%	56.3	3.1	53.2*	16.1	10.5	5.6*
# 项目投资 Project Investment	%	79.3	2.2	77.1*	4.6	4.2	0.4*
房地产开发投资 Real Estate Development	%	17.4	4.5	12.9*	88.7	78.2	10.5*

注："*"为增减百分点。

1-9 续表 5

指标名称 Item	单位 Unit	上林县 2019 年	上林县 2018 年	上林县 2019 年为 2018 年% Rate of Development (%)	宾阳县 2019 年	宾阳县 2018 年	宾阳县 2019 年为 2018 年% Rate of Development (%)
商业 Domestic							
社会消费品零售总额 Total Retail Sales of Consumer Goods	万元 (10000 yuan)	266768	254862	104.7	1058327	983575	107.6
# 城镇零售额 Retail Sales of Consumer Goods in Urban District	万元 (10000 yuan)						
乡村零售额 Retail Sales of Consumer Goods in Rural District	万元 (10000 yuan)						
财政、金融 Finance,Banking&Insurance							
财政收入 Financial Revenue	万元 (10000 yuan)	48379	45597	106.1	201265	197555	101.9
# 一般公共预算收入 Public finance budget income	万元 (10000 yuan)	29976	25865	115.9	137453	130388	105.4
一般公共预算支出 Local Government Expenditure	万元 (10000 yuan)	381225	315783	120.7	559140	530621	105.4
金融机构各项存款余额 Total Deposits of Financial Institutions	万元 (10000 yuan)	1117946	1008166	110.9	2521815	2382797	105.8
# 住户存款余额 Householder Savings Deposits	万元 (10000 yuan)	877481	800551	109.6	2000738	1864531	107.3
金融机构各项贷款余额 Total Loans of Financial Institutions	万元 (10000 yuan)	772131	661519	116.7	1707338	1420517	120.2
城乡居民收入 The income of urban and rural residents							
全体居民年人均可支配收入 Per capita disposable income of all residents	元 / 人 (yuan/person)	17491	16026	109.1	23961	21984	109.0
# 城镇居民年人均可支配收入 Disposable income of urban residents	元 / 人 (yuan/person)	28528	26612	107.2	35544	33095	107.4
农村居民年人均可支配收入 Per capita disposable income of rural residents	元 / 人 (yuan/person)	12251	11097	110.4	15470	14038	110.2

1-9 续表 6

指标名称 Unit	单位 Unit	横 县			兴宁区		
		2019 年	2018 年	2019 年为 2018 年% Rate of Development (%)	2019 年	2018 年	2019 年为 2018 年% Rate of Development (%)
人口、土地面积 Population,Land Area							
年末户籍人口 Population at Year-end	人 (person)	1278226	1274582	100.3	364748	349414	104.4
男性人口 Male	人 (person)	680544	678386	100.3	182567	175979	103.7
女性人口 Female	人 (person)	597682	596196	100.2	182181	173435	105.0
年平均人口 Average Annual Population	人 (person)	1276404	1270099	100.5	357081	341774	104.5
年末常住人口 Residents Population	万人	91.64	91.25	100.4	45.8	44.78	102.3
# 城镇人口 Town population	万人	39.26	37.54	104.6	40.04	38.7	103.5
城镇化率 Urbanization Rate	%	42.84	41.14	1.7*	87.42	86.42	1*
土地面积 Land Area	平方公里 (sq.km)	3448	3448	100.0	723	723	100.0
生产总值（当年价） Gross Domestic Product	**万元 (10000 yuan)**	**3288958**	**3110018**	**104.1**	**3903059**	**3627490**	**104.3**
第一产业 Primary Industry	万元 (10000 yuan)	770895	730970	103.3	134568	117212	106.0
第二产业 Secondary Industry	万元 (10000 yuan)	1249755	1197769	104.3	771515	649572	116.7
工业 Industry	万元 (10000 yuan)	961026	928592	104.2	135984	127828	107.1
建筑业 Construction	万元 (10000 yuan)	290478	270870	104.7	636066	522247	118.9
第三产业 Tertiary Industry	万元 (10000 yuan)	1268308	1181279	104.4	2996976	2860706	101.4
人均生产总值（当年价） Per Capita Gross Domestic Product(current prices)	元 (yuan)	35967	34159	103.6	86179	82144	101.7
生产总值构成 Composition of Gross Domestic Product	%	**100**	**100**		**100**	**100**	
第一产业 Primary Industry	%	23.44	23.50	-0.06*	3.45	3.23	0.22*
第二产业 Secondary Industry	%	38.00	38.51	-0.51*	19.77	17.91	1.86*
工业 Industry	%	29.22	29.86	-0.64*	3.48	3.52	-0.04*
建筑业 Construction	%	8.83	8.71	0.12*	16.30	14.40	1.9*
第三产业 Tertiary Industry	%	38.56	37.98	0.58*	76.79	78.86	-2.08*

1-9 续表 7

指标名称 Unit	单位 Unit	横 县			兴宁区		
		2019 年	2018 年	2019 年为 2018 年% Rate of Development (%)	2019 年	2018 年	2019 年为 2018 年% Rate of Development (%)
农业 **Agriculture**							
农林牧渔业总产值(当年价) Gross Output Value of Agriculture, Forestry, Animal Husbandry and Fishery	万元 (10000 yuan)	1288085	1272382	102.6	216744	192463	105.7
农业 Farming	万元 (10000 yuan)	823687	805385	104.2	132900	126163	98.6
林业 Forestry	万元 (10000 yuan)	54212	56449	99.2	32515	15282	215.1
牧业 Animal Husbandry	万元 (10000 yuan)	315336	330289	96.5	39132	40015	86.7
渔业 Fishery	万元 (10000 yuan)	55493	43380	124.2	8426	7574	103.5
农林牧渔服务业 Services in support of Agriculture	万元 (10000 yuan)	39357	36879	102.6	3771	3429	105.9
工业 **Industry**							
规模以上工业企业主要指标 Main Indicators of Industrial Enterprises above Designated Size							
企业单位数 Number of Enterprises	个 (unit)	115	107	107.5	25	26	96.2
# 亿元工业企业 Above 100 million yuan	个 (unit)	62	58	106.9	11	10	110.0
# 亏损企业 Loss-making Enterprises	个 (unit)	13	13	100.0	1	6	16.7
规模以上工业总产值增速 Above Designated Size	%	4.4	6.9	-2.5*	13.4	-6.9	20.3*
固定资产投资增速 **Investment in Fixed Assets**							
固定资产投资额 Investment in Fixed Assets	%	10.3	14.2	-3.9*	13.3	16.5	-3.2*
# 项目投资 Project Investment	%	5.2	13.7	-8.5*	9.4	11.5	-2.1*
房地产开发投资 Real Estate Development	%	41.6	16.9	24.7*	15.5	19.5	-4*

注: "*" 为增减百分点。

1-9 续表 8

指标名称 Item	单位 Unit	横县 2019年	横县 2018年	横县 2019年为2018年% Rate of Development (%)	兴宁区 2019年	兴宁区 2018年	兴宁区 2019年为2018年% Rate of Development (%)
商业 Domestic							
社会消费品零售总额 Total Retail Sales of Consumer Goods	万元 (10000 yuan)	937294	854416	109.7	5191910	5186723	100.1
# 城镇零售额 Retail Sales of Consumer Goods in Urban District	万元 (10000 yuan)						
乡村零售额 Retail Sales of Consumer Goods in Rural District	万元 (10000 yuan)						
财政、金融 Finance,Banking&Insurance							
财政收入 Financial Revenue	万元 (10000 yuan)	195430	203446	96.1	480240	445179	107.9
# 一般公共预算收入 Public finance budget income	万元 (10000 yuan)	115993	126172	91.9	103456	91381	113.2
一般公共预算支出 Local Government Expenditure	万元 (10000 yuan)	563522	528009	106.7	239990	211007	113.7
金融机构各项存款余额 Total Deposits of Financial Institutions	万元 (10000 yuan)	2980443	2762789	107.9			
# 住户存款余额 Householder Savings Deposits	万元 (10000 yuan)	2480171	2245176	110.5			
金融机构各项贷款余额 Total Loans of Financial Institutions	万元 (10000 yuan)	1867100	1609324	116.0			
城乡居民收入 The income of urban and rural residents							
全体居民年人均可支配收入 Per capita disposable income of all residents	元/人 (yuan/person)	23347	21407	109.1	37520	34859	107.6
# 城镇居民年人均可支配收入 Disposable income of urban residents	元/人 (yuan/person)	35720	33414	106.9	41158	38465	107.0
农村居民年人均可支配收入 Per capita disposable income of rural residents	元/人 (yuan/person)	15091	13719	110.0	16256	14685	110.7

1-9 续表 9

指标名称 Item	单位 Unit	青秀区			江南区		
		2019 年	2018 年	2019 年为 2018 年% Rate of Development (%)	2019 年	2018 年	2019 年为 2018 年% Rate of Development (%)
人口、土地面积 Population,Land Area							
年末户籍人口 Population at Year-end	人 (person)	796322	766918	103.8	559590	542138	103.2
男性人口 Male	人 (person)	392369	378761	103.6	283567	276430	102.6
女性人口 Female	人 (person)	403953	388157	104.1	276023	265708	103.9
年平均人口 Average Annual Population	人 (person)	781620	750177	104.2	550864	533212	103.3
年末常住人口 Residents Population	万人	82.86	80.8	102.5	67.13	65.86	101.9
# 城镇人口 Town population	万人	77.35	74.66	103.6	54.85	53.2	103.1
城镇化率 Urbanization Rate	%	93.35	92.40	0.95*	81.71	80.78	0.93*
土地面积 Land Area	平方公里 (sq.km)	865	865	100.0	1183	1183	100.0
生产总值（当年价） Gross Domestic Product	**万元 (10000 yuan)**	**11885760**	**10865742**	**106.1**	**5059426**	**4725468**	**104.4**
第一产业 Primary Industry	万元 (10000 yuan)	202677	178172	102.3	290656	243265	105.5
第二产业 Secondary Industry	万元 (10000 yuan)	1066303	950557	110.1	1638503	1607334	101.8
工业 Industry	万元 (10000 yuan)	105364	76971	137.9	1071311	1141886	94.5
建筑业 Construction	万元 (10000 yuan)	964581	876246	107.5	568831	467192	118.9
第三产业 Tertiary Industry	万元 (10000 yuan)	10616780	9737013	105.8	3130267	2874869	105.7
人均生产总值（当年价） Per Capita Gross Domestic Product(current prices)	元 (yuan)	145249	135847	103.7	76087	72761	102.0
生产总值构成 Composition of Gross Domestic Product	**%**	**100**	**100**		**100**	**100**	
第一产业 Primary Industry	%	1.71	1.64	0.07*	5.74	5.15	0.6*
第二产业 Secondary Industry	%	8.97	8.75	0.22*	32.39	34.01	–1.63*
工业 Industry	%	0.89	0.71	0.18*	21.17	24.16	–2.99*
建筑业 Construction	%	8.12	8.06	0.05*	11.24	9.89	1.36*
第三产业 Tertiary Industry	%	89.32	89.61	–0.29*	61.87	60.84	1.03*

1-9 续表 10

指标名称 Item	单位 Unit	青秀区			江南区		
		2019 年	2018 年	2019 年为 2018 年% Rate of Development (%)	2019 年	2018 年	2019 年为 2018 年% Rate of Development (%)
农业 Agriculture							
农林牧渔业总产值（当年价） Gross Output Value of Agriculture, Forestry, Animal Husbandry and Fishery	万元 (10000 yuan)	375459	342749	101.2	451917	380242	106.1
农业 Farming	万元 (10000 yuan)	175582	161453	99.0	343312	299294	101.8
林业 Forestry	万元 (10000 yuan)	31079	33236	100.5	25835	11192	216.8
牧业 Animal Husbandry	万元 (10000 yuan)	96521	80032	105.6	50388	37074	114.2
渔业 Fishery	万元 (10000 yuan)	1171	10559	103.8	16083	16898	90.3
农林牧渔服务业 Services in support of Agriculture	万元 (10000 yuan)	60506	57469	101.2	16299	15783	103.5
工业 Industry							
规模以上工业企业主要指标 Main Indicators of Industrial Enterprises above Designated Size							
企业单位数 Number of Enterprises	个 (unit)	27	29	93.1	167	170	98.2
# 亿元工业企业 Above 100 million yuan	个 (unit)	7	5	140.0	62	94	66.0
# 亏损企业 Loss-making Enterprises	个 (unit)	5	7	71.4	31	32	96.9
规模以上工业总产值增速 Above Designated Size	%	11.1	17.4	-6.3*	-16.9	9.7	-26.6*
固定资产投资增速 Investment in Fixed Assets							
固定资产投资额 Investment in Fixed Assets	%	16.2	11.0	5.2*	16.0	15.1	0.9*
# 项目投资 Project Investment	%	-37.2	11.4	-48.6*	2.1	45.5	-43.4*
房地产开发投资 Real Estate Development	%	77.6	10.6	67*	29.3	-4.2	33.5*

注："*"为增减百分点。

1-9 续表 11

指标名称 Item	单位 Unit	青秀区			江南区		
		2019 年	2018 年	2019 年为 2018 年% Rate of Development (%)	2019 年	2018 年	2019 年为 2018 年% Rate of Development (%)
商业 Domestic							
社会消费品零售总额 Total Retail Sales of Consumer Goods	万元 (10000 yuan)	5164092	4899518	105.4	3849004	3731732	103.1
# 城镇零售额 Retail Sales of Consumer Goods in Urban District	万元 (10000 yuan)						
乡村零售额 Retail Sales of Consumer Goods in Rural District	万元 (10000 yuan)						
财政 Finance							
财政收入 Financial Revenue	万元 (10000 yuan)	2091667	2001015	104.5	318347	196159	162.3
# 一般公共预算收入 Public finance budget income	万元 (10000 yuan)	363270	348143	104.3	67793	45529	148.9
一般公共预算支出 Local Government Expenditure	万元 (10000 yuan)	482158	406730	118.5	210882	183384	115.0
城乡居民收入 The income of urban and rural residents							
全体居民年人均可支配收入 Per capita disposable income of all residents	元 / 人 (yuan/person)	45655	42863	106.5	33113	30658	108.0
# 城镇居民年人均可支配收入 Disposable income of urban residents	元 / 人 (yuan/person)	48286	45467	106.2	37264	34664	107.5
农村居民年人均可支配收入 Per capita disposable income of rural residents	元 / 人 (yuan/person)	16811	15423	109.0	16552	14925	110.9

1-9 续表 12

指标名称 Item	单位 Unit	西乡塘区			良庆区		
		2019 年	2018 年	2019 年为 2018 年% Rate of Development (%)	2019 年	2018 年	2019 年为 2018 年% Rate of Development (%)
人口、土地面积 Population,Land Area							
年末户籍人口 Population at Year-end	人 (person)	827543	813335	101.7	323193	305167	105.9
男性人口 Male	人 (person)	413509	407302	101.5	167489	159394	105.1
女性人口 Female	人 (person)	414034	406033	102.0	155704	145773	106.8
年平均人口 Average Annual Population	人 (person)	820439	804659	102.0	314180	296819	105.8
年末常住人口 Residents Population	万人	126.2	124.81	101.1	39.3	38.47	102.2
# 城镇人口 Town population	万人	116.27	113.95	102.0	28.87	27.84	103.7
城镇化率 Urbanization Rate	%	92.13	91.30	0.83*	73.46	72.37	1.09*
土地面积 Land Area	平方公里 (sq.km)	1076	1076	100.0	1369	1369	100.0
生产总值（当年价） Gross Domestic Product	**万元 (10000 yuan)**	**7891184**	**7593111**	**103.8**	**3364238**	**2784967**	**107.1**
第一产业 Primary Industry	万元 (10000 yuan)	326405	239296	103.1	272316	245817	101.0
第二产业 Secondary Industry	万元 (10000 yuan)	2362687	2525030	102.6	978348	713883	102.2
工业 Industry	万元 (10000 yuan)	1554377	1810495	99.4	524244	290630	100.3
建筑业 Construction	万元 (10000 yuan)	811403	718143	110.3	458592	425741	105.2
第三产业 Tertiary Industry	万元 (10000 yuan)	5202093	4828784	104.5	2113574	1825266	110.6
人均生产总值（当年价） Per Capita Gross Domestic Product(current prices)	元 (yuan)	62875	61188	102.7	86518	73212	104.8
生产总值构成 Composition of Gross Domestic Product	**%**	**100**	**100**		**100**	**100**	
第一产业 Primary Industry	%	4.14	3.15	0.98*	8.09	8.83	-0.73*
第二产业 Secondary Industry	%	29.94	33.25	-3.31*	29.08	25.63	3.45*
工业 Industry	%	19.70	23.84	-4.15*	15.58	10.44	5.15*
建筑业 Construction	%	10.28	9.46	0.82*	13.63	15.29	-1.66*
第三产业 Tertiary Industry	%	65.92	63.59	2.33*	62.82	65.54	-2.72*

指标名称 Item	单位 Unit	西乡塘区			良庆区		
		2019 年	2018 年	2019 年为 2018 年% Rate of Development (%)	2019 年	2018 年	2019 年为 2018 年% Rate of Development (%)
农业 Agriculture							
农林牧渔业总产值(当年价) Gross Output Value of Agriculture, Forestry, Animal Husbandry and Fishery	万元 (10000 yuan)	521628	392801	104.2	428193	392487	101.6
农业 Farming	万元 (10000 yuan)	366368	268322	103.4	275122	247117	101.4
林业 Forestry	万元 (10000 yuan)	5026	4062	127.5	42731	39479	113.9
牧业 Animal Husbandry	万元 (10000 yuan)	114110	76408	121.5	90498	88572	96.7
渔业 Fishery	万元 (10000 yuan)	18751	28040	61.5	15316	13035	102.1
农林牧渔服务业 Services in support of Agriculture	万元 (10000 yuan)	17373	15969	104.6	4526	4283	101.6
工业 Industry							
规模以上工业企业主要指标 Main Indicators of Industrial Enterprises above Designated Size							
企业单位数 Number of Enterprises	个 (unit)	211	243	86.8	60	61	98.4
#亿元工业企业 Above 100 million yuan	个 (unit)	63	120	52.5	19	36	52.8
#亏损企业 Loss-making Enterprises	个 (unit)	65	56	116.1	18	8	225.0
规模以上工业总产值增速 Above Designated Size	%	9.1	-1.8	10.9*	1.7	8.9	-7.2*
固定资产投资增速 Investment in Fixed Assets							
固定资产投资额 Investment in Fixed Assets	%	16.6	11.0	5.6*	13.1	17.1	-4*
#项目投资 Project Investment	%	13.8	-25.1	38.9*	15.3	8.6	6.7*
房地产开发投资 Real Estate Development	%	18.4	62.8	-44.4*	12.1	21.2	-9.1*

注："*"为增减百分点。

1–9 续表 14

指标名称 Item	单位 Unit	西乡塘区			良庆区		
		2019 年	2018 年	2019 年为 2018 年% Rate of Development (%)	2019 年	2018 年	2019 年为 2018 年% Rate of Development (%)
商业 Domestic							
社会消费品零售总额 Total Retail Sales of Consumer Goods	万元 (10000 yuan)	4921170	4650392	105.8	712670	642624	110.9
# 城镇零售额 Retail Sales of Consumer Goods in Urban District	万元 (10000 yuan)						
乡村零售额 Retail Sales of Consumer Goods in Rural District	万元 (10000 yuan)						
财政 Finance							
财政收入 Financial Revenue	万元 (10000 yuan)	474661	446722	106.3	692111	501701	138.0
# 一般公共预算收入 Public finance budget income	万元 (10000 yuan)	117852	97083	121.4	139715	98299	142.1
一般公共预算支出 Local Government Expenditure	万元 (10000 yuan)	373646	311029	120.1	246241	226378	108.8
城乡居民收入 The income of urban and rural residents							
全体居民年人均可支配收入 Per capita disposable income of all residents	元 / 人 (yuan/person)	33969	31724	107.1	27933	26044	107.3
# 城镇居民年人均可支配收入 Disposable income of urban residents	元 / 人 (yuan/person)	35940	33683	106.7	32658	30780	106.1
农村居民年人均可支配收入 Per capita disposable income of rural residents	元 / 人 (yuan/person)	15147	13820	109.6	16234	14678	110.6

1-9 续表 15

指标名称 Item	单位 Unit	邕宁区			武鸣区		
		2019 年	2018 年	2019 年为 2018 年% Rate of Development (%)	2019 年	2018 年	2019 年为 2018 年% Rate of Development (%)
人口、土地面积 Population,Land Area							
年末户籍人口 Population at Year-end	人 (person)	379345	371252	102.2	727002	723082	100.5
男性人口 Male	人 (person)	200880	197171	101.9	378996	376874	100.6
女性人口 Female	人 (person)	178465	174081	102.5	348006	346208	100.5
年平均人口 Average Annual Population	人 (person)	375299	366503	102.4	725042	719392	100.8
年末常住人口 Residents Population	万人	29.7	29.26	101.5	58.24	57.78	100.8
# 城镇人口 Town population	万人	12.63	11.66	108.3	26.79	25.9	103.4
城镇化率 Urbanization Rate	%	42.53	39.85	2.68*	46.00	44.83	1.17*
土地面积 Land Area	平方公里 (sq.km)	1231	1231	100.0	3389	3389	100.0
生产总值(当年价) Gross Domestic Product	**万元 (10000 yuan)**	**1547029**	**1378906**	**106.0**	**3033260**	**2723473**	**104.5**
第一产业 Primary Industry	万元 (10000 yuan)	336543	282741	104.6	1241102	1021604	106.3
第二产业 Secondary Industry	万元 (10000 yuan)	406509	385571	104.2	699515	698930	99.7
工业 Industry	万元 (10000 yuan)	244277	213443	115.3	450249	452897	100.1
建筑业 Construction	万元 (10000 yuan)	164013	173685	92.2	250738	247514	98.9
第三产业 Tertiary Industry	万元 (10000 yuan)	803977	710595	107.6	1092644	1002938	105.9
人均生产总值(当年价) Per Capita Gross Domestic Product(current prices)	元 (yuan)	52477	47680	104.0	52289	47381	103.6
生产总值构成 Composition of Gross Domestic Product	%	**100**	**100**		**100**	**100**	
第一产业 Primary Industry	%	21.75	20.50	1.25*	40.92	37.51	3.41*
第二产业 Secondary Industry	%	26.28	27.96	-1.69*	23.06	25.66	-2.6*
工业 Industry	%	15.79	15.48	0.31*	14.84	16.63	-1.79*
建筑业 Construction	%	10.60	12.60	-1.99*	8.27	9.09	-0.82*
第三产业 Tertiary Industry	%	51.97	51.53	0.44*	36.02	36.83	-0.8*

1-9 续表 16

指标名称 Item	单位 Unit	邕宁区 2019 年			武鸣区 2019 年		
		2019 年	2018 年	2019 年为 2018 年% Rate of Development (%)	2019 年	2018 年	2019 年为 2018 年% Rate of Development (%)
农业 Agriculture							
农林牧渔业总产值(当年价) Gross Output Value of Agriculture, Forestry, Animal Husbandry and Fishery	万元 (10000 yuan)	535057	464831	104.6	1926757	1631314	105.8
农业 Farming	万元 (10000 yuan)	314235	267528	104.0	1428002	1098738	116.0
林业 Forestry	万元 (10000 yuan)	20216	18464	113.5	73878	78049	97.6
牧业 Animal Husbandry	万元 (10000 yuan)	180053	160552	104.6	331285	367610	77.4
渔业 Fishery	万元 (10000 yuan)	14500	12726	106.1	47657	45175	103.3
农林牧渔服务业 Services in support of Agriculture	万元 (10000 yuan)	6052	5562	104.6	45936	41742	105.8
工业 Industry							
规模以上工业企业主要指标 Main Indicators of Industrial Enterprises above Designated Size							
企业单位数 Number of Enterprises	个 (unit)	31	24	129.2	184	204	90.2
# 亿元工业企业 Above 100 million yuan	个 (unit)	18	15	120.0	41	48	85.4
# 亏损企业 Loss-making Enterprises	个 (unit)	10	6	166.7	39	52	75.0
规模以上工业总产值增速 Above Designated Size	%	47.1	28.8	18.3*	25.0	−10.5	35.5*
固定资产投资增速 Investment in Fixed Assets							
固定资产投资额 Investment in Fixed Assets	%	13.2	17.0	−3.8*	12.7	10.3	2.4*
# 项目投资 Project Investment	%	−16.7	40.3	−57*	−6.3	6.5	−12.8*
房地产开发投资 Real Estate Development	%	46.1	−1.4	47.5*	72.0	24.0	48*

注："*"为增减百分点。

指标名称 Item	单位 Unit	邕宁区			武鸣区		
		2019 年	2018 年	2019 年为 2018 年% Rate of Development (%)	2019 年	2018 年	2019 年为 2018 年% Rate of Development (%)
商业 **Domestic**							
社会消费品零售总额 Total Retail Sales of Consumer Goods	万元 (10000 yuan)	302412	268572	112.6	458002	454656	100.7
# 城镇零售额 Retail Sales of Consumer Goods in Urban District	万元 (10000 yuan)						
乡村零售额 Retail Sales of Consumer Goods in Rural District	万元 (10000 yuan)						
财政 **Finance**							
财政收入 Financial Revenue	万元 (10000 yuan)	227580	171693	132.6	188426	174429	108.0
# 一般公共预算收入 Public finance budget income	万元 (10000 yuan)	52149	37288	139.9	104486	94264	110.8
一般公共预算支出 Local Government Expenditure	万元 (10000 yuan)	291031	243372	119.6	426759	365755	116.7
城乡居民收入 **The income of urban and rural residents**							
全体居民年人均可支配收入 Per capita disposable income of all residents	元 / 人 (yuan/person)	22874	20983	109.0	25774	23723	108.6
# 城镇居民年人均可支配收入 Disposable income of urban residents	元 / 人 (yuan/person)	34652	32507	106.6	36309	33839	107.3
农村居民年人均可支配收入 Per capita disposable income of rural residents	元 / 人 (yuan/person)	15460	13953	110.8	17483	15937	109.7

二 国民经济核算

CHAPTER 2 NATIONAL ACCOUNTS

2-1 全市主要年份生产总值

（按当年价格计算）

单位：万元

年份	生产总值	第一产业	第二产业	工业	建筑业	第三产业
1950	14272	10376	587	485	102	3309
1965	53362	21483	13309	11307	2002	18570
1978	147407	61866	52192	47482	4710	33349
1980	180111	70093	70017	64475	5542	40001
1985	309278	118263	108351	95852	12499	82664
1990	708788	231018	248354	228325	20029	229416
1991	793241	239063	274634	252011	22623	279544
1992	918098	277741	304726	275905	28821	335631
1993	1346171	344360	499312	436528	62784	502499
1994	1872259	491029	675122	578013	97109	706108
1995	2358085	615225	807943	652156	155787	934917
1996	2671991	690541	845891	666448	179443	1135559
1997	3044914	785856	922155	709756	212399	1336903
1998	3395532	834421	997314	767099	230215	1563797
1999	3569886	852645	1019933	772336	247597	1697308
2000	3779364	876615	1053679	790913	262766	1849070
2001	4181684	907401	1131645	852455	279190	2142638
2002	4631795	943479	1255606	933896	321710	2432710
2003	5217793	997023	1523485	1096218	427267	2697285
2004	6191189	1076785	1933768	1378322	555446	3180636
2005	7279032	1242538	2312059	1651780	660279	3724435
2006	8801064	1443354	2973069	2212890	760179	4384641
2007	10890730	1780002	3722713	2840933	881780	5388015
2008	13204348	2031087	4579360	3522664	1056696	6593901
2009	15247144	2123780	5274575	3957991	1316584	7848789
2010	18002613	2444349	6518841	4837803	1681038	9039423
2011	22114358	3055458	8296138	6125938	2170200	10762762
2012	25031812	3229563	9607494	7061092	2546402	12194755
2013	28455976	3367878	11082707	8127601	2955106	14005391
2014	31483154	3546903	12515400	9234900	3280500	15420851
2015	34304970	3711012	13603348	10155590	3452891	16990610
2016	37275137	3959322	14443868	10810247	3640200	18871947
2017	41188293	4041842	15994975	11898899	4096076	21151476
2018	41623699	4320500	9953487	5828321	4144198	27349712
2019	45065576	5072701	10449719	5834774	4633997	29543156

注：1. 全市国民经济核算指标均为行政区划调整后大南宁口径。

2. 全市 2005 年至 2007 年生产总值及其他各项国民经济核算指标均为与第二次经济普查资料衔接后的数据，下同。

3. 全市 2013 年、2014 年生产总值及其他各项国民经济核算指标均为与第三次经济普查资料衔接后的数据，下同。

4. 2015 年广西生产总值核算方案发生调整，将工业中的开采辅助活动，金属制品、机械和设备修理业两类行业归类到第三产业中，故从 2015 年开始，第二产业增加值不等于工业、建筑业增加值之和。

5. 2015 年及以后年份全市生产总值数据已包含研发经费支出，下同。

6. 全市 2018 年生产总值及其他各项国民经济核算指标为第四次经济普查结果核算调整数据，2018 年以前数据暂未修订。

2-2 全市主要年份生产总值构成

（按当年价格计算）

单位：%

年份	生产总值	第一产业	第二产业	工业	建筑业	第三产业
1950	100.00	72.70	4.11	3.40	0.71	23.19
1965	100.00	40.26	24.94	21.19	3.75	34.80
1978	100.00	41.97	35.41	32.21	3.20	22.62
1980	100.00	38.92	38.87	35.80	3.07	22.21
1985	100.00	38.24	35.03	30.99	4.04	26.73
1990	100.00	32.59	35.04	32.21	2.83	32.37
1991	100.00	30.14	34.62	31.77	2.85	35.24
1992	100.00	30.25	33.19	30.05	3.14	36.56
1993	100.00	25.58	37.09	32.43	4.66	37.33
1994	100.00	26.23	36.06	30.87	5.19	37.71
1995	100.00	26.09	34.26	27.66	6.60	39.65
1996	100.00	25.84	31.66	24.94	6.72	42.50
1997	100.00	25.81	30.29	23.31	6.98	43.90
1998	100.00	24.57	29.37	22.59	6.78	46.06
1999	100.00	23.88	28.57	21.63	6.94	47.55
2000	100.00	23.19	27.88	20.93	6.95	48.93
2001	100.00	21.70	27.06	20.39	6.67	51.24
2002	100.00	20.37	27.11	20.16	6.95	52.52
2003	100.00	19.11	29.20	21.01	8.19	51.69
2004	100.00	17.39	31.23	22.26	8.97	51.38
2005	100.00	17.07	31.76	22.69	9.07	51.17
2006	100.00	16.40	33.78	25.14	8.64	49.82
2007	100.00	16.34	34.18	26.09	8.09	49.48
2008	100.00	15.38	34.68	26.68	8.00	49.94
2009	100.00	13.93	34.59	25.96	8.63	51.48
2010	100.00	13.58	36.21	26.87	9.34	50.21
2011	100.00	13.82	37.51	27.70	9.81	48.67
2012	100.00	12.90	38.38	28.21	10.17	48.72
2013	100.00	11.84	38.95	28.56	10.39	49.21
2014	100.00	11.27	39.75	29.33	10.42	48.98
2015	100.00	10.82	39.65	29.60	10.07	49.53
2016	100.00	10.62	38.75	29.00	9.77	50.63
2017	100.00	9.81	38.84	28.89	9.95	51.35
2018	100.00	10.38	23.91	14.00	9.96	65.71
2019	100.00	11.26	23.19	12.95	10.28	65.56

2-3 全市主要年份生产总值指数

（按可比价计算，以上年为100）

单位：%

年份	生产总值	第一产业	第二产业	工业	建筑业	第三产业
1951	113.2	110.1	147.6	100.0	100.0	119.0
1965	116.8	115.2	132.0	136.3	112.3	109.6
1978	111.5	110.3	112.1	108.1	180.2	112.6
1980	105.5	105.3	108.0	112.6	73.4	101.7
1985	112.7	103.4	122.1	117.7	171.6	113.1
1990	109.6	111.1	111.6	112.1	106.0	107.8
1991	106.3	100.6	106.9	106.7	109.2	111.6
1992	112.7	115.1	109.3	107.9	125.5	114.3
1993	123.5	106.9	134.4	129.7	178.6	128.3
1994	116.5	107.7	119.6	117.1	136.8	120.7
1995	114.5	112.6	114.9	108.3	154.0	115.7
1996	111.4	105.9	110.4	107.7	121.4	116.5
1997	112.5	113.9	108.8	106.3	118.1	115.2
1998	111.5	108.4	110.3	110.3	110.6	114.8
1999	109.4	107.4	108.1	106.4	113.7	111.7
2000	107.7	100.7	104.6	105.4	102.1	113.9
2001	108.8	102.2	106.4	106.7	105.5	113.2
2002	110.9	107.7	112.0	112.2	111.2	111.6
2003	110.9	103.7	119.3	113.4	140.5	109.4
2004	113.2	105.9	118.2	116.8	122.2	113.1
2005	113.4	108.2	115.6	115.0	117.4	114.0
2006	116.8	108.4	125.3	129.9	113.9	114.4
2007	117.4	107.3	121.2	124.2	112.6	117.9
2008	114.7	105.3	114.8	116.9	108.3	117.4
2009	115.1	105.8	117.0	113.5	128.7	116.3
2010	114.2	105.7	117.8	115.9	123.6	113.7
2011	113.5	105.7	118.3	118.1	118.8	112.2
2012	112.3	105.2	118.1	118.7	116.4	109.6
2013	110.3	104.8	114.6	114.8	114.1	108.1
2014	108.5	104.2	109.9	110.3	108.6	108.2
2015	108.6	104.1	110.5	111.5	107.4	108.0
2016	107.0	103.2	105.8	105.7	106.4	108.8
2017	108.0	104.1	108.6	109.5	106.0	108.4
2018	105.4	104.3	102.2	101.6	104.0	107.8
2019	105.0	105.3	104.4	101.0	109.2	105.2

2-4 全市主要年份人均生产总值

（按当年价格计算）

年份	人均生产总值 （元）	以上年为 100 的发展速度 （%）
1950	62	
1965	165	120.5
1978	331	114.0
1980	387	107.6
1985	602	115.1
1990	1282	111.4
1991	1414	107.9
1992	1617	114.1
1993	2339	125.2
1994	3208	118.2
1995	3987	116.0
1996	4465	112.7
1997	5036	113.7
1998	5569	112.4
1999	5817	110.1
2000	6086	109.0
2001	6656	110.1
2002	7327	111.6
2003	8176	110.9
2004	9595	111.9
2005	11127	111.9
2006	13220	114.8
2007	16070	115.3
2008	19204	113.1
2009	21945	113.9
2010	27069	114.2
2011	33017	112.7
2012	37016	111.2
2013	41711	109.3
2014	45735	107.5
2015	49360	107.6
2016	53067	105.9
2017	57948	106.7
2018	57781	104.0
2019	61738	103.6

注：1. 发展速度按可比价计算。

2. 2010 年以前人均生产总值按户籍人口计算，2010 年（含）以后人均生产总值按常住人口计算。

2-5 全市各时期生产总值平均指数

（按可比价格计算，以上年为 100）

单位：%

时期	生产总值	第一产业	第二产业			第三产业
				工业	建筑业	
恢复时期 (1950–1952)	108.5	106.3	129.3	132.5	110.7	111.3
“一五”时期 (1953–1957)	109.5	104.4	129.5	127.3	143.0	116.5
“二五”时期 (1958–1962)	105.3	98.7	108.8	110.0	102.7	111.4
调整时期 (1963–1965)	110.8	111.4	122.7	121.9	127.2	104.7
“三五”时期 (1966–1970)	106.9	107.6	113.1	115.5	93.3	103.1
“四五”时期 (1971–1975)	109.0	109.2	111.2	111.1	113.9	105.9
“五五”时期 (1976–1980)	108.0	103.2	113.9	113.5	118.5	108.2
“六五”时期 (1981–1985)	108.6	106.9	109.1	108.3	117.7	111.5
“七五”时期 (1986–1990)	109.4	103.5	110.4	111.3	102.8	115.9
“八五”时期 (1991–1995)	114.6	108.5	116.6	113.6	138.8	118.0
“九五”时期 (1996–2000)	110.5	107.2	108.4	107.2	113.0	114.4
“十五”时期 (2001–2005)	111.5	105.5	114.2	112.8	118.8	112.3
“十一五”时期 (2006–2010)	115.6	106.5	119.2	119.9	117.2	115.9
“十二五”时期 (2011–2015)	110.6	104.8	114.2	114.6	113.0	109.2
1951 年至 2019 年	109.8	105.8	114.6	114.4	115.3	111.4
1979 年至 2019 年	110.9	105.8	112.5	111.9	115.5	112.8
1993 年至 2019 年	111.8	106.1	113.5	112.6	117.9	113.0

2-6 全市财政收入相当于地区生产总值的比例

（按当年价格计算）

年份	财政收入 （万元）	地区生产总值 （万元）	比重 （%）
1950	781	14272	5.47
1965	6293	53362	11.79
1978	23188	147407	15.73
1980	27538	180111	15.29
1985	42633	309278	13.78
1990	82478	708788	11.64
1991	89637	793241	11.30
1992	94542	918098	10.30
1993	141425	1346171	10.51
1994	193018	1872259	10.31
1995	219576	2358085	9.31
1996	240141	2671991	8.99
1997	273637	3044914	8.99
1998	308392	3395532	9.08
1999	339803	3569886	9.52
2000	375390	3779364	9.93
2001	452926	4181684	10.83
2002	529594	4631795	11.43
2003	610594	5217793	11.70
2004	746328	6191189	12.05
2005	1002186	7279032	13.77
2006	1203609	8801064	13.68
2007	1508393	10890730	13.85
2008	1911682	13204348	14.48
2009	2313664	15247144	15.17
2010	3008756	18002613	16.71
2011	3635192	22114358	16.44
2012	4219938	25031812	16.86
2013	4736644	28455976	16.65
2014	5265905	31483154	16.73
2015	5724781	34304970	16.69
2016	6138280	37275137	16.47
2017	6879808	41188293	16.70
2018	7532000	41623699	18.10
2019	8006868	45065576	17.77

2-7 全市生产总值及指数

（按当年价格计算）

单位：万元

指标名称	2019年	2018年	以上年为100的发展速度（%）
地区生产总值	**45065576**	**41623699**	**105.0**
农林牧渔业	5163687	4400252	105.5
工业	5834774	5828321	101.0
建筑业	4633997	4144198	109.2
批发和零售业	3590171	3292413	104.9
批发业	1737916	1586699	104.8
零售业	1852255	1705713	104.9
交通运输、仓储和邮政业	2533994	2406662	106.2
住宿和餐饮业	1327107	1216549	105.6
住宿业	318904	314532	104.2
餐饮业	1008203	902016	106.0
金融业	5336320	4902249	107.1
房地产业	5516114	4993510	103.7
房地产业(K门类)	4328980	3863412	103.4
自有房地产经营活动	1187134	1130098	105.0
其他服务业	11129413	10439546	104.6
营利性服务业	4167134	3741933	110.6
非营利性服务业	6962279	6697613	100.9
第一产业	**5072701**	**4320500**	**105.3**
第二产业	**10449719**	**9953487**	**104.4**
第三产业	**29543157**	**27349712**	**105.2**

注：发展速度按可比价计算。

2-8 全市生产总值构成

（按当年价格计算）

单位：%

指标名称	2019 年	2018 年
地区生产总值	**100.00**	**100.00**
农林牧渔业	11.46	10.57
工业	12.95	14.00
建筑业	10.28	9.96
批发和零售业	7.97	7.91
批发业	3.86	3.81
零售业	4.11	4.10
交通运输、仓储和邮政业	5.62	5.78
住宿和餐饮业	2.94	2.92
住宿业	0.71	0.76
餐饮业	2.24	2.17
金融业	11.84	11.78
房地产业	12.24	12.00
房地产业 (K 门类)	9.61	9.28
自有房地产经营活动	2.63	2.72
其他服务业	24.70	25.08
营利性服务业	9.25	8.99
非营利性服务业	15.45	16.09
第一产业	**11.26**	**10.38**
第二产业	**23.19**	**23.91**
第三产业	**65.56**	**65.71**

2-9 隆安县主要年份生产总值

（按当年价格计算）　单位：万元

年份	生产总值	第一产业	第二产业	第三产业
1950	665	636	14	15
1965	1191	989	87	115
1978	6584	4443	1397	744
1980	7035	5051	952	1032
1985	11226	7978	1595	1653
1990	22680	15139	3539	4002
1991	22769	12989	3976	5804
1992	30629	18985	4185	7459
1993	42693	22609	10867	9217
1994	54271	30404	12689	11178
1995	66397	41404	12175	12818
1996	79632	47148	17033	15451
1997	83434	51527	15774	16133
1998	89193	52396	19124	17673
1999	87159	49569	19408	18182
2000	90831	54288	16685	19858
2001	101901	57762	21035	23104
2002	113014	62918	22496	27600
2003	122210	61994	29286	30930
2004	151386	73454	37668	40264
2005	187889	87368	50092	50429
2006	223503	94072	68896	60535
2007	279143	116435	83140	79568
2008	332916	136589	103347	92980
2009	337085	133668	106277	97140
2010	389769	149040	132156	108573
2011	488000	193334	170821	123845
2012	496441	199881	162922	133638
2013	547683	218972	170511	158200
2014	571956	231771	171316	168869
2015	625863	238163	184929	202771
2016	664094	256807	184396	222891
2017	731841	279486	197709	254645
2018	845214	322955	206811	315448
2019	942651	382721	221192	338738

2-10 隆安县主要年份生产总值构成

（按当年价格计算）　　单位：%

年份	生产总值	第一产业	第二产业	第三产业
1950	100.00	95.64	2.11	2.25
1965	100.00	83.04	7.30	9.66
1978	100.00	67.48	21.22	11.30
1980	100.00	71.80	13.53	14.67
1985	100.00	71.07	14.21	14.72
1990	100.00	66.75	15.60	17.65
1991	100.00	57.05	17.46	25.49
1992	100.00	61.98	13.66	24.36
1993	100.00	52.96	25.45	21.59
1994	100.00	56.02	23.38	20.60
1995	100.00	62.36	18.34	19.30
1996	100.00	59.21	21.39	19.40
1997	100.00	61.76	18.91	19.33
1998	100.00	58.74	21.44	19.82
1999	100.00	56.87	22.27	20.86
2000	100.00	59.77	18.37	21.86
2001	100.00	56.68	20.64	22.68
2002	100.00	55.67	19.91	24.42
2003	100.00	50.73	23.96	25.31
2004	100.00	48.52	24.88	26.60
2005	100.00	46.50	26.66	26.84
2006	100.00	42.09	30.83	27.08
2007	100.00	41.71	29.78	28.51
2008	100.00	41.03	31.04	27.93
2009	100.00	39.65	31.53	28.82
2010	100.00	38.24	33.91	27.85
2011	100.00	39.62	35.00	25.38
2012	100.00	40.26	32.82	26.92
2013	100.00	39.98	31.13	28.89
2014	100.00	40.52	29.95	29.53
2015	100.00	38.05	29.55	32.40
2016	100.00	38.67	27.77	33.56
2017	100.00	38.19	27.02	34.79
2018	100.00	38.21	24.47	37.32
2019	100.00	40.60	23.46	35.93

2-11 隆安县主要年份生产总值指数

（按可比价格计算，以上年为 100）

单位：%

年份	生产总值	第一产业	第二产业	第三产业
1951	107.8	107.1	121.4	126.7
1965	101.1	100.9	101.2	102.3
1978	105.3	104.1	109.0	107.8
1980	104.4	103.7	97.5	115.5
1985	106.0	107.1	118.3	93.1
1990	100.3	109.0	109.0	83.2
1991	104.7	91.6	120.4	140.4
1992	113.8	115.4	96.3	123.2
1993	116.3	101.9	194.1	103.4
1994	106.5	114.5	96.7	98.9
1995	104.3	113.2	86.6	100.2
1996	113.4	105.0	137.8	115.5
1997	111.8	119.1	98.1	107.4
1998	111.3	105.0	132.4	108.4
1999	108.1	108.0	110.8	105.0
2000	103.5	103.0	98.9	111.3
2001	105.8	104.5	110.7	105.4
2002	110.0	108.7	120.5	104.4
2003	114.2	103.3	152.3	106.0
2004	107.1	104.8	107.3	113.8
2005	113.4	106.0	125.4	116.5
2006	115.7	109.2	126.0	116.8
2007	119.7	107.8	131.9	125.7
2008	111.5	106.6	116.9	112.2
2009	104.9	103.8	105.0	106.0
2010	111.5	106.7	118.7	109.5
2011	113.1	106.4	125.2	107.3
2012	106.9	105.8	109.3	105.0
2013	107.3	105.1	109.2	107.3
2014	104.8	104.8	105.6	105.2
2015	107.6	105.0	103.8	116.6
2016	103.7	106.9	101.5	102.0
2017	106.6	104.1	106.9	109.2
2018	104.5	106.3	96.9	108.6
2019	105.1	105.2	106.7	103.9

2-12 隆安县各时期生产总值平均指数

（按可比价格计算，以上年为 100）　　单位：%

时期	生产总值	第一产业	第二产业	第三产业
恢复时期 (1950-1952)	106.7	106.6	108.7	110.1
“一五”时期 (1953-1957)	107.8	106.6	125.9	125.8
“二五”时期 (1958-1962)	99.0	97.1	110.2	112.4
调整时期 (1963-1965)	102.1	102.7	97.8	100.5
“三五”时期 (1966-1970)	106.3	103.3	121.0	114.6
“四五”时期 (1971-1975)	107.3	104.8	112.9	118.5
“五五”时期 (1976-1980)	103.5	104.3	95.7	110.0
“六五”时期 (1981-1985)	104.9	103.0	110.0	108.8
“七五”时期 (1986-1990)	102.8	101.3	108.2	105.2
“八五”时期 (1991-1995)	109.0	106.9	113.5	112.1
“九五”时期 (1996-2000)	109.6	107.9	114.4	109.5
“十五”时期 (2001-2005)	110.0	105.4	122.3	109.1
“十一五”时期 (2006-2010)	112.5	106.8	119.4	113.8
“十二五”时期 (2011-2015)	107.9	105.4	110.4	108.2
1951 年至 2019 年	106.5	104.5	112.0	111.4
1979 年至 2019 年	107.4	105.2	110.9	109.4
1993 年至 2019 年	109.1	106.6	114.5	108.4

2-13 马山县主要年份生产总值

（按当年价格计算）　　单位：万元

年份	生产总值	第一产业	第二产业	第三产业
1950	1552	1162	34	356
1965	2983	2095	307	581
1978	5207	3721	602	884
1980	5791	4184	771	836
1985	8164	5661	1072	1431
1990	16751	9325	1866	5560
1991	18721	10702	2202	5817
1992	20354	10739	2838	6777
1993	25374	13413	4236	7725
1994	31672	16943	7295	7434
1995	47879	25708	8362	13809
1996	52488	27413	9117	15958
1997	65433	35111	9963	20359
1998	78920	38167	19120	21633
1999	85021	39430	22151	23440
2000	89021	39117	24132	25772
2001	93432	41004	22727	29701
2002	101700	44001	24275	33424
2003	128181	47399	42967	37815
2004	140115	55210	40572	44333
2005	157182	58579	49007	49596
2006	186151	65034	60099	61018
2007	219836	79808	67193	72835
2008	258689	90440	80172	88077
2009	279447	90632	89335	99480
2010	313555	102023	96928	114604
2011	393711	129209	136370	128132
2012	403895	135964	121846	146085
2013	441644	147197	119635	174812
2014	467751	153446	124569	189736
2015	471243	161442	101957	207844
2016	500954	176958	103488	220508
2017	551826	202636	103532	245658
2018	770133	195044	177845	397244
2019	858363	228418	198671	431273

2-14 马山县主要年份生产总值构成

（按当年价格计算）

单位：%

年份	生产总值	第一产业	第二产业	第三产业
1950	100.00	74.87	2.19	22.94
1965	100.00	70.23	10.29	19.48
1978	100.00	71.46	11.56	16.98
1980	100.00	72.25	13.31	14.44
1985	100.00	69.34	13.13	17.53
1990	100.00	55.67	11.14	33.19
1991	100.00	57.17	11.76	31.07
1992	100.00	52.76	13.94	33.30
1993	100.00	52.86	16.69	30.45
1994	100.00	53.50	23.03	23.47
1995	100.00	53.69	17.46	28.85
1996	100.00	52.23	17.37	30.40
1997	100.00	53.66	15.23	31.11
1998	100.00	48.36	24.23	27.41
1999	100.00	46.38	26.05	27.57
2000	100.00	43.94	27.11	28.95
2001	100.00	43.89	24.32	31.79
2002	100.00	43.27	23.87	32.86
2003	100.00	36.98	33.52	29.50
2004	100.00	39.40	28.96	31.64
2005	100.00	37.27	31.18	31.55
2006	100.00	34.94	32.29	32.77
2007	100.00	36.30	30.57	33.13
2008	100.00	34.96	30.99	34.05
2009	100.00	32.43	31.97	35.60
2010	100.00	32.54	30.91	36.55
2011	100.00	32.82	34.64	32.54
2012	100.00	33.66	30.17	36.17
2013	100.00	33.33	27.09	39.58
2014	100.00	32.81	26.63	40.56
2015	100.00	34.26	21.64	44.10
2016	100.00	35.32	20.66	44.02
2017	100.00	36.72	18.76	44.52
2018	100.00	25.33	23.09	51.58
2019	100.00	26.61	23.15	50.24

2-15 马山县主要年份生产总值指数

（按可比价格计算，以上年为 100）　　单位：%

年份	生产总值	第一产业	第二产业	第三产业
1951				
1965	100.7	100.6	101.7	100.2
1978	101.2	103.0	90.3	101.9
1980	105.0	115.8	102.2	75.1
1985	104.9	104.8	104.7	104.8
1990	97.7	95.1	110.2	98.4
1991	108.5	111.9	126.2	96.7
1992	108.0	103.8	106.5	116.6
1993	106.9	110.1	120.4	96.0
1994	94.5	89.6	146.5	78.2
1995	131.1	124.8	117.6	158.3
1996	108.8	103.7	114.6	113.7
1997	121.3	123.6	106.3	128.3
1998	119.3	108.9	166.3	108.3
1999	109.7	108.1	115.5	109.5
2000	105.2	99.3	108.5	111.4
2001	104.4	108.6	90.7	110.8
2002	107.9	105.6	104.7	113.6
2003	109.2	108.8	115.0	105.5
2004	103.7	100.7	99.5	111.0
2005	112.9	109.2	122.8	109.7
2006	113.8	106.7	116.8	119.3
2007	114.0	106.8	120.3	115.4
2008	111.0	103.2	114.4	115.3
2009	111.5	104.1	114.8	114.8
2010	112.5	105.8	117.4	113.0
2011	109.8	105.0	120.3	105.3
2012	107.3	104.8	105.7	111.1
2013	107.2	105.0	106.4	109.8
2014	104.5	104.3	102.2	106.7
2015	103.5	104.0	96.3	109.1
2016	105.0	104.9	100.6	107.3
2017	105.2	104.3	101.4	107.7
2018	105.0	105.5	108.9	102.7
2019	106.3	104.6	111.1	105.1

2-16 马山县各时期生产总值平均指数

（按可比价格计算，以上年为 100）

单位：%

时期	生产总值	第一产业	第二产业	第三产业
恢复时期 (1950–1952)				
“一五”时期 (1953–1957)	104.6	104.5	113.6	103.6
“二五”时期 (1958–1962)	98.9	97.0	103.0	101.8
调整时期 (1963–1965)	103.9	104.5	115.3	97.1
“三五”时期 (1966–1970)	105.4	104.6	121.1	99.7
“四五”时期 (1971–1975)	105.6	107.6	99.6	102.1
“五五”时期 (1976–1980)	103.6	106.4	99.8	96.7
“六五”时期 (1981–1985)	104.8	103.9	102.6	110.0
“七五”时期 (1986–1990)	104.5	101.3	103.3	113.6
“八五”时期 (1991–1995)	109.2	107.4	122.7	106.0
“九五”时期 (1996–2000)	112.7	108.4	120.5	114.0
“十五”时期 (2001–2005)	107.6	106.5	105.9	110.1
“十一五”时期 (2006–2010)	112.6	105.3	116.7	115.5
“十二五”时期 (2011–2015)	106.4	104.6	105.9	108.4
1951 年至 2019 年	105.9	104.6	109.0	106.0
1979 年至 2019 年	107.8	105.5	109.9	109.3
1993 年至 2019 年	109.1	106.1	112.7	110.3

2-17 上林县主要年份生产总值

（按当年价格计算） 单位：万元

年份	生产总值	第一产业	第二产业	第三产业
1950	1830	1670	12	148
1965	3249	2770	76	403
1978	5387	4069	530	788
1980	5729	3876	747	1106
1985	12477	9229	1437	1811
1990	30386	16962	4578	8846
1991	34809	17956	5612	11241
1992	39327	20221	5639	13467
1993	48910	24042	9622	15246
1994	69971	43636	11353	14982
1995	78742	49884	10633	18225
1996	85830	50853	14013	20964
1997	91990	51775	14971	25244
1998	97597	54281	16260	27056
1999	102412	57221	16719	28472
2000	105567	57572	17673	30322
2001	110386	57804	18026	34556
2002	118584	51147	19091	48346
2003	116299	54507	24201	37591
2004	135008	64180	30359	40469
2005	165733	75174	37681	52878
2006	195079	90289	44447	60343
2007	231935	100051	57278	74606
2008	265183	110519	70469	84195
2009	271785	108041	69108	94636
2010	318502	128018	81794	108690
2011	390554	160428	106591	123535
2012	403080	166752	97553	138775
2013	449293	177700	104177	167416
2014	466025	184289	100927	180809
2015	503281	192349	113642	197290
2016	532091	211111	103981	216999
2017	567493	219900	107291	240302
2018	714686	220973	105670	388043
2019	810876	261680	122319	426877

2-18 上林县主要年份生产总值构成

（按当年价格计算）

单位：%

年份	生产总值	第一产业	第二产业	第三产业
1950	100.00	91.26	0.66	8.08
1965	100.00	85.26	2.34	12.40
1978	100.00	75.53	9.84	14.63
1980	100.00	67.66	13.04	19.30
1985	100.00	73.97	11.52	14.51
1990	100.00	55.82	15.07	29.11
1991	100.00	51.58	16.12	32.30
1992	100.00	51.42	14.34	34.24
1993	100.00	49.16	19.67	31.17
1994	100.00	62.36	16.23	21.41
1995	100.00	63.35	13.50	23.15
1996	100.00	59.25	16.33	24.42
1997	100.00	56.28	16.27	27.45
1998	100.00	55.62	16.66	27.72
1999	100.00	55.87	16.33	27.80
2000	100.00	54.54	16.74	28.72
2001	100.00	52.37	16.33	31.30
2002	100.00	43.13	16.10	40.77
2003	100.00	46.87	20.81	32.32
2004	100.00	47.54	22.49	29.97
2005	100.00	45.36	22.74	31.90
2006	100.00	46.28	22.78	30.94
2007	100.00	43.14	24.70	32.16
2008	100.00	41.68	26.57	31.75
2009	100.00	39.75	25.43	34.82
2010	100.00	40.19	25.68	34.13
2011	100.00	41.08	27.29	31.63
2012	100.00	41.37	24.20	34.43
2013	100.00	39.55	23.19	37.26
2014	100.00	39.54	21.66	38.80
2015	100.00	38.22	22.58	39.20
2016	100.00	39.68	19.54	40.78
2017	100.00	38.75	18.91	42.34
2018	100.00	30.92	14.79	54.30
2019	100.00	32.27	15.08	52.64

2-19 上林县主要年份生产总值指数

（按可比价格计算，以上年为 100）

单位：%

年份	生产总值	第一产业	第二产业	第三产业
1951	109.2	110.0	108.3	108.8
1965	110.9	111.3	97.3	62.9
1978	114.0	108.1	126.5	132.8
1980	100.4	96.3	121.5	103.9
1985	86.3	77.2	121.7	114.4
1990	105.8	103.6	111.4	107.5
1991	113.5	107.6	115.3	123.9
1992	112.9	117.5	105.4	108.9
1993	102.8	95.4	140.6	98.4
1994	101.7	105.7	122.8	80.6
1995	101.2	100.2	98.3	106.5
1996	106.8	100.8	117.2	110.1
1997	116.3	114.4	115.3	121.1
1998	106.5	106.3	103.5	109.5
1999	105.0	103.0	106.6	107.1
2000	104.4	102.5	105.0	107.1
2001	104.7	103.3	100.2	109.9
2002	107.8	106.6	104.1	111.8
2003	107.4	105.0	121.6	104.3
2004	106.0	106.9	107.1	103.5
2005	107.6	106.0	112.8	107.2
2006	110.7	109.0	113.6	111.1
2007	115.2	106.7	125.0	120.0
2008	110.4	105.0	123.2	107.4
2009	104.4	99.8	99.4	114.3
2010	111.6	106.3	117.3	112.9
2011	108.4	102.3	119.5	107.3
2012	106.4	105.2	104.5	109.4
2013	108.7	104.9	112.9	109.3
2014	106.9	104.8	110.3	106.3
2015	107.0	103.6	109.4	108.4
2016	102.5	102.1	93.7	108.0
2017	104.8	104.3	102.2	106.4
2018	103.2	105.3	93.7	105.9
2019	107.6	107.1	114.4	106.1

2-20 上林县各时期生产总值平均指数

（按可比价格计算，以上年为 100）

单位：%

时期	生产总值	第一产业	第二产业	第三产业
恢复时期 (1950-1952)	104.9	105.1	114.5	104.7
“一五”时期 (1953-1957)	104.1	102.9	130.1	112.0
“二五”时期 (1958-1962)	96.5	94.3	94.1	106.9
调整时期 (1963-1965)	108.6	108.8	110.8	84.2
“三五”时期 (1966-1970)	103.6	103.5	106.8	121.6
“四五”时期 (1971-1975)	108.1	107.7	126.2	104.7
“五五”时期 (1976-1980)	102.3	98.1	114.3	115.2
“六五”时期 (1981-1985)	109.0	109.1	105.6	110.7
“七五”时期 (1986-1990)	111.9	101.2	125.5	128.0
“八五”时期 (1991-1995)	106.3	105.0	115.6	102.6
“九五”时期 (1996-2000)	107.7	105.3	109.4	110.9
“十五”时期 (2001-2005)	106.7	105.5	108.9	107.3
“十一五”时期 (2006-2010)	110.4	105.3	115.3	113.1
“十二五”时期 (2001-2015)	107.5	104.2	111.2	108.1
1951 年至 2019 年	106.1	103.9	112.6	109.8
1979 年至 2019 年	107.5	104.3	111.9	111.1
1993 年至 2019 年	106.8	104.5	110.4	107.5

2-21 宾阳县主要年份生产总值

（按当年价格计算）

单位：万元

年份	生产总值	第一产业	第二产业	第三产业
1950	1104	873	82	149
1965	4915	3273	692	950
1978	17179	10385	2514	4280
1980	18504	10820	2624	5060
1985	37507	23285	7741	6481
1990	57140	32925	16251	7964
1991	73981	33258	19235	21488
1992	83599	37236	22255	24108
1993	117440	47222	40089	30129
1994	159806	65305	55536	38965
1995	187576	80338	56221	51017
1996	212482	90587	63589	58306
1997	220185	92024	64539	63622
1998	231395	93508	69887	68000
1999	231655	94285	62778	74592
2000	232591	90922	59639	82030
2001	261909	92456	74232	95221
2002	294093	98389	87133	108571
2003	354618	102774	114609	137235
2004	434304	119321	159134	155849
2005	520234	151038	196020	173176
2006	592612	164269	231116	197227
2007	698957	199648	269174	230135
2008	822741	228131	320165	274445
2009	888748	235731	351918	301099
2010	1128954	279286	469734	379934
2011	1375181	357612	565307	452262
2012	1401260	375979	529109	496172
2013	1571698	406284	578723	586690
2014	1730158	419340	651189	659628
2015	1842456	432191	647966	762299
2016	1981758	481086	663851	836822
2017	2183924	502419	681795	999710
2018	2484206	522279	734014	1227913
2019	2719591	587936	803727	1327928

2-22 宾阳县主要年份生产总值构成

（按当年价格计算）　　单位：%

年份	生产总值	第一产业	第二产业	第三产业
1950	100.00	79.08	7.43	13.49
1965	100.00	66.59	14.08	19.33
1978	100.00	60.45	14.63	24.92
1980	100.00	58.47	14.18	27.35
1985	100.00	62.08	20.64	17.28
1990	100.00	57.62	28.44	13.94
1991	100.00	44.95	26.00	29.05
1992	100.00	44.54	26.62	28.84
1993	100.00	40.21	34.14	25.65
1994	100.00	40.87	34.75	24.38
1995	100.00	42.83	29.97	27.20
1996	100.00	42.63	29.93	27.44
1997	100.00	41.79	29.31	28.90
1998	100.00	40.41	30.20	29.39
1999	100.00	40.70	27.10	32.20
2000	100.00	39.09	25.64	35.27
2001	100.00	35.30	28.34	36.36
2002	100.00	33.46	29.63	36.91
2003	100.00	28.98	32.32	38.70
2004	100.00	27.47	36.64	35.89
2005	100.00	29.03	37.68	33.29
2006	100.00	27.72	39.00	33.28
2007	100.00	28.56	38.51	32.93
2008	100.00	27.73	38.91	33.36
2009	100.00	26.52	39.60	33.88
2010	100.00	24.74	41.61	33.65
2011	100.00	26.00	41.11	32.89
2012	100.00	26.83	37.76	35.41
2013	100.00	25.85	36.82	37.33
2014	100.00	24.24	37.64	38.12
2015	100.00	23.46	35.17	41.37
2016	100.00	24.28	33.50	42.22
2017	100.00	23.00	31.22	45.78
2018	100.00	21.02	29.55	49.43
2019	100.00	21.62	29.55	48.83

2-23 宾阳县主要年份生产总值指数

（按可比价格计算，以上年为 100）

单位：%

年份	生产总值	第一产业	第二产业	第三产业
1951	117.1	115.0	131.7	118.6
1965	109.4	107.9	115.8	112.7
1978	115.1	115.3	115.0	114.5
1980	108.6	113.5	114.2	93.1
1985	128.3	133.0	133.0	104.3
1990	104.2	106.5	117.6	94.5
1991	106.9	103.6	113.6	107.0
1992	108.1	104.5	113.7	109.3
1993	110.5	105.9	118.8	110.1
1994	109.4	104.8	117.8	108.0
1995	108.9	108.1	106.3	113.1
1996	110.5	107.7	114.1	110.7
1997	107.9	105.9	108.8	109.7
1998	107.4	105.8	109.0	107.8
1999	106.0	104.2	103.3	111.5
2000	102.0	96.4	101.0	110.3
2001	107.9	102.6	112.0	110.7
2002	109.7	106.8	114.2	109.5
2003	113.8	104.4	117.9	120.1
2004	110.1	105.7	118.7	108.1
2005	114.1	113.2	117.5	112.1
2006	111.0	109.5	113.0	110.2
2007	112.9	108.2	115.7	113.7
2008	110.6	106.8	111.3	113.1
2009	109.6	103.0	112.6	111.3
2010	120.4	106.7	125.4	124.3
2011	113.9	107.3	118.6	112.9
2012	107.7	104.8	110.0	106.6
2013	109.3	105.1	113.2	107.2
2014	108.0	103.4	108.1	110.8
2015	108.8	103.9	106.7	114.5
2016	108.3	105.3	103.3	114.5
2017	109.4	103.8	106.1	115.2
2018	108.8	104.3	107.3	112.3
2019	106.0	103.6	109.2	105.1

2-24 宾阳县各时期生产总值平均指数

（按可比价格计算，以上年为100）

单位：%

时期	生产总值	第一产业	第二产业	第三产业
恢复时期(1950–1952)	118.8	114.5	148.4	118.6
“一五”时期(1953–1957)	112.5	113.1	111.7	110.7
“二五”时期(1958–1962)	106.6	108.4	95.0	107.5
调整时期(1963–1965)	112.9	113.0	119.8	108.2
“三五”时期(1966–1970)	107.3	107.3	103.7	110.1
“四五”时期(1971–1975)	111.1	111.1	113.1	110.1
“五五”时期(1976–1980)	103.3	99.1	117.7	109.1
“六五”时期(1981–1985)	116.3	116.6	124.0	106.1
“七五”时期(1986–1990)	105.1	93.6	114.2	123.2
“八五”时期(1991–1995)	108.8	105.4	114.0	109.5
“九五”时期(1996–2000)	106.7	103.9	107.1	110.0
“十五”时期(2001–2005)	111.1	106.5	116.0	112.0
“十一五”时期(2006–2010)	112.8	106.8	115.5	114.4
“十二五”时期(2001–2015)	109.5	104.9	111.3	110.4
1951年至2019年	109.6	106.6	113.0	111.2
1979年至2019年	109.2	104.5	113.7	111.6
1993年至2019年	109.7	105.4	111.7	111.5

2-25 横县主要年份生产总值

（按当年价格计算）　　　　单位：万元

年份	生产总值	第一产业	第二产业	第三产业
1950	2545	2327	115	103
1965	8027	4033	2540	1454
1978	24204	14749	7107	2348
1980	26146	15527	7334	3285
1985	40663	23746	10827	6090
1990	89305	44969	22192	22144
1991	103261	51189	25027	27045
1992	119391	57465	29032	32894
1993	170404	70668	55506	44230
1994	224688	97339	69744	57605
1995	262239	124194	65074	72971
1996	287040	140137	58408	88495
1997	321477	157297	61787	102393
1998	322694	155913	57645	109136
1999	318133	148457	53283	116393
2000	318352	148626	44415	125311
2001	324768	141005	46378	137385
2002	353303	142135	60888	150280
2003	383406	147166	96675	139565
2004	435213	168671	107689	158853
2005	538036	223947	134627	179462
2006	647019	249125	181085	216809
2007	809990	302345	237571	270074
2008	980181	337257	327165	315759
2009	1136532	358537	405184	372811
2010	1348911	424495	496008	428408
2011	1762178	534026	698445	529707
2012	2226099	569227	1079757	577115
2013	2496785	608449	1212669	675667
2014	2486787	650484	1077301	759002
2015	2630940	673798	1109151	847992
2016	2749718	672283	1122687	954748
2017	3045838	728680	1208939	1108219
2018	3110018	730970	1197769	1181279
2019	3288958	770895	1249755	1268308

2-26 横县主要年份生产总值构成

（按当年价格计算）

单位：%

年份	生产总值	第一产业	第二产业	第三产业
1950	100.00	91.43	4.52	4.05
1965	100.00	50.24	31.64	18.12
1978	100.00	60.94	29.36	9.70
1980	100.00	59.39	28.05	12.56
1985	100.00	58.40	26.63	14.97
1990	100.00	50.35	24.85	24.80
1991	100.00	49.57	24.24	26.19
1992	100.00	48.13	24.32	27.55
1993	100.00	41.47	32.57	25.96
1994	100.00	43.32	31.04	25.64
1995	100.00	47.36	24.81	27.83
1996	100.00	48.82	20.35	30.83
1997	100.00	48.93	19.22	31.85
1998	100.00	48.32	17.86	33.82
1999	100.00	46.67	16.75	36.58
2000	100.00	46.69	13.95	39.36
2001	100.00	43.42	14.28	42.30
2002	100.00	40.23	17.23	42.54
2003	100.00	38.38	25.21	36.41
2004	100.00	38.76	24.74	36.50
2005	100.00	41.62	25.02	33.36
2006	100.00	38.50	27.99	33.51
2007	100.00	37.33	29.33	33.34
2008	100.00	34.41	33.38	32.21
2009	100.00	31.55	35.65	32.80
2010	100.00	31.47	36.77	31.76
2011	100.00	30.30	39.64	30.06
2012	100.00	25.57	48.50	25.93
2013	100.00	24.37	48.57	27.06
2014	100.00	26.16	43.32	30.52
2015	100.00	25.61	42.16	32.23
2016	100.00	24.45	40.83	34.72
2017	100.00	23.92	39.69	36.39
2018	100.00	23.50	38.51	37.98
2019	100.00	23.44	38.00	38.56

2-27 横县主要年份生产总值指数

（按可比价格计算，以上年为 100）　　单位：%

年份	生产总值	第一产业	第二产业	第三产业
1951	113.4	112.4	114.3	138.8
1965	118.4	119.8	125.1	97.3
1978	115.1	112.1	115.7	132.0
1980	103.8	104.2	105.9	97.4
1985	92.3	91.0	88.1	107.3
1990	110.8	112.7	111.1	108.4
1991	105.8	103.1	102.8	114.4
1992	115.8	116.3	112.1	118.4
1993	114.7	103.9	139.8	112.7
1994	104.7	98.3	111.7	107.9
1995	110.6	117.3	101.3	110.8
1996	106.5	110.5	91.2	115.6
1997	112.6	113.8	104.9	116.8
1998	105.0	104.6	99.1	109.8
1999	104.2	101.6	104.1	107.9
2000	100.5	102.3	84.1	108.0
2001	103.4	100.3	97.2	109.4
2002	107.7	102.0	125.4	108.2
2003	106.7	102.1	150.2	94.3
2004	107.1	109.2	97.5	110.6
2005	113.3	109.8	121.0	112.7
2006	117.9	112.3	128.3	117.2
2007	117.3	109.3	126.1	119.7
2008	113.6	103.4	128.6	111.7
2009	115.9	103.9	123.8	120.0
2010	112.4	105.3	118.2	112.7
2011	120.1	107.9	133.2	116.9
2012	117.3	104.6	134.7	105.9
2013	110.7	104.9	115.3	108.3
2014	103.4	104.5	98.8	110.7
2015	106.2	104.9	104.6	109.9
2016	106.0	102.2	102.2	114.3
2017	107.0	103.9	104.5	112.3
2018	107.1	104.0	104.8	111.9
2019	104.1	103.3	104.3	104.4

2-28 横县各时期生产总值平均指数

（按可比价格计算，以上年为 100）

单位：%

时期	生产总值	第一产业	第二产业	第三产业
恢复时期 (1950–1952)	108.8	107.3	120.7	124.1
“一五”时期 (1953–1957)	106.0	103.0	119.4	124.7
“二五”时期 (1958–1962)	100.1	95.4	114.6	106.9
调整时期 (1963–1965)	112.4	108.8	127.6	99.1
“三五”时期 (1966–1970)	109.6	111.8	106.7	107.0
“四五”时期 (1971–1975)	110.3	112.3	106.8	107.9
“五五”时期 (1976–1980)	107.1	102.0	111.2	114.5
“六五”时期 (1981–1985)	101.9	99.2	103.7	107.7
“七五”时期 (1986–1990)	111.2	105.6	109.1	125.7
“八五”时期 (1991–1995)	110.2	107.5	112.7	112.8
“九五”时期 (1996–2000)	105.7	106.4	96.3	111.6
“十五”时期 (2001–2005)	107.6	104.6	116.7	106.8
“十一五”时期 (2006–2010)	115.4	106.8	125.0	116.2
“十二五”时期 (2001–2015)	111.4	105.4	116.4	110.3
1951 年至 2019 年	108.2	105.2	112.1	112.4
1979 年至 2019 年	108.5	104.6	109.9	112.7
1993 年至 2019 年	109.4	105.5	112.0	111.0

2-29 各县主要年份人均生产总值

（按当年价格计算）

单位：元

年份	隆安县	马山县	上林县	宾阳县	横 县
1950	52	63	95	29	56
1965	56	101	126	102	136
1978	225	122	156	254	306
1980	231	130	161	263	321
1985	340	166	322	487	456
1990	644	367	730	679	931
1991	640	404	828	860	1059
1992	854	438	926	961	1209
1993	1183	544	1141	1336	1704
1994	1497	673	1620	1789	2220
1995	1825	1008	1812	2066	2562
1996	2184	1094	1966	2317	2784
1997	2284	1353	2098	2378	3101
1998	2441	1622	2215	2481	3096
1999	2383	1740	2314	2463	3041
2000	2464	1812	2361	2436	3014
2001	2758	1893	2449	2711	3044
2002	3067	2048	2622	3026	3298
2003	2259	2563	2560	3626	3565
2004	4091	2785	2949	4429	4025
2005	5047	3105	3567	5256	4929
2006	5943	3646	4137	5913	5788
2007	7320	4236	4853	6883	7074
2008	8604	4910	5528	7983	8454
2009	8590	5257	5664	8588	9703
2010	9774	5827	6565	10835	11347
2011	12095	7216	7969	13138	14617
2012	12257	7336	8212	13465	18379
2013	13378	7945	9178	15093	20349
2014	18664	11698	13296	21626	28163
2015	20281	11708	14203	22834	29526
2016	21333	12352	14873	24388	30593
2017	23311	13487	15727	26722	33654
2018	26671	18663	19602	30190	34159
2019	29522	20659	22086	32841	35967

注：从2010年开始，各县的人均生产总值根据常住人口口径计算。

2-30 各县生产总值

（2019年，按当年价格计算）　　　　单位：万元

指标名称	隆安县	马山县	上林县	宾阳县	横　县
地区生产总值	**942651**	**858363**	**810876**	**2719591**	**3288958**
农、林、牧、渔业	388331	228817	262205	592882	787031
工业	149677	122508	54027	534662	961026
建筑业	71781	77963	68717	270834	290478
批发和零售业	32476	41316	39455	207517	218945
批发业	9341	4273	7750	38937	132940
零售业	23135	37043	31705	168580	86005
交通运输、仓储和邮政业	20911	38792	19003	228146	140182
住宿和餐饮业	7182	8976	8944	45457	40254
住宿业	1029	958	1829	5610	3902
餐饮业	6153	8018	7115	39847	36352
金融业	42133	33418	39826	90591	103334
房地产业	59109	77271	70754	197197	268312
房地产业（k）	5025	6643	9526	60873	53544
居民自有住房折旧	54084	70628	61228	136323	214769
其他服务业	171050	229302	247944	552304	479396
营利性服务业	19036	26073	26653	122333	120751
非营利性服务业	152014	203228	221291	429971	358645
第一产业	382721	228418	261680	587936	770895
第二产业	221192	198671	122319	803727	1249755
第三产业	338738	431273	426877	1327928	1268308
人均生产总值（元）	29522	20659	22086	32841	35967

2-31 各县生产总值指数

（2019 年，按可比价格计算，以上年为 100）　　单位：%

指标名称	隆安县	马山县	上林县	宾阳县	横　县
地区生产总值	**105.1**	**106.3**	**107.6**	**106.0**	**104.1**
农、林、牧、渔业	105.2	104.6	107.1	103.7	103.6
工业	110.7	108.6	108.2	110.9	104.2
建筑业	98.8	115.6	120.3	105.8	104.7
批发和零售业	98.4	98.5	101.3	103.7	104.1
批发业	94.5	98.7	85.3	112.4	107.4
零售业	100.1	98.5	106.2	101.9	99.5
交通运输、仓储和邮政业	103.6	108.0	105.0	105.4	103.2
住宿和餐饮业	109.1	109.0	110.2	97.4	108.5
住宿业	101.6	120.4	131.3	117.0	101.0
餐饮业	110.6	107.7	105.5	95.0	109.5
金融业	113.4	103.8	107.4	107.2	106.4
房地产业	101.3	106.5	102.6	106.5	103.7
房地产业（k）	72.0	126.9	88.4	110.1	98.2
居民自有住房折旧	105.0	105.0	105.0	105.0	105.0
其他服务业	103.4	105.5	107.8	105.3	103.9
营利性服务业	98.9	119.0	104.7	116.3	106.6
非营利性服务业	104.1	103.8	108.2	102.2	102.9
第一产业	105.2	104.6	107.1	103.6	103.3
第二产业	106.7	111.1	114.4	109.2	104.3
第三产业	103.9	105.1	106.1	105.1	104.4
人均生产总值（元）	104.3	105.6	106.9	105.3	103.6

2-32 各县财政收入相当于地区生产总值的比例

单位：%

年份	隆安县	马山县	上林县	宾阳县	横 县
1950	16.39	0.45		3.08	9.31
1965	16.12	8.08	6.28	10.32	8.35
1978	7.72	5.99	5.07	4.76	4.86
1980	8.60	4.70	5.32	5.44	6.38
1985	7.02	8.68	3.86	5.44	7.79
1990	8.94	6.73	5.87	10.81	8.32
1991	8.92	5.84	5.43	9.24	7.49
1992	6.92	5.98	5.01	8.59	7.20
1993	9.12	6.28	6.31	10.01	8.58
1994	9.49	9.62	5.09	8.63	7.67
1995	9.45	8.37	3.19	8.90	7.25
1996	8.69	8.61	3.64	8.02	6.29
1997	8.54	8.08	4.35	8.11	7.33
1998	9.43	7.45	5.13	8.34	7.61
1999	10.71	7.52	7.10	9.14	8.02
2000	11.24	7.58	7.18	9.38	8.17
2001	9.96	6.47	6.35	8.09	7.16
2002	10.92	6.75	6.65	9.15	7.31
2003	10.06	5.70	7.67	7.34	7.35
2004	8.63	5.75	7.47	6.91	7.06
2005	7.70	6.12	6.82	6.74	6.56
2006	7.01	5.92	6.61	0.63	6.44
2007	7.20	5.73	6.49	5.89	5.93
2008	6.66	5.85	6.65	6.10	5.93
2009	6.61	6.23	6.59	6.79	6.25
2010	7.19	6.98	7.08	7.17	6.54
2011	7.03	6.71	7.00	7.46	6.25
2012	8.65	8.25	8.62	9.21	7.74
2013	8.47	7.39	8.16	8.94	6.04
2014	8.96	7.04	8.56	9.01	6.75
2015	8.80	7.08	8.94	9.36	6.95
2016	6.90	6.67	7.61	8.80	6.68
2017	6.83	6.20	7.60	8.44	6.76
2018	6.36	4.63	6.38	7.95	6.54
2019	5.59	4.28	5.97	7.40	5.94

2-33 各城区生产总值

（2019 年，按当年价格计算）　　单位：万元

指标名称	市 区	兴宁区	青秀区	江南区	西乡塘区	良庆区	邕宁区	武鸣区
地区生产总值	**36445138**	**3903059**	**11885760**	**5059426**	**7891184**	**3364238**	**1547029**	**3033260**
农、林、牧、渔业	2904421	135900	226596	296513	332146	273679	338374	1258266
工业	4012874	135984	105364	1071311	1554377	524244	244277	450249
建筑业	3854223	636066	964581	568831	811403	458592	164013	250738
批发和零售业	3050461	412602	590919	633490	1023061	225183	41177	85527
批发业	1544674	153004	294235	312611	604795	116026	5189	24055
零售业	1505787	259597	296684	320879	418266	109157	35988	61472
交通运输、仓储和邮政业	2086960	107156	879469	502776	318993	71380	20612	196994
住宿和餐饮业	1216294	222300	380359	98087	416020	40462	9583	35697
住宿业	305576	57062	123770	20293	96834	8242	1793	3960
餐饮业	910718	165238	256589	77794	319186	32220	7790	31737
金融业	5027017	703618	2911924	410861	875342	37276	45349	117394
房地产业	4843470	552976	1523993	626264	475655	1143520	437231	173855
房地产业（k)	4193368	477494	1369311	531326	361750	1077569	388901	53301
居民自有住房折旧	650102	75482	154683	94939	113906	65951	48330	120555
其他服务业	9449417	996458	4302555	851293	2084187	589902	246413	464539
营利性服务业	3852287	340204	1940494	350989	678755	313267	57924	117339
非营利性服务业	5597130	656254	2362062	500304	1405432	276635	188490	347200
第一产业	2841051	134568	202677	290656	326405	272316	336543	1241102
第二产业	7854055	771515	1066303	1638503	2362687	978348	406509	699515
第三产业	25750032	2996976	10616780	3130267	5202093	2113574	803977	1092644
人均生产总值（元）	81808	86179	145249	76087	62875	86518	52477	52289

2-34 各城区生产总值指数

（2019 年，按可比价格计算，以上年为 100） 单位：%

指标名称	市 区	兴宁区	青秀区	江南区	西乡塘区	良庆区	邕宁区	武鸣区
地区生产总值	**104.9**	**104.3**	**106.1**	**104.4**	**103.8**	**107.1**	**106.0**	**104.5**
农、林、牧、渔业	106.4	106.0	102.3	105.5	103.3	101.1	104.6	106.3
工业	98.5	107.1	137.9	94.5	99.4	100.3	115.3	100.1
建筑业	109.7	118.9	107.5	118.9	110.3	105.2	92.2	98.9
批发和零售业	105.2	109.9	100.7	104.3	103.4	117.1	119.2	100.6
批发业	104.6	111.9	101.3	103.4	101.1	117.7	99.0	113.2
零售业	105.8	108.7	100.2	105.1	106.9	116.6	122.9	96.4
交通运输、仓储和邮政业	106.5	105.7	105.2	110.0	103.9	105.9	103.9	103.2
住宿和餐饮业	105.7	106.5	103.8	106.1	104.1	115.8	86.6	98.6
住宿业	103.9	101.2	102.9	107.0	102.3	145.4	126.9	101.8
餐饮业	106.4	108.6	104.3	105.9	104.7	109.6	80.3	98.2
金融业	107.1	107.1	107.1	107.1	107.1	107.1	107.1	108.7
房地产业	103.6	91.8	108.2	106.8	104.4	110.4	109.6	102.7
房地产业（k）	103.4	89.8	108.6	107.1	104.2	110.7	110.2	97.5
居民自有住房折旧	105.0	105.0	105.0	105.0	105.0	105.0	105.0	105.0
其他服务业	104.5	98.0	105.1	103.1	104.2	108.7	103.9	109.6
营利性服务业	110.6	97.8	108.3	109.1	110.0	117.1	106.5	120.0
非营利性服务业	100.3	98.2	102.4	98.9	101.3	99.8	103.1	106.1
第一产业	106.2	106.0	102.3	105.5	103.1	101.0	104.6	106.3
第二产业	103.5	116.7	110.1	101.8	102.6	102.2	104.2	99.7
第三产业	105.2	101.4	105.8	105.7	104.5	110.6	107.6	105.9
人均生产总值（元）	103.1	101.7	103.7	102.0	102.7	104.8	104.0	103.6

三 人口

CHAPTER 3 POPULATION

3-1　全市主要年份人口

年　份	户籍总户数（户）	户籍总人口（人）				人口自然增长率（‰）	常住人口（万人）		城镇化率（%）
			男	女	城镇人口			城镇人口	
1950	203312	887405	438013	449392	157630				
1965	299085	1429352	732110	697242	412728	29.3			
1978	387853	1960454	1013310	947144	516796	16.4			
1980	410131	2055433	1059660	995773	576965	16.6			
1985	479524	2294642	1191771	1102871	703285	14.0			
1986	497956	2346191	1219054	1127137	732040	14.2			
1987	520280	2402548	1247705	1154843	775932	12.2			
1988	546451	2451770	1272979	1178791	815688	8.9			
1989	565288	2483593	1290928	1192665	835634	7.9			
1990	586171	2521885	1314990	1206895	851694	8.2			
1991	595112	2547957	1328493	1219464	871597	6.6			
1992	619613	2594228	1355291	1238937	917878	7.6			
1993	642254	2646075	1384775	1261300	958649	6.1			
1994	663893	2686557	1407350	1279207	995856	4.9			
1995	677603	2731908	1429732	1302176	1034903	5.4			
1996	702328	2779142	1454335	1324807	1073692	4.9			
1997	719455	2812025	1469086	1342939	1103802	4.7			
1998	744972	2846264	1485054	1361210	1142897	6.0			
1999	764494	2858711	1489427	1369284	1161833	5.8			
2000	1582100	6252697	3256917	2995780	1578160	6.1			
2001	1584300	6297521	3281911	3015601	1591821	4.9			
2002	1615500	6346838	3306515	3040323	1614238	5.1			
2003	1656644	6416736	3347842	3068894	1679929	6.5			
2004	1750997	6488450	3393652	3094798	1718176	7.9			
2005	1807185	6595402	3452663	3142739	1773200	8.5			
2006	1902477	6718928	3513115	3205813	1817485	11.2			
2007	1958717	6835117	3571952	3263165	1859508	10.5			
2008	2011573	6916874	3614759	3302115	1889351	10.5			
2009	2062411	6978957	3647913	3331044	1908770	8.2			
2010	2113500	7073720	3698242	3375478	1919790	5.5	666.15	350.52	52.6
2011	2145780	7114879	3719295	3395584	1929426	3.8	673.40	367.37	54.6
2012	2180344	7134979	3731114	3403865	1926150	4.6	679.08	382.21	56.3
2013	2198494	7244309	3792969	3451340		7.1	685.37	395.24	57.7
2014	2200923	7296565	3826517	3470048		7.0	691.38	403.70	58.4
2015	2223817	7402302	3875130	3527172	3262903	6.0	698.61	414.32	59.3
2016	2249585	7517446	3929997	3587449		6.2	706.22	425.34	60.2
2017	2257759	7568656	3944813	3623843	3324893	7.4	715.33	438.83	61.3
2018	2306799	7708223	4011052	3697171	3430769	7.0	725.41	452.62	62.4
2019	2360220	7819667	4062268	3757399	3531093	6.7	734.48	467.88	63.7

注：1. 2000 年以后数据为行政区划调整后大南宁范围口径的数据，其余年份为原南宁口径的数据。
　　2. 本表人口自然增长率按公安户籍人口统计报表中的本年出生人口计算（以下表同）。

3-2 全市户籍人口数

指标名称	单位	2019 年	2018 年
总户数	**户**	**2360220**	**2306799**
总人口数	**人**	**7819667**	**7708223**
#男性人口	人	4062268	4011052
女性人口	人	3757399	3697171
年平均人口	人	7763945	7638440
城镇人口	人	3531093	3430769
乡村人口	人	4288574	4277454
出生人数	人	73223	72030
出生率	‰	9.43	9.43
死亡人数	人	21059	18273
死亡率	‰	2.71	2.39
自然增长人数	人	52164	53757
自然增长率	‰	6.72	7.04
迁入人数	人	148560	149714
迁出人数	人	103670	107212
机械增长人数	人	44890	42502
机械增长率	‰	5.78	5.56

注：1. 本表的出生率、死亡率、人口自然增长率按户籍人口统计的本年出生数、本年死亡人数计算（以下表同）。
　　2. 本表的出生人数、死亡人数为当年出生和死亡人口。

3-3 全市户籍人口分地区统计

（2019 年）

单位：户、人

指标名称	总户数	总人口	按性别分		城镇人口	乡村人口
			男性	女性		
全市	**2360220**	**7819667**	**4062268**	**3757399**	**3531093**	**4288574**
市区	**1270991**	**3977743**	**2019377**	**1958366**	**2522442**	**1455301**
兴宁区	118515	364748	182567	182181	258752	105996
青秀区	263044	796322	392369	403953	674640	121682
江南区	180971	559590	283567	276023	393504	166086
西乡塘区	268476	827543	413509	414034	647473	180070
良庆区	97573	323193	167489	155704	168690	154503
邕宁区	108988	379345	200880	178465	161609	217736
武鸣区	233424	727002	378996	348006	217774	509228
隆安县	117543	424471	225723	198748	91788	332683
马山县	157945	574434	302845	271589	106760	467674
上林县	148348	502610	264949	237661	103762	398848
宾阳县	306042	1062183	568830	493353	336164	726019
横　县	359351	1278226	680544	597682	370177	908049

3-4 全市户籍人口分年龄统计

（2019 年）

单位：人

指标名称	总人口	按年龄分			
		18 岁以下	18-34 岁	35-59 岁	60 岁以上
全市	**7819667**	**1867376**	**1805633**	**2902188**	**1244470**
市区	**3977743**	**951535**	**860212**	**1514910**	**651086**
兴宁区	364748	88098	74519	138191	63940
青秀区	796322	199632	159093	314783	122814
江南区	559590	139983	119961	212027	87619
西乡塘区	827543	185247	167978	320761	153557
良庆区	323193	92708	77782	112232	40471
邕宁区	379345	95839	93700	134953	54853
武鸣区	727002	150028	167179	281963	127832
隆安县	424471	104782	90884	158847	69958
马山县	574434	149362	136885	206762	81425
上林县	502610	112734	125790	184202	79884
宾阳县	1062183	239783	280508	381327	160565
横　县	1278226	309180	311354	456140	201552

3-5 全市户籍人口变动情况

（2019 年）

单位：人

指标名称	出生人数	死亡人数	自然增长人数	迁入人数	迁出人数	机械增长人数
全市	**73223**	**21059**	**52164**	**148560**	**103670**	**44890**
市区	**42825**	**7208**	**35617**	**129039**	**68716**	**60323**
兴宁区	3888	476	3412	18003	7456	10547
青秀区	10860	1428	9432	40313	22082	18231
江南区	5801	785	5016	20452	9930	10522
西乡塘区	7527	897	6630	23580	18104	5476
良庆区	4072	646	3426	16287	3379	12908
邕宁区	3752	645	3107	6084	2413	3671
武鸣区	6925	2331	4594	4320	5352	-1032
隆安县	3298	1795	1503	2111	3390	-1279
马山县	4666	2251	2415	2619	5320	-2701
上林县	4280	1945	2335	1935	3747	-1812
宾阳县	8230	4001	4229	6489	11239	-4750
横　县	9924	3859	6065	6367	11258	-4891

注：本表的出生人数、死亡人数为当年出生和死亡人口。

3-6 市区户籍人口数

指标名称	单位	2019 年	2018 年
总户数	**户**	**1270991**	**1223799**
总人口数	**人**	**3977743**	**3871306**
#男性人口	人	2019377	1971911
女性人口	人	1958366	1899395
年平均人口	人	3924525	3812535
城镇人口	人	2522442	2427073
乡村人口	人	1455301	1444233
出生人数	人	42825	40872
出生率	‰	10.91	10.72
死亡人数	人	7208	6349
死亡率	‰	1.84	1.67
自然增长人数	人	35617	34523
自然增长率	‰	9.08	9.06
迁入人数	人	129039	127495
迁出人数	人	68716	70898
机械增长人数	人	60323	56597
机械增长率	‰	15.37	14.84

注：本表的出生人数、死亡人数为当年出生和死亡人口。

3-7 各县户籍人口数

（2019 年）

指标名称	单位	隆安县	马山县	上林县	宾阳县	横 县
总户数	**户**	**117543**	**157945**	**148348**	**306042**	**359351**
总人口数	**人**	**424471**	**574434**	**502610**	**1062183**	**1278226**
#男性人口	人	225723	302845	264949	568830	680544
女性人口	人	198748	271589	237661	493353	597682
年平均人口	人	423954	573820	501771	1060209	1274163
城镇人口	人	91788	106760	103762	336164	370177
乡村人口	人	332683	467674	398848	726019	908049
出生人数	人	3298	4666	4280	8230	9924
出生率	‰	7.78	8.13	8.53	7.76	7.79
死亡人数	人	1795	2251	1945	4001	3859
死亡率	‰	4.23	3.92	3.88	3.77	3.03
自然增长人数	人	1503	2415	2335	4229	6065
自然增长率	‰	3.55	4.21	4.65	3.99	4.76
迁入人数	人	2111	2619	1935	6489	6367
迁出人数	人	3390	5320	3747	11239	11258
机械增长人数	人	–1279	–2701	–1812	–4750	–4891
机械增长率	‰	–3.02	–4.71	–3.61	–4.48	–3.84

注：本表的出生人数、死亡人数为当年出生和死亡人口。

3-8 主要年份全市城镇单位在岗职工人数及构成

年 份	在岗职工人数（人）				构成（%）		
		国有经济单位	城镇集体单位	其他经济单位	国有经济单位	城镇集体单位	其他经济单位
1950	4645						
1965	141718						
1978	316466						
1980	348858						
1981	365994	291928	74066		79.76	20.24	
1982	393866	320038	73828		81.26	18.74	
1983	388923	315746	73177		81.18	18.82	
1984	393707	319171	74536		81.07	18.93	
1985	406270	326815	79406	49	80.44	19.55	
1986	441427	341108	99973	346	77.27	22.65	
1987	457911	355604	101217	1090	77.66	22.10	
1988	474252	372567	99503	2182	78.56	20.98	
1989	483379	378469	101782	3128	78.30	21.06	0.65
1990	473944	400527	69077	4340	84.00	14.57	0.92
1991	496852	417411	74011	5430	84.01	14.90	1.09
1992	505474	424700	73863	6911	84.02	14.61	1.37
1993	517971	432101	69896	15974	83.42	14.00	3.08
1994	511592	431517	63237	16838	84.35	13.00	3.29
1995	500975	419903	63706	17366	83.82	12.72	3.47
1996	504483	423637	60769	20077	83.97	12.05	3.98
1997	498410	412593	55477	30340	82.78	11.00	6.09
1998	457129	347893	46047	63189	76.10	10.07	13.82
1999	434883	313178	40782	80923	72.01	9.38	18.61
2000	544799	409279	46455	89065	75.12	8.53	16.35
2001	524004	389988	44496	89520	74.43	8.49	17.08
2002	497509	345039	39573	112897	69.36	7.95	22.69
2003	506235	353927	35024	117284	69.91	6.92	23.00
2004	542585	363721	32842	146022	67.00	6.00	27.00
2005	583660	369442	23797	190421	63.00	4.00	33.00
2006	581428	356460	19434	205534	61.31	3.34	35.35
2007	604935	360783	20196	223956	59.63	3.34	37.02
2008	616998	357166	17789	242043	57.89	2.88	39.23
2009	640175	362807	13656	263712	56.67	2.13	41.19
2010	661866	362021	13411	286434	54.69	2.03	43.28
2011	666720	382765	11357	272598	57.41	1.70	40.89
2012	674362	379053	10569	284740	56.21	1.57	42.22
2013	686534	363632	9771	313131	52.97	2.69	45.61
2014	722808	364801	8653	349354	50.47	2.37	48.33
2015	733478	332957	8259	392262	45.39	1.13	53.48
2016	734898	336374	8004	390520	45.86	1.09	53.24
2017	724807	326268	7407	391132	45.01	1.02	53.96
2018	734321	320686	6704	406931	44.24	0.92	56.14
2019	784033	346380	6824	430829	47.79	0.94	59.44

注：本篇“城镇单位”2014年后均指城镇非私营单位。（下同）

3-9 主要年份全市城镇单位在岗职工工资总额及平均工资

年　份	在岗职工工资总额（万元）	国有经济单位	城镇集体单位	其他经济单位	在岗职工年平均工资（元/人）	国有经济单位	城镇集体单位	其他经济单位
1950	157				338			
1965	7289				539			
1978	17231				565			
1980	24735				730			
1981	26943	22465	4478		746	780	611	
1982	30422	25370	5052		791	811	706	
1983	31673	26383	5290		818	841	722	
1984	37673	31578	6095		963	1010	776	
1985	42058	34452	7601	5	1051	1074	958	2083
1986	55807	45152	10628	27	1292	1359	1069	1421
1987	63803	51904	11727	172	1428	1499	1179	1610
1988	78020	63716	13992	312	1685	1755	1423	1859
1989	84956	68826	15620	510	1784	1850	1543	1749
1990	98238	85247	12200	791	2111	2173	1765	1942
1991	112323	96853	14324	1146	2331	2385	2029	2234
1992	135093	117682	15870	1541	2720	2820	2174	2453
1993	192696	164018	21759	6919	3786	3863	3170	4386
1994	250214	217510	24695	8009	4976	5136	3925	4864
1995	281024	241990	28661	10373	5668	5835	4514	5907
1996	300874	257886	30801	12187	6009	6159	4957	6144
1997	321010	270037	31518	19455	6508	6605	5718	6651
1998	334839	265276	25626	43937	7315	7580	5649	7040
1999	353051	261468	25622	65961	8077	8303	6225	8142
2000	445883	339842	28724	77318	8185	8342	6062	8591
2001	502894	384613	32309	85973	9572	9867	7151	9507
2002	568118	416947	30413	120758	11363	11917	7718	10908
2003	668976	499260	31082	138634	13172	14082	8870	11721
2004	829568	611737	31265	186566	15447	16969	9753	12914
2005	985557	690902	26776	267879	17520	19202	11326	14960
2006	1177159	814083	24108	338968	20650	23225	12277	16958
2007	1479269	1033933	28205	417130	24789	28796	13774	19204
2008	1798691	1221827	31603	545261	29377	34417	17937	22752
2009	2047363	1384938	27818	634608	32596	38599	20040	24846
2010	2427224	1614433	31857	780934	37042	44735	24955	27732
2011	2638622	1786349	34555	817718	40120	47418	30848	30313
2012	2940889	1905537	37477	997875	43847	48930	35002	35193
2013	3337032	1834375	34209	1468449	48188	50193	38077	46622
2014	4074039	2071677	37934	1964428	54826	56836	44050	53471
2015	4857782	2375128	38282	2444373	63820	70155	48458	59945
2016	5216656	2615948	37613	2563095	68560	77362	50920	63043
2017	5763215	2908728	39664	2814823	75481	87999	59207	68026
2018	6539357	3130255	33269	3375833	83452	96698	56764	76169
2019	7510813	3628058	38320	3844435	90986	102912	62362	84089

注：本篇“城镇单位”2014 年后均指城镇非私营单位。（下同）

3-10 全市城镇非私营单位从业人员人数

（2019 年）　　　　单位：人

指标名称	单位数（个）	从业人员年末人数	# 女性	在岗职工	劳务派遣人员	其他从业人员	在岗职工年平均人数
总计	**8808**	**1090054**	**425532**	**784033**	**200340**	**105681**	**773636**
# 国有控股	5325	401656	214722	346380	15587	39689	343571
按企业、事业、机关分组							
企业	3742	736866	235226	465938	185798	85130	458984
事业	3431	258578	154066	237188	6481	14909	233964
机关	1529	88797	31813	75270	8036	5491	75143
民间非盈利组织	99	5610	4272	5435	25	150	5350
其他	7	203	155	202		1	195
按经济类型分组							
国有经济单位	5325	401656	214722	346380	15587	39689	343571
集体经济单位	103	9158	2953	6824	583	1751	6000
其他经济单位	3380	679240	207857	430829	184170	64241	424065
按国民经济行业分组							
农、林、牧、渔业	**120**	**8261**	**2643**	**7012**	**87**	**1162**	**7087**
农业	19	2568	902	1510		1058	1526
林业	47	3532	995	3504		28	3610
畜牧业	17	1625	575	1470	87	68	1420
渔业	1	23	2	20		3	20
农、林、牧、渔服务业	36	513	169	508		5	511
采矿业	**8**	**284**	**55**	**276**		**8**	**184**
制造业	**538**	**94370**	**38561**	**87820**	**3852**	**2698**	**87435**
电力、热力、燃气及水生产和供应业	**43**	**44794**	**11735**	**44307**	**121**	**366**	**44501**
建筑业	**174**	**263876**	**23962**	**72265**	**167747**	**23864**	**70123**
批发和零售业	**900**	**53864**	**28525**	**49375**	**1462**	**3027**	**47966**
批发业	528	21709	9830	20390	395	924	20153
零售业	372	32155	18695	28985	1067	2103	27813
交通运输、仓储和邮政业	**140**	**48305**	**13649**	**37634**	**3802**	**6869**	**36623**
铁路运输业	4	212	56	207	3	2	197
道路运输业	72	27517	8215	26410	579	528	25772
水上运输业	3	176	68	137		39	140
航空运输业	3	5378	1590	3200	2152	26	2971
多式联运和运输代理业	9	782	274	780	2		739
装卸搬运和仓储业	33	1264	385	1169	67	28	1160
邮政业	16	12976	3061	5731	999	6246	5644

单位：人

指标名称	单位数（个）	从业人员年末人数	# 女性	在岗职工	劳务派遣人员	其他从业人员	在岗职工年平均人数
住宿和餐饮业	**128**	**21704**	**13273**	**20747**	**325**	**632**	**20896**
住宿业	80	8716	5048	8103	256	357	8162
餐饮业	48	12988	8225	12644	69	275	12734
信息传输、软件和信息技术服务业	**145**	**18179**	**6792**	**17448**	**568**	**163**	**17245**
电信、广播电视和卫星传输服务	28	13383	4955	12826	512	45	12733
互联网和相关服务	20	779	310	771	7	1	712
软件和信息技术服务业	97	4017	1527	3851	49	117	3800
金融业	**354**	**81325**	**50640**	**39769**	**2113**	**39443**	**39230**
货币金融服务业	157	27173	14321	25513	1282	378	25201
资本市场服务业	10	466	187	313	9	144	328
保险业	178	53103	35883	13370	821	38912	13128
其他金融业	9	583	249	573	1	9	573
房地产业	**545**	**33862**	**15602**	**31456**	**1580**	**826**	**30569**
# 房地产开发经营	336	14236	6520	13878	186	172	13854
物业管理	94	14458	6825	12616	1325	517	11695
房地产中介服务	53	1864	971	1839	7	18	1917
房地产租赁经营	54	2871	1106	2690	62	119	2672
租赁和商务服务业	**490**	**35687**	**13699**	**28618**	**2843**	**4226**	**28286**
租赁业	33	1344	263	981	339	24	940
商务服务业	457	34343	13436	27637	2504	4202	27346
科学研究、技术服务业	**488**	**37172**	**14009**	**33244**	**1036**	**2892**	**32866**
研究和试验发展	72	7246	3578	6393	147	706	6329
专业技术服务业	280	26827	9150	23939	883	2005	23585
科技推广和应用服务业	136	3099	1281	2912	6	181	2952
水利、环境和公共设施管理业	**207**	**16997**	**9360**	**14891**	**1616**	**490**	**15099**
水利管理业	125	2240	725	2052	24	164	2039
生态保护和环境治理业	11	741	185	565	111	65	575
公共设施管理业	68	13821	8354	12079	1481	261	12312
土地管理业	3	195	96	195			173
居民服务、修理和其他服务业	**40**	**2782**	**1368**	**2315**	**335**	**132**	**2369**
居民服务业	16	1138	594	1138			1185
机动车、电子产品和日用产品修理业	11	537	97	536		1	533
其他服务业	13	1107	677	641	335	131	651
教育	**1663**	**135508**	**85028**	**122319**	**3147**	**10042**	**119947**
初等教育	988	43182	30495	38102	1100	3980	37205
中等教育	385	53443	31039	49086	1290	3067	48157
高等教育	38	25172	12957	22932	435	1805	22546
卫生和社会工作	**359**	**67269**	**48045**	**65235**	**209**	**1825**	**64124**
卫生	329	65839	46947	63816	205	1818	62676
社会工作	30	1430	1098	1419	4	7	1448

3-10 续表 2

单位：人

指标名称	单位数（个）	从业人员年末人数	# 女性	在岗职工	劳务派遣人员	其他从业人员	在岗职工年平均人数
文化、体育和娱乐业	**246**	**13658**	**6671**	**12513**	**418**	**727**	**12511**
新闻和出版业	39	3057	1569	2750	38	269	2722
广播、电视、电影和影视录音制作业	90	3942	1744	3689	70	183	3735
文化艺术业	84	3073	1650	2837	89	147	2842
体育	23	2181	1109	2009	155	17	1987
娱乐业	10	1405	599	1228	66	111	1225
公共管理、社会保障和社会组织	**2220**	**112157**	**41915**	**96789**	**9079**	**6289**	**96575**
中国共产党机关	155	4568	1450	3899	207	462	3797
国家机构	1821	103971	38665	89696	8749	5526	89588
人民政协、民主党派	22	559	204	520	27	12	520
社会保障	110	1496	865	1251	57	188	1234
群众社团、社会团体和其他成员组织	112	1563	731	1423	39	101	1436
国有单位合计	**5325**	**401656**	**214722**	**346380**	**15587**	**39689**	**343571**
按执行会计标准类别分组							
企业	408	57557	30914	37062	1081	19414	37564
事业	3377	255211	151905	233968	6468	14775	230785
机关	1528	88720	31790	75193	8036	5491	75066
民间非营利组织	11	155	105	144	2	9	143
其他	1	13	8	13			13

3-10续表3 单位：人

指标名称	单位数（个）	从业人员年末人数	# 女性	在岗职工	劳务派遣人员	其他从业人员	在岗职工年平均人数
按国民经济行业分组							
农、林、牧、渔业	97	4585	1319	4549		36	4635
采矿业	2	22	5	18		4	19
制造业	48	3830	1531	3692	4	134	3758
电力、热力、燃气及水生产和供应业	14	457	151	448		9	452
建筑业	15	3381	499	2935	127	319	3358
批发和零售业	43	2098	657	1960	14	124	1959
交通运输、仓储和邮政业	47	5244	2093	3908	649	687	3906
住宿和餐饮业	19	2906	1537	2846		60	2919
信息传输、软件和信息技术服务业	31	1123	447	1068	40	15	1080
金融业	79	29604	19734	11617	333	17654	11565
房地产业	17	1006	356	851	41	114	844
租赁和商务服务业	125	3918	1679	3543	139	236	3573
科学研究、技术服务业	347	20973	8808	18480	573	1920	18231
水利、环境和公共设施管理业	189	13975	7991	12424	1113	438	12537
居民服务、修理和其他服务业	16	698	287	594	17	87	591
教育	1470	121050	74361	108547	3109	9394	106528
卫生和社会工作	345	66129	47223	64162	199	1768	63032
文化、体育和娱乐业	203	8509	4132	7958	150	401	8018
公共管理、社会保障和社会组织	2218	112148	41912	96780	9079	6289	96566
城镇集体单位合计	**103**	**9158**	**2953**	**6824**	**583**	**1751**	**6000**
按执行会计标准类别分组							
企业	87	8612	2654	6344	583	1685	5522
事业	15	460	237	394		66	392
民间非营利组织	1	86	62	86			86

单位：人

指标名称	单位数（个）	从业人员年末人数	# 女性	在岗职工	劳务派遣人员	其他从业人员	在岗职工年平均人数
按国民经济行业分组							
农、林、牧、渔业	1	4		4			4
制 造 业	15	774	425	719	5	50	722
建筑业	11	4855	885	3162	117	1576	2315
批发和零售业	24	279	80	278		1	276
交通运输、仓储和邮政业	5	184	69	160		24	163
住宿和餐饮业	4	103	75	102		1	106
金融业	3	840	311	689	143	8	694
房地产业	3	233	141	233			234
租赁和商务服务业	12	210	100	191		19	186
科学研究、技术服务业	10	451	155	450		1	453
水利、环境和公共设施管理业	6	232	89	232			236
居民服务、修理和其他服务业	3	498	307	180	318		191
教育	6	495	316	424		71	420
其他单位合计	**3380**	**679240**	**207857**	**430829**	**184170**	**64241**	**424065**
按登记注册类型分组							
内资	3135	616805	176077	373647	182783	60375	367041
股份合作	13	2978	1296	2594	344	40	2582
联营	2	29	27	25		4	25
# 国有联营	1	28	27	24		4	24
有限责任公司	2513	538059	133467	310499	180253	47307	305042
# 国有独资	291	173521	40388	124367	28831	20323	122729
股份有限公司	367	61125	30807	46648	2120	12357	45846
其他	240	14614	10480	13881	66	667	13546
港、澳、台商投资	126	27609	13930	26460	796	353	25463
外商投资	119	34826	17850	30722	591	3513	31561

3-10续表 5

指标名称	单位数（个）	从业人员年末人数	# 女性	在岗职工	劳务派遣人员	其他从业人员	在岗职工年平均人数
按执行会计标准类别分组							
企业	3247	670697	201658	422532	184134	64031	415898
事业	39	2907	1924	2826	13	68	2787
机关	1	77	23	77			77
民间非营利组织	87	5369	4105	5205	23	141	5121
其他	6	190	147	189		1	182
按国民经济行业分组							
农、林、牧、渔业	22	3672	1324	2459	87	1126	2448
采矿业	6	262	50	258		4	165
制造业	475	89766	36605	83409	3843	2514	82955
电力、热力、燃气及水生产和供应业	29	44337	11584	43859	121	357	44049
建筑业	148	255640	22578	66168	167503	21969	64450
批发和零售业	833	51487	27788	47137	1448	2902	45731
交通运输、仓储和邮政业	88	42877	11487	33566	3153	6158	32554
住宿和餐饮业	105	18695	11661	17799	325	571	17871
信息传输、软件和信息技术服务业	114	17056	6345	16380	528	148	16165
金融业	272	50881	30595	27463	1637	21781	26971
房地产业	525	32623	15105	30372	1539	712	29491
租赁和商务服务业	353	31559	11920	24884	2704	3971	24527
科学研究、技术服务业	131	15748	5046	14314	463	971	14182
水利、环境和公共设施管理业	12	2790	1280	2235	503	52	2326
居民服务、修理和其他服务业	21	1586	774	1541		45	1587
教育	187	13963	10351	13348	38	577	12999
卫生和社会工作	14	1140	822	1073	10	57	1092
文化、体育和娱乐业	43	5149	2539	4555	268	326	4493
公共管理、社会保障和社会组织	2	9	3	9			9

3-11 全市城镇非私营单位从业人员工资总额

（2019 年）

单位：万元

指标名称	从业人员工资总额	在岗职工工资总额	劳务派遣人员工资总额	其他人员工资总额	在岗职工年平均工资（元/人）
总计	**9173753**	**7510813**	**1216493**	**446447**	**90986**
#国有控股	3814343	3628058	67313	118972	102912
按企业、事业、机关分组					
企业	5834095	4301521	1156674	375901	86621
事业	2529676	2457390	23532	48754	103314
机关	780700	723192	36238	21270	91105
民间非盈利组织	28320	27768	50	503	51753
其他	961	942		19	48318
按经济类型分组					
国有经济单位	3814343	3628058	67313	118972	102912
集体经济单位	51857	38320	2702	10836	62362
其他经济单位	5307553	3844435	1146479	316639	84089
按国民经济行业分组					
农、林、牧、渔业	**56090**	**50960**	**237**	**4894**	**71673**
农业	12932	8657		4275	56733
林业	28889	28718		171	79551
畜牧业	10303	9656	237	411	67022
渔业	235	226		9	112850
农、林、牧、渔服务业	3731	3703		28	72462
采矿业	**989**	**911**		**77**	**49533**
制造业	**615553**	**577935**	**24059**	**13560**	**65257**
电力、热力、燃气及水生产和供应业	**529449**	**526866**	**1002**	**1581**	**118271**
建筑业	**1845750**	**650007**	**1047356**	**148387**	**76470**
批发和零售业	**375224**	**360799**	**6804**	**7621**	**74088**
批发业	199096	193227	2374	3495	94971
零售业	176128	167572	4429	4127	59268
交通运输、仓储和邮政业	**395531**	**327122**	**26806**	**41603**	**86768**
铁路运输业	5495	5402	15	79	270825
道路运输业	214013	209467	2375	2172	80429
水上运输业	1747	1559		187	111386
航空运输业	62216	44880	17243	93	113570
多式联运和运输代理业	8390	8366	24		113219
装卸搬运和仓储业	8230	7920	208	102	67226
邮政业	95441	49529	6941	38971	84397

3-11 续表 1 单位：万元

指标名称	从业人员工资总额	在岗职工工资总额	劳务派遣人员工资总额	其他人员工资总额	在岗职工年平均工资（元/人）
住宿和餐饮业	**88723**	**85551**	**1245**	**1927**	**40859**
住宿业	51009	48962	882	1165	59141
餐饮业	37714	36589	363	762	28835
信息传输、软件和信息技术服务业	**209952**	**205485**	**2745**	**1722**	**116983**
电信、广播电视和卫星传输服务	166290	163616	2498	176	125435
互联网和相关服务	9582	8711	81	790	121776
软件和信息技术服务业	34080	33158	166	756	86894
金融业	**846356**	**698167**	**13525**	**134664**	**172306**
货币金融服务业	547195	532028	8862	6304	204434
资本市场服务业	6458	5595	98	765	168926
保险业	284011	152044	4564	127404	112385
其他金融业	8692	8500	1	191	148096
房地产业	**313041**	**301422**	**8254**	**3366**	**96466**
#房地产开发经营	207507	204720	1698	1089	146969
物业管理	62859	54815	6236	1808	47118
房地产中介服务	12312	12143	76	94	63143
房地产租赁经营	26675	26057	244	375	96197
租赁和商务服务业	**252821**	**226162**	**16457**	**10202**	**78446**
租赁业	11679	9282	2297	100	94759
商务服务业	241142	216879	14160	10102	77775
科学研究、技术服务业	**406142**	**389025**	**6693**	**10424**	**116793**
研究和试验发展	75977	72399	867	2710	113223
专业技术服务业	302028	289059	5797	7172	120586
科技推广和应用服务业	28137	27566	29	542	93259
水利、环境和公共设施管理业	**105206**	**97585**	**6390**	**1231**	**62331**
水利管理业	18398	17893	93	412	87141
生态保护和环境治理业	5904	5201	507	197	80844
公共设施管理业	78983	72571	5790	622	57039
土地管理业	1921	1921			111029
居民服务、修理和其他服务业	**16564**	**14469**	**1729**	**365**	**59971**
居民服务业	7405	7405			62489
机动车、电子产品和日用产品修理业	3165	3163		2	59338
其他服务业	5994	3901	1729	363	57279
教育	**1174647**	**1136555**	**9654**	**28439**	**93295**
#初等教育	314114	300473	3498	10143	79624
中等教育	483429	469138	3651	10640	95811
高等教育	292474	286582	1289	4603	125226
卫生和社会工作	**834061**	**822725**	**1327**	**10009**	**128100**
卫生	824601	813307	1315	9978	129558
社会工作	9460	9418	12	31	64941

3-11 续表 2

单位：万元

指标名称	从业人员工资总额	在岗职工工资总额	劳务派遣人员工资总额	其他人员工资总额	在岗职工年平均工资（元/人）
文化、体育和娱乐业	**135224**	**130557**	**1862**	**2805**	**102246**
新闻和出版业	37574	36156	206	1213	131839
广播、电视、电影和影视录音制作业	44954	44346	245	362	117100
文化艺术业	26732	26025	333	373	89838
体育	15517	14689	722	106	71579
娱乐业	10448	9340	357	751	74704
公共管理、社会保障和社会组织	**972431**	**908511**	**40349**	**23572**	**89661**
中国共产党机关	45983	43422	630	1931	111214
国家机构	896289	836267	39181	20842	88828
人民政协、民主党派	7107	6883	183	42	129163
社会保障	9410	8769	174	468	69324
群众社团、社会团体和其他成员组织	13642	13171	183	289	90530
国有单位合计	**3814343**	**3628058**	**67313**	**118972**	**102913**
按隶属关系分组					
中　央	334752	287216	4601	42936	149688
地　区	3443583	3305815	62669	75100	100096
其　他	36007	35027	44	936	114612
按执行会计标准类别分组					
企　业	528590	471436	7631	49522	123793
事　业	2504630	2433028	23439	48163	103674
机　关	780131	722623	36238	21270	91121
民间非营利组织	904	882	5	17	61179
其　他	89	89			68077

3-11 续表 3

单位：万元

指标名称	从业人员工资总额	在岗职工工资总额	劳务派遣人员工资总额	其他人员工资总额	在岗职工年平均工资（元 / 人）
按国民经济行业分组					
农、林、牧、渔业	36759	36567		192	78892
采矿业	109	101		8	53053
制造业	21733	21067	53	613	56140
电力、热力、燃气及水生产和供应业	2855	2827		28	62544
建筑业	60627	57142	1003	2481	163975
批发和零售业	35498	34642	75	782	175869
交通运输、仓储和邮政业	54551	44954	5024	4574	109937
住宿和餐饮业	16189	16090		99	55121
信息传输、软件和信息技术服务业	11540	11278	200	61	103041
金融业	246212	204982	1567	39663	173600
房地产业	11192	10873	148	172	124525
租赁和商务服务业	37848	36313	573	962	99477
科学研究、技术服务业	209612	199722	2987	6904	107846
水利、环境和公共设施管理业	83246	78337	3842	1067	60448
居民服务、修理和其他服务业	5173	4871	81	221	81454
教育	1094153	1058049	9560	26545	97585
卫生和社会工作	826109	815079	1294	9737	129118
文化、体育和娱乐业	88558	86707	558	1294	106772
公共管理、社会保障和社会组织	972380	908460	40349	23572	89663
城镇集体单位合计	**51857**	**38320**	**2702**	**10836**	**62362**
按执行会计标准类别分组					
企　业	47919	34597	2702	10620	61145
事　业	3586	3371		216	85987

3-11 续表 4

单位：万元

指标名称	从业人员工资总额	在岗职工工资总额	劳务派遣人员工资总额	其他人员工资总额	在岗职工年平均工资（元/人）
按国民经济行业分组					
农、林、牧、渔业	27	27			67000
制 造 业	4172	3859	4	309	53354
建筑业	20084	9608	400	10076	41151
批发和零售业	1353	1351		2	48942
交通运输、仓储和邮政业	1308	1255		53	76969
住宿和餐饮业	629	624		5	58830
金融业	9868	9178	650	41	117273
房地产业	463	463			19765
租赁和商务服务业	3077	3030		47	162909
科学研究、技术服务业	2378	2377		1	52477
水利、环境和公共设施管理业	2326	2326			98538
居民服务、修理和其他服务业	3649	2001	1648		72107
教育	2526	2224		302	52940
其他单位合计	**5307553**	**3844435**	**1146479**	**316639**	**84089**
按登记注册类型分组					
内资	4905091	3459325	1136230	309537	86007
股份合作	53146	50651	2300	194	181340
联营	80	70		10	28040
#国有联营	76	66		10	27667
有限责任公司	4150216	2785223	1122967	242025	83178
#国有独资	1700741	1367882	228010	104850	106332
股份有限公司	618354	542585	10659	65110	115478
其他	83297	80796	303	2197	59584
港、澳、台商投资	180254	172317	6414	1523	66394
外商投资	222207	212793	3834	5580	67094

单位：万元

指标名称	从业人员工资总额	在岗职工工资总额	劳务派遣人员工资总额	其他人员工资总额	在岗职工年平均工资（元/人）
按执行会计标准类别分组					
企　业	5257587	3795488	1146341	315758	84428
事　业	21460	20991	93	376	75301
机　关	569	569			73896
民间非营利组织	27064	26533	44.7	486	51667
其　　他	873	854		19.2	46907
按国民经济行业分组					
农、林、牧、渔业	19305	14366	237	4702	58318
采矿业	880	811		69	49127
制造业	589649	553008	24003	12639	65746
电力、热力、燃气及水生产和供应业	526594	524039	1002	1554	118841
建筑业	1765039	583257	1045953	135829	75431
批发和零售业	338373	324807	6729	6837	69993
交通运输、仓储和邮政业	339672	280914	21782	36976	83893
住宿和餐饮业	71906	68838	1245	1823	38469
信息传输、软件和信息技术服务业	198412	194207	2544	1661	117914
金融业	590276	484008	11308	94960	173381
房地产业	301386	290087	8106	3194	96244
租赁和商务服务业	211897	186819	15884	9194	74981
科学研究、技术服务业	194152	186926	3707	3519	130276
水利、环境和公共设施管理业	19635	16923	2548	164	68318
居民服务、修理和其他服务业	7742	7597		145	47871
教育	77969	76283	94.3	1592	58589
卫生和社会工作	7952	7647	33.4	272	69691
文化、体育和娱乐业	46666	43850	1304	1512	94504
公共管理、社会保障和社会组织	51	51			57000

3-12 各县城镇非私营单位年末从业人员

（2019年）

单位：人

指标名称	武鸣区	隆安县	马山县	上林县	宾阳县	横县
单位从业人员年末人数	**26066**	**11789**	**12844**	**13968**	**34134**	**37749**
国有单位	18450	10512	11791	12433	23593	24007
城镇集体单位	1365	269	256		1985	1721
其他经济单位	6251	1008	797	1535	8556	12021
按国民经济行业分组						
农、林、牧、渔业	301	166	126	53	498	2380
采矿业	21			63		
制造业	3046	718	345	449	6941	6631
电力、热力、燃气及水生产和供应业	218	125	318	99	215	865
建筑业	2586		10	522	2178	2038
批发和零售业	305	33	102	15	431	285
交通运输、仓储和邮政业	496	239	242	216	167	380
住宿和餐饮业	8			40		29
信息传输、软件和信息技术服务业	56	2		27		
金融业	595	372	310	416	439	1957
房地产业	547	17	85	216	402	289
租赁和商务服务业	516	243	128	96	587	118
科学研究、技术服务业	425	106	114	169	407	290
水利、环境和公共设施管理业	768	349	234	131	865	638
居民服务、修理和其他服务业	46	131			93	35
教育	7110	3945	4766	4660	9427	11011
卫生和社会工作	4070	2039	2359	2254	4778	4391
文化、体育和娱乐业	135	111	72	99	100	234
公共管理、社会保障和社会组织	4817	3193	3633	4443	6606	6178

3-13 各县城镇非私营单位在岗职工年末人数

（2019 年）

单位：人

指标名称	武鸣区	隆安县	马山县	上林县	宾阳县	横 县
单位在岗职工年末人数	**21793**	**9482**	**10754**	**12257**	**30410**	**33221**
国有单位	15746	8351	9998	11135	22086	23447
城镇集体单位	778	209	191		809	1721
其他经济单位	5269	922	565	1122	7515	8053
按国民经济行业分组						
农、林、牧、渔业	301	166	126	53	387	1359
采矿业	21			59		
制造业	2961	718	121	428	6194	5426
电力、热力、燃气及水生产和供应业	212	97	318	99	215	617
建筑业	1131		10	104	953	1915
批发和零售业	301	33	101	15	418	284
交通运输、仓储和邮政业	438	180	206	194	143	258
住宿和餐饮业	8			40		29
信息传输、软件和信息技术服务业	37	2		21		
金融业	515	275	241	350	386	583
房地产业	542	17	85	216	345	255
租赁和商务服务业	365	176	76	88	555	118
科学研究、技术服务业	412	93	105	169	390	290
水利、环境和公共设施管理业	648	208	223	107	741	595
居民服务、修理和其他服务业	46	94			93	35
教育	5690	2874	4050	3980	8604	10990
卫生和社会工作	4051	1796	2111	2202	4546	4383
文化、体育和娱乐业	128	101	67	76	100	227
公共管理、社会保障和社会组织	3986	2652	2914	4056	6340	5857

3-14 各县城镇非私营单位从业人员劳动报酬

（2019 年）

单位：万元

指标名称	武鸣区	隆安县	马山县	上林县	宾阳县	横 县
单位从业人员劳动报酬	**231548**	**85563**	**95878**	**103589**	**249269**	**246887**
国有单位	179885	77253	87751	95774	184345	181620
城镇集体单位	6149	1753	2847		17180	3547
其他经济单位	45514	6557	5281	7816	47744	61720
按国民经济行业分组						
农、林、牧、渔业	2806	1142	934	371	1766	13692
采矿业	103			332		
制造业	20314	4130	1087	1528	36195	28923
电力、热力、燃气及水生产和供应业	1873	1010	3665	587	1631	8545
建筑业	15665		19.5	2583	15617	4836
批发和零售业	1539	212	351	245	2274	1274
交通运输、仓储和邮政业	3472	1595	1918	1403	1024	2786
住宿和餐饮业	102			212		191
信息传输、软件和信息技术服务业	385	15		194		
金融业	8728	2661	3392	5024	6085	9679
房地产业	5194	167	529	1380	3114	1501
租赁和商务服务业	4085	1283	642	783	4084	661
科学研究、技术服务业	3724	730	705	1319	3152	2249
水利、环境和公共设施管理业	5756	1904	968	772	4106	4011
居民服务、修理和其他服务业	625	208			308	284
教育	63954	26812	33511	33227	67917	78948
卫生和社会工作	47801	18008	18487	22820	45475	39147
文化、体育和娱乐业	1221	584	503	631	636	1260
公共管理、社会保障和社会组织	44201	25104	29167	30180	55885	48903

3-15 各县城镇非私营单位在岗职工劳动报酬

（2019 年） 单位：万元

指标名称	武鸣区	隆安县	马山县	上林县	宾阳县	横 县
单位在岗职工劳动报酬	**215147**	**78978**	**91185**	**98267**	**231648**	**232347**
国有单位	172571	71257	83827	92198	181069	179686
城镇集体单位	4410	1468	2576		8217	3438
其他经济单位	38167	6254	4782	6069	42362	49224
按国民经济行业分组						
农、林、牧、渔业	2790	1142	934	371	1359	9670
采矿业	103			262		
制造业	18533	4089	612	1454	32238	25400
电力、热力、燃气及水生产和供应业	1841	922	3665	587	1631	7376
建筑业	8530		20	876	6365	4336
批发和零售业	1522	205	350	245	2266	1222
交通运输、仓储和邮政业	3335	1138	1734	1190	937	1920
住宿和餐饮业	102			212		191
信息传输、软件和信息技术服务业	350	15		158		
金融业	8365	2253	3087	4799	5882	6492
房地产业	5168	167	529	1380	3033	1440
租赁和商务服务业	3506	1110	558	759	3695	661
科学研究、技术服务业	3648	690	689	1319	3103	2249
水利、环境和公共设施管理业	5464	1627	948	704	3838	3657
居民服务、修理和其他服务业	625	179			308	284
教育	60664	24366	32423	31714	66745	78908
卫生和社会工作	47660	16947	17693	22535	44348	39134
文化、体育和娱乐业	1211	570	500	576	636	1233
公共管理、社会保障和社会组织	41731	23560	27446	29126	55265	48175

3-16 各县城镇非私营单位在岗职工年平均工资（含劳务派遣）

（2019 年）

单位：元 / 人

指标名称	武鸣区	隆安县	马山县	上林县	宾阳县	横 县
单位在岗职工年平均工资	**93828**	**83201**	**84440**	**79502**	**75971**	**70829**
国有单位	102040	85627	83778	82804	82142	77223
城镇集体单位	56978	65182	117363		92740	37775
其他经济单位	74290	66757	82455	53296	57114	57560
按国民经济行业分组						
农、林、牧、渔业	89429	67976	74696	69962	39278	71363
采矿业	46682			45207		
制造业	69946	55326	51000	37782	53244	43729
电力、热力、燃气及水生产和供应业	86602	91308	116726	59283	71837	115942
建筑业	67748		19500	51684	61946	40528
批发和零售业	52844	62121	31495	153125	54737	38264
交通运输、仓储和邮政业	74166	67888	81618	63777	60604	72473
住宿和餐饮业	127500			54308		59563
信息传输、软件和信息技术服务业	75529	77000		75238		
金融业	149821	75371	113910	121510	138284	100791
房地产业	90307	83300	55632	63284	91973	56475
租赁和商务服务业	88502	62729	70684	86216	63486	55050
科学研究、技术服务业	88981	75824	66845	77594	78944	76758
水利、环境和公共设施管理业	77297	78981	44308	65574	52289	62860
居民服务、修理和其他服务业	135913	18989			33161	78917
教育	96551	85530	80028	80280	77750	73389
卫生和社会工作	120176	95103	84532	102989	98573	89572
文化、体育和娱乐业	93815	56020	74597	77824	62304	55300
公共管理、社会保障和社会组织	94306	88861	93381	72150	87131	81658

四 农业

CHAPTER 4 AGRICULTURE

4-1 全市主要年份农林牧渔业总产值

（按当年价格计算）　　　　单位：万元

年份	合计	农业	林业	畜牧业	副业	渔业	服务业
1950	5596	3785	75	814	718	204	
1965	12602	8259	140	2317	1710	176	
1978	36029	25540	447	5228	4256	558	
1980	44588	31178	788	4326	7494	802	
1985	70586	43266	1618	18990	4840	1872	
1986	78390	49427	1794	19138	5601	2430	
1987	91989	59881	1805	22627	4750	2926	
1988	116437	73400	2027	32509	4576	3925	
1989	125320	75059	2330	38702	4618	4611	
1990	169865	111699	2681	42149	6551	6785	
1991	175633	109121	3150	47954	7958	7450	
1992	210826	133273	5048	54433	8203	9869	
1993	270146	169444	7684	72479	8118	12421	
1994	372063	246897	7906	95979		21281	
1995	465896	317943	6553	115373		26027	
1996	533484	352786	8056	141505		31137	
1997	620077	405089	10778	167764		36446	
1998	684870	447697	13885	183967		39321	
1999	720486	477719	14965	182088		45714	
2000	1377932	889321	29672	362916		96024	
2001	1407186	907068	28533	381030		90555	
2002	1455675	897032	37551	419320		84538	17134
2003	1519259	936298	44241	431564		89587	17569
2004	1798585	1025366	54055	593160		90556	35448
2005	2045862	1154289	59541	677600		96624	57808
2006	2384753	1311708	81098	804014		102827	85105
2007	2944579	1535416	108658	1057025		119032	124448
2008	3380719	1701526	115181	1276515		142870	144627
2009	3511968	1826447	132117	1240689		145047	167667
2010	4032427	2111841	187594	1376318		169229	187447
2011	5071561	2598349	258539	1796992		206679	211002
2012	5345172	2827673	268263	1789465		204323	255449
2013	5772670	3115745	290811	1849520		225971	290621
2014	6094853	3379373	284733	1854103		251312	325333
2015	6386212	3545515	285898	1935776		265617	353406
2016	6891485	3818375	310431	2125962		274368	362350
2017	7004068	3994748	367388	1975377		297169	369386
2018	7092330	4512727	364641	1734153		269214	211595
2019	8037403	5316254	398836	1803139		292314	226859

注：1、1994 年后副业产值并入种植业；2000 年以后为行政区划调整后的数据，其余年份为原南宁口径；从 2003 年起农业总产值含农林牧渔服务业产值。2、2004-2007 年农林牧渔业总产值根据第二次农业普查数据进行了衔接修正。3、2018 年为根据第三次农业普查数据进行衔接修正，以下同。

4-2 全市主要年份农林牧渔业总产值发展速度

（按可比价计算，上年为 100）

单位：%

年份	合计	农业	林业	畜牧业	副业	渔业	服务业
1951	107.8	107.2	111.8	117.1	101.1	102.5	
1965	125.2	130.4	96.8	120.0	114.7	98.4	
1978	107.4	106.8	132.1	97.7	116.4	162.9	
1980	110.8	108.2	157.6	101.9	4256.0	114.1	
1985	103.6	102.7	99.5	119.7	84.2	102.4	
1986	107.0	107.2	118.0	99.0	120.0	112.1	
1987	105.8	106.9	109.2	107.7	91.1	117.2	
1988	99.4	99.1	92.9	104.0	91.1	107.7	
1989	109.0	111.5	114.7	107.7	91.6	102.6	
1990	115.5	117.0	98.7	111.7	109.1	135.0	
1991	99.8	94.4	102.7	114.9	105.4	105.8	
1992	120.5	124.7	126.5	110.6	102.1	130.1	
1993	113.2	112.4	125.6	113.3	98.7	133.0	
1994	108.9	112.3	99.6	112.2		127.4	
1995	109.2	109.0	84.6	110.4		118.3	
1996	104.9	101.4	110.3	112.1		115.4	
1997	113.4	114.6	109.4	110.3		114.4	
1998	112.1	112.5	115.2	110.2		114.6	
1999	113.6	116.1	102.0	108.7		108.5	
2000	100.7	97.4	105.0	109.5		104.5	
2001	102.9	101.8	108.9	106.2		98.8	
2002	117.3	113.4	148.4	124.1		108.8	
2003	102.9	99.7	137.1	106.7		105.4	102.0
2004	106.1	103.2	111.8	112.1		104.3	106.3
2005	108.6	109.5	112.1	117.4		105.7	105.8
2006	109.1	109.2	130.0	116.7		111.6	107.0
2007	107.7	107.4	120.2	106.7		109.6	106.8
2008	105.8	104.7	100.8	108.1		102.1	107.7
2009	105.8	104.4	111.7	105.5		108.3	118.3
2010	105.9	105.4	111.4	105.9		106.3	106.1
2011	106.0	105.6	122.3	104.2		107.2	105.4
2012	105.3	106.1	99.5	104.6		105.8	107.3
2013	104.7	105.7	100.3	102.5		107.4	111.4
2014	104.6	106.4	100.2	101.3		105.0	109.6
2015	104.2	103.6	103.6	102.0		103.8	110.2
2016	104.0	105.6	114.6	100.1		103.5	100.8
2017	103.9	103.5	117.2	101.6		106.5	108.1
2018	103.6	104.9	99.6	102.2		110.7	88.9
2019	104.3	107.7	112.7	94.3		100.8	103.4

注：2018 年发展速度为根据第三次农业普查数据进行衔接修正后得到的增速，以下同。

4-3 全市主要年份主要农产品产量

年份	粮食产量（吨）	甘蔗产量（吨）	水果产量（吨）	肉类总产量（吨）	水产品产量（吨）
1950	198004	71282	4748	5490	5350
1965	319410	298784	8908	15915	3241
1978	590420	562171	24576	25752	4366
1980	670813	798831	31114	4256	4895
1985	551860	1339141	53925	29885	6939
1986	552903	1569850	93984	32396	8551
1987	590276	1633498	115847	35854	9790
1988	526325	1979810	110614	36833	10438
1989	624509	1958128	105346	39659	10705
1990	725954	2358841	120262	45934	14663
1991	548210	2559124	140926	53082	15383
1992	697128	3075803	164661	55278	21304
1993	744101	3413703	213470	61211	26550
1994	746956	3116366	272561	70388	33743
1995	779251	2908195	316342	77774	39509
1996	781201	2946903	281615	84889	46030
1997	801830	3267654	377862	95439	53290
1998	814459	3786929	395986	106962	60619
1999	796159	3373039	485971	115648	65333
2000	1847949	5885534	515447	333757	131888
2001	1711033	7382372	523893	349101	130396
2002	1804051	9111682	596258	364413	139641
2003	1753387	9279100	572372	385334	145468
2004	1700479	8586119	670431	419792	158829
2005	1810164	8609336	718249	464764	167330
2006	1996596	10536802	812826	486544	149128
2007	2001090	14369814	892798	502324	162075
2008	2018111	15062914	731100	548185	165581
2009	2091145	12263008	1045158	583071	180216
2010	2042253	10440083	1232941	607581	191702
2011	2070587	10636574	1420294	619621	205697
2012	2151398	11302193	1579305	645080	217438
2013	2234391	12369908	1705101	655301	232972
2014	2252668	12399757	1826919	659076	244635
2015	2254186	10853284	2139284	660196	254440
2016	2233587	11154659	2338025	650442	261172
2017	2168063	11615755	2483209	658062	274533
2018	2114181	11635979	2743696	657412	224202
2019	2054565	11818247	3369630	588034	219959

注：1、2000 年以后为行政区划调整后的数据，其余年份为原南宁口径。
　　2、2018 年为根据第三次农业普查数据衔接后修正的数据。以下同。
　　3、由于农村统计报表制度改革，从 2018 年起水产品产量采用部门数据。

4-4 全市农村基本情况

指标名称	单 位	全 市	
		2019 年	2018 年
农村基层组织			
乡镇个数	个	102	102
#镇个数	个	90	88
村民委员会	个	1384	1384
居民委员会	个	237	238
村民小组	个	33802	33540
农村社会基础设施			
自来水受益村数	个	1395	1381
通有线电视村数	个	1368	1317
通宽带村数	个	1400	1391

4–5 全市农林牧渔业总产值

单位：万元

指标名称	2019 年		2018 年	
	上年价	现行价	上年价	现行价
农林牧渔业总产值	**7398042**	**8037403**	**7016276**	**7092330**
农业产值	**4861390**	**5316254**	**4328349**	**4512727**
主产品产值	4821318	5277789	4288128	4472990
粮食作物合计	586481	625157	604161	603411
经济作物合计	825908	857802	852357	828654
蔬菜（食用菌类）园艺作物	1926431	1939835	1794413	1852114
水果、饮料和香料	1435519	1808546	975560	1135679
其他农作物	46980	46450	61638	53133
林业产值	**411450**	**398836**	**349121**	**364641**
营林	16691	14464	14910	14827
全社会竹木采伐	305596	307994	245725	256278
林产品	89164	76378	88489	93537
牧业产值	**1636005**	**1803139**	**1879171**	**1734153**
牛饲养	104679	122245	102446	88931
羊饲养	10123	11539	8866	9092
猪的饲养	510595	676445	859771	732908
家禽的饲养	585481	607427	465284	496786
活的畜禽产品	42935	52926	30235	34567
其他动物及产品	382037	332402	412413	371717
渔业产值	**271294**	**292314**	**263903**	**269214**
服务业产值	**217902**	**226859**	**195732**	**211595**

4-6 全市农业林牧渔业总产值及构成

（2019年，按当年价计算）

指标名称	农林牧渔业总产值	农业	林业	牧业	渔业	服务业
总产值（万元）						
全市	**8037403**	**5316254**	**398836**	**1803139**	**292314**	**226859**
兴宁区	216744	132900	32515	39132	8426	3771
青秀区	375459	175582	31079	96521	11771	60506
江南区（本级）	379747	307873	10545	31390	15368	14571
西乡塘区（本级）	516054	362332	4425	114110	17814	17373
良庆区	428193	275122	42731	90498	15316	4526
邕宁区	535057	314235	20216	180053	14500	6052
武鸣区（本级）	1836500	1378228	72808	295590	45794	44080
隆安县	605477	441024	22554	103617	21922	16360
马山县	355818	196037	32411	113331	12887	1152
上林县	413862	243340	18270	127121	23642	1489
宾阳县	918406	576647	40110	241747	45865	14037
横县	1288085	823687	54212	315336	55493	39357
经开区	72170	35439	15290	18998	715	1728
高新区	5575	4036	601		937	
东盟经开区	90257	49774	1070	35695	1863	1856
构成（%）						
全市	**100.00**	**66.14**	**4.96**	**22.43**	**3.64**	**2.82**
兴宁区	100.00	61.32	15.00	18.05	3.89	1.74
青秀区	100.00	46.76	8.28	25.71	3.14	16.12
江南区（本级）	100.00	81.07	2.78	8.27	4.05	3.84
西乡塘区（本级）	100.00	70.21	0.86	22.11	3.45	3.37
良庆区	100.00	64.25	9.98	21.13	3.58	1.06
邕宁区	100.00	58.73	3.78	33.65	2.71	1.13
武鸣区（本级）	100.00	75.05	3.96	16.10	2.49	2.40
隆安县	100.00	72.84	3.72	17.11	3.62	2.70
马山县	100.00	55.09	9.11	31.85	3.62	0.32
上林县	100.00	58.80	4.41	30.72	5.71	0.36
宾阳县	100.00	62.79	4.37	26.32	4.99	1.53
横县	100.00	63.95	4.21	24.48	4.31	3.06
经开区	100.00	49.10	21.19	26.32	0.99	2.39
高新区	100.00	72.40	10.79		16.82	
东盟经开区	100.00	55.15	1.19	39.55	2.06	2.06

4-7 全市农作物播种面积和产量

项 目	2019年			2018年		
	播种面积（公顷）	单产（公斤/公顷）	产量（吨）	播种面积（公顷）	单产（公斤/公顷）	产量（吨）
农作物总播种面积	**977069**			**983361**		
粮食合计	**419433**	**4898**	**2054565**	**425834**	**4965**	**2114181**
稻 谷	262570	5471	1436405	267220	5478	1463700
早 稻	121553	5845	710508	124053	5893	731074
中 稻	2811	6260	17596	2818	6153	17339
晚 稻	138207	5125	708301	140349	5096	715287
玉 米	109296	4909	536527	109921	5132	564064
豆类合计	22687	1483	33649	23587	1525	35958
大豆	17178	1456	25008	18139	1524	27636
绿豆	2070	1287	2663	2077	1291	2681
薯类	24228	9677	234462	24449	10085	246563
红薯	16569	8601	142515	16503	8685	143327
经济作物	**226324**			**228974**		
油料作物	50854	3062	155699	49927	2961	147819
花生	49383	3125	154340	47750	3063	146246
油菜籽	1123	543	610	1396	519	725
麻 类	81	2877	233	72	2153	155
甘 蔗	138953	85052	11818247	141833	82040	11635979
糖 蔗	135370	83750	11337236	137779	80507	11092134
果 蔗	3580	134363	481006	4054	131950	543845
药 材	11490			10762		
木 薯	17974	12223	219694	19661	11823	232456
其他农作物	**331312**			**328553**		
蔬菜（包括菜用瓜）	267296	23717	6339526	261635	22809	5967581
食用菌（干鲜混合）			207193	2702	86678	234242
果瓜类	47514	26263	1247844	48114	25818	1242204
青饲料	4596			4405		
饲 草	1598			1654		
绿 肥	5833			5362		
马 蹄	85	16282	1384	96	16552	1589
其 他	4390			4585		

4-8 全市茶叶、桑蚕及水果生产情况

指标名称	单 位	全 市	
		2019 年	2018 年
茶叶合计	**吨**	**4529**	**4507**
园林水果合计	**吨**	**3369630**	**2743696**
梨	吨	14210	13273
#雪花梨	吨	329	317
柑橘类水果	吨	1335559	650191
#柑	吨	1229722	588636
橘	吨	24030	16399
橙	吨	35843	31965
柚	吨	44422	10457
热带水果	吨	1812953	1876491
#香蕉	吨	1315984	1480719
菠萝	吨	2825	2698
荔枝	吨	30936	35006
龙眼	吨	72258	80355
芒果	吨	29432	26956
其他水果	吨	206909	203741
#桃	吨	4239	6482
葡萄	吨	30108	26339
红枣（按鲜枣计算）	吨	1112	1150
柿子（按鲜柿计算）	吨	10215	11164
李子	吨	7675	8723
其他	吨	153153	149883
食用坚果	**吨**	**18612**	**18428**
#板栗	吨	17161	17388
年末实有茶园面积	**公顷**	**2737**	**2319**
#当年采摘面积	公顷	2625	2201
年末实有桑园面积	**公顷**	**33940**	**37311**
年末果园面积	**公顷**	**144522**	**140972**
#梨 园	公顷	679	779
柑橘园（含金橘）	公顷	58127	48693
橙 园	公顷	1440	2467
柚子园	公顷	2691	2496
蕉园	公顷	33323	37769
#香蕉园	公顷	30187	35054
菠萝园	公顷	199	250
荔枝园	公顷	7893	8260
龙眼园	公顷	8742	9190
芒果园	公顷	2679	2696
桃 园	公顷	273	317
葡萄园	公顷	1548	1713
枣 园	公顷	458	576
柿子园	公顷	236	241
李子园	公顷	412	398
其他果园	公顷	10947	10674

4-9 全市林业生产情况

指标名称	单 位	全 市	
		2019 年	2018 年
营林情况			
造林面积	公顷	16271	15753
# 新造林	公顷	701	1694
人工造林	公顷	701	1413
# 退化林修复	公顷		
# 迹地更新（人工更新）	公顷	15570	14059
迹地人工更新	公顷	3022	
四旁（零星）植树	万株	185	823
森林抚育面积	公顷	59544	38872
当年苗木产量	万株	1084	585
育苗面积	公顷	799	1040
全社会竹木采伐运输			
全社会木材采伐运输	万立方米	541	451
篙竹	万根	322	319
大杂竹	万根	6817	4966
小杂竹	吨	56589	55180
主要林产品产量			
油桐籽	吨	297	344
油茶籽	吨	189	165
天然松脂	吨	70217	72472
竹笋干	吨	3496	4124
八角	吨	7496	7648
桂皮	吨		
桉叶油	吨	1	

4-10 全市畜牧生产情况

项目	计量单位	全市	
		2019 年	2018 年
畜禽出栏			
猪	万头	352.18	502.80
牛	万头	17.68	14.86
山羊	万头	20.45	18.38
家禽	万只	16203.93	13735.84
鸡	万只	12568.48	10659.87
鸭	万只	3513.42	2997.84
鹅	万只	114.07	68.42
兔	万只	38.29	37.14
畜禽存栏			
大牲畜	万头	46.95	51.23
#役用畜	万头	16.67	16.36
牛	万头	46.63	50.86
肉牛	万头	37.22	36.84
奶牛	万头	0.83	1.02
马	万头	0.31	0.37
猪	万头	140.81	315.10
#能繁殖母猪	万头	14.76	37.09
山羊	万头	22.86	24.82
家禽	万只	7337.46	5509.58
鸡	万只	5664.92	4331.49
鸭	万只	1543.44	1090.54
鹅	万只	71.50	47.69
畜禽产品产量			
肉类总产量	吨	588034	657412
猪肉	吨	268673	385660
牛肉	吨	18112	15395
羊肉	吨	3407	3052
禽肉	吨	285194	242575
#鸡	吨	205166	175347
鸭	吨	76844	64767
鹅	吨	3183	2461
兔肉	吨	771	965
狗肉	吨	1834	1959
鸽肉	吨	3187	2493
鹌鹑肉	吨	139	65
其他肉产量	吨	6629	5162
禽蛋	吨	37335	29331
奶类产量	吨	14828	12520
蜂蜜	吨	596	612
蚕茧	吨	88504	89300

4-11 全市渔业生产情况

指标名称	计量单位	全市	
		2019 年	2018 年
水产品总产量	**吨**	**219959**	**224202**
淡水捕捞	吨	12707	11493
鱼 类	吨	11673	10448
甲壳（虾蟹）类	吨	532	563
贝 类	吨	413	402
其他类	吨	89	80
淡水养殖	吨	207252	212709
鱼 类	吨	203074	210178
虾蟹类	吨	1689	794
贝 类	吨	497	556
其他类	吨	1992	1181
水产品养殖面积	**公顷**	**20126**	**20382**
池塘养殖	公顷	9258	8436
河沟养殖	公顷	1034	1350
山塘水库养殖	公顷	9616	10206
其他养殖	公顷	219	390

注：由于农村统计报表制度改革，从 2018 年起水产品产量采用部门数据。

4-12 全市农业机械化情况

指标名称	单 位	全 市	
		2019 年	2018 年
农业机械总动力合计	**千瓦**	**5027489**	**4825729**
柴油发动机动力	千瓦	4138988	3876278
汽油发动机动力	千瓦	189556	178869
电动机动力	千瓦	691091	693279
其他机械动力	千瓦	7854	77303
主要农业机械与设备			
大中型拖拉机	台	10807	9824
小型拖拉机	台	112567	112815
拖拉机配套农具	台	126677	123340
农用排灌电动机	台	39490	37525
农用排灌柴油机	台	92129	93098
农用排灌其他动力机械	台	9189	8705
联合收割机	台	4317	4294
机动脱粒机	台	134895	134840
渔用机动船	艘	1564	1189
农用水泵	台	129715	129672
节水灌溉机械	套	18034	18581
附：当年机耕地面积	公顷	734564	801209

4-13 全市农村水电、化肥用量及灌溉情况

指标名称	单 位	全 市	
		2019 年	2018 年
水电建设			
乡(镇)办水电站个数	个	17	11
装机容量	千瓦	17110	10475
发电量	万千瓦小时	4642	3160
村和村民小组办水电站	个	33	34
装机容量	千瓦	17505	22220
发电量	万千瓦小时	4095	4888
农村用电量	**万千瓦小时**	**141207**	**127929**
农用化肥施用量			
按实物量计算	吨	1420898	1449580
氮肥	吨	409431	418488
磷肥	吨	274271	281186
钾肥	吨	191208	193543
复合肥	吨	545989	556363
按折纯法计算	吨	461576	470426
氮肥	吨	117271	121086
磷肥	吨	44807	45764
钾肥	吨	93699	94674
复合肥	吨	205798	208902
农用塑料薄膜使用量	**吨**	**12830**	**12830**
# 地膜使用量	吨	8643	9019
地膜覆盖面积	公顷	110804	107778
农用柴油使用量	**吨**	**93972**	**88901**
农药使用量(按实物量计算)	**吨**	**13608**	**14203**
灌溉情况			
有效灌溉面积	公顷	216000	216801
旱涝保收面积	公顷	163013	164546
机电排灌面积	公顷	65406	64632
机电井	眼	2289	2308

4-14 各县农村基本情况

（2019 年）

指标名称	单位	隆安县	马山县	上林县	宾阳县	横　县
农村基层组织						
乡镇个数	个	10	11	11	16	17
#镇个数	个	6	8	7	16	16
村民委员会	个	118	133	115	192	276
居民委员会	个	14	22	19	44	32
村民小组	个	2440	3558	2963	5928	6969
农村社会基础设施						
自来水受益村数	个	118	142	123	192	272
通有线电视村数	个	104	152	133	192	272
通宽带村数	个	118	133	133	192	276

4-15 各县农林牧渔业总产值

（2019年） 单位：万元

指标名称	隆安县		马山县	
	可比价增速（%）	现行价	可比价增速（%）	现行价
农林牧渔业总产值	**4.5**	**605477**	**4.7**	**355818**
农业产值	**9.3**	**441024**	**6.0**	**196037**
主产品产值	9.4	437402	6.2	194047
粮食作物合计	-4.7	48050	-4.6	52187
经济作物合计	-10.5	37546	-3.0	19619
蔬菜（食用菌类）园艺作物	1.4	79994	11.2	77569
水果、饮料和香料	22.6	270843	43.0	33040
其他农作物	-87.8	968	-14.4	11632
林业产值	**2.1**	**22554**	**25.6**	**32411**
营林	25.8	150	99.8	858
全社会竹木采伐	3.5	15932	25.2	29072
林产品	-1.5	6472		2480
牧业产值	**-7.4**	**103617**	**-2.7**	**113331**
牛饲养	9.9	10494	7.5	13089
羊饲养	-4.4	2462	8.4	2784
猪的饲养	-37.7	48577	-15.8	54818
家禽的饲养	60.2	38326	17.0	23795
活的畜禽产品	11.9	1381	42.3	1132
其他动物及产品	27.7	2379	8.1	17714
渔业产值	**-25.4**	**21922**	**5.3**	**12887**
服务业产值	**4.5**	**16360**	**4.5**	**1152**

4–15 续表

单位：万元

指标名称	上林县		宾阳县		横　县	
	可比价增速（%）	现行价	可比价增速（%）	现行价	可比价增速（%）	现行价
农林牧渔业总产值	**7.2**	**413862**	**3.8**	**918406**	**2.62**	**1288085**
农业产值	**22.7**	**243340**	**5.3**	**576647**	**4.23**	**823687**
主产品产值	23.2	241088	5.3	570928	4.26	820888
粮食作物合计	–2.4	52220	–0.2	108091	–1.37	117620
经济作物合计	–9.2	41811	1.2	128469	3.56	133129
蔬菜（食用菌类）园艺作物	38.0	64143	5.5	234657	2.42	445300
水果、饮料和香料	91.9	77686	26.8	87289	25.99	118876
其他农作物	–6.9	5228	–2.7	12422	–0.76	5963
林业产值	**–9.2**	**18270**	**8.2**	**40110**	**–0.8**	**54212**
营林	–38.5	862	48.4	2404	4.63	2657
全社会竹木采伐	7.6	14296	14.7	29575	–1.3	46860
林产品	–42.2	3112	–10.6	8131	0.7	4695
牧业产值	**–13.8**	**127121**	**–0.7**	**241747**	**–3.54**	**315336**
牛饲养	27.9	8575	48.5	24263	24.96	16288
羊饲养	–9.3	1044	50.8	516	60.82	429
猪的饲养	–34.4	54376	–37.4	70514	–25.2	101519
家禽的饲养	22.5	12523	51.6	70552	16.98	74612
活的畜禽产品	230.0	5977	33.2	1884	9.55	6764
其他动物及产品	–6.1	44627	–3.8	74018	–0.14	115725
渔业产值	**14.7**	**23642**	**5.0**	**45865**	**24.18**	**55493**
服务业产值	**7.2**	**1489**	**3.6**	**14037**	**2.62**	**39357**

4-16 各县农作物播种面积和产量

（2019年）

指标名称	隆安县			马山县		
	播种面积（公顷）	单产（公斤/公顷）	产量（吨）	播种面积（公顷）	单产（公斤/公顷）	产量（吨）
农作物总播种面积	**65549**			**63554**		
粮食合计	**36248**	**4413**	**159948**	**39029**	**4544**	**177360**
稻 谷	12631	5467	69053	14352	5424	77840
早 稻	5503	5887	32397	6601	5657	37338
中 稻	973	5380	5235	1241	6246	7749
晚 稻	6155	5105	31421	6511	5030	32753
玉 米	17844	4659	83128	19584	4750	93021
豆类合计	4007	1479	5927	3037	1243	3775
大 豆	3606	1509	5442	2265	1240	2810
绿 豆	118	1568	185	18	784	14
薯类	1553	5182	8047	1973	6655	13127
红 薯	1523	5131	7815	1479	6837	10113
经济作物	**13620**			**11392**		
油料作物	1893	2372	4491	1336	1987	2655
花生	1856	2418	4487	1108	2325	2576
油菜籽	27			219	306	67
麻 类						
甘 蔗	7164	75410	540234	3520	67878	238930
糖 蔗	7103	75327	535051	3407	67532	230081
果 蔗	61	84967	5183	113	78310	8849
药 材	800			4898		
木 薯	3761	12355	46467	1638	10904	17860
其他农作物	**15681**			**13133**		
蔬菜（包括菜用瓜）	14680	21926	321873	11475	25687	294755
食用菌（干鲜混合）			18			128
果瓜类	73	19890	1452	226	21929	4956
青饲料	261			375		
饲 草	82			263		
绿 肥	585			573		
马 蹄						
其 他				221		

4-16 续表

指标名称	上林县			宾阳县			横县		
	播种面积（公顷）	单产（公斤/公顷）	产量（吨）	播种面积（公顷）	单产（公斤/公顷）	产量（吨）	播种面积（公顷）	单产（公斤/公顷）	产量（吨）
农作物总播种面积	**56463**			**144867**			**164019**		
粮食合计	**36774**	**4653**	**171114**	**71934**	**4891**	**351865**	**74306**	**5169**	**384054**
稻 谷	24007	5119	122888	55366	5370	297324	53723	5612	301467
早 稻	11258	5347	60195	27188	5988	162807	25334	5896	149363
中 稻									
晚 稻	12749	4917	62693	28177	4774	134518	28389	5358	152104
玉 米	8499	4850	41221	8441	4785	40390	15827	4672	73943
豆类合计	2321	1475	3424	2467	1393	3436	2636	1478	3895
大豆	1992	1390	2768	1077	1337	1440	1814	1618	2935
绿 豆	77	1427	110	443	1094	485	803	1152	925
薯类	1932	9205	17788	5612	9453	53050	1858	11308	21010
红 薯	1864	9091	16942	4866	9205	44789	804	9795	7875
经济作物	**10831**			**29336**			**34513**		
油料作物	3265	2283	7456	6595	3141	20716	5563	3803	21155
花 生	2388	2895	6913	6573	3148	20692	5500	3837	21101
油 菜 籽	877	619	543						
麻 类									
甘 蔗	6497	82057	533105	19084	99055	1890404	21188	98103	2078604
糖 蔗	6173	78669	485608	18433	97411	1795616	19603	94282	1848205
果 蔗	324	146596	47497	651	145604	94788	1585	145362	230399
药 材	406			602			532		
木 薯	662	5088	3370	2353	10320	24284	1614	10509	16961
其他农作物	**8858**			**43597**			**55200**		
蔬菜（包括菜用瓜）	7755	30890	239567	35967	23675	851532	48162	21577	1039169
食用菌（干鲜混合）			3619			8583			171560
果瓜类	191	20766	3964	2901	33907	98349	5610	25116	140898
青饲料	732			1077			679		
饲 草	6			398			41		
绿 肥	174			3215			653		
马 蹄				38	13421	510	47	18596	874
其 他				1			8		

4-17 各县茶叶、桑蚕及水果生产情况

（2019 年）

指标名称	单位	隆安县	马山县	上林县	宾阳县	横　县
茶叶合计	**吨**		**67**	**552**	**24**	**3341**
园林水果合计	**吨**	**560554**	**58149**	**137085**	**112527**	**155533**
梨	吨	691	156	76	319	2074
#雪花梨	吨					
柑橘类水果	吨	123388	39408	107373	61491	57570
#柑	吨	85201	36032	100267	55694	45613
橘	吨	18796		2444		
橙	吨	11348	1919	964	4180	1742
柚	吨	8043	1457	3166	1617	10215
热带水果	吨	430839	10806	26811	33164	70074
#香蕉	吨	307983	3116	13877	1398	21905
菠萝	吨	424				
荔枝	吨	468	209	46	444	8141
龙眼	吨	4591	1475	407	883	11596
芒果	吨	502		2951	388	2022
其他水果	吨	5636	7779	2826	17553	25815
#桃	吨	38	231	65	255	588
葡萄	吨	343	876	2160	7839	4188
红枣（按鲜枣计算）	吨			11	533	492
柿子（按鲜柿计算）	吨	154	973		281	7283
李子	吨	87	124	163	597	304
其他	吨	5014	5575	427	8048	12960
食用坚果	吨	16000			267	1123
#板栗	吨	16000				113
年末实有茶园面积	**公顷**	**8**	**66**	**670**	**13**	**1785**
#当年采摘面积	公顷		66	640	13	1744
年末实有桑园面积	**公顷**	**599**	**2280**	**5173**	**8394**	**13222**
年末果园面积	**公顷**	**17407**	**3725**	**7086**	**5820**	**13526**
#梨 园	公顷	24	43	22	41	102
柑橘园（含金橘）	公顷	3450	1671	5575	3151	2951
橙 园	公顷	169	17	37	15	82
柚子园	公顷	452	39	173	452	396
蕉园	公顷	8332	309	501	98	1137
#香蕉园	公顷	7934	136	301	62	732
菠萝园	公顷	75		7		9
荔枝园	公顷	119	55	3	31	3093
龙眼园	公顷	286	363	16	74	2234
芒果园	公顷	118		224	67	219
桃 园	公顷	3	25	30	15	52
葡萄园	公顷	78	163	48	295	342
枣 园	公顷	216	56	13	2	85
柿子园	公顷	7	6		13	155
李子园	公顷	31	23	10	21	51
其他果园	公顷	970	453	50	625	1731

4-18 各县林业生产情况

（2019 年）

指标名称	单位	隆安县	马山县	上林县	宾阳县	横　县
营林情况						
造林面积	公顷	968	879	1439	3043	2309
# 新造林	公顷	69	206	99	199	
人工造林	公顷	69	206	99	199	
# 退化林修复	公顷					
# 迹地更新（人工更新）	公顷	899	673	1340	2844	2309
迹地人工更新	公顷			89	109	689
四旁（零星）植树	万株				85	30
森林抚育面积	公顷	4293	3200	2138	5350	16702
当年苗木产量	万株					109
育苗面积	公顷		84			3
全社会竹木采伐运输						
全社会木材采伐运输	万立方米	30	49	28	51	82
篙竹	万根	29				291
大杂竹	万根	52	175	40	610	726
小杂竹	吨	216	32470	3083	15000	1091
主要林产品产量						
油桐籽	吨	2		31	19	245
油茶籽	吨			10	81	79
天然松脂	吨	6871	2677	2234	9635	4967
竹笋干	吨	25		243	54	330
八角	吨	129	2030	3395		
桂皮	吨					
桉叶油	吨					

4-19 各县主要牲畜年末存栏情况

（2019 年）

指标名称	单位	隆安县	马山县	上林县	宾阳县	横　县
畜禽出栏						
猪	万头	24.64	32.22	29.09	31.79	54.16
牛	万头	1.55	1.84	1.15	3.54	2.36
山 羊	万头	4.24	4.80	1.80	0.89	0.74
家 禽	万只	950.40	563.58	330.34	1714.67	2273.95
鸡	万只	793.21	356.71	177.85	1202.59	1835.60
鸭	万只	156.38	184.48	137.68	480.01	427.70
鹅	万只	0.81	21.78	7.47	32.07	10.65
兔	万只	1.83	2.36	5.34	7.86	1.85
畜禽存栏						
大牲畜	万头	5.53	6.29	2.95	6.66	5.84
#役用畜	万头	2.21	0.68	0.56	4.43	4.40
牛	万头	5.36	6.26	2.95	6.66	5.82
肉牛	万头	3.45	2.95	2.25	6.66	5.28
奶牛	万头					0.54
马	万头	0.16	0.03			0.02
猪	万头	9.13	21.43	7.43	7.54	32.54
#能繁殖母猪	万头	1.10	1.25	0.70	1.68	4.58
山 羊	万头	5.40	5.31	2.80	0.91	1.02
家 禽	万只	674.27	228.72	231.01	784.78	1065.01
鸡	万只	590.20	118.87	157.67	524.93	808.37
鸭	万只	76.90	76.90	59.79	237.37	248.67
鹅	万只	0.02	12.18	3.21	22.48	7.97
畜禽产品产量						
肉类总产量	吨	38748	37228	29463	60245	82087
猪肉	吨	19023	24317	21828	24272	40675
牛肉	吨	1529	1907	1249	3535	2373
羊肉	吨	744	765	297	149	140
禽肉	吨	17060	9900	5605	30345	37679
#鸡	吨	13130	5809	2846	18717	28026
鸭	吨	3866	3558	2631	10600	9283
鹅	吨	64	533	127	1028	370
兔肉	吨	40	53	55	148	50
狗肉	吨	69	78	117	550	245
鸽肉	吨	31	17	6	248	182
鹌鹑肉	吨	6				9
其他肉产量	吨	246	191	305	998	734
禽蛋	吨	1053	863	4558	1852	2531
奶类产量	吨					6527
蜂蜜	吨	47		11	180	242
蚕茧	吨	1046	4075	11433	21485	37559

4-20 各县渔业主要产品产量

（2019 年）

指标名称	计算单位	隆安县	马山县	上林县	宾阳县	横 县
水产品总产量	吨	**12048**	**10048**	**17467**	**33890**	**45947**
淡水捕捞	吨	492	370	362	1654	5882
鱼 类	吨	336	299	336	1370	5632
甲壳（虾蟹）类	吨	44	49	10	147	223
贝 类	吨	112	22	7	105	27
其他类	吨			9	32	
淡水养殖	吨	11556	9678	17105	32236	40065
鱼 类	吨	10878	9520	15683	31322	39983
虾蟹类	吨	83	110	900	360	
贝 类	吨		34	173	268	5
其他类	吨	595	14	349	286	77
水产品养殖面积	公顷	**1173**	**1058**	**2224**	**2745**	**3116**
池塘养殖	公顷	628	404	1200	1214	743
河沟养殖	公顷	7	213	17		769
山塘水库养殖	公顷	453	438	995	1511	1572
其他养殖	公顷	85	3	12	20	32

4-21 各县农业机械化情况

（2019年）

指标名称	单位	隆安县	马山县	上林县	宾阳县	横　县
农业机械总动力合计	**千瓦**	**328713**	**315201**	**525427**	**790019**	**723852**
柴油发动机动力	千瓦	250764	122746	367055	699974	601194
汽油发动机动力	千瓦	53121	13427	3044	28087	8855
电动机动力	千瓦	23066	178960	155265	61483	113739
其他机械动力	千瓦	1762	68	63	475	64
主要农业机械与设备						
大中型拖拉机	台	756	181	376	1282	2447
小型拖拉机	台	4455	2670	10989	23020	13533
拖拉机配套农具	台	5211	5866	1365	14302	25378
农用排灌电动机	台	541	8903	9426	2383	5969
农用排灌柴油机	台	9501	297	8708	9380	4776
农用排灌其他动力机械	台	30	18	276	898	679
联合收割机	台	173	234	873	1494	602
机动脱粒机	台	7669	19988	35273	27090	4201
渔用机动船	艘	279	97		105	860
农用水泵	台	11037	9218	15993	12612	13535
节水灌溉机械	套	3463	183	937	57	1458
当年机耕地面积	公顷	51664	47314	43610	106249	135485

4-22 各县农村水电、化肥用量及灌溉情况

（2019年）

指标名称	单位	隆安县	马山县	上林县	宾阳县	横　县
水电建设						
乡（镇）办水电站个数	个	5		1	3	1
装机容量	千瓦	6090		1200	2265	150
发电量	万千瓦小时	2083		303	587	
村和村民小组办水电站	个		6	16	1	1
装机容量	千瓦		2900	6590	500	125
发电量	万千瓦小时		716	1349	213	
农村用电量	**万千瓦小时**	**6413**	**36817**	**7735**	**19570**	**22100**
农用化肥施用量						
按实物量计算	吨	128773	41467	59569	195391	222150
氮肥	吨	38511	19063	20542	54945	57254
磷肥	吨	30665	5636	10197	49424	44906
钾肥	吨	23079	3421	5713	32612	21924
复合肥	吨	36518	13347	23118	58410	98066
按折纯法计算	吨	38787	11615	17871	56272	59211
氮肥	吨	10027	4706	5176	13739	11451
磷肥	吨	5964	817	1462	7413	6736
钾肥	吨	10729	1597	2568	14677	9645
复合肥	吨	12067	4495	8665	20443	31379
农用塑料薄膜使用量	吨	499	249	714	1482	1911
# 地膜使用量	吨	150	145	384	698	1149
地膜覆盖面积	公顷	4843	3518	2562	9653	11444
农用柴油使用量	吨	6548	2912	8138	14512	11563
农药使用量（按实物量计算）	吨	1542	310	638	3187	1769
灌溉情况						
有效灌溉面积	公顷	13120	11483	20526	46599	37980
旱涝保收面积	公顷	9573	8343	16855	34157	30740
机电排灌面积	公顷	5819	1135	2234	12620	11378
机电井	眼	675	2	18	10	174

4-23 各城区农村基本情况

（2019 年）

指标名称	单位	兴宁区	青秀区	江南区（本级）	西乡塘区（本级）	良庆区	邕宁区	武鸣区（本级）	高新区	经开区	东盟经开区
农村基层组织											
乡镇个数	个	3	4	3	3	5	5	13		1	
# 镇个数	个	3	4	3	3	5	5	13		1	
村民委员会	个	37	46	46	65	57	65	198	14	22	
居民委员会	个	11	9	29	4	5	11	22	6	9	
村民小组	个	854	1268	950	885	1643	2478	3156	166	544	
农村社会基础设施											
自来水受益村数	个	37	46	46	66	62	65	198	6	22	
通有线电视村数	个	28	46	43	66	61	47	198	6	20	
通宽带村数	个	37	46	46	66	61	66	198	6	22	

4-24 各城区农林牧渔业总产值

（2019 年）

单位：万元

指标名称	兴宁区		青秀区		江南区（本级）	
	可比价增速（%）	现行价	可比价增速（%）	现行价	可比价增速（%）	现行价
农林牧渔业总产值	**5.7**	**216744**	**1.2**	**375459**	**5.3**	**379747**
农业产值	**–1.4**	**132900**	**–1.0**	**175582**	**2.9**	**307873**
主产品产值	–1.7	132324	–1.0	173951	2.9	305120
粮食作物合计	–7.3	15009	–5.0	24097	–4.7	19727
经济作物合计	9.0	7731	–0.6	42655	5.1	77778
蔬菜（食用菌类）园艺作物	–2.0	101152	–3.3	67438	2.5	129310
水果、饮料和香料	12.0	7088	8.9	38811	3.8	76902
其他农作物	–10.0	1344	3.6	950	1.2	1403
林业产值	**115.1**	**32515**	**0.5**	**31079**	**41.6**	**10545**
林木的培育与种植	–1.7	640	–29.7	465	64.9	2090
全社会竹木采伐	141.0	30488	8.5	9333	39.8	8087
林产品	–7.1	1387	–1.4	21280	–1.7	368
牧业产值	**–13.3**	**39132**	**5.6**	**96521**	**30.1**	**31390**
牛饲养	20.0	668	21.4	7632	6.7	2559
羊饲养	63.0	213	33.8	264	88.7	99
猪的饲养	–50.3	12151	–22.3	39272	17.4	8026
家禽的饲养	11.9	22013	33.1	34804	18.0	9154
活的畜禽产品	40.3	3891	17.1	3133	6.2	3829
其他动物及产品	371.3	197	41.5	11417	106.5	7725
渔业产值	**3.5**	**8426**	**3.8**	**11771**	**–6.6**	**15368**
服务业产值	**5.9**	**3771**	**1.2**	**60506**	**5.3**	**14571**

4-24 续表 1

单位：万元

指标名称	西乡塘区（本级）		良庆区		邕宁区		武鸣区（本级）	
	可比价增速（%）	现行价	可比价增速（%）	现行价	可比价增速（%）	现行价	可比价增速（%）	现行价
农林牧渔业总产值	**4.6**	**516054**	**1.6**	**428193**	**4.6**	**535057**	**1.4**	**1836500**
农业产值	**4.1**	**362332**	**1.4**	**275122**	**4.0**	**314235**	**12.1**	**1378228**
主产品产值	3.8	360997	1.4	271092	4.1	310593	12.3	1370852
粮食作物合计	–5.1	17069	–8.4	25715	–2.3	40056	–2.6	100242
经济作物合计	10.6	24392	3.6	76772	–3.3	97149	–5.9	154197
蔬菜（食用菌类）园艺作物	5.7	90603	1.8	106894	6.0	96288	1.3	419406
水果、饮料和香料	3.1	227804	3.0	61500	25.1	74285	32.0	694897
其他农作物	–4.0	1130	–31.6	211	2.4	2815	–11.4	2109
林业产值	**13.0**	**4425**	**13.9**	**42731**	**13.5**	**20216**	**–3.8**	**72808**
营林	9.2	381	–45.5	808	92.1	1361	–39.7	1278
全社会竹木采伐	14.4	3822	19.7	36526	17.3	14356	–3.6	53195
林产品		221	1.8	5398	–3.7	4498	–0.4	18336
牧业产值	**21.9**	**114110**	**–3.3**	**90498**	**4.6**	**180053**	**–29.8**	**295590**
牛饲养	20.1	1374	12.2	3775	12.0	8902	2.2	24320
羊饲养		215	4.1	151	145.8	186	10.5	3173
猪的饲养	31.3	61215	–32.5	21026	–23.3	38522	–46.7	142157
家禽的饲养	5.0	39495	7.9	62561	17.2	106044	0.1	104169
活的畜禽产品	26.7	3250	–17.7	1156	60.6	1028	–94.4	885
其他动物及产品	2225.3	8561	–33.8	1829	3.6	25371	3.7	20732
渔业产值	**–39.9**	**17814**	**2.1**	**15316**	**6.1**	**14500**	**1.0**	**45794**
服务业产值	**4.6**	**17373**	**1.6**	**4526**	**4.6**	**6052**	**1.5**	**44080**

4–24 续表 2

单位：万元

指标名称	高新区		经开区		东盟经开区	
	可比价增速（%）	现行价	可比价增速（%）	现行价	可比价增速（%）	现行价
农林牧渔业总产值	**–14.5**	**5575**	**10.6**	**72170**		**90257**
农业产值	**–24.0**	**4036**	**–6.5**	**35439**		**49774**
主产品产值	–24.0	4036	–6.5	34900		49574
粮食作物合计			–6.6	4368		707
经济作物合计			–5.8	10887		5668
蔬菜（食用菌类）园艺作物	–24.0	4036	–6.1	13280		9765
水果、饮料和香料			–8.2	6366		33158
其他农作物						276
林业产值	**10300.0**	**601**	**237.1**	**15290**		**1070**
营林	502.0	35	58.2	444		30
全社会竹木采伐	70312.5	567	272.5	14846		1040
林产品						
牧业产值	**–100.0**		**–10.8**	**18998**		**35695**
牛饲养			–53.4	195		112
羊饲养				4		
猪的饲养	–100.0		–34.8	10652		13623
家禽的饲养	–100.0		48.3	6750		2631
活的畜禽产品			2297.6	940		17679
其他动物及产品			–0.4	457		1650
渔业产值	**21.2**	**937**	**–53.2**	**715**		**1863**
服务业产值			**–11.5**	**1728**		**1856**

备注：2019 年东盟经开区农林牧渔业产值从武鸣区分离出来开始独立核算。

4-25 各城区农作物播种面积和产量

（2019 年）

指标名称	兴宁区			青秀区			江南区（本级）		
	播种面积（公顷）	单产（公斤/公顷）	产量（吨）	播种面积（公顷）	单产（公斤/公顷）	产量（吨）	播种面积（公顷）	单产（公斤/公顷）	产量（吨）
农作物总播种面积	**27328**			**37811**			**62045**		
粮食合计	**10131**	**4871**	**49347**	**14345**	**5533**	**79375**	**12026**	**5328**	**64071**
稻谷	7744	5219	40417	10528	5658	59568	8875	5651	50149
早稻	2732	5701	15574	4889	6125	29947	2232	6085	13582
中稻									
晚稻	5012	4957	24843	5639	5253	29621	6643	5505	36567
玉米	2026	4175	8459	2962	5627	16667	2495	4971	12403
豆类合计	28	2164	60	260	2662	692	428	1876	803
大豆	5	3077	16	165	2594	428	170	1982	337
绿豆	3	672	2	31	2871	89	211	1763	372
薯类	333	6160	2053	580	20569	11930	228	15702	3580
红薯	333	6160	2053	460	20598	9475	228	15702	3580
经济作物	**3314**			**10177**			**16517**		
油料作物	1639	2716	4452	2864	3253	9316	2667	3337	8900
花生	1639	2716	4452	2864	3253	9316	2667	3337	8900
油菜籽									
麻类				10	7500	75	71	2225	158
甘蔗	570	69402	39552	6163	91791	565709	12779	97721	1248779
糖蔗	545	68439	37299	6123	91744	561746	12713	97593	1240695
果蔗	25	90482	2253	40	99075	3963	66	122485	8084
药材	264			265			43		
木薯	840	11762	9880	819	16991	13916	412	9490	3910
其他农作物	**13884**			**13289**			**33502**		
蔬菜（包括菜用瓜）	9297	19888	184894	8724	23318	203424	20911	21702	453812
食用菌（干鲜混合）			304			10342			
果瓜类	133	30300	4025	3322	29361	97536	12081	27859	336564
青饲料	53			579			249		
饲草	252			20			261		
绿肥				633					
马蹄									
其他	4149			11					

4-25 续表 1

指标名称	西乡塘区（本级）			良庆区			邕宁区			武鸣区（本级）		
	播种面积（公顷）	单产（公斤/公顷）	产量（吨）	播种面积（公顷）	单产（公斤/公顷）	产量（吨）	播种面积（公顷）	单产（公斤/公顷）	产量（吨）	播种面积（公顷）	单产（公斤/公顷）	产量（吨）
农作物总播种面积	**42151**			**61652**			**66362**			**172896**		
粮食合计	**11650**	**4890**	**56969**	**17408**	**4792**	**83417**	**26394**	**4984**	**131535**	**66169**	**4976**	**329242**
稻 谷	6439	5280	34000	13842	4918	68081	19261	5548	106863	33951	5849	198572
早 稻	2913	6001	17480	6856	5293	36288	9379	6077	56995	16208	5925	96039
中 稻										597	7725	4612
晚 稻	3526	4685	16520	6986	4551	31793	9882	5046	49868	17146	5711	97921
玉 米	4609	4729	21794	2402	5350	12851	3942	5264	20749	19514	5425	105872
豆类合计	366	1754	642	742	1667	1237	292	1510	441	6097	1526	9302
大豆	313	1783	558	372	1806	672	183	1377	252	5212	1408	7340
绿豆	53	1585	84	168	1351	227	64	1172	75	79	1165	92
薯类	236	11292	2665	422	14782	6238	2899	6006	17410	6591	11735	77348
红 薯	236	11292	2665	422	14782	6238	2439	5113	12470	1909	9606	18338
经济作物	**8177**			**22934**			**22502**			**38733**		
油料作物	2943	2958	8705	2406	2426	5838	4981	2733	13612	13877	3311	45951
花生	2943	2958	8705	2287	2381	5445	4981	2733	13612	13752	3322	45690
油菜籽												
麻 类												
甘 蔗	3922	74754	293187	18887	65926	1245141	14337	74929	1074260	21610	84249	1820627
糖 蔗	3915	74820	292922	18868	65917	1243726	14139	74550	1054057	21119	83457	1762520
果 蔗	7	37857	265	19	74474	1415	198	102035	20203	491	118344	58107
药 材				186			2043			1307		
木 薯	1312	10603	13911	1452	13296	19306	1101	14153	15582	1932	16709	32281
其他农作物	**22324**			**21310**			**17466**			**67994**		
蔬菜（包括菜用瓜）	16659	21091	351349	15402	26684	410990	14319	24087	344905	60699	26023	1579562
食用菌（干鲜混合）			60						446			4049
果瓜类	5235	19722	103244	5820	22560	131298	2978	27890	83055	7168	26941	193112
青饲料	220			75			169			127		
饲 草	210			13								
绿 肥												
马 蹄												
其 他												

4–25 续表 2

指标名称	高新区			经开区			东盟经开区		
	播种面积（公顷）	单产（公斤/公顷）	产量（吨）	播种面积（公顷）	单产（公斤/公顷）	产量（吨）	播种面积（公顷）	单产（公斤/公顷）	产量（吨）
农作物总播种面积	**758**			**9212**			**2401**		
粮食合计				**2599**	**5328**	**13848**	**420**	**5762**	**2420**
稻 谷				1679	5443	9137	173	6028	1044
早 稻				374	5201	1945	86	6457	557
中 稻									
晚 稻				1305	5513	7192	87	5602	487
玉 米				920	5120	4711	231	5710	1318
豆类合计							5	2720	15
大豆							4	2975	11
绿豆							2	2094	3
薯类							11	20526	216
红薯							6	25419	163
经济作物				**2967**			**1311**		
油料作物				748	2996	2240	77	2759	212
花生				748	2996	2240	77	2755	211
油菜籽									
麻 类									
甘 蔗				2099	82233	172607	1133	68039	77108
糖 蔗				2096	82348	172602	1133	68039	77108
果 蔗									
药 材				84			59		
木 薯				37	18699	683	41	31497	1283
其他农作物	**758**			**3646**			**670**		
蔬菜（包括菜用瓜）	758	17736	13448	2123	18998	40330	364	27223	9916
食用菌（干鲜混合）			85			510			7490
果瓜类				1523	25845	39352	254	39460	10039
青饲料									
饲 草							52		
绿 肥									
马 蹄									
其 他									

4-26 各城区茶叶、桑蚕及水果生产情况

（2019 年）

指标名称	单位	兴宁区	青秀区	江南区（本级）	西乡塘区（本级）	良庆区	邕宁区	武鸣区（本级）	高新区	经开区	东盟经开区
茶叶合计	**吨**		**5**					**388**			**153**
园林水果合计	**吨**	**10045**	**32120**	**66099**	**602017**	**72886**	**95714**	**1405583**		**2560**	**58758**
梨	吨	180	442	33	4	19	1677	8539			
#雪花梨			310			19					
柑橘类水果	吨	1505	12531	19020	64612	10556	44185	762154		1281	30484
#柑	吨	1457	10743	17870	60788	7516	41530	737642		1228	28140
橘	吨	1	674		770		1258	36		51	
橙	吨		620	1150	201	1942	742	11020			15
柚	吨	47	494		2853	89	655	13456		2	2329
热带水果	吨	7149	14546	41672	516494	51228	43651	540245		882	25392
#香蕉	吨	2506	2807	23166	478793	20269	4337	414665		31	21131
菠萝	吨			200		1	308	1829			63
荔枝	吨	451	1600	903	2221	6880	4417	4908		163	85
龙眼	吨	1651	3385	2779	1402	6054	5733	31538		546	219
芒果	吨	104	721	933	3070	4793	3504	10406		30	8
其他水果	吨	1211	4601	5374	20907	11083	6201	94645		397	2882
#桃	吨	69	106			119	60	2708			
葡萄	吨	446	1934	92	423	15		8916			2877
红枣（按鲜枣计算）	吨	4	13					59			
柿子（按鲜柿计算）	吨	40	42			49	180	1213			
李子	吨	56	66	30	2	67	159	6008		12	
其他	吨	596	2440	5252	20075	10833	5802	75741		385	5
食用坚果	**吨**	**6**	**12**		**30**	**150**		**963**			**61**
#板栗	吨	6	12		30			939			61
年末实有茶园面积	**公顷**		13					175			7
#当年采摘面积	公顷							155			7
年末实有桑园面积	**公顷**		**520**		**23**	**102**	**2709**	**918**			
年末果园面积	**公顷**	**1172**	**2037**	**3595**	**19377**	**12540**	**8870**	**46492**			**2874**
#梨 园	公顷	9	25	2		63	50	298			
柑橘园（含金橘）	公顷	269	599	721	3617	690	2292	31438			1702
橙 园	公顷		56	27	94	626	76	237			4
柚子园	公顷	18	56	28	257	41	196	484			99
蕉园	公顷	115	123	728	11886	1375	339	7736			644
#香蕉园	公顷	95	111	724	10375	1196	300	7579			643
菠萝园	公顷			38	7	1	16	43			3
荔枝园	公顷	98	176	243	220	2560	1094	152			49
龙眼园	公顷	241	306	500	187	1669	1287	1513			66
芒果园	公顷	33	53	221	348	502	556	306			32
桃 园	公顷	3	35		1	36	19	54			
葡萄园	公顷	22	116	11	26	2	9	372			64
枣 园	公顷	1	4	38	19		13	11			
柿子园	公顷	3	12	2		2	9	27			
李子园	公顷	5	14	28	13	1	67	148			
其他果园	公顷	161	181	421	1911	1711	863	1853			17

4-27 各城区林业生产情况

（2019 年）

指标名称	单位	兴宁区	青秀区	江南区（本级）	西乡塘区（本级）	良庆区	邕宁区	武鸣区（本级）	高新区	经开区	东盟经开区
营林情况											
造林面积	公顷	927	527.8	1567	204	1220	885	1118	50	1058.5	75.4
# 新造林	公顷		61	67							
人工造林	公顷		61	67							
# 退化林修复	公顷										
# 迹地更新（人工更新）	公顷	927	466.8	1500	204	1220	885	1118	50	1058.5	75.4
迹地人工更新	公顷	334	64.3		14	420	115	339		848.5	
四旁（零星）植树	万株			30			40				
森林抚育面积	公顷	2809	1800	6700	2301	2400	5354	6377		120	
当年苗木产量	万株		950.34					25			
育苗面积	公顷		239.53	460		7				5	
全社会竹木采伐运输											
全社会木材采伐运输	万立方米	56.39	17.84	15.6	7.72	48.44	26.34	101	1	25	2
篙竹	万根							2			
大杂竹	万根			5		5089	120				
小杂竹	吨			595			4042	92			
主要林产品产量											
油桐籽	吨										
油茶籽	吨	19									
天然松脂	吨	1545	17990	148	239	5826	4125	13960			
竹笋干	吨		1302	55			200	1287			
八角	吨	6						1936			
桂皮	吨										
桉叶油	吨							1			

4-28 各城区主要牲畜年末存栏情况

（2019 年）

指标名称	单位	兴宁区	青秀区	江南区（本级）	西乡塘区（本级）	良庆区	邕宁区	武鸣区（本级）	高新区	经开区	东盟经开区
畜禽出栏											
猪	万头	6.25	21.15	4.51	28.64	9.73	21.43	77.15		4.97	6.45
牛	万头	0.10	1.07	0.35	0.25	0.61	1.22	3.59		0.03	0.01
山 羊	万头	0.41	0.46	0.17	0.37	0.26	0.32	5.99		0.01	
家 禽	万只	662.29	846.46	225.87	1199.26	1723.09	2818.65	2708.27		112.33	74.77
鸡	万只	603.09	676.92	94.11	909.77	1271.20	2481.19	2020.98		73.65	71.61
鸭	万只	59.21	159.49	129.95	289.49	432.74	333.60	680.86		38.68	3.16
鹅	万只		10.05	1.81		19.15	3.86	6.42			
兔	万只	0.14	12.78	1.33		0.96	1.37	2.47			
畜禽存栏											
大牲畜	万头	0.55	2.19	2.02	1.23	1.15	2.29	10.14		0.10	0.01
#役用畜	万头			1.42			1.31	1.58		0.09	
牛	万头	0.55	2.19	2.02	1.23	1.15	2.29	10.04		0.10	0.01
肉牛	万头	0.42	2.19	0.54	1.14		2.29	10.03		0.01	0.01
奶牛	万头	0.13		0.06	0.09			0.01			
马	万头							0.10			
猪	万头	1.57	3.67	3.30	23.98	3.40	7.99	12.55		1.07	5.19
#能繁殖母猪	万头	0.14	0.44	0.22	1.26	0.46	0.86	1.26		0.05	0.76
山 羊	万头	0.66	0.30	0.28		0.18	0.30	5.69		0.01	
家 禽	万只	267.53	623.32	122.64	529.92	515.59	1101.91	1031.35		53.29	108.13
鸡	万只	233.22	505.92	54.72	427.85	369.89	978.38	761.86		25.87	107.18
鸭	万只	34.31	109.98	66.90	102.07	135.13	120.25	266.15		8.07	0.95
鹅	万只		7.42	1.02		10.57	3.28	3.35			
畜禽产品产量											
肉类总产量	吨	15721	33566	9529	45793	40265	68814	114054		6388	6133
猪肉	吨	4641	16130	3439	22629	7554	16516	59232		3728	4689
牛肉	吨	108	1112	385	239	550	1297	3784		27	16
羊肉	吨	81	66	31	74	65	72	922		1	
禽肉	吨	10774	15052	4413	20804	31591	50134	48169		2519	1148
#鸡	吨	9190	11663	1493	14273	22303	42271	33000		1370	1075
鸭	吨	1585	3119	2858	6531	8871	7743	14977		1149	73
鹅	吨		270	62		417	120	192			
兔肉	吨	7	254	42		12	30	80			
狗肉	吨	23	211	80			318	143			
鸽肉	吨	19	555	751	1100		68	149		60	
鹌鹑肉	吨		28	50			3	40		3	
其他肉产量	吨	67	158	338	947	493	376	1447		50	280
禽蛋	吨	3041	2389	1936	3007	661	784	526		695	13439
奶类产量	吨	617		3631	3039	539		367			108
蜂蜜	吨		106					10			
蚕茧	吨		1696			306	6237	4667			

4-29 各城区渔业主要产品产量

（2019 年）

指标名称	计算单位	兴宁区	青秀区	江南区（本级）	西乡塘区（本级）	良庆区	邕宁区	武鸣区（本级）	高新区	经开区	东盟经开区
水产品总产量	**吨**	**6589**	**7755**	**11859**	**13724**	**10515**	**11274**	**36745**	**733**	**518**	**847**
淡水捕捞	吨		176	763	109	1851	39	1009			
鱼 类	吨		147	738	109	1706	36	964			
甲壳（虾蟹）类	吨			10		9	3	37			
贝 类	吨					136		4			
其他类	吨		29	15				4			
淡水养殖	吨	6589	7579	11096	13615	8664	11235	35736	733	518	847
鱼 类	吨	6589	7411	10991	13585	8347	11207	35460	733	518	847
虾蟹类	吨			65	3	87	20	61			
贝 类	吨							17			
其他类	吨		168	40	27	230	8	198			
水产品养殖面积	**公顷**	**906**	**843**	**1193**	**1162**	**795**	**904**	**3501**	**28.7**	**332.4**	**145**
池塘养殖	公顷	736	282	694	692	451	365	1451	26.1	250	121
河沟养殖	公顷			4			15	2			7
山塘水库养殖	公顷	170	527	495	470	344	520	2039	2.6	79	
其他养殖	公顷		34				4	9		3.4	17

4-30 各城区农业机械化情况

（2019 年）

指标名称	单位	兴宁区	青秀区	江南区（本级）	西乡塘区（本级）	良庆区	邕宁区	武鸣区（本级）	高新区	经开区	东盟经开区
农业机械总动力合计	**千瓦**	**199086**	**214891.4**	**150124**	**406832**	**289393**	**208012**	**773368**	**414**	**51230**	**50927**
柴油发动机动力	千瓦	178299	200558	137773	348571	240468	195541	706622	414	40795	48214
汽油发动机动力	千瓦	169	5471	1958	22843	23465	1253	20259		7604	
电动机动力	千瓦	19541	8796.4	9400	34330	25407	11167	44710		2777	2450
其他机械动力	千瓦	1077	66	993	1088	53	51	1777		54	263
主要农业机械与设备											
大中型拖拉机	台	301	391	1567	730	358	704	1475	4	205	30
小型拖拉机	台	2677	4821	620	15912	7019	7007	15855		1050	2939
拖拉机配套农具	部	2978	5212	3075	16642	7377	7711	27330	6	1255	2969
农用排灌电动机	部	991	520	985	2357	3207	1197	2807		115	89
农用排灌柴油机	台	11643	3099	3059	13643	5039	2566	15985		2160	2273
农用排灌其他动力机械	台	1095	303	1818	1763	712		692		830	75
联合收割机	台	133	93	77	54	99	109	346		30	
机动脱粒机	台	7740	2333	81	4748	1385	1255	23109	8	15	
渔用机动船	辆		144	18	53	8					
农用水泵	艘	13427	3088	9273	15353	4237	3329	18613			
节水灌溉机械	台	8	471	14		9049	66	2328			
附：当年机耕地面积	公顷	20415	27423	32924	43535	41230	25197	149863		8774	881

4-31 各城区农村水电、化肥用量及灌溉情况

（2019 年）

指标名称	单位	兴宁区	青秀区	江南区（本级）	西乡塘区（本级）	良庆区	邕宁区	武鸣区（本级）	高新区	经开区	东盟经开区
水电建设											
乡（镇）办水电站个数	个	1						6			
装机容量	千瓦	760						6645			
发电量	万千瓦小时	13						1657			
村和村民小组办水电站	个						1	8			
装机容量	千瓦						320	7070			
发电量	万千瓦小时							1817			
农村用电量	**万千瓦小时**	**5497**	**4114**	**5572**	**8891**	**5374**	**4161**	**9180**		**5782**	
农用化肥施用量											
按实物量计算	吨	20556	41064	78867	98901	105508	100809	297492	424	18394	11533
氮肥	吨	6038	12099	16223	26676	43623	29764	78500	129	3983	2081
磷肥	吨	3865	9982	9126	16741	15778	27669	45298	90	3002	1892
钾肥	吨	2694	4890	7257	17551	12191	11421	44018	49	2093	2295
复合肥	吨	7959	14093	46261	37933	33916	31955	129676	156	9316	5265
按折纯法计算	吨	6167	11554	25836	30394	35510	27896	127841		7916	4705
氮肥	吨	1503	3101	3972	6714	11706	7333	35203		1662	977
磷肥	吨	581	1554	1334	2805	2944	4229	8088		548	332
钾肥	吨	1273	2035	3271	7622	6689	5100	25943		1261	1289
复合肥	吨	2810	4864	17259	13253	14171	11234	58607		4445	2107
农用塑料薄膜使用量	吨	515	548	844	969	608	595	3413		370	112
# 地膜使用量	吨	475	481	725	743	522	590	2228		259	95
地膜覆盖面积	公顷	5165	11231	19234	13555	3385	5679	16157	23	3635	720
农用柴油使用量	吨	3164	6934	1951	7861	3751	2808	18576		5163	91
农药使用量（按实物量计算）	吨	264	848	864	505	623	813	1844	46	193	162
灌溉情况											
有效灌溉面积	公顷	7490	7016	12165	9032	5652	10654	30509	71	2630	1073
旱涝保收面积	公顷	5550	5269	6102	5655	4398	6925	26715		1768	964
机电排灌面积	公顷	2218	1472	5221	7737	766	7009	5337		848	1611
机电井	眼		45	315	219	33	141	531		11	115

五 工 业

CHAPTER 5 INDUSTRY

5-1 全市主要年份工业总产值

（按当年价格计算）

单位：万元

年份	全部工业总产值	轻工业	重工业	规模以上工业总产值	#国有工业	#集体工业
1950	767	704	63	238	37	201
1965	26370	17413	8957	23595	19842	3753
1978	111437	68785	42652	110979	91689	18287
1980	129920	94843	35077	128638	106710	21401
1985	216221	149483	66738	209855	178446	31211
1986	247582	169834	77748	236722	204570	31570
1987	310315	211666	98649	298512	257753	38720
1988	404796	279480	125316	387247	332131	51458
1989	504021	353985	150036	488566	417319	57031
1990	549256	382516	166740	528855	453624	59995
1991	625718	419582	206136	600539	507269	65208
1992	740112	487356	252756	700243	579918	82273
1993	1005613	628765	376848	909065	719657	122451
1994	1341785	812033	529752	1171195	888611	164083
1995	1529236	891430	637806	1303224	918567	231410
1996	1581367	933535	647832	1339026	848099	307245
1997	1696837	1008391	688446	1366220	762253	348946
1998	1824639	1090345	734294	1418302	739942	358305
1999	1870681	1096428	774253	1422855	492613	325646
2000	2417251	1400496	1016755	1485196	486501	177095
2001	2608099	1489715	1118384	1685135	358901	194259
2002	2911858	1579082	1332776	1987028	363601	164196
2003	3341980	1846907	1495073	2418570	556669	117223
2004	4040693	2037693	2003000	3003353	842068	57348
2005	4909198	2559317	2349881	3701812	968474	64551
2006	6392812	3342337	3050475	4954808	1038323	88873
2007	8302142	4293941	4008201	6690667	1303988	96465
2008	10598632	5123335	5475297	8649563	1471132	87492
2009	11757647	6222870	5534777	9816480	1654334	73099
2010	15011824	7440694	7571130	12854044	1700981	54174
2011	20002301	10092932	9909369	17252922	1937849	82630
2012	22827319	11226164	11601155	21093267	2512372	112116
2013	26591777	12068752	14523024	25571348	1942979	137903
2014	29550538	12711226	16839312	28566304	1801199	111823
2015	33238249	13738436	19499813	32370606	2159725	48183
2016	36280744	14717868	21562877	35219998	1683493	52072
2017	37941377	15400515	22540862	37130696	1327571	65904

注：2000 年以后为行政区划调整后的数据，其余年份为原南宁口径。2000 年以前规模以上工业产值为乡及乡以上工业口径，2001–2010 年规模以上工业统计口径为年主营业务收入 500 万元及以上工业法人单位，2011 年以后规模以上工业统计口径为年主营业务收入 2000 万元以上工业法人单位。

5-2 全市主要年份工业总产值发展速度

单位：%

年份	全部工业总产值	轻工业	重工业	规模以上工业总产值	#国有工业	#集体工业
1951	180.0	178.3	200.0	160.9	367.6	124.9
1965	142.1	138.4	149.8	142.8	146.6	125.4
1978	108.3	105.6	112.8	108.3	108.3	108.0
1980	113.7	122.9	97.6	113.9	113.2	117.7
1985	120.0	118.4	124.6	117.5	117.0	117.8
1986	108.0	108.7	106.2	107.1	108.5	99.2
1987	117.9	115.9	123.2	116.8	117.0	112.0
1988	116.2	116.7	114.7	115.8	114.3	122.2
1989	108.3	108.3	108.3	109.2	109.0	102.0
1990	107.0	106.5	108.1	108.6	107.9	105.4
1991	111.2	105.0	127.0	109.1	108.0	109.3
1992	117.2	117.9	115.6	117.6	114.8	117.8
1993	118.7	116.2	124.2	111.4	107.4	128.1
1994	117.8	111.3	131.0	120.7	107.2	132.2
1995	116.6	106.5	134.1	106.9	104.7	146.9
1996	101.1	102.4	99.3	101.2	91.5	132.1
1997	110.8	111.9	109.2	105.9	94.7	118.6
1998	109.7	110.1	109.1	106.1	101.3	99.2
1999	107.3	105.6	109.8	104.7	68.0	94.7
2000	106.8	104.4	110.1	106.4	79.0	90.6
2001	107.9	106.4	110.0	113.5	73.8	109.7
2002	111.6	106.0	119.2	117.9	101.3	84.5
2003	114.8	117.0	112.2	121.7	153.1	71.4
2004	120.9	110.3	134.0	124.2	151.3	48.9
2005	121.5	125.6	117.3	123.3	115.0	112.6
2006	130.2	130.6	129.8	133.8	107.2	137.7
2007	129.9	128.5	131.4	135.0	125.6	108.5
2008	127.7	119.3	136.6	129.3	112.8	90.7
2009	110.9	121.5	101.1	113.5	112.5	83.5
2010	127.7	128.4	127.0	130.9	102.8	74.1
2011	133.2	135.7	130.9	134.2	113.9	152.5
2012	114.1	111.2	117.1	122.3	129.6	135.7
2013	116.5	107.5	125.2	121.2	77.3	123.0
2014	111.1	105.3	115.9	111.7	92.7	81.1
2015	112.5	108.1	115.8	113.3	119.9	43.1
2016	109.2	107.1	110.6	108.8	77.9	108.1
2017	104.6	104.6	104.5	105.4	78.9	126.6
2018	105.3			105.2	100.8	102.3
2019	104.3			104.9	108.0	112.9

注：2001 年以后工业总产值发展速度按当年价格计算，其余年份按可比价计算。

5-3 全市规模以上主要工业产品产量

（2019 年）

产品名称	单位	生产量	产品名称	单位	生产量
大米	吨	507024	中成药	吨	24293
小麦粉	吨		塑料制品	吨	249863
精制食用植物油	吨	24265	硅酸盐水泥熟料	吨	9555965
鲜、冷藏肉	吨	149112	水泥	吨	15773081
成品糖	吨	1282789	水泥混凝土电杆	根	759270
饲料	吨	4390205	商品混凝土	立方米	31206499
方便面	吨	2604	砖	万块	10334
乳制品	吨	89244	平板玻璃	重量箱	11359846
液体乳	吨	89244	钢化玻璃	平方米	1808593
罐头	吨	67529	卫生陶瓷制品	件	3149799
冷冻饮品	吨	58534	粗钢	吨	
发酵酒精（折 96 度，商品量）	千升	66483	钢材	吨	595348
饮料酒	千升	294041	铝材	吨	213418
啤酒	千升	294041	起重机	吨	117907
饮料	吨	1728758	铸铁件	吨	
精制茶	吨	63894	锻件	吨	2418
卷烟	万支	3502797	矿山专用设备	吨	59927
纱	吨	23156	小型拖拉机	台	1423
蚕丝	吨	599	发电机组（发电设备）	千瓦	102200
服装	万件	131	电力电缆	千米	310265
轻革	平方米	428591	变压器	千伏安	
人造板	立方米	5988049	通信及电子网络用电缆	对千米	
家具	件	540339	家用电风扇	台	125089
纸浆（原生浆及废纸浆）	吨	218657	家用吸排油烟机	台	2559
机制纸及纸板（外购原纸加工除外）	吨	344921	表	只	510619
纸制品	吨	789344	电子元件	万只	411251
合成氨（无水氨）	吨	53808	淀粉及淀粉制品	吨	111729
农用氮、磷、钾化学肥料（折纯）	吨	29827	松香	吨	35450
氮肥（折含氮 100%）	吨	29827	自来水生产量	万立方米	46892
初级形态塑料	吨	7522			
化学药品原药	吨	9560			

5-4 全市规模以上工业企业主要财务状况

（2019 年）

单位：万元

指标名称	单位数（个）	#亏损企业	从业人员平均人数（人）	负债合计
总计	**1000**	**217**	**179400**	**18029490**
#亏损企业	217	217	36301	4914261
国有控股企业	107	24	35772	6564942
按登记注册类型分组				
国有企业	14	5	8674	1931634
#中央企业	1		6128	1872358
地方企业	13	5	2546	59276
集体企业	3		569	3288
股份合作企业				
联营企业				
有限责任公司	270	65	49669	5482351
#国有独资公司	22	1	5309	780479
其他有限责任公司	248	64	44360	4701873
股份有限公司	23	7	9983	2290869
私营企业	612	125	73118	4851694
其他企业				
港、澳、台商投资企业	43	7	18521	1162515
外商投资企业	35	8	18866	2307140
按轻重工业分				
轻工业	423	105	73558	4726244
重工业	577	112	105842	13303246
按大中小型工业分				
大型企业	15	4	40844	6404107
中型企业	121	15	62789	4023094
小微型企业	864	198	77670	8659691

5–4 续表 单位：万元

指标名称	单位数（个）	#亏损企业	从业人员平均人数（人）	负债合计
按工业行业大类分	**1000**	**217**	**179400**	**18029490**
煤炭开采和洗选业	1	1	126	4403
石油和天然气开采业				
黑色金属矿采选业				
有色金属矿采选业	1	1	134	412
非金属矿采选业	14	3	651	55047
开采专业及辅助性活动				
其他采矿业				
农副食品加工业	116	25	19662	1620229
食品制造业	39	10	6684	246199
酒、饮料和精制茶制造业	48	4	9612	301597
烟草制品业	2		1202	434452
纺织业	27	9	7092	255686
纺织服装、服饰业	5	1	533	4946
皮革、毛皮、羽毛及其制品和制鞋业	2	2	1252	6762
木材加工和木、竹、藤、棕、草制品业	107	14	17105	536472
家具制造业	9	2	1130	49561
造纸和纸制品业	42	10	7611	1040538
印刷和记录媒介复制业	19	3	1866	67751
文教、工美、体育和娱乐用品制造业	7	1	492	10594
石油、煤炭及其他燃料加工业	6	1	383	44338
化学原料和化学制品制造业	79	15	7557	833518
医药制造业	37	20	5624	396288
化学纤维制造业				
橡胶和塑料制品业	45	10	5103	149221
非金属矿物制品业	131	23	20269	1121590
黑色金属冶炼和压延加工业	9	2	923	36717
有色金属冶炼和压延加工业	8	3	3437	953152
金属制品业	46	9	6255	295891
通用设备制造业	13	3	2022	249270
专用设备制造业	43	10	6589	888941
汽车制造业	12	5	3302	486093
铁路、船舶、航空航天和其他运输设备制造业	4		348	24734
电气机械和器材制造业	52	9	3922	384316
计算机、通信和其他电子设备制造业	37	15	26438	3708344
仪器仪表制造业	7	3	701	82258
其他制造业	3	1	611	13440
废弃资源综合利用业	2		186	17676
金属制品、机械和设备修理业	1		28	3240
电力、热力生产和供应业	17	1	7673	2576873
燃气生产和供应业	5		1212	253730
水的生产和供应业	4	1	1665	875213

5-4 续表 1

单位：万元

指标名称	资产总计	流动资产合　计	# 存货	# 产成品
总计	**27417101**	**15205506**	**2787955**	**962474**
# 亏损企业	6271857	3532455	648111	318911
国有控股企业	9749960	3632811	1009358	215568
按登记注册类型分组				
国有企业	1976815	267864	22423	13669
# 中央企业	1872358	210603	1277	
地方企业	104458	57261	21146	13669
集体企业	13933	12129	4399	1868
股份合作企业				
联营企业				
有限责任公司	9123919	4868248	1302441	297991
# 国有独资公司	1190001	722158	165102	55843
其他有限责任公司	7933918	4146091	1137338	242148
股份有限公司	3526387	1204699	112906	59336
私营企业	7298887	4916682	875193	429709
其他企业				
港、澳、台商投资企业	2044358	1266842	173171	83560
外商投资企业	3432802	2669042	297422	76342
按轻重工业分				
轻工业	7836255	4171779	1273959	374309
重工业	19580846	11033727	1513996	588165
按大中小型工业分				
大型企业	8261027	3902341	562576	184235
中型企业	7524526	3940671	1075476	284732
小微型企业	12914875	8327432	1221935	512345

单位：万元

指标名称	资产总计	流动资产合计	# 存货	# 产成品
按工业行业大类分	**27417101**	**15205506**	**2787955**	**962474**
煤炭开采和洗选业	7413	569		
石油和天然气开采业				
黑色金属矿采选业				
有色金属矿采选业	4631	2294	51	
非金属矿采选业	76698	39376	4240	3337
开采专业及辅助性活动				
其他采矿业				
农副食品加工业	2530683	1314098	295924	127365
食品制造业	479988	275105	49054	15758
酒、饮料和精制茶制造业	762412	324417	108096	57349
烟草制品业	1161648	828213	422117	3059
纺织业	364098	203914	94175	42295
纺织服装、服饰业	25959	19200	1832	132
皮革、毛皮、羽毛及其制品和制鞋业	10942	5435	5771	684
木材加工和木、竹、藤、棕、草制品业	1087001	577803	125102	63223
家具制造业	72002	41847	19619	6665
造纸和纸制品业	1140039	411674	57495	21400
印刷和记录媒介复制业	172193	74699	12546	7221
文教、工美、体育和娱乐用品制造业	23517	16048	4279	1081
石油、煤炭及其他燃料加工业	82175	30045	13572	6496
化学原料和化学制品制造业	1447331	825252	232276	108495
医药制造业	578077	324528	88757	36542
化学纤维制造业				
橡胶和塑料制品业	269934	181638	63123	27640
非金属矿物制品业	2553021	1563464	189542	78186
黑色金属冶炼和压延加工业	78651	50144	16958	5352
有色金属冶炼和压延加工业	1399058	453454	136733	49586
金属制品业	452697	339989	70994	13891
通用设备制造业	346119	261548	102405	14724
专用设备制造业	1268368	793972	130042	57804
汽车制造业	1023861	540218	56552	30655
铁路、船舶、航空航天和其他运输设备制造业	66813	37265	8501	7
电气机械和器材制造业	576937	476782	67860	36856
计算机、通信和其他电子设备制造业	4499663	4305181	355571	140009
仪器仪表制造业	97408	80991	17980	3170
其他制造业	28854	15016	4113	2088
废弃资源综合利用业	30006	22062	1464	752
金属制品、机械和设备修理业	4592	4016	754	
电力、热力生产和供应业	2931051	401699	17750	593
燃气生产和供应业	439552	132812	6502	62
水的生产和供应业	1323709	230739	6208	

5-4 续表 2

单位：万元

指标名称	营业收入	营业成本	营业外收入	营业外支出
总计	**23832803**	**19570999**	**149108**	**39775**
# 亏损企业	2907276	2758670	24694	7419
国有控股企业	5826333	3645222	23767	10381
按登记注册类型分组				
国有企业	1479261	597815	6261	2896
# 中央企业	1206206	361451	5176	1957
地方企业	273055	236364	1085	939
集体企业	11043	9864	1375	333
股份合作企业				
联营企业				
有限责任公司	6913801	5307426	84398	23371
# 国有独资公司	578464	473918	7402	3280
其他有限责任公司	6335337	4833508	76996	20091
股份有限公司	1048554	834267	2136	1548
私营企业	7260565	6336025	45157	8315
其他企业				
港、澳、台商投资企业	2021220	1752937	6970	1394
外商投资企业	5098359	4732665	2811	1918
按轻重工业分				
轻工业	7959549	6195071	40189	13802
重工业	15873254	13375929	108919	25973
按大中小型工业分				
大型企业	7776078	6513898	14292	4312
中型企业	6499838	4622501	83036	22965
小微型企业	10833204	9672629	54354	13158

单位：万元

指标名称	营业收入	营业成本	营业外收入	营业外支出
按工业行业大类分	**23832803**	**19570999**	**149108**	**39775**
煤炭开采和洗选业	2261	1966	143	1
石油和天然气开采业				
黑色金属矿采选业				
有色金属矿采选业	1937	1556	1	9
非金属矿采选业	60173	44627	216	1240
开采专业及辅助性活动				
其他采矿业				
农副食品加工业	2895666	2613083	15012	3863
食品制造业	318613	249097	2523	457
酒、饮料和精制茶制造业	989697	727083	2543	1025
烟草制品业	1181932	361526	146	1680
纺织业	281785	254062	5856	119
纺织服装、服饰业	20672	17117	252	9
皮革、毛皮、羽毛及其制品和制鞋业	10782	11511	157	21
木材加工和木、竹、藤、棕、草制品业	1179063	1070066	8783	325
家具制造业	44242	36057	369	50
造纸和纸制品业	559572	499328	2158	834
印刷和记录媒介复制业	114433	92696	2745	2171
文教、工美、体育和娱乐用品制造业	601750	598655	327	28
石油、煤炭及其他燃料加工业	83365	67125	293	5
化学原料和化学制品制造业	1066414	902922	3365	1345
医药制造业	318132	218366	3094	2958
化学纤维制造业				
橡胶和塑料制品业	361294	301119	1219	163
非金属矿物制品业	2434379	1895311	14815	3875
黑色金属冶炼和压延加工业	282696	233525	114	16
有色金属冶炼和压延加工业	676937	651617	351	144
金属制品业	698553	581554	1890	253
通用设备制造业	174290	144434	1012	510
专用设备制造业	721224	566722	6188	2240
汽车制造业	300448	263618	998	185
铁路、船舶、航空航天和其他运输设备制造业	93000	81267	29	3
电气机械和器材制造业	502491	439357	1467	216
计算机、通信和其他电子设备制造业	5839980	5658083	11803	198
仪器仪表制造业	63373	60253	1475	335
其他制造业	12486	9201	281	3
废弃资源综合利用业	15381	10350	248	135
金属制品、机械和设备修理业	4702	4123		
电力、热力生产和供应业	1520635	587076	5453	2374
燃气生产和供应业	250040	226740	53264	12811
水的生产和供应业	150408	89807	517	177

5-4 续表 3

单位：万元

指标名称	销售费用	管理费用	财务费用	#利息费用
总计	**509757**	**833500**	**222376**	**245932**
#亏损企业	86537	162406	81244	91820
国有控股企业	100459	236078	94136	115555
按登记注册类型分组				
国有企业	7202	29086	-3	376
#中央企业		11774	-397	57
地方企业	7202	17312	393	319
集体企业	216	1966	-8	8
股份合作企业				
联营企业				
有限责任公司	171539	312582	97314	106023
#国有独资公司	16541	34787	9441	8200
其他有限责任公司	154998	277794	87873	97823
股份有限公司	30272	58806	50645	60319
私营企业	190168	344751	63433	57333
其他企业				
港、澳、台商投资企业	56860	42680	2569	3449
外商投资企业	53500	43630	8427	18425
按轻重工业分				
轻工业	265382	395360	72437	96484
重工业	244375	438140	149939	149448
按大中小型工业分				
大型企业	77385	101244	75721	95227
中型企业	178105	392317	51404	65460
小微型企业	262359	354494	105050	93976

单位：万元

指标名称	销售费用	管理费用	财务费用	#利息费用
按工业行业大类分	**509757**	**833500**	**222376**	**245932**
煤炭开采和洗选业	141	159	131	131
石油和天然气开采业				
黑色金属矿采选业				
有色金属矿采选业	102	966	–27	
非金属矿采选业	6322	6326	323	299
开采专业及辅助性活动				
其他采矿业				
农副食品加工业	64520	123796	39490	52115
食品制造业	26142	19604	5143	6298
酒、饮料和精制茶制造业	61437	59369	4405	4108
烟草制品业	23655	54366	–6816	6221
纺织业	5293	14539	4784	4537
纺织服装、服饰业	266	3225	–323	21
皮革、毛皮、羽毛及其制品和制鞋业	42	1963	33	49
木材加工和木、竹、藤、棕、草制品业	18660	34911	12521	8802
家具制造业	4324	3871	846	590
造纸和纸制品业	11340	25000	6982	6344
印刷和记录媒介复制业	1786	10062	297	292
文教、工美、体育和娱乐用品制造业	1295	1450	116	14
石油、煤炭及其他燃料加工业	1784	2896	1122	1086
化学原料和化学制品制造业	29618	50139	8665	6711
医药制造业	47126	43450	8307	7479
化学纤维制造业				
橡胶和塑料制品业	7797	19038	6496	6218
非金属矿物制品业	90246	85811	11523	12298
黑色金属冶炼和压延加工业	5847	31009	738	524
有色金属冶炼和压延加工业	10019	21462	31501	30000
金属制品业	13029	50039	4611	3230
通用设备制造业	8604	8332	4485	1532
专用设备制造业	21409	37651	15806	16052
汽车制造业	9301	11360	7178	8405
铁路、船舶、航空航天和其他运输设备制造业	495	1967	65	167
电气机械和器材制造业	12624	18874	4481	3483
计算机、通信和其他电子设备制造业	15552	39987	2994	12800
仪器仪表制造业	211	2998	146	164
其他制造业	1626	1450		
废弃资源综合利用业		1346	771	822
金属制品、机械和设备修理业	165	270	61	61
电力、热力生产和供应业	43	28977	25273	25460
燃气生产和供应业	4805	7408	2944	3221
水的生产和供应业	4133	9430	17354	16400

5-4 续表 4 单位：万元

指标名称	营业利润	利润总额	亏损企业 亏损额
总计	**1042300**	**1148416**	**256233**
# 亏损企业	−273508	−256233	256233
国有控股企业	223413	233579	95313
按登记注册类型分组			
国有企业	21199	21345	1040
# 中央企业	10608	10608	
地方企业	10591	10737	1040
集体企业	−920	122	
股份合作企业			
联营企业			
有限责任公司	305241	366268	96983
# 国有独资公司	33925	38047	1239
其他有限责任公司	271316	328221	95744
股份有限公司	39160	39749	53675
私营企业	240754	277597	93030
其他企业			
港、澳、台商投资企业	163246	168822	4650
外商投资企业	273619	274512	6856
按轻重工业分组			
轻工业	269059	295448	160232
重工业	773241	852968	96001
按大中小型工业分			
大型企业	172861	179624	76960
中型企业	535299	595370	43210
小微型企业	342917	384114	142536

5-4 续表 4.1　　单位：万元

指标名称	营业利润	利润总额	亏损企业亏损额
按工业行业大类分	**1042300**	**1148416**	**256233**
煤炭开采和洗选业	-197	-55	55
石油和天然气开采业			
黑色金属矿采选业			
有色金属矿采选业	-682	-690	690
非金属矿采选业	-706	-1729	4129
开采专业及辅助性活动			
其他采矿业			
农副食品加工业	5650	16800	96283
食品制造业	15552	17619	5772
酒、饮料和精制茶制造业	125495	127013	339
烟草制品业	73603	72069	
纺织业	2454	8191	5700
纺织服装、服饰业	19	262	185
皮革、毛皮、羽毛及其制品和制鞋业	-3397	-3260	3260
木材加工和木、竹、藤、棕、草制品业	53148	61606	11075
家具制造业	-1064	-745	1864
造纸和纸制品业	14247	15571	5156
印刷和记录媒介复制业	8231	8805	866
文教、工美、体育和娱乐用品制造业	83	382	1
石油、煤炭及其他燃料加工业	9234	9522	235
化学原料和化学制品制造业	71789	73809	2657
医药制造业	-8772	-8634	36862
化学纤维制造业			
橡胶和塑料制品业	22847	23904	1457
非金属矿物制品业	320748	331690	6704
黑色金属冶炼和压延加工业	11346	11444	137
有色金属冶炼和压延加工业	-38130	-37923	39958
金属制品业	41502	43139	1790
通用设备制造业	2929	3431	284
专用设备制造业	49153	53100	3112
汽车制造业	-995	-182	16355
铁路、船舶、航空航天和其他运输设备制造业	5957	5983	
电气机械和器材制造业	15311	16562	2438
计算机、通信和其他电子设备制造业	148777	160381	7588
仪器仪表制造业		687	397
其他制造业	225	503	569
废弃资源综合利用业	2767	2880	
金属制品、机械和设备修理业	72	72	
电力、热力生产和供应业	55751	55612	290
燃气生产和供应业	8051	48505	
水的生产和供应业	31753	32093	28

5-5 市区规模以上工业企业主要工业产品产量

（2019 年）

产品名称	单位	生产量	产品名称	单位	生产量
大米	吨	111669	蒸压加气混凝土板	立方米	110416
精制食用植物油	吨	24265	硅酸盐水泥熟料	吨	3578531
鲜冷藏冻肉	吨	96035	商品混凝土	立方米	27802000
成品糖	吨	654627	平板玻璃	重量箱	
饲料	吨	2974566	钢化玻璃	平方米	348232
乳制品	吨	89244	单色印刷品	令	988910
液体乳	吨	89244	钢材	吨	145638
罐头	吨	43471	铝材	吨	213418
冷冻饮品	吨	47889	起重机	吨	117881
发酵酒精（折 96 度，商品量）	千升		混凝土机械	台	209
饮料酒	千升	294041	铸钢件	吨	
啤酒	千升	294041	小型拖拉机	台	1423
饮料	吨	1728758	矿山专用设备	吨	54141
卷烟	万支	3502797	沥青和改性沥青防水卷材	平方米	34788553
纱	吨	23156	金属冶炼设备	吨	6045
服装	万件	131	环境污染防治专用设备	台（套）	2719
人造板	立方米	3443748	改装汽车	辆	36
胶合板	立方米	2059871	变压器	千伏安	
家具	件	527356	发电机组（发电设备）	千瓦	102200
机制纸及纸板（外购原纸加工除外）	吨	12338	通信及电子网络用电缆	对千米	
纸制品	吨	636843	电力电缆	千米	309501
单色印刷品	令	988910	家用电风扇	台	125089
多色印刷品	对开色令	4468427	家用吸排油烟机	台	2559
化学药品原药	吨	9560	电饭锅	个	166709
中成药	吨	21033	光电子器件	万只	22066
香精	吨	1028	表	只	
塑料制品	吨	188963	淀粉及淀粉制品	吨	96919
水泥	吨	8147977	松香	吨	14652
水泥混凝土电杆	根	634028	自来水生产量	万立方米	46892

5-6 市区规模以上工业企业主要财务状况

（2019 年）

单位：万元

指标名称	单位数（个）	#亏损企业	从业人员平均人数（人）	负债合计
总计	**708**	**170**	**122483**	**14876751**
#亏损企业	170	170	28195	4093175
国有控股企业	84	19	28630	5869850
按登记注册类型分组				
国有企业	10	3	7118	1898739
#中央企业	1		6128	1872358
地方企业	9	3	990	26381
集体企业	2		524	2550
股份合作企业				
联营企业				
有限责任公司	207	54	36175	4304641
#国有独资公司	16		3519	574063
其他有限责任公司	191	54	32656	3730578
股份有限公司	18	7	8685	2212314
私营企业	401	93	35028	3724989
其他企业				
港、澳、台商投资企业	40	7	17879	1141447
外商投资企业	30	6	17074	1592072
按轻重工业分				
轻工业	275	75	42298	2879584
重工业	433	95	80185	11997167
按大中小型工业分				
大型企业	14	3	40167	6368113
中型企业	53	8	27675	2489917
小型、微型企业	641	159	55868	6969398

5-6 续表 单位：万元

指标名称	单位数（个）	# 亏损企业	从业人员平均人数（人）	负债合计
按工业行业大类分	**708**	**170**	**122483**	**14876751**
煤炭开采和洗选业				
石油和天然气开采业				
黑色金属矿采选业				
有色金属矿采选业				
非金属矿采选业	8	3	348	42307
开采专业及辅助性活动				
其他采矿业				
农副食品加工业	70	17	10951	1067443
食品制造业	33	9	5906	230508
酒、饮料和精制茶制造业	19	1	4247	170362
烟草制品业	2		1202	434452
纺织业	6	3	1800	141066
纺织服装、服饰业	5	1	533	4946
皮革、毛皮、羽毛及其制品和制鞋业	1	1	945	4450
木材加工和木、竹、藤、棕、草制品业	66	13	6854	324406
家具制造业	8	1	978	44365
造纸和纸制品业	18	3	2805	101116
印刷和记录媒介复制业	19	3	1866	67751
文教、工美、体育和娱乐用品制造业	4	1	188	1628
石油、煤炭及其他燃料加工业	4		330	36859
化学原料和化学制品制造业	54	12	3855	644722
医药制造业	35	20	5021	379202
化学纤维制造业				
橡胶和塑料制品业	34	7	3392	127888
非金属矿物制品业	96	18	13595	804848
黑色金属冶炼和压延加工业	8	2	328	36051
有色金属冶炼和压延加工业	7	3	3404	952448
金属制品业	36	6	3730	229773
通用设备制造业	10	3	1767	242325
专用设备制造业	39	10	5926	880445
汽车制造业	12	5	3302	486093
铁路、船舶、航空航天和其他运输设备制造业	3		320	23438
电气机械和器材制造业	48	8	2986	366765
计算机、通信和其他电子设备制造业	34	15	24993	3694245
仪器仪表制造业	7	3	701	82258
其他制造业	3	1	611	13440
废弃资源综合利用业	2		186	17676
金属制品、机械和设备修理业				
电力、热力生产和供应业	9	1	6599	2095661
燃气生产和供应业	5		1212	253730
水的生产和供应业	3		1602	874086

单位：万元

指标名称	资产总计	流动资产合计	#存货	#产成品
总计	**22539228**	**12939786**	**2233108**	**709151**
#亏损企业	5310111	3034447	553546	275899
国有控股企业	8352953	3146900	943817	184863
按登记注册类型分组				
国有企业	1932246	248811	13457	6478
#中央企业	1872358	210603	1277	
地方企业	59888	38208	12180	6478
集体企业	12522	11167	3717	1333
股份合作企业				
联营企业				
有限责任公司	7296184	4189196	1126015	232015
#国有独资公司	915132	594672	155199	50409
其他有限责任公司	6381052	3594524	970816	181606
股份有限公司	3435037	1189092	109447	57207
私营企业	5380943	3845136	528977	257907
其他企业				
港、澳、台商投资企业	2013279	1246376	165947	82261
外商投资企业	2469017	2210009	285548	71950
按轻重工业分				
轻工业	5422229	2979311	943982	215692
重工业	17116999	9960475	1289126	493459
按大中小型工业分				
大型企业	8170961	3865738	554182	176732
中型企业	5098272	2887611	767773	127424
小型、微型企业	10401856	7097436	976181	420191

单位：万元

指标名称	资产总计	流动资产合 计	# 存货	# 产成品
按工业行业大类分	**22539228**	**12939786**	**2233108**	**709151**
煤炭开采和洗选业				
石油和天然气开采业				
黑色金属矿采选业				
有色金属矿采选业				
非金属矿采选业	57394	28130	1182	1174
开采专业及辅助性活动				
其他采矿业				
农副食品加工业	1686330	805835	166101	75408
食品制造业	459719	263058	47503	14967
酒、饮料和精制茶制造业	530594	191343	44312	15412
烟草制品业	1161648	828213	422117	3059
纺织业	215211	105799	39448	15493
纺织服装、服饰业	25959	19200	1832	132
皮革、毛皮、羽毛及其制品和制鞋业	6269	2250	3862	262
木材加工和木、竹、藤、棕、草制品业	775910	401917	57875	26417
家具制造业	65742	39880	18999	6623
造纸和纸制品业	162137	78950	21526	7172
印刷和记录媒介复制业	172193	74699	12546	7221
文教、工美、体育和娱乐用品制造业	13544	6994	1128	185
石油、煤炭及其他燃料加工业	74035	23677	10416	5475
化学原料和化学制品制造业	1153929	660146	170693	81623
医药制造业	535147	302328	79559	31507
化学纤维制造业				
橡胶和塑料制品业	224096	151253	54234	23533
非金属矿物制品业	1596648	1079894	123853	47075
黑色金属冶炼和压延加工业	57414	42315	15204	3598
有色金属冶炼和压延加工业	1398188	452679	136733	49586
金属制品业	335255	270003	54897	10893
通用设备制造业	325527	252560	99555	12940
专用设备制造业	1253754	786829	128443	57102
汽车制造业	1023861	540218	56552	30655
铁路、船舶、航空航天和其他运输设备制造业	65367	36065	7514	7
电气机械和器材制造业	540807	449015	63899	35593
计算机、通信和其他电子设备制造业	4479301	4297888	353485	139789
仪器仪表制造业	97408	80991	17980	3170
其他制造业	28854	15016	4113	2088
废弃资源综合利用业	30006	22062	1464	752
金属制品、机械和设备修理业				
电力、热力生产和供应业	2232556	268948	3500	180
燃气生产和供应业	439552	132812	6502	62
水的生产和供应业	1314872	228822	6080	

5-6 续表 2

单位：万元

指标名称	营业收入	营业成本	营业外收入	营业外支出
总计	**18807511**	**15445741**	**123745**	**32969**
# 亏损企业	2437528	2312009	21041	5804
国有控股企业	4869533	2937010	21585	8858
按登记注册类型分组				
国有企业	1374656	522234	5582	2045
# 中央企业	1206206	361451	5176	1957
地方企业	168451	160783	406	88
集体企业	7651	6582	1375	333
股份合作企业				
联营企业				
有限责任公司	5320908	3968424	79707	22970
# 国有独资公司	334855	275318	6589	3198
其他有限责任公司	4986053	3693106	73118	19772
股份有限公司	946327	757356	1576	1162
私营企业	4350719	3914394	26380	3575
其他企业				
港、澳、台商投资企业	1971900	1715377	6787	1393
外商投资企业	4835348	4561375	2339	1490
按轻重工业分				
轻工业	5470466	4077952	33191	10572
重工业	13337044	11367790	90554	22397
按大中小型工业分				
大型企业	7711201	6455959	14285	4312
中型企业	3621045	2355306	66657	20063
小型、微型企业	8677832	7811359	45256	9253

5-6 续表 2.1

单位：万元

指标名称	营业收入	营业成本	营业外收入	营业外支出
按工业行业大类分	**18807511**	**15445741**	**123745**	**32969**
煤炭开采和洗选业				
石油和天然气开采业				
黑色金属矿采选业				
有色金属矿采选业				
非金属矿采选业	31352	26480	42	580
开采专业及辅助性活动				
其他采矿业				
农副食品加工业	1764548	1618957	11340	1507
食品制造业	289700	225988	2517	456
酒、饮料和精制茶制造业	527262	369971	2321	958
烟草制品业	1181932	361526	146	1680
纺织业	85237	82834	5666	14
纺织服装、服饰业	20672	17117	252	9
皮革、毛皮、羽毛及其制品和制鞋业	7675	8703	157	20
木材加工和木、竹、藤、棕、草制品业	655163	598938	1821	87
家具制造业	41502	33912	369	50
造纸和纸制品业	188855	169275	280	163
印刷和记录媒介复制业	114433	92696	2745	2171
文教、工美、体育和娱乐用品制造业	593140	590904	224	28
石油、煤炭及其他燃料加工业	72523	56408	238	1
化学原料和化学制品制造业	623868	532911	2930	1226
医药制造业	296868	202196	3019	2951
化学纤维制造业				
橡胶和塑料制品业	235310	199829	920	153
非金属矿物制品业	1672313	1345060	4621	1757
黑色金属冶炼和压延加工业	102293	96201	114	16
有色金属冶炼和压延加工业	673097	647874	332	144
金属制品业	402494	364776	1602	232
通用设备制造业	151943	126103	1006	509
专用设备制造业	652105	507384	6096	2236
汽车制造业	300448	263618	998	185
铁路、船舶、航空航天和其他运输设备制造业	90086	78450	29	3
电气机械和器材制造业	469960	409780	1457	216
计算机、通信和其他电子设备制造业	5800563	5623315	11456	190
仪器仪表制造业	63373	60253	1475	335
其他制造业	12486	9201	281	3
废弃资源综合利用业	15381	10350	248	135
金属制品、机械和设备修理业				
电力、热力生产和供应业	1273016	400259	5266	1968
燃气生产和供应业	250040	226740	53264	12811
水的生产和供应业	147878	87737	513	177

5-6 续表 3

单位：万元

指标名称	销售费用	管理费用	财务费用	# 利息费用
总计	**393324**	**522723**	**162269**	**188084**
# 亏损企业	76728	138186	72064	82560
国有控股企业	78599	177766	76010	96778
按登记注册类型分组				
国有企业	3494	15560	–160	225
# 中央企业		11774	–397	57
地方企业	3494	3786	237	168
集体企业	182	1920	–9	8
股份合作企业				
联营企业				
有限责任公司	143307	213366	69534	78177
# 国有独资公司	11208	22199	4094	2619
其他有限责任公司	132099	191167	65440	75558
股份有限公司	28694	53570	49339	59052
私营企业	118095	164830	35820	32086
其他企业				
港、澳、台商投资企业	53534	39653	2337	3290
外商投资企业	46018	33824	5409	15247
按轻重工业分				
轻工业	209053	236738	42162	67902
重工业	184271	285985	120107	120181
按大中小型工业分				
大型企业	76195	95494	74861	94270
中型企业	110277	151552	18659	34296
小型、微型企业	213597	288624	74418	64278

5-6 续表 3.1

单位：万元

指标名称	销售费用	管理费用	财务费用	# 利息费用
按工业行业大类分	**393324**	**522723**	**162269**	**188084**
煤炭开采和洗选业				
石油和天然气开采业				
黑色金属矿采选业				
有色金属矿采选业				
非金属矿采选业	2241	3625	252	223
开采专业及辅助性活动				
其他采矿业				
农副食品加工业	43831	55536	26460	38964
食品制造业	25167	17129	4574	5732
酒、饮料和精制茶制造业	42218	17571	1590	2144
烟草制品业	23655	54366	−6816	6221
纺织业	1779	5265	1572	1621
纺织服装、服饰业	266	3225	−323	21
皮革、毛皮、羽毛及其制品和制鞋业		1750	−15	2
木材加工和木、竹、藤、棕、草制品业	12761	18344	7461	4864
家具制造业	4285	3621	550	294
造纸和纸制品业	6202	7962	1199	1068
印刷和记录媒介复制业	1786	10062	297	292
文教、工美、体育和娱乐用品制造业	1129	1071	112	13
石油、煤炭及其他燃料加工业	1699	2707	1101	1066
化学原料和化学制品制造业	19995	22927	6969	5144
医药制造业	46300	41854	8096	7268
化学纤维制造业				
橡胶和塑料制品业	5129	8927	3402	3126
非金属矿物制品业	59028	56271	7480	7325
黑色金属冶炼和压延加工业	3213	1803	742	524
有色金属冶炼和压延加工业	10004	21435	31501	30000
金属制品业	7004	15525	2667	1519
通用设备制造业	7579	7162	4283	1329
专用设备制造业	20232	36446	15250	15491
汽车制造业	9301	11360	7178	8405
铁路、船舶、航空航天和其他运输设备制造业	495	1900	62	164
电气机械和器材制造业	12495	17769	4447	3483
计算机、通信和其他电子设备制造业	14769	37855	2916	12722
仪器仪表制造业	211	2998	146	164
其他制造业	1626	1450	−48	
废弃资源综合利用业		1346	771	822
金属制品、机械和设备修理业				
电力、热力生产和供应业	43	17054	8097	8454
燃气生产和供应业	4805	7408	2944	3221
水的生产和供应业	4078	8998	17354	16400

5-6 续表 4

单位：万元

指标名称	营业利润	利润总额	亏损企业亏损额
总计	**654742**	**742300**	**234783**
#亏损企业	-250019	-234783	234783
国有控股企业	79888	89395	91159
按登记注册类型分组			
国有企业	10694	11012	604
#中央企业	10608	10608	
地方企业	86	404	604
集体企业	-940	102	
股份合作企业			
联营企业			
有限责任公司	216066	272802	87253
#国有独资公司	12740	16130	
其他有限责任公司	203326	256672	87253
股份有限公司	23795	24210	53675
私营企业	43525	66331	85190
其他企业			
港、澳、台商投资企业	158200	163593	4650
外商投资企业	203402	204251	3411
按轻重工业分			
轻工业	147319	169939	142498
重工业	507423	572362	92284
按大中小型工业分			
大型企业	174657	181412	75171
中型企业	279922	326516	36354
小型、微型企业	203487	239490	129622

5-6 续表 4.1　　　　单位：万元

指标名称	营业利润	利润总额	亏损企业亏损额
按工业行业大类分	**654742**	**742300**	**234783**
煤炭开采和洗选业			
石油和天然气开采业			
黑色金属矿采选业			
有色金属矿采选业			
非金属矿采选业	-3054	-3591	4129
开采专业及辅助性活动			
其他采矿业			
农副食品加工业	-30353	-20520	85530
食品制造业	13923	15984	5720
酒、饮料和精制茶制造业	86310	87673	48
烟草制品业	73603	72069	
纺织业	-6546	-894	3536
纺织服装、服饰业	19	262	185
皮革、毛皮、羽毛及其制品和制鞋业	-3352	-3215	3215
木材加工和木、竹、藤、棕、草制品业	31202	32936	10173
家具制造业	-1062	-742	1862
造纸和纸制品业	3384	3500	884
印刷和记录媒介复制业	8231	8805	866
文教、工美、体育和娱乐用品制造业	-177	18	1
石油、煤炭及其他燃料加工业	9424	9661	
化学原料和化学制品制造业	39456	41160	2297
医药制造业	-11202	-11133	36862
化学纤维制造业			
橡胶和塑料制品业	14656	15424	1303
非金属矿物制品业	180492	183357	5467
黑色金属冶炼和压延加工业	167	266	137
有色金属冶炼和压延加工业	-38185	-37998	39958
金属制品业	8404	9773	1619
通用设备制造业	1576	2072	284
专用设备制造业	42482	46342	3112
汽车制造业	-995	-182	16355
铁路、船舶、航空航天和其他运输设备制造业	5932	5957	
电气机械和器材制造业	14328	15569	2400
计算机、通信和其他电子设备制造业	147620	158886	7588
仪器仪表制造业	-453	687	397
其他制造业	225	503	569
废弃资源综合利用业	2767	2880	
金属制品、机械和设备修理业			
电力、热力生产和供应业	26083	26164	290
燃气生产和供应业	8051	48505	
水的生产和供应业	31785	32121	

5-7 各县区规模以上工业企业单位数

（2019 年）

单位：个

指标名称	兴宁区	青秀区	江南区	西乡塘区	良庆区	邕宁区
总计	**25**	**27**	**167**	**211**	**60**	**31**
＃亏损企业	1	5	31	65	18	10
国有控股企业	6	10	15	23	5	8
按登记注册类型分组						
国有企业		5		3		
＃中央企业						
地方企业		5		3		
集体企业		2				
有限责任公司	10	9	57	46	17	15
＃国有独资公司	2	3	1	4	2	2
其他有限责任公司	8	6	56	42	15	13
股份有限公司			6	6	1	1
私营企业	14	10	85	131	33	14
港、澳、台商投资企业		1	9	19	7	
外商投资企业	1		10	6	2	1
按轻重工业分						
轻工业	10	17	73	71	26	3
重工业	15	10	94	140	34	28
按大中小型工业分						
大型企业			6	4		1
中型企业	2	1	12	18	4	3
小微型企业	23	26	149	189	56	27

5-7 续表

单位：个

指标名称	武鸣区	隆安县	马山县	上林县	宾阳县	横　县
总计	184	50	19	20	88	115
# 亏损企业	39	11	7	3	13	13
国有控股企业	14	4	2		7	10
按登记注册类型分组						
国有企业	1	1			2	1
# 中央企业						
地方企业	1	1			2	1
集体企业						1
有限责任公司	52	7	5	6	24	21
# 国有独资公司	2	1			2	3
其他有限责任公司	50	6	5	6	22	18
股份有限公司	3		1		2	2
私营企业	114	42	13	14	57	85
港、澳、台商投资企业	4				1	2
外商投资企业	10				2	3
按轻重工业分						
轻工业	73	21	8	6	43	70
重工业	111	29	11	14	45	45
按大中小型工业分						
大型企业	1				1	
中型企业	12	4	2	2	18	42
小微型企业	171	46	17	18	69	73

5-8 各县区规模以上工业企业主要工业产品产量

（2019 年）

产品名称	单位	兴宁区	青秀区	江南区	西乡塘区	良庆区	邕宁区
大米	吨		57673	45862			
精制食用植物油	吨		3562	18136			
饲料	吨	89770		1624659	290733	522374	
#配合饲料	吨	89770		1381851	115589	173165	
混合饲料	吨	15537		18384	83318	295745	
成品糖	吨				99350	48154	
淀粉及淀粉制品	吨						
鲜、冷藏肉	吨	13164			3675		
乳制品	吨	1731			67623	19890	
罐头	吨			43471			
冷冻饮品	吨			13009			
蚕丝	吨						
服装	万件		111			20	
锯材	立方米			75916			
人造板	立方米	183583		717841	648213	70734	
家具	件	333028					
纸浆（原生浆及废纸浆）	吨						
机制纸及纸板（外购原纸加工除外）	吨		12338				
纸制品	吨			456156		7386	
单色印刷品	令	9286	437467		542157		
多色印刷品	对开色令	26671	1351690		3066166		
合成复合肥料（实物量）	吨	15537		17241	32338		
卷烟	万支						
植物类饮片	千克		319005	3263547	910345		
中成药	吨	1416	171	15463	2590	702	
塑料制品	吨			126129	8093	3432	8103
松香	吨						
松节油	吨						
香精	吨		1028				
硅酸盐水泥熟料	吨				3578531		
水泥	吨				4226466		789874
商品混凝土	立方米	3582896	1507326	6779421	4871802	5327800	2719394
水泥混凝土电杆	根					54716	
砖	万块			902			
平板玻璃	重量箱						
钢材	吨			9404		59803	76431
铝材	吨			213175			
钢结构	吨			75153			10169
金属门窗及类似制品	吨	8249		24005	18666		10920
小型拖拉机	台	1119					
起重机	吨						117881
矿山专用设备	吨		53092		1049		
机动车（汽车）零配件	千元			57219	660293		
配电或电器控制设备（11万伏以下）	台（套、面）			89314	32590		
电力电缆	千米			308273	133		
家用电风扇	台				125089		
家用吸排油烟机	台				2559		
电饭锅	个				38142		
卫星导航定位接收机	部						
光电子器件	万只（片）			22066			
电子元件	万只			60809			
表	只						

5-8 续表

产品名称	单位	武鸣区	隆安县	马山县	上林县	宾阳县	横　县
小麦粉	吨						
大米	吨	8134				377165	18191
精制食用植物油	吨	2567					
饲料	吨	442030	594578			385973	435088
# 配合饲料	吨	400792	384946			320997	402389
混合饲料	吨	22409	209632				
成品糖	吨		82321	19179	46345	231235	249082
淀粉及淀粉制品	吨	96919	8895	5915			
鲜、冷藏肉	吨	79196					53077
方便面	吨	2604					
罐头	吨						24058
发酵酒精（折 96 度，商品量）	千升		44243	22241			
饮料	吨	203363					
精制茶	吨	2091					61803
蚕丝	吨	136	115		1103	631	1717
轻革	平方米						428591
人造板	立方米	1823377	702813	44958		616180	1180350
家具	件	165470					
纸浆（原生浆及废纸浆）	吨						218657
机制纸及纸板（外购原纸加工除外）	吨					186537	115899
纸制品	吨	168912					149876
甲醛	吨		198596			49835	
合成氨（无水氨）	吨		16471			37337	
农用氮、磷、钾化学肥料总计（折纯）	吨		8358			21469	
化学农药原药（折有效成分 100%）	吨						
中成药	吨	691					3260
塑料制品	吨	9388					31080
松香	吨	14652	8645		12153		
硅酸盐水泥熟料	吨		1859153	621216		2079891	1417174
水泥	吨	3131637	1981165	358909	11207	1620985	3652838
商品混凝土	立方米	3013360		198089	502684	1332579	838127
水泥混凝土电杆	根	82290				42543	82699
砖	万块	9432					
卫生陶瓷制品	件					3131352	
钢材	吨						449710
铝材	吨						
气动元件	件					59105	
电子元件	万只					322018	
小型拖拉机	台	304					

六 运输邮电

CHAPTER 6 TRANSPORT,POSTAL AND TEL-ECOMMUNICATION

6-1 全市主要年份交通邮电情况

年份	邮电业务总量（万元）	年末电话用户（户）	客运量（万人）	货运量（万吨）
1950	53	174		8
1965	381	4859		215
1978	420	7691		347
1980	487	9195		313
1985	1211	17277	3907	1055
1986	1384	20423	4615	1268
1987	1709	24171	5795	1428
1988	1990	28145	6234	2703
1989	2311	33663	6338	1915
1990	5219	37131	3908	1863
1991	6854	47878	2625	2226
1992	9807	60333	2896	2589
1993	16745	87174	2545	2908
1994	29695	140004	3835	3457
1995	47626	228940	4545	3341
1996	65478	248387	4959	3413
1997	86853	361554	5457	3450
1998	112896	403001	5026	3470
1999	133877	645717	5130	3293
2000	190253	865319	5149	3291
2001	255793	913508	5266	3371
2002	291117	1543341	5343	3442
2003	191649	2678588	7017	5893
2004	248049	3527773	8451	6791
2005	293587	3658498	9131	7236
2006	689043	4040947	9665	7853
2007	1033495	4408556	10532	9237
2008	1289710	4880161	8066	13044
2009	1459981	5498397	8987	15491
2010	1769876	6043808	10153	19171
2011	829763	7917861	11170	24326
2012	945554	8247169	12036	29783
2013	1009173	8526254	8364	30877
2014	1277064	8305419	8697	33146
2015	1579550	8213790	9185	36282
2016	2415421	8478748	8898	32429
2017	2062507	10096927	9245	35142
2018	4547164	13594994	9473	38382
2019	7813409	13721305	9520	41324

注：1. 邮电业务总量 1950 年为 1952 年不变价，1965 年为 1957 年不变价，1978 年 –1980 年为 1970 年不变价，1985 年 –1989 年为 1980 年不变价，1990 年 –2002 年为 1990 年不变价，2003 年 –2010 年为 2000 年不变价，2011 年以后为 2010 年不变价。2003 年以后为行政区划调整后的数据，其余年份为原南宁口径。2. 年末电话用户数来自中国移动广西有限公司南宁分公司、中国联合网络通信有限公司南宁分公司、铁通公司南宁分公司、中国电信股份有限公司南宁分公司。

6-2 全市民用车辆拥有量

（2019 年）

单位：辆

指标名称	总 计	#个 人
合计	**2525986**	**2298830**
汽车	**1761627**	**1544993**
#载客汽车	1588804	1475030
#大型	9021	109
中型	2857	682
小型	1568321	1465819
微型	8605	8420
#载货汽车	159932	65209
#重型	44108	4439
中型	9305	2545
轻型	106428	58163
微型	91	62
其他汽车	12891	4754
#三轮汽车	3	3
低速汽车	1195	937
摩托车	**659854**	**656287**
#普通	632658	629127
轻便	27196	27160
拖拉机	**96522**	**96522**
挂车	**7980**	**1028**
其他类型车	**3**	

6-3 全市民用运输船舶拥有量

（2019 年）

指标名称	单 位	总 计	#私 人
机动船	艘	1057	126
载客量	客位	439	
净载重量	吨位	1512786	116068
总功率	千瓦	363192	25060
客船	艘	3	
载客量	客位	439	
货船	艘	1054	126
净载重量	吨位	1512786	116068

注：数据由南宁市交通运输局提供。

6-4 全市全社会客货运输量

（2019 年）

指标名称	客运量（万人）	旅客周转量（万人公里）	货运量（万吨）	货物周转量（万吨公里）
合计	**9520**	**893704**	**41324**	**9422592**
公路运输合计	4972	893572	36880	6576717
水上运输合计	9	132	4221	2845875
铁路发送运输合计	3732		211	
民航运输合计	808		12	

七 固定资产投资

CHAPTER 7 INVESTMENT IN FIXED ASSETS

7-1 全市主要年份固定资产投资情况

单位：万元

年份	全社会固定资产投资额	固定（城镇固定）资产投资额	新增固定资产
1950	312	312	
1965	5578	4577	3476
1978	17731	16886	6772
1980	16704	16078	12713
1985	44590	38447	25868
1986	59292	47569	37857
1987	67975	59092	52193
1988	91450	82364	64369
1989	73920	66787	64217
1990	75907	60046	61328
1991	84364	70739	75259
1992	113593	96412	59784
1993	236508	219395	123995
1994	339036	310598	191587
1995	563515	432100	247895
1996	643874	525891	330844
1997	747843	613987	379500
1998	823561	689875	533250
1999	880793	759931	480493
2000	1131659	878145	776010
2001	1214061	974531	836988
2002	1455615	1223609	807002
2003	1903567	1699199	1367881
2004	2627634	2401050	1776841
2005	3628975	3462384	2382248
2006	4472211	4077515	2410404
2007	5602200	5179195	2967701
2008	6934353	6500237	2786431
2009	10439120	9772424	5410422
2010	14830158	13893035	6761138
2011	20189453	19661255	9556262
2012	25851818	25176100	17714243
2013	24750080	24326855	15048368
2014	29338739	28866773	17754500
2015	34184261	33668913	20128960
2016		38247267	18708978
2017		43079465	25142928

注：1、2000 年以后为行政区划调整后的数据，其余年份为原南宁口径。

2、2011 年起以“固定资产投资”口径取代原“城镇固定资产投资”口径。

3、2013 年起，固定资产投资起报点从计划总投资 50 万起报调整为计划总投资 500 万元起报。

4、2016 年起，取消全社会固定资产投资统计。

5、2018 年起，固定资产投资统计方法改变，统计口径发生变化，根据国家要求不公布总量数据，只公布增速，不可用 2017 年总量和 2018 年增速推算 2018 年总量；取消新增固定资产投资口径。

7-2 全市固定资产投资

（2019 年） 增速（%）

指标名称	固定资产投资增速	国有控股	集体控股	私人控股	港澳台商控股	外商控股	其 他
合计	**9.9**	**−1.1**	**3.4**	**48.0**	**−28.3**	**−38.0**	**−34.8**
按隶属关系分							
中央	26.6	30.7			1.4		11.4
地方	8.1	−2.4	3.4	48.0	−28.5	−39.1	−37.0
按三次产业分							
第一产业	30.8	58.9	324.6	15.6			33.4
第二产业	−2.4	−11.7	32.2	0.6	26.5	39.6	8.4
#工业	4.1	2.6	48.3	1.5	26.5	39.6	11.1
第三产业	9.7	−0.2	−4.0	58.6	−33.2	−42.6	−40.9
批发和零售业	−21.2	−91.5		164.1	−82.6		61.2
交通运输、仓储和邮政业	−10.2	13.3	517.5	36.1	−93.5		−89.5
住宿和餐饮业	−9.9	66.8	−100.0	−48.1			60.9
信息传输、软件和信息技术服务业	75.6	66.9		−20.2			563.6
金融业	29.4	64.1	−30.2				
房地产业	26.8	7.6	−10.9	62.1	−31.1	−44.5	−20.7
租赁和商务服务业	−35.1	−61.2	2551.7	148.5			263.0
科学研究和技术服务业	−19.3	−23.5		44.3			−90.8
水利、环境和公共设施管理业	−21.5	−16.8	−9.2	−13.6		32.4	−59.1
居民服务、修理和其他服务业	−53.3	−81.4		277.3			
教育	14.3	11.2	−89.7	28.9	−96.3		483.9
卫生和社会工作	23.1	5.4	−98.1	143.9			109.6
文化、体育和娱乐业	−51.9	23.9		−48.5	−100.0		−81.5
公共管理、社会保障和社会组织	60.6	48.1	517.8				568.8

7-3 全市按行业、注册类型、隶属关系和建设性质分固定资产投资

（2019 年）

增速（%）

指标名称	固定资产投资增速	指标名称	固定资产投资增速
本年完成投资	**9.9**	电力、煤气及水的生产和供应业	20.7
投资额按登记注册类型分		建筑业	-90.4
内资	**9.0**	第三产业	9.7
国有	-13.3	批发和零售业	-21.2
集体	8.8	交通运输、仓储和邮政业	-10.2
股份合作	-33.1	住宿和餐饮业	-9.9
联营	38.7	信息传输、软件和信息技术服务业	75.6
有限责任公司	18.5	金融业	29.4
股份有限公司	-10.6	房地产业	-35.1
私营	6.9	租赁和商务服务业	-19.3
其他	52.4	科学研究和技术服务业	-21.5
港澳台商投资	**73.5**	水利、环境和公共设施管理业	-53.3
合资经营	322.7	居民服务、修理和其他服务业	14.3
合作经营		教育	23.1
独资	46.1	卫生和社会工作	-51.9
股份有限	-85.1	文化、体育和娱乐业	60.6
其他	-100.0	公共管理、社会保障和社会组织	26.8
外商投资	**-39.9**	**投资额按隶属关系分**	
合资经营	2.5	中央	26.6
合作经营	32.4	其他	39.4
独资	-34.3	**投资额按建设性质分（不含房开）**	
股份有限	-80.8	新建	-5.3
其他	-98.9	扩建	-27.7
个体经营	**383.8**	改建和技术改造	-21.1
个人经营	274.6	单纯建造生活设施	-11.5
个人合伙		迁建	-0.1
按国民经济行业分		恢复	7531.3
农、林、牧、渔业	30.8	单纯购置	2.8
采矿业	16.1		
制造业	-1.4		
# 制糖业	-7.4		

7-4 全市固定资产投资完成情况

（2019 年） 增速（%）

指标名称	合计	国有控股	集体控股	私人控股	港澳台商控股	外商控股	其他
本年完成投资	9.9	**-1.1**	**3.4**	**48.0**	**-28.3**	**-38.0**	**-34.8**
#住宅（不含 500-5000 万元项目）	32.3	16.9	-13.6	70.2	-10.5	-43.6	-36.9
投资额按构成分							
建筑安装工程	-7.4	-8.1	-0.1	14.0	-32.2	-21.7	-39.9
设备工器具购置	2.4	-7.9	-17.2	31.9	8.8	36.1	-24.8
其他费用	53.3	28.0	63.8	112.0	-6.0	-67.5	-24.5
#土地购置费	55.7	10.2	158.6	118.3	-47.1	-72.4	-13.8
本年施工房屋面积	14.8	24.3	-36.6	16.0	-29.6	57.0	12.3
#住宅	17.9	35.2	4.1	21.0	-41.1	52.4	9.6
本年竣工房屋面积	-8.9	-6.8	-100.0	34.7	-93.1	113.2	-76.9
#住宅	-20.5	4.4		3.2	-98.0	60.0	-80.0
本年竣工房屋价值	-19.0	-14.1	2566.7	43.3	-77.1	-11.7	-87.6
#住宅	-18.7	-6.5		42.3	-76.8	-12.2	-87.9
施工项目个数	26.0	25.1	0.0	27.8	3.6	44.4	31.7
#本年新开工	17.6	11.5	66.7	24.7	9.1	66.7	16.2
本年投产项目个数	65.0	54.1	15.2	70.4	25.0	400.0	109.6

注：施工、投产项目个数不含房地产开发项目。

7-5 房地产开发投资

单位：万元

指标名称	全市		市区	
	2019年	2018年	2019年	2018年
本年完成投资	**14610763**	**11063588**	**10156745**	**13161686**
投资额按登记注册类型分				
内资企业	**13674098**	**9995340**	**9099473**	**12234344**
国有企业	43667	4281	4281	43667
其他联营企业				
国有独资公司	702884	362733	347146	687822
其他有限责任公司	9148182	6510854	6185181	8510798
股份有限公司	125552	217836	217836	125552
私营企业	3653813	2899636	2345029	2866505
港澳台投资	**540576**	**420581**	**420581**	**533132**
合资经营	160290	31376	31376	152846
合作经营				
独资	380286	389205	389205	380286
外商投资	**362407**	**550561**	**550561**	**362407**
合资经营	44005	70841	70841	44005
合作经营				
外资企业	318402	479720	479720	318402
投资额按隶属关系分				
中央	657918	440973	440973	657918
地方	1684324	1292640	1256626	1623518
其他	12234839	9232869	8373016	10848447

7-6 房地产开发投资完成情况

指标名称	单位	全市		市区	
		2019 年	2018 年	2019 年	2018 年
本年完成投资	**万元**	**14610763**	**11063588**	**13161686**	**10156745**
投资额按构成分					
建筑工程	万元	6315336	5570241	5396921	4947233
安装工程	万元	746445	934387	705093	881107
设备工器具购置	万元	97758	124189	90550	114091
其他费用	万元	7451224	4438659	6969122	4218202
#土地购置费	万元	6718919	3970382	6298661	3790074
投资额按工程用途分					
住宅	万元	10340639	7720401	9161769	6972179
办公楼	万元	827820	629547	824174	617902
商业营业用房	万元	1154100	984063	1059636	897586
其他	万元	2288197	1729577	2116100	1669078
本年新增固定资产	万元	2753402	3875935	2044964	3325671
本年购置土地面积	平方米	2898219	1213565	2303772	688380
上年末结余资金	万元	8041416	6336030	7500685	5895442
本年实际到位资金	万元	20077347	16698094	18227882	15560820
国内贷款	万元	3628594	2565600	3341518	2419931
利用外资	万元	50			
自筹资金	万元	4028501	4037986	3676567	3757512
其他资金来源	万元	991611	1004105	949417	973568
本年各项应付款合计	万元	6260500	5198396	5790966	4928881
竣工房屋住宅套数合计	套	40244	64992	24297	50674
施工房屋面积	平方米	97040451	81298072	83156814	70151278
#住宅	平方米	63106904	52906661	51805650	43968486
本年新开工房屋面积	平方米	21561914	17097391	17874017	13734964
#住宅	平方米	15324387	12007647	12197519	9294419
竣工房屋面积	平方米	7107733	7922120	4379739	6150999
#住宅	平方米	4669001	5842290	2503026	4324235
竣工房屋价值	万元	2136048	2638580	1498183	2240711
#住宅	万元	1311691	1993380	803278	1657707
商品房销售面积	平方米	18052331	17451911	14664760	13997745
#住宅	平方米	15503301	14382453	12258890	11198289
商品房待售面积	平方米	2513776	2485117	1725929	1684047
#住宅	平方米	1203068	1194761	747134	657015
办公楼	平方米	43420	41794	43420	40944
商业营业用房	平方米	479595	588306	297858	398335
其他	平方米	787693	660256	637517	587753
商品房销售额	万元	15174870	13581375	13419503	12037903
#住宅	万元	13292268	11070556	11608355	9666824

7-7 房地产开发经营情况

单位：千元

指标名称	全市		市区	
	2019 年	2018 年	2019 年	2018 年
资产总计	717106801	580294319	603464911	487397690
固定资产累计折旧	2069648	1916426	1557328	1421991
#本年折旧	374843	445032	293129	288217
负债总计	606968332	489717314	511163156	411992571
所有者权益合计	110138469	90587925	92301755	75405120
#实收资本合计	52753494	47092207	42160031	36956659
土地转让收入	581264	131925	4203	130925
商品房屋销售收入	90335248	80384277	73345199	70875904
房屋出租收入	1368492	824356	1253167	750868
其他收入	1533557	1459262	1198621	1289086
主营业务成本	67062728	57483642	51992443	49533948
税金及附加	4056338	4306165	3603192	4023023
其他业务利润	414043	648291	304985	627594
销售费用	4580022	3902873	3912726	3249540
管理费用及财务费用	5342839	4179063	4728685	3623917
投资收益及营业外收入	1964957	2149394	1282468	1736546
营业外支出	771825	1651621	719470	1601035
利润总额	14053282	13078556	12726689	12609750

7–8 全市总承包和专业承包建筑业企业生产情况

（2019 年）

指标名称	企业个数（个）	#有工作量的企业个数	建筑业总产值（万元）				
			合计	建筑工程	#装修装饰	安装工程	其他
总计	**449**	**434**	**19389555**	**16845171**	**429453**	**1433300**	**1111084**
#二级以上企业	273	267	17946203	15986367	401808	1047356	912480
国有及国有控股	56	55	12701368	11489355	156356	484789	727224
按登记注册类型分组							
国有企业	13	13	72357	66669	1332		5688
集体企业	11	10	150740	143461	3052	1782	5497
有限责任公司	97	93	14844696	13133082	190630	922737	788877
股份有限公司	2	2	51985	51848		138	
私营企业	326	316	4269776	3450111	234440	508644	311022
按国民经济行业分组							
房屋建筑业	222	216	10018136	9143740	301565	602857	271539
土木工程建筑	120	119	8261972	7102155	25059	406957	752860
建筑安装业	58	54	804374	318988	969	416908	68478
建筑装饰和其他建筑业	49	45	305073	280288	101860	6578	18207
按企业资质等级分组							
施工总承包	325	317	18246921	16098664	338698	1151633	996624
特级	7	7	7483450	7090717	93859	42533	350199
一级	67	67	7282899	6345887	100722	578131	358881
二级	112	110	2224205	1910879	117467	223260	90067
三级及以下	139	133	1256368	751181	26652	307709	197478
专业承包	124	117	1142634	746508	90754	281667	114460
一级	42	41	625484	461467	56721	106317	57700
二级	45	42	330166	177417	33040	97115	55634
三级及以下	37	34	186984	107624	993	78235	1126
按地区分							
兴宁区	37	35	4092121	4061433	42864	19850	10838
青秀区	211	205	4909908	3972232	153203	470015	467661
江南区	38	35	1409968	1262507	11451	104408	43054
西乡塘区	49	48	4131015	3401232	82563	390257	339526
良庆区	23	22	872604	616118	64766	210785	45701
邕宁区	6	6	720041	588643		115505	15893
武鸣区	7	7	655707	652800	7389	2121	787
隆安县	4	4	30029	30029	400		
马山县	6	5	54359	51463		2896	
上林县	7	7	32894	18947	847	13947	
宾阳县	8	8	185645	176469	12848	4467	4710
横　县	14	14	310612	275298	23734	22822	12492
高新区	13	13	1413990	1232019	1079	23500	158471
经开区	22	21	523981	461007	28310	51022	11952
东盟区	4	4	46680	44973		1707	

7–8 续表

指标名称	竣工产值（万元）	房屋施工面积（万平方米）	#本年新开工面积	房屋建筑竣工面积（万平方米）	从事建筑业活动的平均人数（万人）	建筑业企业年末人数（万人）
总计	**8389184**	**8582**	**2217**	**2167**	**43**	**41**
#二级以上企业	7815880	8346	2057	2044	38	37
国有及国有控股	5345404	5896	952	1173	21	23
按登记注册类型分组						
国有企业	33699	2	1	1		
集体企业	85786	105	78	56		1
有限责任公司	6035719	6596	1378	1302	28	29
股份有限公司						
私营企业	2233980	1880	759	808	14	11
按国民经济行业分组						
房屋建筑业	4667745	7698	2054	1954	28	27
土木工程建筑	3186041	778	147	158	12	12
建筑安装业	417542	89	6	53	2	1
建筑装饰和其他建筑业	117857	18	11	1	1	1
按企业资质等级分组						
施工总承包	8034681	8502	2186	2136	39	38
特级	4237345	5560	803	1102	14	14
一级	2456293	2123	946	637	16	15
二级	820752	584	277	275	5	6
三级及以下	520290	236	160	122	4	4
专业承包	354503	80	31	30	4	3
一级	173621	59	20	29	2	2
二级	127868	21	11		1	1
三级及以下	53014			1		
按地区分						
兴宁区	2142165	852	150	151	7	7
青秀区	2431560	2742	508	844	15	11
江南区	316161	19	6	25	1	1
西乡塘区	2088001	3424	700	667	8	9
良庆区	86697	67	20	17	2	3
邕宁区	316094	651	407	53	4	4
武鸣区	124348	107	47	101	1	1
隆安县	29536	21	13	17		
马山县	39098	10	10	25		
上林县	15022	23	15	8		
宾阳县	121713	115	91	65	1	
横　县	197359	188	157	140	1	2
高新区	412158	271	71	52	1	2
经开区	61331	49	1	…	1	1
东盟区	7940	43	21	3		

7-9 全市总承包和专业承包建筑业企业财务状况

（2019 年）

单位：万元

指标名称	年初存货	年末资产负债		
		流动资产合 计	#应收工程款	#存 货
总计	**1781645**	**12416660**	**2786845**	**1776074**
#二级以上企业	1666437	11333030	2474612	1686659
国有及国有控股	1220315	8312060	1664294	1238576
按登记注册类型分组				
国有企业	16447	286809	60321	18862
集体企业	4786	35361	7798	3914
有限责任公司	1425059	9166853	1844145	1433929
股份有限公司	2424	9184	2909	–936
私营企业	332929	2918454	871672	320305
按国民经济行业分组				
房屋建筑业	746508	4893365	1104022	742649
土木工程建筑	835976	6519104	1365898	791680
建筑安装业	174351	762595	245490	202546
建筑装饰和其他建筑业	24810	241596	71435	39199
按企业资质等级分组				
施工总承包	1664495	11549141	2480619	1644284
特级	582724	3252991	543988	512682
一级	773632	5594046	1179884	814546
二级	204680	1763601	487737	241021
三级及以下	103459	938504	269011	76034
专业承包	117150	867519	306226	131790
一级	82219	463169	163277	77077
二级	23182	259223	99727	41332
三级及以下	11749	145127	43222	13381
按地区分				
兴宁区	307869	2291774	459217	264818
青秀区	497996	4537954	1101757	463639
江南区	172603	870160	253352	185728
西乡塘区	434242	2115751	332955	502655
良庆区	57891	432082	192733	52236
邕宁区	21407	104803	24101	20694
武鸣区	15194	227384	84899	15534
隆安县	1391	16087	12559	1559
马山县	20615	37700	7264	5124
上林县	905	14589	5164	1583
宾阳县	2009	23889	4933	2274
横　县	9565	61213	15397	14522
高新区	143220	1171811	182570	140376
经开区	82400	456533	106986	79635
东盟区	14339	54933	2959	25697

7-9 续表 1 单位：万元

指标名称	年末资产负债			
	固定资产减值准备	固定资产原价	累计折旧	# 本年折旧
总计	**4183**	**1221678**	**624624**	**76014**
# 二级以上企业	3000	1120569	577739	65990
国有及国有控股		773818	429978	42245
按登记注册类型分组				
国有企业		197800	148261	2881
集体企业	1184	14913	5104	398
有限责任公司	16	699750	342092	45694
股份有限公司		194	188	15
私营企业	2984	309022	128979	27027
按国民经济行业分组				
房屋建筑业	2156	390949	157592	22965
土木工程建筑	16	718646	420922	45257
建筑安装业	2010	80474	31365	5324
建筑装饰和其他建筑业	2	31610	14746	2469
按企业资质等级分组				
施工总承包	2172	1108676	558372	66508
特级		165009	72869	11482
一级		704887	394487	35483
二级	988	148875	51591	10272
三级及以下	1184	89906	39425	9271
专业承包	2012	113002	66252	9506
一级	2010	61634	33498	4230
二级	2	40163	25294	4523
三级及以下		11204	7460	753
按地区分				
兴宁区		223064	107072	16058
青秀区	2982	414678	242585	18591
江南区	2	102207	55175	5034
西乡塘区	16	171745	53833	9591
良庆区		33043	16372	3485
邕宁区		32141	14885	2745
武鸣区		26802	8698	1980
隆安县		4262	2818	76
马山县		5071	3711	1327
上林县		1416	441	139
宾阳县	1184	4163	1330	116
横　县		18497	6598	612
高新区		81328	45587	7061
经开区		94604	64907	8899
东盟区		8659	611	299

7-9 续表 2

单位：万元

指标名称	年末资产负债				
	资产合计	负债合计	# 流动负债	所有者权益合计	实收资本合计
总计	**16369082**	**11510225**	**9895910**	**4858857**	**3160296**
# 二级以上企业	15113390	10728551	9176227	4384839	2805427
国有及国有控股	11470681	8350888	7303892	3119793	1771158
按登记注册类型分组					
国有企业	360441	301034	239730	59407	59658
集体企业	46351	24775	19522	21577	14296
有限责任公司	12465549	8951796	7811314	3513753	2016683
股份有限公司	9353	7222	945	2131	2000
私营企业	3487388	2225398	1824400	1261990	1067659
按国民经济行业分组					
房屋建筑业	5690288	4062605	3435841	1627684	1202030
土木工程建筑	9518025	6595944	5642718	2922081	1757734
建筑安装业	883140	652696	622419	230443	140386
建筑装饰和其他建筑业	277629	198980	194933	78649	60146
按企业资质等级分组					
施工总承包	15373650	10816106	9220266	4557544	2953917
特级	4132859	2802121	2427594	1330738	646043
一级	8051089	5981840	4988020	2069249	1496504
二级	2091646	1359567	1187910	732079	494241
三级及以下	1098056	672577	616742	425479	317129
专业承包	995433	694119	675644	301313	206379
一级	531340	377319	370396	154020	93692
二级	306456	207703	202307	98753	74948
三级及以下	157637	109097	102941	48540	37739
按地区分					
兴宁区	3205391	2251078	1870715	954314	448002
青秀区	6632789	4478995	3660426	2153795	1528477
江南区	1070092	924859	856544	145232	108446
西乡塘区	2393932	1655612	1518290	738320	503121
良庆区	498032	359085	358015	138946	101557
邕宁区	180236	114750	36196	65486	44722
武鸣区	270432	225846	218282	44586	30233
隆安县	17865	12363	12363	5502	4724
马山县	39641	13679	13236	25962	14952
上林县	44902	30979	7945	13923	9709
宾阳县	28363	10228	7717	18135	13283
横　县	76809	39808	36919	37001	28303
高新区	1246151	891551	814563	354600	211890
经开区	598258	447752	431607	150506	103078
东盟区	66189	53641	53093	12548	9800

单位：万元

指标名称	损益及分配				
	营业收入	主营业务收入	主营业务成本	主营业务税金及附加	应交增值税
总计	**17478932**	**17322352**	**16007576**	**95123**	**340782**
#二级以上企业	16073143	15952227	14773944	82958	316148
国有及国有控股	11836404	11784661	10936969	36020	223820
按登记注册类型分组					
国有企业	101949	91280	82006	515	1977
集体企业	116885	116632	101946	5096	1151
有限责任公司	13475650	13395288	12442615	59674	256945
股份有限公司	3520	305	163	1	
私营企业	3780929	3718846	3380847	29838	80710
按国民经济行业分组					
房屋建筑业	7921747	7863172	7345460	57790	147822
土木工程建筑	8296875	8223546	7530074	30845	167527
建筑安装业	905922	902696	827651	4686	14103
建筑装饰和其他建筑业	354388	332938	304392	1802	11331
按企业资质等级分组					
施工总承包	16209014	16070032	14854890	89324	311351
特级	6704238	6688104	6223542	23704	167903
一级	6323192	6290142	5783645	44072	87482
二级	1977870	1923269	1794584	11348	34938
三级及以下	1203715	1168516	1053119	10200	21028
专业承包	1269918	1252320	1152686	5799	29431
一级	679314	674743	628670	2750	19208
二级	388529	375968	343503	1084	6617
三级及以下	202075	201609	180513	1965	3606
按地区分					
兴宁区	3547084	3520186	3224446	13040	93359
青秀区	5288656	5220218	4849869	20402	92510
江南区	1219566	1210701	1125757	3836	14422
西乡塘区	3417658	3390112	3133095	20451	73934
良庆区	589367	589226	553874	1732	11032
邕宁区	710355	708749	682175	11085	10475
武鸣区	473516	473007	435182	10414	11280
隆安县	29959	29888	26870	207	740
马山县	33866	33843	29120	1808	1954
上林县	23243	23223	21263	86	1056
宾阳县	137259	137244	117826	5362	1776
横　县	84186	83753	76992	1108	2642
高新区	1359415	1352888	1221138	3600	17851
经开区	508094	492605	458787	1835	7149
东盟区	56709	56709	51182	158	602

7-9 续表 4

单位：万元

指标名称	损益及分配				
	其他业务利润	销售费用	管理费用	财务费用	# 利息支出
总计	**22810**	**24142**	**531992**	**180457**	**162278**
# 二级以上企业	22212	16180	456397	174620	159880
国有及国有控股	17069	10172	306325	144443	137935
按登记注册类型分组					
国有企业	20	427	65110	–1396	23
集体企业	73	2461	5191	422	30
有限责任公司	21048	11802	288491	151258	141507
股份有限公司		39	1785	47	
私营企业	1670	9412	171415	30126	20718
按国民经济行业分组					
房屋建筑业	7578	11244	190510	60373	49057
土木工程建筑	13647	9454	281985	106147	102904
建筑安装业	1618	2724	40977	13230	9766
建筑装饰和其他建筑业	–33	720	18521	708	551
按企业资质等级分组					
施工总承包	21868	20837	461957	174219	156374
特级	8424	418	114991	35530	29049
一级	9660	10933	228421	119163	110516
二级	3430	2480	56947	14267	14815
三级及以下	355	7007	61599	5259	1994
专业承包	943	3305	70036	6238	5904
一级	694	649	30287	5202	5219
二级	5	1700	25753	458	282
三级及以下	244	956	13996	578	403
按地区分					
兴宁区	13217	692	72022	20668	12803
青秀区	1813	11278	213323	100198	95641
江南区	2663	497	56752	5475	6604
西乡塘区	2656	5015	95960	31160	29027
良庆区		419	21660	3834	4469
邕宁区	16	833	8895	353	345
武鸣区	329	0.1	3927	34	438
隆安县	70	258	1568	83	83
马山县	0.2		2428	25	13
上林县	20	89	1402	21	–2
宾阳县		3668	6088	421	5
横　县		217	3143	133	134
高新区	493	791	24852	8510	4840
经开区	1535	385	16876	8668	7861
东盟区			3097	878	18

7-9 续表 5

单位：万元

指标名称	损益及分配			应付职工薪酬	境外营业收入
	营业利润	利润总额	应交所得税		
总计	**419758**	**425720**	**127576**	**2190695**	**199429**
# 二级以上企业	378778	385116	80567	2082557	198827
国有及国有控股	334387	336604	51021	1705081	193463
按登记注册类型分组					
国有企业	1706	1889	560	61139	
集体企业	1688	1778	374	15987	
有限责任公司	375145	382170	62992	1867668	195029
股份有限公司	−5738	−5706		1548	
私营企业	46956	45589	63650	244353	4400
按国民经济行业分组					
房屋建筑业	70845	73148	69970	1361841	1874
土木工程建筑	322514	326825	51954	663136	62195
建筑安装业	17509	16374	3597	143185	135361
建筑装饰和其他建筑业	8890	9372	2055	22533	
按企业资质等级分组					
施工总承包	400662	406079	123307	2057088	198052
特级	212200	212557	28656	1278471	1825
一级	114935	118128	30988	572412	192411
二级	37039	39318	17363	112150	3214
三级及以下	36489	36075	46301	94056	602
专业承包	19096	19641	4270	133607	1378
一级	10487	8470	2376	92440	563
二级	4119	6643	1185	27085	814
三级及以下	4491	4529	708	14082	
按地区分					
兴宁区	162283	167807	20151	235386	50650
青秀区	65281	61888	60961	685759	5152
江南区	22488	23247	8474	61236	8978
西乡塘区	65854	63950	15749	748101	134546
良庆区	7107	8808	1225	97529	
邕宁区	6000	5846	1472	169989	
武鸣区	13649	13986	4968	23371	
隆安县	761	746	555	2947	
马山县	1699	1766	607	2253	
上林县	280	591	109	3424	
宾阳县	3893	3882	518	19707	
横　县	2550	2523	1001	25101	
高新区	61153	63767	10266	77698	104
经开区	6368	6455	1443	37505	
东盟区	394	459	80	690	

7-10 市区固定资产投资

（2019 年）　　　　增速（%）

指标名称	固定资产投资增速	国有控股	集体控股	私人控股	港澳台商控股	外商控股	其他
合计	**7.1**	**-5.3**	**-6.6**	**50.6**	**-28.5**	**-40.0**	**-31.0**
按隶属关系分							
中央	31.3	38.0					11.4
地方	6.4	-7.0	-6.6	50.6	-28.5	-41.1	-33.4
按三次产业分							
第一产业	-3.6	75.5	-25.1	-12.0			-6.3
第二产业	-10.7	-20.8	-74.0	-13.4	36.5	39.6	28.2
# 工业	-5.2	-9.7	-74.0	-13.2	36.5	39.6	29.2
第三产业	9.0	-3.7	-5.2	60.2	-33.2	-42.6	-35.9
批发和零售业	-54.0	-95.3		48.5	-82.6		68.3
交通运输、仓储和邮政业	-15.0	-2.8	517.5	73.9	-93.5		-84.3
住宿和餐饮业	-9.3	-25.1	-100.0	-55.6			223.1
信息传输、软件和信息技术服务业	83.7	76.1		-46.5			563.6
金融业	29.4	64.1	-30.2				
房地产业	26.1	9.5	-10.9	63.0	-31.1	-44.5	-20.7
租赁和商务服务业	-40.5	-61.3	2354.1	95.4			479.4
科学研究和技术服务业	-16.8	-16.0		52.9			-90.8
水利、环境和公共设施管理业	-24.1	-17.7	-39.5	-21.5		32.4	-66.4
居民服务、修理和其他服务业	-22.0	-69.6		174.7			
教育	25.4	22.7	-89.7	19.2	-96.3		427.6
卫生和社会工作	17.8	-3.3		110.0			109.6
文化、体育和娱乐业	-64.0	17.3		-12.3	-100.0		-81.4
公共管理、社会保障和社会组织	40.4	20.9	517.8	-100.0			750.4

7-11 市区按行业、注册类型、隶属关系和建设性质分固定资产投资

（2019 年）　　增速（%）

指标名称	固定资产投资增速	指标名称	固定资产投资增速
本年完成投资	**7.1**	电力、煤气及水的生产和供应业	9.5
投资额按登记注册类型分		建筑业	-93.3
内资	**7.7**	第三产业	9.0
国有	-20.4	批发和零售业	-54.0
集体	-0.2	交通运输、仓储和邮政业	-15.0
股份合作	-54.6	住宿和餐饮业	-9.3
联营		信息传输、软件和信息技术服务业	83.7
有限责任公司	20.8	金融业	29.4
股份有限公司	-13.1	房地产业	-40.5
私营	-0.9	租赁和商务服务业	-16.8
其他	34.1	科学研究和技术服务业	-24.1
港澳台商投资	**75.2**	水利、环境和公共设施管理业	-22.0
合资经营	309.8	居民服务、修理和其他服务业	25.4
合作经营		教育	17.8
独资	49.4	卫生和社会工作	-64.0
股份有限	-85.1	文化、体育和娱乐业	40.4
其他	-100.0	公共管理、社会保障和社会组织	26.1
外商投资	**-43.0**	**投资额按隶属关系分**	
合资经营	-4.3	中央	31.3
合作经营	32.4	其他	38.0
独资	-37.5	**投资额按建设性质分（不含房开）**	
股份有限	-70.4	新建	-8.8
其他	-98.9	扩建	-46.9
个体经营	**281.9**	改建和技术改造	-25.8
个人经营	80.6	单纯建造生活设施	-8.6
个人合伙		迁建	0.7
按国民经济行业分		恢复	
农、林、牧、渔业	-3.6	单纯购置	-11.4
采矿业	-13.2		
制造业	-9.6		
#制糖业	-93.9		

7-12 各县固定资产投资完成情况

（2019 年）

增速（%）

指标名称	隆安县	马山县	上林县	宾阳县	横 县
固定资产投资	**16.7**	**23.7**	**56.3**	**16.1**	**10.3**
#住宅（不含 500-5000 万元项目）	43.6	45.0	10.2	77.5	5.3
按构成分					
建筑安装工程	-1.7	14.9	43.1	-0.6	2.6
设备工器具购置	61.1	113.6	-34.8	70.1	52.5
其他费用	103.8	42.1	151.0	116.4	28.6
#土地购置费	135.1	-18.5	68.2	121.4	12.4
本年施工房屋面积	-13.1	56.4	-4.3	37.8	-3.6
#住宅	-20.6	77.9	3.9	57.7	11.1
本年竣工房屋面积	46.7	80.2	-5.9	34.1	28.5
#住宅	25.6	339.5	-5.6	57.6	14.2
本年竣工房屋价值	8.3	21.4	5.9	124.6	77.9
#住宅	7.3		6.2	194.6	156.8
施工项目个数	43.4	27.1	42.9	74.9	28.7
#本年新开工	20.0	-45.3	-27.5	-85.2	-48.4
本年投产项目个数	50.0	14.5	115.4	154.3	63.8

注：施工、投产项目个数不含房地产开发项目。

7-13 各县按行业、注册类型、隶属关系和建设性质分固定资产投资

（2019 年） 增速（%）

指标名称	隆安县	马山县	上林县	宾阳县	横县
本年完成投资	**16.7**	**23.7**	**56.3**	**16.1**	**10.3**
投资额按登记注册类型分					
内资	**11.8**	**23.7**	**57.7**	**15.1**	**8.5**
国有	141.8	59.3	227.6	-33.4	-7.4
集体					17.6
股份合作					
联营					-13.3
有限责任公司	-25.6	17.5	-14.5	-16.7	54.1
股份有限公司	67.6		-31.3	438.4	-13.1
私营	-7.0	-29.2	34.6	126.2	5.4
其他		40.2	-100.0	199.0	16.8
港澳台商投资	**-13.3**		**-99.9**		**103.6**
合资经营					
合作经营					
独资	-13.3		-99.9		-9.1
股份有限					
其他					
外商投资				**-10.0**	**99.0**
合资经营					99.0
合作经营					
独资					
股份有限				-100.0	
其他					
个体经营					**157.0**
个人经营					157.0
个人合伙					
按国民经济行业分					
农、林、牧、渔业	168.3	-29.8	-20.0	113.0	1.6
采矿业	43.6	-70.1	-0.4	99.7	7.0
制造业	2.1	78.4	-45.1	30.7	17.8

7-13 续表

增速（%）

指标名称	隆安县	马山县	上林县	宾阳县	横　县
#制糖业		-100.0		138.8	50.1
电力、煤气及水的生产和供应业	51.4	143.1	-17.5	-14.0	330.6
建筑业	-100.0	-100.0	-100.0	-65.4	-100.0
第三产业	12.1	28.1	75.9	6.9	2.5
批发和零售业				1252.8	282.7
交通运输、仓储和邮政业	40.8	106.5	731.0	-34.0	-14.8
住宿和餐饮业	-96.9	-48.3		60.0	-73.1
信息传输、软件和信息技术服务业				-100.0	-24.1
金融业					
房地产业			-100.0	719.7	-91.9
租赁和商务服务业		-100.0		-69.8	30.7
科学研究和技术服务业	-74.8	364.9	-0.9	-9.8	23.5
水利、环境和公共设施管理业		-82.8			-93.7
居民服务、修理和其他服务业	139.7	0.1	152.4	-63.0	-47.7
教育	152.2	305.5	50.9	70.9	18.7
卫生和社会工作		-76.4	4400.0	-8.4	-24.6
文化、体育和娱乐业		696.0		19.5	63.1
公共管理、社会保障和社会组织	41.6	-40.4	11.1	86.5	38.9
投资额按隶属关系分					
中央	-43.7	-57.0	-19.4	28.7	8.1
其他	68.8	-4.3	56.5	84.8	24.1
投资额按建设性质分（不含房开）					
新建	11.2	8.3	95.7	5.4	-3.4
扩建	111.6	18.0	22.8	34.8	21.3
改建和技术改造	47.5	107.3	48.7	-37.0	55.7
单纯建造生活设施				-40.0	
迁建		527.5		-100.0	-22.6
恢复					
单纯购置	-47.8	-100.0	434.7	476.9	139.1

7-14 各县房地产开发投资完成情况

（2019 年）

指标名称	单 位	隆安县	马山县	上林县	宾阳县	横 县
本年完成投资	**万元**	**51753**	**43394**	**126119**	**397557**	**206368**
投资额按构成分						
建筑工程	万元	33723	34796	81430	220984	126158
安装工程	万元	155	130	7289	8413	9466
设备工器具购置	万元	145	50	1072	2951	2650
其他费用	万元	17730	8418	36328	165209	68094
#土地购置费	万元	15422	8181	35087	160829	55291
投资额按工程用途分						
住宅	万元	47953	34973	101764	327931	153871
办公楼	万元				388	51
商业营业用房	万元	1632	4037	15781	12833	18790
其他	万元	2168	4384	8574	56405	33656
本年新增固定资产	万元	123621	109	138724	67198	70466
本年购置土地面积	平方米			35783	71915	44309
上年末结余资金	万元	3788	26229	100505	148344	32255
本年资金来源小计	万元	75289	64012	146590	405934	285673
国内贷款	万元	10000			136956	720
利用外资	万元				50	
自筹资金	万元	15859	6655	37148	101666	82170
其他资金来源	万元		350	558	50	21162
本年各项应付款合计	万元	31451	12875	23721	34521	93954
竣工房屋住宅套数合计	套	4395	4	2536	943	1107
施工房屋面积	平方米	1107328	504860	1445362	1787586	2502748
#住宅	平方米	962839	441392	1261403	1563547	2004236
本年新开工房屋面积	平方米	192553	147004	555058	851459	426093
#住宅	平方米	167285	145526	482366	748446	377696
竣工房屋面积	平方米	649203	325	531206	214825	178311
#住宅	平方米	547135	325	435248	137576	122287
竣工房屋价值	万元	122621	61	105037	50414	51727
#住宅	万元	103352	61	85636	27603	33875
商品房销售面积	平方米	454903	182465	360266	589337	561688
#住宅	平方米	450987	181223	315980	582645	532663
商品房待售面积	平方米	91308		148114	92738	137156
#住宅	平方米	44080		61212	72110	44415
办公楼	平方米					
商业营业用房	平方米	13080		65633	7211	51738
其他	平方米	34148		21269	13417	41003
商品房销售额	万元	164715	67436	165708	312929	293189
#住宅	万元	162719	66207	144443	308494	280398

八 能源购进消费与库存

CHAPTER 8 PURCHASE,CONSUMPTION AND STOCK OF ENERGY

8-1 全市规模以上工业企业主要能源购进、消费与库存

（2019 年）

指标名称	单 位	购进量合 计	消费量合 计	工业生产消 费	非工业生产消费	年末库存
全市						
原煤	吨	4566325	4487742	4487613	129	274610
煤制品	吨	7434	7605	7605		98
焦炭	吨	5562	5191	5191		1216
其他焦化产品	吨	2305	2764	2764		2250
天然气	万立方米	10662	10687	10670	17	14
汽油	吨	2626	2671	1007	1664	1
煤油	吨	24	23	23		1
柴油	吨	61816	61850	56475	5375	1535
燃料油	吨	324	312	312		44
液化石油气	吨	959	958	936	22	4
石油焦	吨	136282	132602	132602		9937
热力	百万千焦	3522211	3522211	3522211		
电力	万千瓦时	497078	720496	706120	14376	
生物燃料	吨	230272	653740	653740		10618
市区						
原煤	吨	1032104	1030270	1030141	129	90841
煤制品	吨	7434	7605	7605		98
焦炭	吨	5562	5191	5191		1216
天然气	万立方米	9443	9470	9454	16	14
汽油	吨	1902	1942	923	1019	1
柴油	吨	47431	47358	43373	3986	990
燃料油	吨	324	312	312		44
液化石油气	吨	619	618	596	22	4
石油焦	吨	24262	24264	24264		94
热力	百万千焦	1081787	1081787	1081787		
电力	万千瓦时	308986	442156	438461	3694	
生物燃料	吨	72688	290278	290278		1855

8-2 全市规模以上工业企业主要能源按行业消费量

（2019 年）

指标名称	本年消费						
	原煤（吨）	煤制品（吨）	焦炭（吨）	其他焦化产品（吨）	天然气（万立方米）	汽油（吨）	煤油（吨）
总计	**4487742**	**7605**	**5191**	**2764**	**10687**	**2671**	**23**
按工业行业大类分列							
煤炭开采和洗选业							
石油和天然气开采业							
黑色金属矿采选业							
有色金属矿采选业							
非金属矿采选业	1274					3	
开采辅助活动							
其他采矿业							
农副食品加工业	58791	660	5165		686	207	
食品制造业	1087	4726	26		542	138	
酒、饮料和精制茶制造业	37960	317			1005	53	
烟草制品业	533				332		
纺织业					36	13	
纺织服装、服饰业					32		
皮革、毛皮、羽毛及其制品和制鞋业					4	14	
木材加工和木、竹、藤、棕、草制品业	20				6	27	
家具制造业						31	
造纸和纸制品业	130449				191	22	
印刷业和记录媒介复制 业						520	
文教、工美、体育和娱乐用品制造业						21	
石油加工、炼焦及核燃料加工业	2231						
化学原料和化学制品制造业	106289				922	56	
医药制造业	4851	1902			796	115	
化学纤维制造业							
橡胶和塑料制品业	17				39	74	
非金属矿物制品业	2181807			2764	909	535	23
黑色金属冶炼及压延加工业					154	20	
有色金属冶炼及压延加工业					2628	11	
金属制品业					77	202	
通用设备制造业						29	
专用设备制造业						194	
汽车制造业					1	64	
铁路、船舶、航空航天和其他运输设备制造业						8	
电气机械和器材制造业						81	
计算机、通信和其他电子设备制造业						47	
仪器仪表制造业						5	
其他制造业						20	
废弃资源综合利用业						11	
金属制品、机械和设备修理业							
电力、热力生产和供应业	1962433				2322	45	
燃气生产和供应业					5	42	
水的生产和供应业						63	

8-2 续表

指标名称	本年消费						
	柴油（吨）	燃料油（吨）	液化石油气（吨）	石油焦（吨）	热力（百万千焦）	电力（万千瓦时）	生物燃料（吨）
总计	**61850**	**312**	**958**	**132602**	**3522211**	**720496**	**653740**
按工业行业大类分列							
煤炭开采和洗选业						1291	
石油和天然气开采业							
黑色金属矿采选业							
有色金属矿采选业						889	
非金属矿采选业	3412					2278	
开采辅助活动							
其他采矿业							
农副食品加工业	1264		257		420839	69025	443159
食品制造业	490	11	92		87941	8914	2759
酒、饮料和精制茶制造业	123				334421	22808	5631
烟草制品业						3668	
纺织业	139				3077	11188	28521
纺织服装、服饰业						378	
皮革、毛皮、羽毛及其制品和制鞋业	32					346	357
木材加工和木、竹、藤、棕、草制品业	2601				914382	61902	78598
家具制造业	31					637	75
造纸和纸制品业	383				1566662	33724	5189
印刷业和记录媒介复制 业	37					2744	
文教、工美、体育和娱乐用品制造业	0					252	
石油加工、炼焦及核燃料加工业	6					343	
化学原料和化学制品制造业	1372				40336	27031	8034
医药制造业	23		3		77448	7271	765
化学纤维制造业							
橡胶和塑料制品业	26	4				20504	
非金属矿物制品业	50130		5	132602	77105	185587	38
黑色金属冶炼及压延加工业	74		267			25507	
有色金属冶炼及压延加工业	219	58	101			28163	
金属制品业	78		204			7628	281
通用设备制造业	93					1596	
专用设备制造业	121	239	7			3868	
汽车制造业	191		16			3650	
铁路、船舶、航空航天和其他运输设备制造业	6					470	
电气机械和器材制造业	42					4692	57
计算机、通信和其他电子设备制造业	3		4			20657	
仪器仪表制造业						505	
其他制造业						1315	
废弃资源综合利用业	50					110	
金属制品、机械和设备修理业	20					9	
电力、热力生产和供应业	778					131598	80 276
燃气生产和供应业	24		2			669	
水的生产和供应业	82					29279	

8-3 市区规模以上工业企业主要能源按行业消费量

（2019 年）

指标名称	本年消费						
	原煤（吨）	煤制品（吨）	焦炭（吨）	其他焦化产品（吨）	天然气（万立方米）	汽油（吨）	煤油（吨）
总计	**1030270**	**7605**	**5191**		**9470**	**1942**	
按工业行业大类分列							
煤炭开采和洗选业							
石油和天然气开采业							
黑色金属矿采选业							
有色金属矿采选业							
非金属矿采选业							
开采辅助活动							
其他采矿业							
农副食品加工业	6605	660	5165		681	175	
食品制造业	112	4726	26		542	138	
酒、饮料和精制茶制造业	154	317			1005	53	
烟草制品业	533				332		
纺织业					36		
纺织服装、服饰业					32		
皮革、毛皮、羽毛及其制品和制鞋业					4	6	
木材加工和木、竹、藤、棕、草制品业					6	4	
家具制造业						31	
造纸和纸制品业	153				57	18	
印刷业和记录媒介复制 业						520	
文教、工美、体育和娱乐用品制造业							
石油加工、炼焦及核燃料加工业							
化学原料和化学制品制造业	31639				465	47	
医药制造业	4851	1902			796	113	
化学纤维制造业							
橡胶和塑料制品业					1	37	
非金属矿物制品业	915292				415	96	
黑色金属冶炼及压延加工业					68		
有色金属冶炼及压延加工业					2627	11	
金属制品业					75	133	
通用设备制造业						12	
专用设备制造业						194	
汽车制造业					1	64	
铁路、船舶、航空航天和其他运输设备制造业						8	
电气机械和器材制造业						81	
计算机、通信和其他电子设备制造业						34	
仪器仪表制造业						5	
其他制造业						20	
废弃资源综合利用业						11	
金属制品、机械和设备修理业							
电力、热力生产和供应业	70931				2322	26	
燃气生产和供应业					5	42	
水的生产和供应业						63	

8-3 续表

指标名称	本年消费						
	柴油（吨）	燃料油（吨）	液化石油气（吨）	石油焦（吨）	热力（百万千焦）	电力（万千瓦时）	生物燃料（吨）
总计	**47358**	**312**	**618**	**24264**	**1081787**	**442156**	**290278**
按工业行业大类分列							
煤炭开采和洗选业							
石油和天然气开采业							
黑色金属矿采选业							
有色金属矿采选业							
非金属矿采选业	688					720	
开采辅助活动							
其他采矿业							
农副食品加工业	814		257		360440	37644	227039
食品制造业	490	11	92		87941	8551	2759
酒、饮料和精制茶制造业	27				334422	19487	
烟草制品业						3668	
纺织业						8571	
纺织服装、服饰业						378	
皮革、毛皮、羽毛及其制品和制鞋业						281	
木材加工和木、竹、藤、棕、草制品业	1106					31664	48702
家具制造业	31					626	75
造纸和纸制品业	25				147600	6989	5189
印刷业和记录媒介复制业	37					2744	
文教、工美、体育和娱乐用品制造业						152	
石油加工、炼焦及核燃料加工业	6					69	
化学原料和化学制品制造业	1267				28449	11492	5559
医药制造业	18		3		45829	6401	765
化学纤维制造业							
橡胶和塑料制品业	8	4				14176	
非金属矿物制品业	41925			24264	77106	92821	38
黑色金属冶炼及压延加工业						1295	
有色金属冶炼及压延加工业	219	58	101			28163	
金属制品业	54		136			4636	95
通用设备制造业	88					1368	
专用设备制造业	121	239	7			3517	
汽车制造业	191		16			3650	
铁路、船舶、航空航天和其他运输设备制造业	6					470	
电气机械和器材制造业	42					4151	57
计算机、通信和其他电子设备制造业			4			19678	
仪器仪表制造业						505	
其他制造业						1315	
废弃资源综合利用业	50					110	
金属制品、机械和设备修理业							
电力、热力生产和供应业	39					96916	
燃气生产和供应业	24		2			669	
水的生产和供应业	82					29279	

8-4 各县规模以上工业企业主要能源购进、消费与库存

（2019 年）

指标名称	单 位	购进量合 计	消费量合 计			年末库存
				工业生产消 费	非 工 业生产消费	
隆安县						
原煤	吨	354816	348925	348925		20626
汽油	吨	65	65		65	
柴油	吨	2145	2137	1698	439	41
热力	百万千焦	955067	955067	955067		
电力	万千瓦时	34739	46268	45944	324	
生物燃料	吨	85251	108126	108126		3480
马山县						
原煤	吨	124375	129380	129380		5642
汽油	吨	44	44	34	10	
柴油	吨	683	665	664	1	18
石油焦	吨	812	985	985		85
电力	万千瓦时	9752	12726	12070	656	
生物燃料	吨	5976	5979	5979		19
上林县						
原煤	吨	2996	2996	2996		
汽油	吨	8	8	8		
柴油	吨	2963	2958	2937	20	6
电力	万千瓦时	3501	5015	4824	191	
生物燃料	吨标准煤	12307	33471	33471		
宾阳县						
原煤	吨	412104	407012	407012		19026
天然气	万立方米	565	562	562		
汽油	吨	130	134	30	103	
柴油	吨	5004	5021	4760	261	141
石油焦		98017	97004	97004		6102
电力	万千瓦时	53614	72920	72395	525	
生物燃料	吨	32909	103095	103095		5063
横 县						
原煤	吨	2639930	2569159	2569159		138475
天然气	吨	457	457	457		
汽油	吨	477	478	12	467	
柴油	吨	3590	3711	3043	668	339
液化石油气	吨	73	73	73		
石油焦	吨	13191	10349	10349		3656
热力	百万千焦	1485357	1485357	1485357		
电力	万千瓦时	86486	141411	132426	8986	
生物燃料	吨	21141	112791	112791		201

8-5 规模以上工业企业综合能耗

（2019年）

单位：吨标准煤

指标名称	全 市	市 区	隆安县	马山县	上林县	宾阳县	横 县
综合能耗	**4568295**	**1815066**	**388486**	**108881**	**44655**	**582615**	**1628592**
煤炭开采和洗选业	1587				1587		
石油和天然气开采业							
黑色金属矿采选业							
有色金属矿采选业	1001		1001				
非金属矿采选业	8926	1887			3060	3284	695
开采辅助活动							
其他采矿业							
农副食品加工业	550255	279910	30745	6464	21118	82651	129366
食品制造业	27775	26647	6			610	513
酒、饮料和精制茶制造业	76498	48076	8708	4940			14775
烟草制品业	8692	8692					
纺织业	42669	10822	32	30	13289	11221	7274
纺织服装、服饰业	893	893					
皮革、毛皮、羽毛及其制品和制鞋业	788	331					457
木材加工和木、竹、藤、棕、草制品业	189491	89158	49551	215		32985	17581
家具制造业	886	873				13	
造纸和纸制品业	166760	19531	3656	16853		39600	87120
印刷业和记录媒介复制 业	3448	3448					
文教、工美、体育和娱乐用品制造业	341	188	53	49		51	
石油加工、炼焦及核燃料加工业	2024	92	1716				216
化学原料和化学制品制造业	139087	53401	38914	577	3023	33493	9679
医药制造业	26539	24392	1245				902
化学纤维制造业							
橡胶和塑料制品业	25580	17381	2172	63		974	4989
非金属矿物制品业	1980905	825200	215330	76996	2548	374106	486724
黑色金属冶炼及压延加工业	33911	2455				1839	29617
有色金属冶炼及压延加工业	69716	69716					
金属制品业	11242	7208	78	375	30	166	3386
通用设备制造业	2084	1807	101			73	103
专用设备制造业	6350	5982				355	14
汽车制造业	4566	4566					
铁路、船舶、航空航天和其他运输设备制造业	587	587					
电气机械和器材制造业	5855	5204	137	506			8
计算机、通信和其他电子设备制造业	25381	24228				1154	
仪器仪表制造业	365	365					
其他制造业	1592	1592					
废弃资源综合利用业	224	224					
金属制品、机械和设备修理业	40					40	
电力、热力生产和供应业	1115091	243063	35041	1813			835174
燃气生产和供应业	992	992					
水的生产和供应业	36157	36157					

8-6 规模以上工业企业产值能耗

（2019 年）

单位：吨标准煤 / 万元

指标名称	全 市	市 区	隆安县	马山县	上林县	宾阳县	横 县
产值能耗	**0.1943**	**0.0989**	**0.6023**	**0.7520**	**0.3240**	**0.3801**	**0.6033**
煤炭开采和洗选业	0.7017				0.7017		
石油和天然气开采业							
黑色金属矿采选业							
有色金属矿采选业	0.4602		0.4602				
非金属矿采选业	0.1360	0.0601			0.1981	0.2582	0.1152
开采辅助活动							
其他采矿业							
农副食品加工业	0.1958	0.1715	0.1472	0.5010	0.9056	0.1890	0.2615
食品制造业	0.0895	0.0953	0.0014			0.0971	0.0247
酒、饮料和精制茶制造业	0.0770	0.0914	0.5133	0.6104			0.0334
烟草制品业	0.0063	0.0063					
纺织业	0.1413	0.1187	0.0069	0.0106	0.2832	0.1830	0.0766
纺织服装、服饰业	0.0426	0.0426					
皮革、毛皮、羽毛及其制品和制鞋业	0.0567	0.0313					0.1382
木材加工和木、竹、藤、棕、草制品业	0.1586	0.1386	0.4205	0.0192		0.1500	0.0868
家具制造业	0.0218	0.0230				0.0049	
造纸和纸制品业	0.2953	0.1028	0.1210	1.1298		0.4619	0.3574
印刷业和记录媒介复制 业	0.0302	0.0302					
文教、工美、体育和娱乐用品制造业	0.0007	0.0004	0.0105	0.0226		0.0147	
石油加工、炼焦及核燃料加工业	0.0250	0.0013	0.2383				0.0729
化学原料和化学制品制造业	0.1313	0.0866	0.5066	0.2180	0.2146	0.3267	0.0392
医药制造业	0.0861	0.0850	0.1974				0.0594
化学纤维制造业							
橡胶和塑料制品业	0.0749	0.0798	0.1266	0.0106		0.0303	0.0728
非金属矿物制品业	0.7980	0.4906	2.2445	2.3518	0.0868	0.8727	2.2808
黑色金属冶炼及压延加工业	0.1229	0.0258					0.1638
有色金属冶炼及压延加工业	0.1434	0.1446	0.0000				
金属制品业	0.0158	0.0176	0.0062	0.0748	0.0076	0.0061	0.0134
通用设备制造业	0.0119	0.0119	0.0096			0.0102	0.0179
专用设备制造业	0.0098	0.0103	0.0000			0.0063	0.0013
汽车制造业	0.0132	0.0132					
铁路、船舶、航空航天和其他运输设备制造业	0.0068	0.0070					
电气机械和器材制造业	0.0118	0.0113	0.0224	0.0207			0.0027
计算机、通信和其他电子设备制造业	0.0044	0.0042				0.0287	
仪器仪表制造业	0.0058	0.0058					
其他制造业	0.1257	0.1257					
废弃资源综合利用业	0.0147	0.0147					
金属制品、机械和设备修理业	0.0085					0.0085	
电力、热力生产和供应业	0.7698	0.1999	2.2453	0.0828			4.3375
燃气生产和供应业	0.0039	0.0039					
水的生产和供应业	0.2461	0.2495					

8-7 全社会用电量

（2019 年）

单位：万千瓦时

指标名称	全 市	市 区	横 县	宾阳县	上林县	马山县	隆安县
总计	**2503122**	**1932389**	**232022**	**159878**	**47450**	**59246**	**83289**
全行业用电量	**1709332**	**1323390**	**174102**	**105161**	**23369**	**31719**	**62743**
农林牧渔业	74635	43276	9750	5316	2348	1946	11999
工业	822399	535463	144011	79329	12406	20462	41879
建筑业	59765	52457	872	1873	1212	2595	756
交通运输、仓储、邮政业	120982	118048	599	1053	340	365	578
批发和零售业	107697	103673	995	1499	220	798	512
住宿和餐饮业	56348	51586	706	1839	1071	599	548
城乡居民生活用电	**793790**	**608999**	**57920**	**54717**	**24081**	**27527**	**20546**
城镇	517831	457678	14627	22454	7566	8344	7163
乡村	275958	151321	43293	32263	16515	19183	13383

注：本表数据来自于南宁市供电局。

九 商业旅游物价

CHAPTER 9 BUSINESS,TRAVEL,PRICE

9-1 全市主要年份商品销售总额和社会消费品零售总额、居民消费价格总指数

单位：万元

年 份	商品销售总额	社会消费品零售总额	#批发零售业	#住宿餐饮业	居民消费价格总指数（%）
1950	3760	3331	2698	326	
1965	41791	17034	14651	1008	
1978	50735	34737	28682	1916	
1980	67827	49381	37008	2595	
1985	180035	117249	89369	5129	118.3
1986	192905	124956	90024	5966	105.2
1987	278652	151615	106832	6823	111.1
1988	403478	205927	142668	8656	121.6
1989	506027	237944	173722	10727	119.4
1990	688049	251606	173490	13231	98.0
1991	1183943	306330	209751	17191	104.1
1992	1330612	367574	236449	22925	106.7
1993	1858423	520934	320946	28447	125.1
1994	2778661	667903	423470	39138	124.8
1995	2393263	839856	545805	62980	118.6
1996	2121924	1006556	654329	109594	103.3
1997	2555047	1153593	595818	170827	100.2
1998	2553541	1286387	738214	164742	96.7
1999	2629390	1371382	845114	181460	95.9
2000	4967441	2124265	1902756	213107	100.0
2001	5332548	2313462	2054150	249629	102.8
2002	6160693	2567758	2270643	287402	99.4
2003	7865973	2884483	2559611	318557	100.8
2004	9308593	3191846			104.2
2005	10108931	3658768			101.1
2006	9965245	4206948			102.5
2007	10937511	4988185			104.4
2008	14856054	6202910			108.4
2009	15526320	7209601			98.2
2010	18567715	8684461			102.5
2011	24523398	10241898			105.7
2012	29974127	11883979			102.9
2013	34986886	13587834			102.1
2014	39240173	15180676			101.6
2015	43611658	16733639			101.9
2016	49231802	18465449			101.4
2017	55184950	20533283			102.3
2018	59938683	22342673			102.5
2019	62153291	23277990			103.4

注：2000 年以后为区划调整后的数据，其余年份仍为原南宁口径。2004–2019 年数据根据第四次经济普查对社会消费品零售总额指标作了相应调整。

9-2 全市及各县区社会消费品零售总额

单位：万元

指标名称	2019 年	比上年增长（%）
全市	**23277990**	**4.2**
兴宁区	5191910	0.1
青秀区	5164092	5.4
江南区	3849004	3.1
西乡塘区	4921170	5.8
良庆区	712670	10.9
邕宁区	302412	12.6
武鸣区	454656	−0.7
隆安县	170449	4.2
马山县	249238	0.2
上林县	266768	4.7
宾阳县	1058327	7.6
横　县	937294	9.7

9-3 全市限额以上批发业商品购销存总额

（2019年） 单位：万元

指标名称	企业数（个）	年末从业人员数（人）	购进总额	进口	年末商品库存额
总计	**693**	**33953**	**44548116**	**888106**	**2315484**
按批发行业小类分组					
农、林、牧、渔产品批发	28	485	564634	15391	142221
食品、饮料及烟草制品批发	154	6497	5120580	163729	281796
纺织、服装及家庭用品批发	46	3542	1588675		203812
文化、体育用品及器材批发	18	552	368553		49501
医药及医疗器材批发	79	6730	2356696	42447	193511
矿产品、建材及化工产品批发	240	8585	32322845	656383	1016043
机械设备、五金产品及电子产品批发	123	6421	1909824	10157	348480
其他批发业	5	1141	316310		80121
按登记注册类型分组					
内资企业	616	31559	43761831	868740	2289000
国有企业	4	951	778497	175	77869
集体企业	1	14	11619		114
有限责任公司	169	11855	32334180	709481	1158231
股份有限公司	15	2774	2577266		226325
私营企业	426	15746	8057146	159085	826461
其他企业	1	219	3123		
港、澳、台商投资企业	5	1013	270571		1533
外商投资企业	6	788	186026	18844	10856
个体经营户	66	593	329688	522	14095
按企业控股情况分					
国有控股	84	8110	30840602	692904	1035673
集体控股	3	179	107317		4241
私人控股	497	19716	9956922	159085	1036720
港澳台商控股	2	52	8689		1513
外商控股	4	734	54051	18844	7510
其他	29	3044	2827983	16752	210575
按经营形式分组					
独立门店	406	17031	15274442	719334	1131082
连锁总店（总部）	4	989	5134355		63616
连锁直营店	1	233	21927		1414
连锁加盟店	1	19	10974		156
其他	281	15681	24106419	168773	1119216

9-3 续表　　　　单位：万元

指标名称	商品销售总额	批发额	出口	零售额	年末零售营业面积（平方米）
总计	**40952536**	**39900387**	**126289**	**1002301**	**513745**
按批发行业小类分组					
农、林、牧、渔产品批发	619763	612333	16891	7430	1309
食品、饮料及烟草制品批发	5533121	5456942	544	71542	14809
纺织、服装及家庭用品批发	1585456	1516857	35344	54824	15112
文化、体育用品及器材批发	384134	383998		136	4195
医药及医疗器材批发	2783343	2586427		196916	94653
矿产品、建材及化工产品批发	27680064	27246894	40856	416692	331545
机械设备、五金产品及电子产品批发	2045446	1790111	32655	252815	52122
其他批发业	321210	306826		1947	
按登记注册类型分组					
内资企业	39270868	38260510	125746	960510	502722
国有企业	1041341	1041006	244	335	5552
集体企业	11752	11752			
有限责任公司	28061534	27783310	29860	269975	139958
股份有限公司	1248539	985155		263303	200747
私营企业	8904525	8436631	95641	426377	156123
其他企业	3176	2656		520	342
港、澳、台商投资企业	309233	309087		145	7275
外商投资企业	1024209	1017091		7118	148
个体经营户	348226	313698	544	34528	3600
按企业控股情况分					
国有控股	25172477	24821899	17509	350497	261059
集体控股	120005	120005			
私人控股	10924277	10417359	108237	465215	200847
港澳台商控股	12473	12328		145	7275
外商控股	886974	879856		7118	148
其他	3022781	2870439		144278	40474
按经营形式分组					
独立门店	15338723	14778724	52089	513602	214866
连锁总店（总部）	421938	161091		260847	190000
连锁直营店	22994	22994			1050
连锁加盟店	10848	10396		452	134
其他	25158033	24927182	74200	227400	107695

9-4 全市限额以上零售业商品购销存总额

（2019 年）　　单位：万元

指标名称	企业数（个）	年末从业人员数（人）	购进总额	进口	年末商品库存总额
总计	**631**	**47913**	**7120448**	**230209**	**852837**
按零售行业小类分组					
综合零售	82	16572	1279146	39	214471
食品、饮料及烟草制品专门零售	73	1501	182526	206	26944
纺织、服装及日用品专门零售	40	2136	151975		29260
文化、体育用品及器材专门零售	30	1843	239898		77543
医药及医疗器材专门零售	22	6590	290608	1599	46971
汽车、摩托车、零配件和燃料及其他动力销售	232	12916	3950798	227449	395844
家用电器及电子产品专门零售	108	4060	621033	694	52425
五金、家具及室内装饰材料专门零售	19	344	26495		3497
货摊、无店铺及其他零售业	25	1951	377968	222	5881
按登记注册类型分组					
内资企业	563	39977	6222266	174885	762721
国有企业	4	153	16152		1586
有限责任公司	185	21495	4261177	89910	491364
股份有限公司	3	1505	154690		7812
私营企业	369	16809	1789136	84976	261958
其他企业	2	15	1111		1
港、澳、台商投资企业	13	2848	567879	53719	44716
外商投资企业	6	4269	283506	1599	38162
个体经营户	49	819	46797	5	7239
按企业控股情况分					
国有控股	45	4730	1009255		89414
集体控股	4	570	133391	44084	13801
私人控股	458	24326	3744287	116893	450807
港澳台商控股	12	2630	450652	9635	34270
外商控股	4	4823	323065	1599	81593
其他	56	9769	1327662	57992	169613
按经营形式分组					
独立门店	520	31000	5082899	228032	655901
连锁总店（总部）	24	9042	1047877	1599	95030
连锁直营店	9	5089	286221		41991
其他	78	2782	703451	578	59915
按零售业态分组					
有店铺零售	552	45557	6587939	229987	816701
食杂店	16	193	23930		1037
便利店	6	774	31577		3499
超市	42	2318	83848	5	15173
大型超市	26	10775	808029	34	155359
仓储会员店	1	11	1426		54
百货店	19	3248	423370		49574
专业店	224	17144	2476988	113911	260534
专卖店	197	10271	2691247	116037	328322
家居建材商店	8	147	11449		714
购物中心	4	605	27068		1616
厂家直销中心	9	71	9008		819
无店铺零售	79	2356	532509	222	36135
电视购物	1	101	4064		401
网上商店	13	436	328403		4787
其他	65	1819	200042	222	30948

9-4 续表

单位：万元

指标名称	商品销售总额	批发额	零售额	年末零售营业面积（平方米）
总计	**8609109**	**731657**	**7877452**	**3102771**
按零售行业小类分组				
综合零售	1498500	107478	1391022	1282402
食品、饮料及烟草制品专门零售	223218	45358	177859	54654
纺织、服装及日用品专门零售	211148	16426	194721	78140
文化、体育用品及器材专门零售	282530	82921	199609	29240
医药及医疗器材专门零售	332150	13320	318830	180771
汽车、摩托车、零配件和燃料及其他动力销售	4875252	333098	4542154	1310953
家用电器及电子产品专门零售	725226	101899	623327	145129
五金、家具及室内装饰材料专门零售	32655	6998	25656	8959
货摊、无店铺及其他零售	428432	24160	404273	12523
按登记注册类型分组				
内资企业	7544715	713719	6830996	2679655
国有企业	18652	7211	11441	2540
有限责任公司	5205895	477144	4728750	1688156
股份有限公司	172275		172275	203150
私营企业	2145758	229364	1916394	785629
其他企业	2136		2136	180
港、澳、台商投资企业	684494	16370	668124	204094
外商投资企业	324435		324435	172117
个体经营户	55465	1568	53897	46905
按企业控股情况分				
国有控股	1680868	256326	1424542	890429
集体控股	135529		135529	27937
私人控股	4300286	358512	3941773	1164147
港澳台商控股	571880	16370	555510	202394
外商控股	378477	69597	308880	160934
其他	1390774	29284	1361490	597409
按经营形式分组				
独立门店	6344372	434647	5909725	2273483
连锁总店（总部）	1158483	190250	968233	455397
连锁直营店	301809		301809	167748
其他	804446	106760	697685	206143
按零售业态分组				
有店铺零售	8008008	674353	7333655	3070178
食杂店	28049	11225	16823	3853
便利店	598611	856	597755	250931
超市	102740	1757	100984	108667
大型超市	848032	106502	741530	563781
仓储会员店	1372		1372	100
百货店	547975	1660	546315	509312
专业店	2764386	325518	2438868	963876
专卖店	3009307	217364	2791943	536676
家居建材商店	14160	3760	10400	3994
购物中心	82746	2278	80469	122346
厂家直销中心	10631	3435	7196	6642
无店铺零售	601102	57304	543797	32593
电视购物	6460		6460	
网上商店	357743	6605	351138	1533
其他	236899	50699	186200	31060

9-5 全市限额以上批发和零售业商品销售类值

（2019 年）

单位：万元

指标名称	合计	批发	零售
合　计	**43427984**	**35342882**	**8085103**
粮油、食品、饮料、烟酒类	4598796	3873489	725307
粮油、食品类	3272328	2688307	584022
# 粮油类	905468	808055	97412
肉禽蛋类	99062	25145	73917
水产品类	17971	1645	16327
蔬菜类	57092	12793	44298
干鲜果品类	180391	132601	47790
饮料类	273858	205701	68157
烟酒类	1052610	979481	73129
服装、鞋帽、针纺织品类	493550	74100	419450
服装类	361458	48858	312601
鞋帽类	98867	25062	73805
针纺织品类	33225	180	33045
化妆品类	284728	152531	132197
金银珠宝类	80330		80330
日用品类	485342	220147	265196
# 可穿戴智能设备	699	19	680
五金、电料类	13949	3952	9997
体育、娱乐用品类	188540	6590	181950
# 照相器材类	16970	5317	11654
书报杂志类	308944	227485	81459
电子出版物及音像制品类	6422	319	6103
家用电器和音像器材类	1747157	1137023	610135
# 能效等级为 1 级和 2 级的商品	425192	138947	286245
# 智能家用电器和音像器材	163627	65016	98611
中西药品类	2479742	2153854	325888
# 西药类	1747316	1492048	255268
中草药及中成药类	211591	162287	49303
文化办公用品类	504316	287186	217130
# 计算机及其配套产品	284875	126697	158178
家具类	10441		10441
通讯器材类	412857	134444	278413
# 智能手机	354388	102782	251607
煤炭及制品类	1665331	1665331	
木材及制品类	136546	136546	
石油及制品类	4096205	3115442	980763
化工材料及制品类	1201301	1201245	55
# 化肥类	292688	292633	55
金属材料类	17514504	17514504	
建筑及装潢材料类	1054914	1034830	20085
机电产品及设备类	916469	907505	8964
# 农机类	62669	62558	111
汽车类	4119862	469204	3650659
# 新能源汽车	45459	299	45160
种子饲料类	267555	267555	
其他类	840184	759603	80581

9-6 全市限额以上批发和零售业商品购销存数量

（2019 年）

指标名称	计量单位	购进量	销售量	年末库存量
大米（稻米）	千克	52647407	69528182	11642207
白面（小麦面）	千克	7130925	6785266	536661
杂粮	千克	177791723	178704645	24591450
食用植物油	千克	75364446	72661479	8226137
猪肉	千克	7310554	7225170	607416
牛肉	千克	350548	393110	18281
羊肉	千克	107856	102016	11981
禽肉	千克	4751109	4693589	239692
鲜蛋	千克	5343648	5092616	369668
彩色电视机	台	404411	406668	11960
家用电冰箱	台	345369	344187	16965
房间空调器	台	2309295	2380378	332921
电脑（微型计算机）	台	292949	292379	24996
汽车	辆	229002	233559	24006
#轿车	辆	120141	122002	11900
钢材	吨	9402675	8812204	965374
铜	吨	382995	387478	15968
铝	吨	6494556	6468213	45734
水泥	吨	17316992	17301456	43590
化学肥料	吨	1380353	1358261	136133
化学农药	吨	50986	57341	2298

9-7 全市限额以上批发业法人企业财务状况

（2019年） 单位：万元

指标名称	企业数（个）	年初存货	流动资产合计	#应收账款	#存货	固定资产原价
总计	**619**	**2121694**	**16949663**	**3240660**	**2268941**	**854452**
按批发行业小类分组						
农、林、牧、渔产品批发	27	110244	449012	154197	154720	14197
食品、饮料及烟草制品批发	87	155360	2419953	204926	221766	198497
纺织、服装及家庭用品批发	43	201278	1212930	77951	125322	19536
文化、体育用品及器材批发	18	63973	426272	26919	78373	23456
医药及医疗器材批发	79	198468	1469222	841913	227781	80068
矿产品、建材及化工产品批发	239	1054996	9462782	1622629	1081010	315383
机械设备、五金产品及电子产品批发	121	208350	1235726	288395	283536	69644
其他批发业	5	129026	273767	23730	96433	133671
按登记注册类型分组						
内资企业	613	2101448	16195315	3220510	2259980	787434
国有企业	4	22386	241305	374	75043	50305
集体企业	1	1353	1151		1145	138
有限责任公司	168	1104313	11242301	2261751	1219798	296849
股份有限公司	14	255666	1147999	55701	240111	210542
私营企业	426	717729	3562560	902685	723885	229600
港、澳、台商投资企业	2	845	5848	3786	1493	2568
外商投资企业	4	19402	748500	16363	7467	64450
按控股情况分组						
国有控股	84	962559	9003442	1501583	1125678	468697
集体控股	3	12871	27054	12026	4931	149
私人控股	497	939868	5431120	1107416	959874	280949
港澳台商控股	2	845	5848	3786	1493	2568
外商控股	4	19402	748500	16363	7467	64450
其他	29	186150	1733699	599486	169498	37638
按经营形式分组						
独立门店	340	1038782	6817891	1471448	1107950	478007
连锁总店（总部）	4	113225	704803	13522	102363	40441
连锁直营店	1	406	5398	394	1266	164
连锁加盟店	1	4	1021	997	5	17
其他	273	969277	9420550	1754299	1057356	335823

9-7 续表 1

单位：万元

指标名称	累计折旧	本年折旧	在建工程	资产总计	流动负债合计	应付账款
总计	**322725**	**52646**	**312647**	**23566032**	**15872400**	**2096285**
按批发行业小类分组						
农、林、牧、渔产品批发	6185	990	4206	551893	482196	159854
食品、饮料及烟草制品批发	85293	9439	10247	3697348	2371873	235165
纺织、服装及家庭用品批发	7890	1126		1241604	1162537	87940
文化、体育用品及器材批发	8099	943	1467	680514	391255	150473
医药及医疗器材批发	32275	8026	17164	1645158	1236008	449437
矿产品、建材及化工产品批发	121564	16435	253264	13759932	8608592	691815
机械设备、五金产品及电子产品批发	30437	8894	410	1341174	1036267	261753
其他批发业	30983	6794	25888	648410	583672	59848
按登记注册类型分组						
内资企业	295263	50564	312344	22691238	15168023	2092114
国有企业	26488	2293	886	280801	122815	22096
集体企业				1289	1590	1429
有限责任公司	114065	15903	244521	15154019	10225661	1215568
股份有限公司	63500	10686	51584	2978266	1587391	155629
私营企业	91210	21682	15354	4276862	3230568	697393
港、澳、台商投资企业	522	140		8314	2967	-370
外商投资企业	26939	1942	302	866480	701409	4541
按控股情况分组						
国有控股	168238	22670	244272	14287528	8493166	854925
集体控股	7	2		27200	23659	1794
私人控股	107559	25082	18938	6404957	5105082	909809
港澳台商控股	522	140		8314	2967	-370
外商控股	26939	1942	302	866480	701409	4541
其他	19460	2811	49134	1971554	1546117	325587
按经营形式分组						
独立门店	152963	28627	151914	10379279	6956165	899641
连锁总店（总部）	23795	2751	101207	958483	1336656	19673
连锁直营店	71	47		5936	6518	2716
连锁加盟店	4			10227	10031	14
其他	145893	21221	59527	12212106	7563031	1174241

9–7 续表 2 单位：万元

指标名称	负债合计	所有者权益合计	实收资本	个人资本
总计	**17548563**	**6008185**	**3885985**	**294004**
按批发行业小类分组				
农、林、牧、渔产品批发	493063	58830	66424	9306
食品、饮料及烟草制品批发	2590632	1106386	537626	28373
纺织、服装及家庭用品批发	1165516	74324	32203	11703
文化、体育用品及器材批发	395852	284663	129051	2286
医药及医疗器材批发	1247234	397924	223521	78397
矿产品、建材及化工产品批发	9865721	3888035	2769419	118821
机械设备、五金产品及电子产品批发	1132224	207936	105610	42886
其他批发业	658321	–9912	22132	2230
按登记注册类型分组				
内资企业	16801454	5880500	3872828	292524
国有企业	122952	157849	3314	
集体企业	1590	–300	182	
有限责任公司	11524654	3626257	3132546	27592
股份有限公司	1740789	1235074	165606	1350
私营企业	3411469	861621	571181	263581
港、澳、台商投资企业	2967	5347	2658	1480
外商投资企业	744142	122338	10500	
按控股情况分组				
国有控股	9872389	4414240	3075154	3970
集体控股	23659	3541	482	2
私人控股	5345707	1050855	682147	284972
港澳台商控股	2967	5347	2658	1480
外商控股	744142	122338	10500	
其他	1559700	411864	115045	3580
按经营形式分组				
独立门店	7512928	2860265	982128	168374
连锁总店（总部）	1349192	–390709	546978	1022
连锁直营店	6518	–582	600	
连锁加盟店	10031	196	100	
其他	8669893	3539014	2356179	124608

9-7 续表 3

单位：万元

指标名称	营业收入	主营业务收入	营业成本	税金及附加
总计	**35800923**	**35587909**	**34318523**	**150470**
按批发行业小类分组				
农、林、牧、渔产品批发	584325	583885	565242	1195
食品、饮料及烟草制品批发	4391420	4338634	4031660	113667
纺织、服装及家庭用品批发	1304143	1271376	1227980	1502
文化、体育用品及器材批发	367524	366382	331631	530
医药及医疗器材批发	2491786	2486541	2234383	5897
矿产品、建材及化工产品批发	24484118	24379489	23927382	23174
机械设备、五金产品及电子产品批发	1905060	1889073	1727977	3133
其他批发业	272548	272528	272269	1373
按登记注册类型分组				
内资企业	34949070	34750107	33509015	149333
国有企业	935403	935342	696478	110017
集体企业	10833	10833	11175	2
有限责任公司	24879086	24755081	24220580	26681
股份有限公司	1097709	1055969	1015201	2182
私营企业	8026039	7992882	7565581	10452
港、澳、台商投资企业	11028	11024	8479	59
外商投资企业	840826	826779	801028	1078
按控股情况分组				
国有控股	22258753	22130868	21600340	131619
集体控股	109318	109318	105074	100
私人控股	9880356	9811405	9264935	13481
港澳台商控股	11028	11024	8479	59
外商控股	840826	826779	801028	1078
其他	2700643	2698516	2538666	4133
按经营形式分组				
独立门店	13423883	13360456	12812664	16692
连锁总店（总部）	372869	365756	388517	642
连锁直营店	22564	19956	17982	39
连锁加盟店	9658	9600	9174	11
其他	21971949	21832142	21090185	133087

单位：万元

指标名称	其他业务利润	销售费用	管理费用	研发费用	财务费用	# 利息收入
总计	**53748**	**571924**	**354344**	**1162**	**266254**	**68297**
按批发行业小类分组						
农、林、牧、渔产品批发	54	12402	5820		4558	2202
食品、饮料及烟草制品批发	8980	59163	72387	235	25320	10600
纺织、服装及家庭用品批发	6381	41790	23038		826	2260
文化、体育用品及器材批发	757	20164	10970		–583	4361
医药及医疗器材批发	3529	95877	67364	45	21013	4790
矿产品、建材及化工产品批发	23290	249759	116428	448	191337	42427
机械设备、五金产品及电子产品批发	10756	87882	50652	433	10124	973
其他批发业		4888	7684		13660	683
按登记注册类型分组						
内资企业	53748	545941	349447	1162	263213	68269
国有企业	321	9787	34078		–4843	5613
集体企业		128	57			
有限责任公司	38862	227015	148841	66	206845	54606
股份有限公司	1447	47959	21198		17087	6151
私营企业	13118	261052	145272	1096	44124	1899
港、澳、台商投资企业		901	860		2	1
外商投资企业		25082	4037		3039	26
按控股情况分组						
国有控股	29445	151755	142354	50	183150	55904
集体控股		3798	331		797	6
私人控股	22782	330943	180521	1112	65298	2229
港澳台商控股		901	860		2	1
外商控股		25082	4037		3039	26
其他	1521	59445	26241		13968	10131
按经营形式分组						
独立门店	29817	253026	155630	932	114186	11079
连锁总店（总部）	4692	26259	12288		1119	1
连锁直营店		2713	2222		3	–1
连锁加盟店		181	211		0.4	
其他	19239	289746	183992	229	150946	57218

单位：万元

指标名称	#利息费用	投资收益	营业利润	营业外收入
总计	**258916**	**181523**	**306848**	**42902**
按批发行业小类分组				
农、林、牧、渔产品批发	6502	150	-3925	7737
食品、饮料及烟草制品批发	26890	58681	155030	7681
纺织、服装及家庭用品批发	2627	126	15838	607
文化、体育用品及器材批发	805	4528	8183	383
医药及医疗器材批发	12149	3712	69429	986
矿产品、建材及化工产品批发	193073	114263	69815	24366
机械设备、五金产品及电子产品批发	8230	60	18373	879
其他批发业	8640	4	-25895	263
按登记注册类型分组				
内资企业	258691	181523	299672	42748
国有企业	608	81	90417	681
集体企业			-529	
有限责任公司	212506	114843	156059	31975
股份有限公司	9736	12105	5390	5355
私营企业	35841	54495	48336	4737
港、澳、台商投资企业			727	152
外商投资企业	225		6449	1
按控股情况分组				
国有控股	197343	114674	154274	32112
集体控股	801		-781	21
私人控股	47929	57589	79122	9865
港澳台商控股			727	152
外商控股	225		6449	1
其他	12618	9261	67057	751
按经营形式分组				
独立门店	79673	41196	100300	11492
连锁总店（总部）	470	13560	-42304	884
连锁直营店			-395	59
连锁加盟店			80	
其他	178772	126767	249167	30468

9-7 续表 6

单位：万元

指标名称	利润总额	所得税费用	应付职工薪酬	应交增值税
总计	**343671**	**69140**	**309692**	**182657**
按批发行业小类分组				
农、林、牧、渔产品批发	3735	1352	4582	-300
食品、饮料及烟草制品批发	166240	27374	69175	37810
纺织、服装及家庭用品批发	16185	1244	21038	8423
文化、体育用品及器材批发	5495	2074	10402	706
医药及医疗器材批发	69444	9915	48674	40206
矿产品、建材及化工产品批发	90011	23770	102452	61674
机械设备、五金产品及电子产品批发	18641	3143	47650	23680
其他批发业	-26081	269	5720	10458
按登记注册类型分组				
内资企业	336932	68677	307639	177278
国有企业	90254	23001	34364	27968
集体企业	-529		70	
有限责任公司	182978	37421	144084	60045
股份有限公司	8388	2517	28241	16784
私营企业	55841	5738	100881	72480
港、澳、台商投资企业	862	204	681	355
外商投资企业	5877	259	1372	5024
按控股情况分组				
国有控股	180700	44718	142208	70256
集体控股	-762	1138	1158	422
私人控股	90144	11792	134799	87136
港澳台商控股	862	204	681	355
外商控股	5877	259	1372	5024
其他	66851	11030	29475	19464
按经营形式分组				
独立门店	112415	20557	131264	91521
连锁总店（总部）	-41289	17780	13938	1039
连锁直营店	-337		1604	266
连锁加盟店	80	18	98	-80
其他	272801	30785	162790	89912

9-8 全市限额以上零售业法人企业财务状况

（2019年）

单位：万元

指标名称	企业数（个）	年初存货	流动资产合计	#应收账款	#存货	固定资产原价
总计	**579**	**740781**	**2982289**	**393385**	**733744**	**541916**
按零售行业小类分组						
综合零售	65	114081	498987	45062	119152	253029
食品、饮料及烟草制品专门零售	58	18534	77185	17428	22569	7674
纺织、服装及日用品专门零售	32	27886	412589	17400	28167	2368
文化、体育用品及器材专门零售	29	60695	149766	49238	60777	31387
医药及医疗器材专门零售	22	46122	136941	40500	48578	13610
汽车、摩托车、零配件和燃料及其他动力销售	231	423492	1294076	110401	392606	209870
家用电器及电子产品专门零售	101	41722	335360	102325	51166	13353
五金、家具及室内装饰材料专门零售	16	3889	22758	4305	3207	1741
货摊、无店铺及其他零售业	25	4360	54627	6726	7523	8884
按登记注册类型分组						
内资企业	563	668428	2743562	371397	660420	480764
国有企业	4	1949	10949	3770	1649	2217
有限责任公司	185	407116	1800943	207779	384054	217257
股份有限公司	3	13143	55320	1105	11910	150999
私营企业	369	246219	876102	158669	262806	110288
其他企业	2	1	247	73	1	3
港、澳、台商投资企业	13	47217	177948	16807	43580	39378
外商投资企业	3	25135	60779	5182	29743	21774
按控股情况分组						
国有控股	45	66463	360275	54834	89697	215243
集体控股	4	11242	32486	3794	12974	8417
私人控股	458	418988	1391106	266438	388186	178628
港澳台商控股	12	37836	158843	13396	33587	33197
外商控股	4	64359	102923	6360	68967	27050
其他	56	141893	936656	48564	140334	79381
按经营形式分组						
独立门店	471	598363	2303323	239983	561068	439884
连锁总店（总部）	24	69898	339386	70308	80819	66935
连锁直营店	7	22567	54078	7249	35088	14008
其他	77	49954	285502	75846	56769	21090
按零售业态分组						
有店铺零售	500	715421	2783051	322127	704224	529330
食杂店	12	250	3074	1759	522	320
便利店	6	3813	58814	33978	6893	4406
超市	26	12466	31832	5781	12810	11548
大型超市	25	63065	215323	5451	82238	65890
百货店	18	41939	213043	15968	28810	167069
专业店	209	248413	1314309	165946	270713	132402
专卖店	185	340746	887553	68945	297687	138848
家居建材商店	7	2153	8468	1582	713	1045
购物中心	4	2033	47587	22012	2750	7770
厂家直销中心	8	544	3049	704	1088	32
无店铺零售	79	25360	199239	71258	29520	12586
电视购物	1	107	3216	10	361	504
网上商店	13	1901	20230	2913	3790	1021
其他	65	23352	175794	68335	25369	11061

9-8 续表 1　　　　单位：万元

指标名称	累计折旧		在建工程	资产总计	流动负债合计	
		本年折旧				应付账款
总计	**233322**	**37553**	**21083**	**3916659**	**2385317**	**516566**
按零售行业小类分组						
综合零售	103846	12358	2394	841927	484169	192195
食品、饮料及烟草制品专门零售	2773	652	3963	90191	49873	12787
纺织、服装及日用品专门零售	1479	602	561	546860	330400	37272
文化、体育用品及器材专门零售	13576	2103	458	188713	136496	21227
医药及医疗器材专门零售	7492	2115	133	180696	107894	59862
汽车、摩托车、零配件和燃料及其他动力销售	92033	17957	8824	1579449	951764	126950
家用电器及电子产品专门零售	7410	881		373093	246816	53236
五金、家具及室内装饰材料专门零售	516	266	4698	31680	25521	4591
货摊、无店铺及其他零售业	4198	619	52	84049	52385	8447
按登记注册类型分组						
内资企业	201061	32020	20842	3606693	2239178	469458
国有企业	965	91	3963	19900	14210	2552
有限责任公司	103778	17859	10697	2328946	1361637	228959
股份有限公司	46908	3659	10	194885	93447	30508
私营企业	49388	10394	6172	1062598	769818	207433
其他企业	21	17		366	67	7
港、澳、台商投资企业	22595	3196	242	214861	78877	18460
外商投资企业	9666	2338		95104	67262	28648
按控股情况分组						
国有控股	75738	6584	11338	605921	281478	80328
集体控股	4001	851		37926	23566	4591
私人控股	86614	17090	7021	1763322	1115629	268996
港澳台商控股	19274	2732	242	192779	67112	15037
外商控股	12125	3839		150670	120897	28588
其他	35571	6457	2482	1166041	776635	119026
按经营形式分组						
独立门店	183689	30135	16094	2977422	1825311	334908
连锁总店（总部）	34702	3777	3812	495519	261114	95395
连锁直营店	5698	1266	190	86920	69275	39033
其他	9233	2374	988	356798	229618	47230
按零售业态分组						
有店铺零售	227544	36459	20740	3665757	2244366	488096
食杂店	149	25		4595	1790	1424
便利店	1784	353	1	63660	38947	13767
超市	6232	992	350	38423	34403	9321
大型超市	35289	5886	2089	380514	184401	64688
百货店	59676	4830	319	382682	206382	61199
专业店	56523	11427	12084	1654683	1019036	191944
专卖店	65681	12036	1034	1066026	692742	100111
家居建材商店	216	78	4698	15551	15173	549
购物中心	1974	831	165	56257	49963	44838
厂家直销中心	20	2		3367	1530	255
无店铺零售	5778	1094	344	250902	140951	28469
电视购物	331	14		3394	1048	340
网上商店	413	165		43321	35275	5508
其他	5035	915	344	204187	104628	22621

9-8 续表 2

单位：万元

指标名称	负债合计	所有者权益合计		
			实收资本	
				个人资本
总计	**2539962**	**1375524**	**575985**	**83862**
按零售行业小类分组				
综合零售	573963	267942	112922	6025
食品、饮料及烟草制品专门零售	58843	31221	18618	7137
纺织、服装及日用品专门零售	331832	215028	26868	635
文化、体育用品及器材专门零售	138210	50503	13988	5549
医药及医疗器材专门零售	116659	64037	57070	9154
汽车、摩托车、零配件和燃料及其他动力销售	988839	589712	250631	31914
家用电器及电子产品专门零售	251405	121688	77933	18031
五金、家具及室内装饰材料专门零售	25595	5959	5595	3249
货摊、无店铺及其他零售业	54615	29434	12360	2169
按登记注册类型分组				
内资企业	2389547	1215973	540391	83032
国有企业	19393	506	1998	36
有限责任公司	1460253	868692	277202	22451
股份有限公司	94812	100073	56466	1400
私营企业	814957	246556	204716	59135
其他企业	132	146	10	10
港、澳、台商投资企业	78906	135956	27050	830
外商投资企业	71509	23595	8545	
按控股情况分组				
国有控股	291329	314593	149617	1066
集体控股	23663	14263	5300	
私人控股	1249836	512314	308137	80708
港澳台商控股	67141	125638	24550	830
外商控股	125145	25525	9045	
其他	782849	383192	79336	1258
按经营形式分组				
独立门店	1903144	1073106	441566	54284
连锁总店（总部）	335126	160393	29782	2181
连锁直营店	69908	17012	32827	
其他	231785	125014	71810	27397
按零售业态分组				
有店铺零售	2392238	1272209	513973	65676
食杂店	1971	2624	2309	779
便利店	38947	24713	9180	
超市	35418	2984	12439	4518
大型超市	268750	111764	42618	3200
百货店	209248	173394	64682	1009
专业店	1054372	600437	227557	30165
专卖店	713694	351853	150224	22645
家居建材商店	15197	228	3128	2900
购物中心	52913	3344	1380	50
厂家直销中心	1729	868	456	410
无店铺零售	147724	103315	62012	18186
邮购	1048	2346	392	192
网上商店	35362	7959	6010	559
其他	111314	93010	55611	17435

9-8 续表 3

单位：万元

指标名称	营业收入	主营业务收入	营业成本	税金及附加
总计	**7991079**	**7806248**	**7057717**	**20753**
按零售行业小类分组				
综合零售	1370779	1285450	1119260	5199
食品、饮料及烟草制品专门零售	166412	165810	142465	300
纺织、服装及日用品专门零售	181804	181503	135186	621
文化、体育用品及器材专门零售	261070	256428	219140	730
医药及医疗器材专门零售	311911	304487	226233	961
汽车、摩托车、零配件和燃料及其他动力销售	4617690	4540185	4260462	10716
家用电器及电子产品专门零售	658929	651615	592171	1133
五金、家具及室内装饰材料专门零售	26873	26461	23450	298
货摊、无店铺及其他零售业	395611	394310	339350	796
按登记注册类型分组				
内资企业	7143452	6978946	6362108	15855
国有企业	18216	17297	15161	132
有限责任公司	4924202	4808506	4446101	8635
股份有限公司	195193	185520	157313	2107
私营企业	2003705	1965488	1741477	4981
其他企业	2136	2136	2056	
港、澳、台商投资企业	634987	620508	539508	4442
外商投资企业	212640	206794	156101	457
按控股情况分组				
国有控股	1730795	1698716	1542871	4403
集体控股	139175	134844	122263	822
私人控股	3972841	3891583	3561826	7935
港澳台商控股	518892	508660	435708	3674
外商控股	345749	339902	271244	569
其他	1283627	1232542	1123805	3350
按经营形式分组				
独立门店	6006373	5866883	5360897	15398
连锁总店（总部）	1059079	1032121	909401	1861
连锁直营店	201954	192382	140386	728
其他	723673	714862	647032	2767
按零售业态分组				
有店铺零售	7425098	7245590	6561682	19647
食杂店	21548	21545	19120	33
便利店	715053	698654	661048	527
超市	76652	73213	60386	157
大型超市	751300	706061	628600	1110
百货店	532237	504143	420186	3924
专业店	2510317	2480760	2206693	5597
专卖店	2717053	2666706	2482988	7804
家居建材商店	12027	11913	11247	270
购物中心	80768	74452	63794	212
厂家直销中心	8143	8143	7622	15
无店铺零售	565981	560657	496035	1106
电视购物	5758	5591	3496	28
网上商店	318746	318306	289333	559
其他	241477	236761	203205	520

9-8 续表 4 单位：万元

指标名称	其他业务利润	销售费用	管理费用	研发费用	财务费用	# 利息收入
总计	**90166**	**541102**	**208092**	**3694**	**25141**	**1621**
按零售行业小类分组						
综合零售	31495	181738	54395	0.1	6578	201
食品、饮料及烟草制品专门零售	345	7179	8907		379	9
纺织、服装及日用品专门零售	996	30652	8254	4	193	1813
文化、体育用品及器材专门零售	1625	22312	10121		77	114
医药及医疗器材专门零售	2075	57240	18870		1389	–58
汽车、摩托车、零配件和燃料及其他动力销售	37866	172458	77657	8	12758	–763
家用电器及电子产品专门零售	15152	34705	21088	2307	3556	156
五金、家具及室内装饰材料专门零售	6	638	1570		57	3
货摊、无店铺及其他零售业	606	34180	7229	1376	155	146
按登记注册类型分组						
内资企业	83434	438737	183131	3690	21845	2564
国有企业	861	1519	1208		81	–1
有限责任公司	62770	284377	75199	1450	9508	1990
股份有限公司	1281	11370	19384	520	2087	201
私营企业	18521	141461	87297	1720	10170	375
其他企业		11	44			
港、澳、台商投资企业	4621	57600	20013	4	479	–991
外商投资企业	2112	44765	4948		2817	49
按控股情况分组						
国有控股	13883	80009	38398	1450	3054	–219
集体控股	2302	7317	3783		102	31
私人控股	54158	239840	113878	2240	14953	525
港澳台商控股	2350	53916	16878	4	461	–1025
外商控股	2112	57034	8407		2826	49
其他	15361	102985	26748		3746	2261
按经营形式分组						
独立门店	56783	349025	151735	2111	16166	1580
连锁总店（总部）	25469	96060	29176		5212	135
连锁直营店	2099	45552	9307		619	–41
其他	5816	50464	17874	1583	3145	–52
按零售业态分组						
有店铺零售	89239	505087	192695	643	23495	1463
食杂店	19	749	651		13	
便利店	5998	32156	4182		293	35
超市	1416	10877	5532		473	–1
大型超市	13073	100366	16893		4234	166
百货店	5511	60275	33574		1716	20
专业店	27037	160040	69678	639	8322	1622
专卖店	29862	125944	59661	4	8197	–379
家居建材商店	6	178	746		23	
购物中心	6315	14268	1602		221	1
厂家直销中心		234	177		4	
无店铺零售	928	36015	15397	3052	1646	158
电视购物	147	1126	370		–39	41
网上商店	444	22986	3195	575	207	3
其他	336	11902	11832	2477	1479	114

9-8 续表 5 单位：万元

指标名称	#利息费用	投资收益	营业利润	营业外收入
总计	**13233**	**9200**	**162775**	**14350**
按零售行业小类分组				
综合零售	3179	1024	10941	3965
食品、饮料及烟草制品专门零售	256		6622	521
纺织、服装及日用品专门零售	–1677	4390	12220	2393
文化、体育用品及器材专门零售	94	53	8275	173
医药及医疗器材专门零售	1104	8	7819	950
汽车、摩托车、零配件和燃料及其他动力销售	7985	3590	97813	5013
家用电器及电子产品专门零售	2170	228	7210	728
五金、家具及室内装饰材料专门零售	27		164	21
货摊、无店铺及其他零售业	96	–92	11712	586
按登记注册类型分组				
内资企业	13470	9299	128665	13052
国有企业	74	308	459	313
有限责任公司	6029	8616	106233	9003
股份有限公司	1690.1	49	1166	123.6
私营企业	5677	327	20783	3612
其他企业			25	
港、澳、台商投资企业	–85	–99	28088	737
外商投资企业	–151		6022	561
按控股情况分组				
国有控股	2979	3418	62725	1483
集体控股	88		4795	122
私人控股	9196	1286	37746	7503
港澳台商控股	–137	–99	23399	623
外商控股	–151		8137	581
其他	1259	4595	25973	4038
按经营形式分组				
独立门店	9581	8187	122352	11142
连锁总店（总部）	1671	993	21286	2564
连锁直营店	594		5354	308
其他	1388	21	13784	336
按零售业态分组				
有店铺零售	12385	9178	150052	13403
食杂店	11		393	5
便利店	17		16986	232
超市	425	4	–2338	407
大型超市	984	971	5112	3051
百货店	1746	49	17161	325
专业店	3486	4899	66032	5815
专卖店	5518	3254	46339	3488
家居建材商店	2		–411	11
购物中心	197		687	4
厂家直销中心			92	66
无店铺零售	848	23	12723	946
电视购物	2		778	10
网上商店	60	7	1157	125
其他	786	16	10789	812

9-8 续表 6

单位：万元

指标名称	利润总额	所得税费用	应付职工薪酬	应交增值税
总计	**170540**	**32181**	**429801**	**84407**
按零售行业小类分组				
综合零售	12896	4238	60335	14286
食品、饮料及烟草制品专门零售	7065	1216	136055	1253
纺织、服装及日用品专门零售	13136	1053	12785	4191
文化、体育用品及器材专门零售	8214	588	12036	1463
医药及医疗器材专门零售	8593	1420	59591	7564
汽车、摩托车、零配件和燃料及其他动力销售	100715	20518	105005	37864
家用电器及电子产品专门零售	7587	602	28049	10559
五金、家具及室内装饰材料专门零售	109	211	1378	314
货摊、无店铺及其他零售业	12226	2335	14568	6913
按登记注册类型分组				
内资企业	135587	26571	385247	71900
国有企业	747	122	1217	118
有限责任公司	111996	20571	129907	44571
股份有限公司	477	498	7463	3348
私营企业	22342	5379	246639	23863
其他企业	25		22	
港、澳、台商投资企业	28462	4672	25464	10175
外商投资企业	6491	939	19091	2331
按控股情况分组				
国有控股	63091	12172	42536	18878
集体控股	4799	690	3085	1636
私人控股	42666	9388	290732	37685
港澳台商控股	23776	3999	23529	8695
外商控股	8613	1465	23678	3155
其他	27595	4467	46241	14358
按经营形式分组				
独立门店	128323	25192	186884	61220
连锁总店（总部）	23387	3324	45637	8508
连锁直营店	5046	1850	46796	6005
其他	13784	1814	150484	8675
按零售业态分组				
有店铺零售	157190	30273	409558	73864
食杂店	376	20	130083	119
便利店	17084	5163	6458	6908
超市	-1948	10	6785	372
大型超市	7262	2031	34081	5645
百货店	16517	2841	17990	9010
专业店	68707	10603	132919	26580
专卖店	48866	9407	77733	24518
家居建材商店	-454	161	697	141
购物中心	671	28	2548	497
厂家直销中心	110	10	267	74
无店铺零售	13349	1908	20243	10543
电视购物	785		811	216
网上商店	1226	422	3519	3795
其他	11338	1486	15913	6532

9-9 全市限额以上住宿法人单位经营情况

（2019年）

单位：万元

指标名称	法人企业数（个）	从业人员期末人数（人）	客房数（间）	床位数（个）	餐位数（位）	年末餐饮营业面积（平方米）
总计	**193**	**15594**	**35449**	**53160**	**48358**	**320603**
按住宿行业小类分组						
旅游饭店	82	10772	18380	28671	37866	185624
一般旅馆	109	4612	16386	23522	9192	131357
其他住宿业	2	210	683	967	1300	3622
按登记注册类型分组						
内资企业	187	13475	33454	50066	41155	304104
国有企业	10	1923	1564	2872	6700	23136
集体企业	1	51	203	362	60	298
有限责任公司	50	4121	9817	14889	12418	95512
私营企业	126	7380	21870	31943	21977	185158
港、澳、台商投资企业	6	2119	1995	3094	7203	16499
按控股情况分组						
国有控股	18	3121	3715	6390	10710	37530
集体控股	1	51	203	362	60	298
私人控股	153	8566	26459	38527	23827	234443
港澳台商控股	4	1786	1415	2098	5403	11355
外商控股	1	365	331	460	1920	5321
其他	16	1705	3326	5323	6438	31656
按经营形式分组						
独立门店	156	14177	29795	45337	46263	266999
连锁直营店	14	282	1843	2417	116	22070
连锁加盟店	10	212	1546	2301	110	15840
其他	13	923	2265	3105	1869	15694
按星级分组						
五星级	4	1328	1351	2031	4303	13799
四星级	22	2912	4516	6848	10318	44877
三星级	21	1219	3641	5549	3848	40495
二星级	4	219	721	1305	1040	2918
其他	142	9916	25220	37427	28849	218514

9–9 续表

单位：万元

指标名称	营业额	客房收入	餐费收入	商品销售收入	其他收入
总计	**340134**	**209139**	**95555**	**10023**	**25416**
按住宿行业小类分组					
旅游饭店	226097	114505	81798	9009	20785
一般旅馆	112531	93558	13466	1011	4496
其他住宿业	1506	1077	291	3	135
按登记注册类型分组					
内资企业	290398	189154	68974	8254	24016
国有企业	31701	8254	11894	5111	6441
集体企业	1011	707	67		238
有限责任公司	98870	63095	24799	1241	9735
私营企业	158817	117099	32214	1902	7602
港、澳、台商投资企业	49736	19985	26582	1769	1400
按控股情况分组					
国有控股	55442	19326	19649	5524	10944
集体控股	1011	707	67		238
私人控股	190342	144208	33813	1974	10348
港澳台商控股	43674	17693	23674	1290	1017
外商控股	10702	4993	4507	445	757
其他	38962	22213	13847	790	2112
按经营形式分组					
独立门店	304577	179462	91395	9756	23965
连锁直营店	10215	9858	22	37	298
连锁加盟店	8656	8570	26		60
其他	16687	11249	4113	231	1093
按星级分组					
五星级	31456	13944	14806	2163	543
四星级	52940	24681	15018	4759	8483
三星级	25398	16087	4676	452	4184
二星级	5432	3260	1120	108	943
其他	224908	151168	59935	2542	11263

9-10 全市限额以上餐饮法人单位经营情况

（2019年）

单位：万元

指标名称	法人企业数（个）	从业人员期末人数（人）	客房数（间）	床位数（个）	餐位数（位）	年末餐饮营业面积（平方米）
总计	**129**	**18136**	**871**	**1486**	**76252**	**347180**
按餐饮行业小类分组						
正餐服务	113	7230	871	1486	50170	257782
快餐服务	7	9555			22629	78665
饮料及冷饮服务	2	140			560	1925
餐饮配送及外卖送餐服务	5	315			280	4050
其他餐饮业	2	896			2613	4758
按登记注册类型分组						
内资企业	127	12847	871	1486	63907	306927
集体企业	1	47			300	500
有限责任公司	40	7151	593	1078	29638	147824
股份有限公司	1	27			328	3600
私营企业	85	5622	278	408	33641	155003
港、澳、台商投资企业	1	23			506	2817
外商投资企业	1	5266			11839	37436
按控股情况分组						
国有控股	2	305	263	496	530	1300
集体控股	2	47	38	78	429	2000
私人控股	113	11007	313	516	53620	273832
港澳台商控股	1	23			506	2817
外商控股	1	5266			11839	37436
其他	10	1488	257	396	9328	29795
按经营形式分组						
独立门店	116	7435	871	1486	46620	238204
连锁总店（总部）	4	9997			24489	78485
连锁直营店	2	397			800	1900
连锁加盟店	2	35			93	291
其他	5	272			4250	28300

9-10 续表

单位：万元

指标名称	营业额	客房收入	餐费收入	商品销售收入	其他收入
总计	**355359**	**4133**	**316854**	**24856**	**9516**
按餐饮行业小类分组					
正餐服务	153233	4133	142440	5751	909
快餐服务	146992		144267	467	2258
饮料及冷饮服务	3200		2764		436
餐饮配送及外卖送餐服务	20610		11963	4520	4127
其他餐饮业	31324		15420	14118	1786
按登记注册类型分组					
内资企业	267278	4133	230614	24856	7676
集体企业	680		680		
有限责任公司	155591	3337	127669	17965	6620
股份有限公司	1396		1396		
私营企业	109611	796	100869	6891	1056
港、澳、台商投资企业	1209		1209		
外商投资企业	86872		85032		1840
按控股情况分组					
国有控股	6017	1747	4085	105	79
集体控股	1310	55	1255		
私人控股	209190	886	191955	10490	5859
港澳台商控股	1209		1209		
外商控股	86872		85032		1840
其他	50762	1444	33319	14261	1738
按经营形式分组					
独立门店	156153	4133	144715	6152	1154
连锁总店（总部）	167559		149443	14118	3998
连锁直营店	7393		7220		173
连锁加盟店	665		600		64
其他	23590		14876	4586	4127

9-11 全市限额以上住宿业法人企业财务状况

（2019 年）

单位：万元

指标名称	法人企业数（个）	年初存货	流动资产合计	#应收账款	#存货	固定资产原价
总计	**193**	**13401**	**408106**	**33722**	**11674**	**628371**
按行业小类分组						
旅游饭店	82	11262	307240	23363	9573	529481
一般旅馆	109	2138	88438	10266	1950	98114
其他住宿业	2	2	12427	93	151	775
按登记注册类型分组						
内资企业	187	9084	327348	29462	7603	343725
国有企业	10	881	28020	1227	699	68610
集体企业	1	2	399	75	3	1777
有限责任公司	50	1818	104799	21540	1743	190466
私营企业	126	6383	194130	6620	5159	82872
港、澳、台商投资企业	6	4317	80758	4260	4072	284646
按控股情况分组						
国有控股	18	1635	59134	2825	1280	116935
集体控股	1	2	399	75	3	1777
私人控股	153	6914	215262	12230	5629	109706
港澳台商控股	4	4189	76440	3906	3971	243772
外商控股	1	31	13498	299	107	48775
其他	16	631	43373	14387	684	107407
按经营形式分组						
独立门店	156	12812	351984	32501	10826	569826
连锁直营店	14	42	7311	390	49	3153
连锁加盟店	10	131	4145	57	126	712
其他	13	417	44666	774	674	54680
按星级分组						
五星级	4	622	70169	4457	703	120239
四星级	22	2215	66300	2571	2019	77328
三星级	21	908	34005	1882	621	39340
二星级	4	40	2754	169	32	5232
其他	142	9617	234878	24643	8299	386232

9-11 续表 1

单位：万元

指标名称	累计折旧		在建工程	资产总计	流动负债合计	
		本年折旧				应付账款
总计	**285048**	**20772**	**29521**	**946640**	**449307**	**43872**
按行业小类分组						
旅游饭店	254729	15117	15341	727228	319597	30927
一般旅馆	29866	5614	7842	206714	119170	12680
其他住宿业	454	41	6338	12698	10540	265
按登记注册类型分组						
内资企业	141011	14374	29426	707637	368625	37309
国有企业	46261	1819	4454	87976	33450	685
集体企业	1022	29	1135	111	63	
有限责任公司	43200	5701	6491	320215	134233	11483
私营企业	50528	6825	18481	298312	200831	25078
港、澳、台商投资企业	144037	6397	95	239003	80682	6562
按控股情况分组						
国有控股	76825	2888	4515	154657	98676	2076
集体控股	1022	29	1135	111	63	
私人控股	62544	8009	23998	348570	245563	32652
港澳台商控股	108888	5532	29	228819	30138	5757
外商控股			66974	8387	624	
其他	35770	4314	979	146485	66432	2699
按经营形式分组						
独立门店	253512	15399	17831	845619	403419	38043
连锁直营店	2176	277	1	10877	5822	556
连锁加盟店	488	307.7	4838	9826	8955	1259
其他	28872	4789	6852	80318	31111	4013
按星级分组						
五星级	69415	4336	127941	26488	4200	
四星级	56215	2973	11285	157493	103129	7940
三星级	17387	1512	72	66532	27502	1478
二星级	2749	134	1334	9107	5214	796
其他	139283	11816	16830	585568	286973	29458

9-11 续表 2

单位：万元

指标名称	负债合计	所有者权益合计	实收资本	个人资本
总计	**700684**	**242066**	**218169**	**32807**
按行业小类分组				
旅游饭店	544187	179250	182598	14830
一般旅馆	143732	62882	34041	17947
其他住宿业	12765	-66	1530	30
按登记注册类型分组				
内资企业	527682	176065	123858	32807
国有企业	42583	46989	14565	
集体企业	111	1024	723	
有限责任公司	211876	102940	41114	3320
私营企业	273112	25113	67456	29487
港、澳、台商投资企业	173002	66001	94311	
按控股情况分组				
国有控股	118834	37419	40734	660
集体控股	111	1024	723	
私人控股	324697	18386	74460	30897
港澳台商控股	115570	113250	72653	
外商控股	8387	58587		
其他	133086	13399	29599	1250
按经营形式分组				
独立门店	641315	205812	171402	31762
连锁直营店	7882	2995	1878	55
连锁加盟店	9645	182	1136	200
其他	41842	33077	43754	790
按星级分组				
五星级	70353	57588	71518	
四星级	121955	35539	44255	4540
三星级	33701	29027	9299	3115
二星级	6385	2722	2219	
其他	468291	117190	90878	25152

9-11 续表 3

单位：万元

指标名称	营业收入		营业成本	税金及附加
		主营业务收入		
总计	**330795**	**322430**	**102718**	**5778**
按行业小类分组				
旅游饭店	221761	214719	60918	5005
一般旅馆	107614	106388	41660	773
其他住宿业	1421	1323	140	0.2
按登记注册类型分组				
内资企业	278077	269756	91852	4575
国有企业	31359	27744	11411	972
集体企业	1011	1011	46	3
有限责任公司	93531	91715	31324	2198
私营企业	152176	149286	49071	1402
港、澳、台商投资企业	52718	52674	10866	1204
按控股情况分组				
国有控股	53573	49693	18719	1491
集体控股	1011	1011	46	3
私人控股	182353	178564	59433	1536
港澳台商控股	47025	47025	8362	1020
外商控股	10078	10078	5081	284
其他	36754	36059	11079	1445
按经营形式分组				
独立门店	296852	289567	92922	5270
连锁直营店	9868	9668	2371	33
连锁加盟店	8213	8209	3830	42
其他	15862	14986	3596	433
按星级分组				
五星级	29882	29284	6704	984
四星级	50279	46941	16937	765
三星级	23714	22911	7078	420
二星级	5295	5074	1007	48
其他	221626	218220	70992	3562

9-11 续表 4　　单位：万元

指标名称	其他业务利润	销售费用	管理费用	财务费用	利息收入
总计	**20220**	**121783**	**108280**	**14195**	**1381**
按行业小类分组					
旅游饭店	19658	88165	72266	12191	1352
一般旅馆	464	32275	34535	1956	28
其他住宿业	98	1343	1479	49	1
按登记注册类型分组					
内资企业	1484	104607	85977	10820	900
国有企业	20	11692	7820	399	36
集体企业		689	276	1	1
有限责任公司	73	35112	29211	5724	753
私营企业	1391	57113	48669	4696	110
港、澳、台商投资企业	18736	17176	22304	3375	481
按控股情况分组					
国有控股	20	19151	17332	–204	767
集体控股		689	276	1	1
私人控股	1442	72990	54150	5320	107
港澳台商控股	18736	14162	21851	3145	479
外商控股		481	4419	22	7
其他	22	14309	10252	5911	20
按经营形式分组					
独立门店	19122	109246	93516	13832	913
连锁直营店		5418	1389	87	0.6
连锁加盟店		1764	3109	81.4	0.4
其他	1098	5355	10266	195	467
按星级分组					
五星级	95	11199	11851	1984	473
四星级	618	15621	17232	1327	33
三星级	226	12470	5440	–381	720
二星级	7	1222	3164	95	3
其他	19274	81271	70592	11170	151

9-11 续表 5

单位：万元

指标名称	# 利息费用	投资收益	营业利润	营业外收入
总计	**10423**	**1211**	**-22413**	**2424**
按行业小类分组				
旅游饭店	9160	1129	-16296	2111
一般旅馆	1214	79	-4526	306
其他住宿业	49	3	-1591	6
按登记注册类型分组				
内资企业	9068	1215	-20818	2158
国有企业	384	826	237	1123
集体企业			-3	5
有限责任公司	5698	455	-9669	378
私营企业	2987	-66	-11383	651
港、澳、台商投资企业	1354	-4.5	-1595	266
按控股情况分组				
国有控股	476	826	-1704	1329
集体控股			-3	5
私人控股	3363	354	-13265	724
港澳台商控股	1357		-1031	177
外商控股		24	-185	10
其他	5227	6.9	-6226	179
按经营形式分组				
独立门店	10159	1199	-18495	2339
连锁直营店	82	9	602	14
连锁加盟店	82		-536	5
其他	100	3	-3984	67
按星级分组				
五星级	1915		-2812	99
四星级	498	722	-618	1406
三星级	244	3	-1729	108
二星级	80		-211	50
其他	7686	486	-17043	760

9-11 续表 6 单位：万元

指标名称	利润总额	所得税费用	应付职工薪酬	应交增值税
总计	**-20623**	**1796**	**82970**	**8358**
按行业小类分组				
旅游饭店	-14637	1141	61685	4810
一般旅馆	-4399	655	20676	3061
其他住宿业	-1587		608	488
按登记注册类型分组				
内资企业	-19189	1663	71320	7579
国有企业	1263	677	14098	1109
集体企业	-40		419	36
有限责任公司	-9549	736	22751	1666
私营企业	-10863	249	34052	4768
港、澳、台商投资企业	-1435	133	11650	779
按控股情况分组				
国有控股	-544	786	22490	1415
集体控股	-40		419	36
私人控股	-12810	412	39923	5453
港澳台商控股	-959	133	9681	727
外商控股	-175		282	161
其他	-6095	465	10174	568
按经营形式分组				
独立门店	-16736	1597	75984	7309
连锁直营店	612	192	1351	317
连锁加盟店	-531	0.1	948	-252
其他	-3968	7	4687	984
按星级分组				
五星级	-2739	-19	7844	655
四星级	654	617	17194	1467
三星级	-1688	32	5675	736
二星级	-204	30	1514	138
其他	-16646	1136	50743	5363

9-12 全市限额以上餐饮业法人企业财务状况

（2019 年） 单位：万元

指标名称	法人企业数（个）	年初存货	流动资产合计	# 应收账款	# 存货	固定资产原价
总计	**129**	**7844**	**109591**	**14858**	**11256**	**88871**
按行业小类分组						
正餐服务	113	5441	74860	11428	6927	49587
快餐服务	7	1710	13451	1447	2040	36896
饮料及冷饮服务	2	79	1028	75	89	481
餐饮配送及外卖送餐服务	5	37	11320	438	314	388
其他餐饮业	2	577	8933	1470	1886	1519
按登记注册类型分组						
内资企业	127	7109	104754	14745	10437	76032
集体企业	1	0.1	3	3	0.1	95
有限责任公司	40	3740	57483	7853	4672	63841
股份有限公司	1	20	47	5	10	5
私营企业	85	3349	47221	6884	5755	12090
港、澳、台商投资企业	1		82	82		348
外商投资企业	1	735	4755	32	819	12491
按控股情况分组						
国有控股	2	630	1934	217	397	1131
集体控股	2	2.6	242	4	5	97
私人控股	113	5339	85342	10993	7775	43177
港澳台商控股	1		82	82		348
外商控股	1	735	4755	32	819	12491
其他	10	1138	17236	3531	2260	31627
按经营形式分组						
独立门店	116	5413	74323	11932	7167	50302
连锁总店（总部）	4	1939	19467	2308	3317	37278
连锁直营店	2	126	1731	66	486	689
连锁加盟店	2		79			4
其他	5	366	13992	552	286	598

9-12 续表 1

单位：万元

指标名称	累计折旧		在建工程	资产总计	流动负债合计	
		本年折旧				应付账款
总计	**33456**	**6281**	**2792**	**209826**	**120764**	**29452**
按行业小类分组						
正餐服务	14155	2838	671	125251	88913	24317
快餐服务	18028	3100	1699	57629	11975	1044
饮料及冷饮服务	230	112		1649	1607	836
餐饮配送及外卖送餐服务	75	44		13660	12344	1336
其他餐饮业	968	188	423	11637	5925	1919
按登记注册类型分组						
内资企业	28092	5387	1093	182874	110632	29010
集体企业	90	1		6	6	6
有限责任公司	22480	4110	1047	120692	60105	14355
股份有限公司	4	1		49	6	6
私营企业	5519	1275	46	62127	50515	14642
港、澳、台商投资企业	120	36		367	7	7
外商投资企业	5243	859	1699	26585	10125	435
按控股情况分组						
国有控股	761	157		2763	4096	366
集体控股	92	1		246	400	162
私人控股	21193	3847	595	131177	88131	22544
港澳台商控股	120	36		367	7	7
外商控股	5243	859	1699	26585	10125	435
其他	6046	1382	499	48689	18005	5937
按经营形式分组						
独立门店	14455	2940	671	127279	88910	25023
连锁总店（总部）	18087	3274	2122	64167	17331	3160
连锁直营店	579	–4		1974	1172	607
连锁加盟店	4	1		79	159	146
其他	331	70		16328	13192	516

单位：万元

指标名称	负债合计	所有者权益合计		
			实收资本	
				个人资本
总计	**175799**	**35902**	**31474**	**6334**
按行业小类分组				
正餐服务	122898	4228	23897	5958
快餐服务	33025	24604	2991	26
饮料及冷饮服务	1607	42	200	200
餐饮配送及外卖送餐服务	12344	1316	1229	150
其他餐饮业	5925	5713	3158	
按登记注册类型分组				
内资企业	163761	20988	29039	6334
集体企业	6			
有限责任公司	99806	22823	17764	1722
股份有限公司	6	43	43	
私营企业	63943	–1878	11231	4612
港、澳、台商投资企业	7	359	200	
外商投资企业	12030	14555	2235	
按控股情况分组				
国有控股	4096	–1334	3526	
集体控股	400	–154	80	
私人控股	130499	2556	19862	5122
港澳台商控股	7	359	200	
外商控股	12030	14555	2235	
其他	28766	19920	5572	1212
按经营形式分组				
独立门店	126395	2758	23951	5494
连锁总店（总部）	33761	30406	5392	
连锁直营店	1713	261	40	
连锁加盟店	159	–80		
其他	13771	2556	2091	840

单位：万元

指标名称	营业收入	主营业务收入	营业成本	税金及附加
总计	**334376**	**324361**	**168905**	**1307**
按行业小类分组				
正餐服务	145589	139653	75054	1084
快餐服务	138144	138088	63752	106
饮料及冷饮服务	3030	3030	936	2
餐饮配送及外卖送餐服务	18876	14957	11334	67
其他餐饮业	28737	28633	17829	49
按登记注册类型分组				
内资企业	251724.8	241710	128246	1216
集体企业	642	642	520	5
有限责任公司	145767	140963	68562	548
股份有限公司	1381	1381	605	11
私营企业	103935	98724	58559	653
港、澳、台商投资企业	1140	1140	645	53
外商投资企业	81511	81511	40014	38
按控股情况分组				
国有控股	6000	5692	1693	12
集体控股	1236	1236	1032	5
私人控股	197569	188005	95761	828
港澳台商控股	1140	1140	645	53
外商控股	81511	81511	40014	38
其他	46920	46776	29760	372
按经营形式分组				
独立门店	148498	142640	77065	1099
连锁总店（总部）	156787	156684	72752	88
连锁直营店	7055	7055	5401	13
连锁加盟店	627	627	554	
其他	21409	17355	13133	108

单位：万元

指标名称	其他业务利润	销售费用	管理费用	研发费用	财务费用	
						利息收入
总计	**358**	**116388**	**28699**	**166**	**4738**	**96**
按行业小类分组						
正餐服务	318	54203	15360	12	3877	21
快餐服务	40	47915	9768		624	64
饮料及冷饮服务		1962	161		3	
餐饮配送及外卖送餐服务		6196	966		189	6
其他餐饮业		6112	2444	154	46	6
按登记注册类型分组						
内资企业	358	95978	21920	166	4795	32
集体企业					0.4	0.4
有限责任公司	71	61164	10975	154	3532	25
股份有限公司		524	218		4	0.3
私营企业	288	34290	10727	12	1259.5	5.9
港、澳、台商投资企业		15	348		3	
外商投资企业		20395	6431		-61	65
按控股情况分组						
国有控股		2795	1907		101	10
集体控股			49		0.2	1
私人控股	358	81407	16618	12	3654	14
港澳台商控股		15	348		3	
外商控股		20395	6431		-61	65
其他	0.1	11777	3345	154	1040	7
按经营形式分组						
独立门店	334	54998	15600	12	3878	20
连锁总店（总部）		54249	10881	154	619	71
连锁直营店		900	805		50	
连锁加盟店	24		60		0.2	
其他		6241	1354		191	6

单位：万元

指标名称		投资收益	营业利润	营业外收入
	# 利息费用			
总计	**1935**	**2**	**15303**	**1359**
按行业小类分组				
正餐服务	1661	2	–3198	712
快餐服务	50		16018	545
饮料及冷饮服务			–34	2
餐饮配送及外卖送餐服务	177		276	20
其他餐饮业	47		2241	80
按登记注册类型分组				
内资企业	1935	2	533	975
集体企业			64	0.2
有限责任公司	1062	2	1265	475
股份有限公司	4		10	
私营企业	870	–0.1	–806	500
港、澳、台商投资企业			78	
外商投资企业			14693	383
按控股情况分组				
国有控股	98		–273	78
集体控股	0.3		97	5
私人控股	1106		34	751
港澳台商控股			78	
外商控股			14693	383
其他	730	2	675	141
按经营形式分组				
独立门店	1658	2	–3302	713
连锁总店（总部）	47		18227	585
连锁直营店	50		–113	32
连锁加盟店			–32	1
其他	180		523	27

9-12 续表 6

单位：万元

指标名称	利润总额	所得税费用	应付职工薪酬	应交增值税
总计	**16034**	**4847**	**60711**	**4067**
按行业小类分组				
正餐服务	–2523	378	33991	2828
快餐服务	16003	3866	19966	287
饮料及冷饮服务	–37	0.2	752	12
餐饮配送及外卖送餐服务	285	23	1148	640
其他餐饮业	2306	581	4855	299
按登记注册类型分组				
内资企业	1010	1169	49858	4047
集体企业	64	1	195	39
有限责任公司	1265	1007	24732	1891
股份有限公司	10		97	10
私营企业	–329	160	24835	2107
港、澳、台商投资企业	78	1	147	20
外商投资企业	14947	3677	10706	0.1
按控股情况分组				
国有控股	–200	1	602	96
集体控股	102	2	195	39
私人控股	323	483	41185	3221
港澳台商控股	78	1	147	20
外商控股	14947	3677	10706	0.1
其他	784	683	7876	691
按经营形式分组				
独立门店	–2678	375	34341	2972
连锁总店（总部）	18296	4419	23701	307
连锁直营店	–92	13	1334	127
连锁加盟店	–30		183	–8
其他	538	40	1152	669

9-13 全市亿元以上商品交易市场基本情况

（2019 年）

指标名称	市场数（个）	总摊位数（个）	年末出租摊位（个）	营业面积（平方米）	成交额（万元）
总 计	**21**	**19151**	**17927**	**1172981**	**5267571**
按市场类别分组					
综合市场	5	5339	4175	495834	2475464
综合贸易市场	5	5339	4175	495834	2475464
农产品综合市场	4	4515	3390	482834	2449202
其他综合市场	1	824	785	13000	26262
专业市场	16	13812	13752	677147	2792107
生产资料市场	5	1906	1906	137631	1549121
农用生产资料市场	2	710	710	52000	196000
建材市场	1	108	108	20000	12121
金属材料市场	1	588	588	35631	1260000
机械设备市场	1	500	500	30000	81000
农产品市场	2	5124	5124	112620	615252
肉禽蛋市场	1	4744	4744	66000	530252
干鲜果品市场	1	380	380	46620	85000
食品、饮料及烟酒市场	2	240	230	12500	130150
茶叶市场	2	240	230	12500	130150
纺织、服装、鞋帽市场	3	4082	4032	55250	118112
服装市场	3	4082	4032	55250	118112
电器、通讯器材、电子设备市场	1	780	780	20678	81380
计算机及辅助设备市场	1	780	780	20678	81380
家具、五金及装饰材料市场	3	1680	1680	338468	298092
家具市场	1	500	500	148468	200000
装饰材料市场	1	780	780	140000	30092
五金材料市场	1	400	400	50000	68000
按营业状态分组					
常年营业	20	19029	17815	1166981	5203246
季节性营业	1	122	112	6000	64325
按经营方式分组					
以批发为主	12	7187	6152	728835	4228044
以零售为主	9	11964	11775	444146	1039527
按经营环境分组					
露天式	2	968	968	82251	1345000
封闭式	13	12736	12676	574896	1434986
其他	6	5447	4283	515834	2487585

9-14 各县区限额以上批发和零售业商品销售类值

（2019 年）

单位：万元

指标名称	兴宁区	青秀区	江南区	西乡塘区	良庆区	邕宁区
合计	**4359841**	**18547982**	**5985062**	**7875726**	**3279873**	**2560356**
粮油、食品、饮料、烟酒类	111895	1960775	758070	1202558	197018	91331
粮油、食品类	99730	1810790	713861	280459	193729	90251
#粮油类	50376	451091	116605	40374	170976	31249
肉禽蛋类	8467	29088	21213	19286	4118	864
水产品类	225	9628	4076	1507	651	
蔬菜类	2539	15290	17007	5243	2255	7099
干鲜果品类	2331	23190	139460	4275	4354	872
饮料类	5734	40378	24297	11888	2609	549
烟酒类	6431	109607	19912	910211	680	531
服装、鞋帽、针纺织品类	194229	214626	44771	29469	3853	192
服装类	147619	160899	33056	15737	1371	70
鞋帽类	42237	40643	8087	4471	1804	21
针纺织品类	4373	13084	3628	9261	679	101
化妆品类	69177	46424	2336	164287	339	60
金银珠宝类	40591	32280	1448	6008		
日用品类	101728	200650	108124	50995	3958	1936
#可穿戴智能设备	0.3	20		346	107	
五金、电料类	5794	2968	1209	440	126	319
体育、娱乐用品类	15070	22694	150069	48	110	12
#照相器材类	5460	11486				
书报杂志类	9473	249646	208	32579	675	18
电子出版物及音像制品类	5293	803	138	4	58	
家用电器和音像器材类	980258	539759	165179	39293	1609	1093
#能效等级为 1 级和 2 级的商品	266089	131995	13713	7970	722	
#智能家用电器和音像器材	74097	67898	6464	10064	720	49
中西药品类	300666	143472	1558343	390393	67068	
#西药类	92915	75715	1295540	267842	3149	
中草药及中成药类	5494	7493	149959	36379	4723	
文化办公用品类	57809	402201	20460	5959	17335	79
其中：计算机及其配套产品	32215	230565	0.2	4803	17206	
家具类	750	4698	2002	585	41	1
通讯器材类	234283	164109	1800	7913		2508
#智能手机	224265	124955	43	393		2508
煤炭及制品类	72870	1160296	63744	10132	306186	52104
木材及制品类		66714			1762	2235
石油及制品类	248086	1956431	358684	1462053	46533	6827
化工材料及制品类	5079	514010	126382	403601	31244	3961
#化肥类	5079	11473	5501	237568		1836
金属材料类	1041427	9660575	105903	2017003	2521338	2168260
建筑及装潢材料类	184576	526332		292248	1614	6966
机电产品及设备类	16021	49984	638690	23005	28170	142948
#农机类		110	59822			
汽车类	632419	238923	1489201	1651977	22175	23556
#新能源汽车	2554	52	22220	20073	24	99
种子饲料类		77139	148166	12053	27195	
其他类	32348	312474	240137	73123	1467	55950

指标名称	武鸣区	隆安县	马山县	上林县	宾阳县	横　县
合计	**59441**	**144353**	**15690**	**9740**	**229907**	**360014**
粮油、食品、饮料、烟酒类	5166	3831	6051	2686	60516	198901
粮油、食品类	4025	3149	5101	2221	53290	15722
#粮油类	1354	533	366	402	39067	3076
肉禽蛋类	815	1376	377	985	7417	5058
水产品类	285	9	90	57	224	1218
蔬菜类	849	423	274	581	1987	3545
干鲜果品类	722		269	81	2316	2523
饮料类	729	395	336	244	3924	182775
烟酒类	412	287	614	221	3303	404
服装、鞋帽、针纺织品类	1321	239	376	434	1748	2292
服装类	735	100	135	159	690	888
鞋帽类	179	67	51	132	454	721
针纺织品类	408	72	190	144	604	682
化妆品类	253	430	166	41	1144	69
金银珠宝类						2
日用品类	3943	739	1583	476	5741	5469
#可穿戴智能设备	0.4		194	4	5	23
五金、电料类	29		37		2970	59
体育、娱乐用品类	204		16	20	277	20
#照相器材类	14		9			2
书报杂志类	4159	1163	44	2545	3417	5018
电子出版物及音像制品类	124					3
家用电器和音像器材类	2706		1614	1553	11399	2694
#能效等级为1级和2级的商品	961		800	1116	660	1167
#智能家用电器和音像器材	1618		778	189	847	903
中西药品类					14224	5577
#西药类					7089	5067
中草药及中成药类					7033	511
文化办公用品类	270		47	15	113	26
#计算机及其配套产品	27		47		5	7
家具类	38		144		781	1400
通讯器材类	16					2229
#智能手机						2226
木材及制品类		60018				5815
石油及制品类	702	654	1292		5745	9199
化工材料及制品类	3750	75628			37589.9	55
#化肥类	2834	18528			9813.3	55
建筑及装潢材料类	28913				14266	
机电产品及设备类	436		251		11046	5918
#农机类						2737
汽车类	7323	1650	3869	1969	40215	6586
#新能源汽车	299			26	112	
种子饲料类						3002
其他类	89		201		18715	105681

9-15 各县区限额以上批发和零售业法人企业财务状况

（2019 年） 单位：万元

指标名称	兴宁区	青秀区	江南区	西乡塘区	良庆区	邕宁区
法人企业数（个）	120	471	213	197	36	23
年初存货	228490	1017856	721816	504561	240422	89191
流动资产合计	2013527	9143024	3075793	3222099	1068232	1192893
# 应收账款	355107	1248991	861829	672960	272024	165221
存货	230549	1173569	754108	493909	219176	83013
固定资产原价	255227	388337	352364	304564	12468	58453
累计折旧	100953	154907	127087	143339	5442	13758
# 本年折旧	9759	25089	32017	18393	958	2400
在建工程	10170	183440	33956	61430	502	42007
资产总计	2393450	14086473	3901839	4082507	1122176	1655252
流动负债合计	1872704	8808308	2882005	2708524	903437	888130
# 应付账款	221753	1030025	702345	365083	153439	85935
负债合计	1929611	9929094	3082051	2931168	911344	1099847
所有者权益合计	462332	4155571	819151	1148460	210833	552062
# 实收资本	286427	2868021	384710	382819	111069	399839
# 个人资本	49259	168810	66950	66258	7645	9990
营业收入	4026515	18939176	6225333	8444538	3149630	2393776
# 主营业务收入	3986141	18804094	6139641	8360798	3141126	2350409
营业成本	3771365	18185370	5708841	7717800	3080943	2337150
税金及附加	8701	20713	12668	119575	4110	3654
其他业务利润	22686	50194	46068	19011	741	4644
销售费用	122323	392874	288724	247116	23642	22012
管理费用	72638	199824	120566	129873	11806	15861
研发费用	45	3124	732	928	19	
财务费用	16883	151139	40647	31627	15885	29560
# 利息收入	3859	31904	5708	8424	4327	15484
利息费用	15228	142914	26480	26388	14277	43745
投资收益	562	128203	8323	51462	496	1625
营业利润	26387	104950	80060	248372	11624	-3980
营业外收入	1880	15360	6809	12700	905	18078
利润总额	26357	120150	82735	256178	11272	13912
所得税费用	6209	39384	17404	33313	2407	2267
应付职工薪酬	185016	217326	172084	126256	10051	15152
本年应交增值税	24202	84409	63229	78270	-2033	6154

9-15 续表 单位：万元

指标名称	武鸣区	隆安县	马山县	上林县	宾阳县	横　县
法人企业数（个）	23	11	9	10	49	36
年初存货	5813	4948	4768	253	37347	7010
流动资产合计	41844	36121	12725	4390	94190	27115
＃应收账款	20155	14564	1260	394	18932	2609
存货	5107	6011	5357	572	24763	6551
固定资产原价	2237	3975	768	1347	12484	4143
累计折旧	1143	1353	469	315	4845	2436
＃本年折旧	248	201	68	24	726	317
在建工程	319			1875	31	
资产总计	43788	38172	14637	6488	104688	33222
流动负债合计	37121	33253	12541	3739	84577	23377
＃应付账款	16893	11785	1994	510	14627	8462
负债合计	37766	34121	13353	5692	89035	25443
所有者权益合计	5992	4051	1284	796	15527	7652
＃实收资本	6531	2098	1493	430	13216	5318
＃个人资本	2160	1153	200	39	3600	1802
营业收入	72149	132265	23758	12546	206393	165923
＃主营业务收入	72005	132233	23368	12455	206110	165777
营业成本	65474	127825	20583	11127	194585	155177
税金及附加	79	98	41	12	376	1197
其他业务利润	61		91	44	374	
销售费用	2486	1860	1725	620	5134	4510
管理费用	3205	1438	334	564	4161	2167
研发费用				8		
财务费用	358	1118	205	102	3399	472
＃利息收入	0.4	0.5	1	143	68	
利息费用	77	36	115	11	2722	156
投资收益		11	19.6		22	
营业利润	575	–71	692	151	–1648	2512
营业外收入	61	44	22	5	1323	64
利润总额	616	–42	709	150	–385	2559
所得税费用	16	32	48	3	213	23
应付职工薪酬	1820	1390	813	690	5501	3396
本年应交增值税	396	368	280	67	611	11112

9–16 各县区限额以上住宿和餐饮业法人单位经营情况

（2019 年）

指标名称	兴宁区	青秀区	江南区	西乡塘区	良庆区	邕宁区
法人企业数（个）	36	199	21	42	6	2
从业人员期末人数（人）	7028	21689	1095	2157	793	313
营业额（万元）	107496	478929	25592	50808	15273	6495
客房收入（万元）	22928	137942	17960	22896	5060	1784
餐费收入（万元）	66911	296141	6981	23385	9799	4123
商品销售收入（万元）	6317	25878	7	2073	150	104
其他收入（万元）	11341	18969	645	2455	264	484
客房数（间）	5077	20289	3069	4750	1634	220
床位数（个）	7654	29995	4666	7510	2441	310
餐位数（位）	19158	73950	6151	16639	3264	762
年末餐饮营业面积（平方米）	85000	337083	53629	102399	10849	4246

9-16 续表

指标名称	武鸣区	隆安县	马山县	上林县	宾阳县	横 县
法人企业数（个）	4	1		2	4	5
从业人员期末人数（人）	116	10		58	236	235
营业额（万元）	4092	366		901	2130	3412
客房收入（万元）	1534	366		454	912	1438
餐费收入（万元）	2361			112	1092	1507
商品销售收入（万元）	23			309	17	1
其他收入（万元）	174			26	110	466
客房数（间）	292	83		160	279	467
床位数（个）	504	113		275	391	787
餐位数（位）	1555			500	713	1918
年末餐饮营业面积（平方米）	38302	5185		1000	11300	18790

注：马山县无限额以上住宿和餐饮法人企业，故本表无数据。

9-17 各县区限额以上住宿和餐饮业法人企业财务状况

（2019 年）

单位：万元

指标名称	兴宁区	青秀区	江南区	西乡塘区	良庆区	邕宁区
法人企业数（个）	36	199	21	42	6	2
年初存货	1731	14863	298	691	1274	62
流动资产合计	68535	354412	10506	31574	43106	1761
应收帐款	2965	36330	1157	5275	698	191
存货	1963	16036	490	583	688	62
固定资产原价	134981	476561	36632	27295	3391	474
累计折旧	85314	196661	16803	11500	1485	100
# 本年折旧	4645	17440	1852	1044	582	95
在建工程	4526	14137	4867	1882	6338	
资产总计	186331	777246	40255	59125	48753	2505
流动负债合计	99530	366168	18345	41123	21537	3128
# 应付帐款	3451	51537	1974	8724	1511	824
负债合计	137468	569605	43345	53242	39538	3128
所有者权益合计	48864	211073	–3090	434	9216	–623
# 实收资本	41620	174054	11578	9454	7700	
# 个人资本	4710	27655	80	4474		
营业收入	103093	457952	24318	48869	14545	6103
# 主营业务收入	99038	444968	24044	48293	14135	6103
营业成本	39204	189379	7827	19179	5482	2534
税金及附加	1531	4441	100	607	35	6
其他业务利润	240	20171	435	–268		
销售费用	45475	156938	9402	17701	5169	2085
管理费用	15542	90868	7924	13038	6140	1482
研发费用		154		12		
财务费用	958	14648	87	949	1456	4
# 利息收入	759	595	6	6	103	5
利息费用	514	8958	58	474	1539	
投资收益	844	95		258	3	12
营业利润	1467	278	–792	–2105	–3486	4
营业外收入	1399	1865	88	150	119	2
利润总额	2331	1530	–716	–2038	–3374	–0.1
所得税费用	974	5526	36	68	3	0.2
应付职工薪酬	27767	95613	6023	8398.9	2153	1584
应交增值税	1735	7696	–139	2064	729	25

9-17 续表　　　　　　　　　　　　　　　　　　　　　　　　　　　　　　单位：万元

指标名称	武鸣区	隆安县	马山县	上林县	宾阳县	横 县
法人企业数（个）	4	1		2	4	5
年初存货	331	2		662	1272	61
流动资产合计	1375	114		1813	3651	850
应收帐款	–1	7		686	1127	147
存货	342	2		473	2208	84
固定资产原价	32310	8		2253	1483	1854
累计折旧	4362	5		923	87	1264
# 本年折旧	954	2		376	15	48
在建工程	563					0.1
资产总计	30894	118		3424	4948	2868
流动负债合计	5768	202		7862	3492	2916
# 应付帐款	1971	62		1094	2022	153
负债合计	14839	202		7862	4281	2974
所有者权益合计	16055	–84		–4438	667	–106
# 实收资本	3003	50		1501	368	315
# 个人资本	1003	50		1001	88	80
营业收入	3869	355		891	2053	3123
# 主营业务收入	3830	355		891	2035	3099
营业成本	4614	239		426	1238	1500
税金及附加	247	1		1	76	42
其他业务利润						
销售费用	24	42		288	155	892
管理费用	159	73		221	1050	482
研发费用						
财务费用	686	1		126	4	15
# 利息收入	0.4			0.1	2	1
利息费用	674			126	2	11
投资收益						
营业利润	–1917	–1		–277	–473	192
营业外收入	3	8			1	148
利润总额	–1914	7		–277	–473	335
所得税费用	4			2	23	6
应付职工薪酬	365	31		331	672	742
应交增值税	177	11		25	62	41

注：马山县无独立核算限额以上住宿和餐饮企业，故本表无数据。

9-18 国际旅游收入

（2019 年）

单位：万美元

指标名称	合计	指标名称	合计
合计	**37955.76**	长途交通费	6983.85
商品性收入	8615.95	市内交通费	1366.41
商品销售收入	6642.26	邮政电讯费	986.85
饮食销售收入	1973.69	景区游览	2732.82
劳务性收入	29339.81	文化娱乐费	1366.42
宿费	3985.35	其他	11918.11

9-19 接待过夜国际旅游人数

（2019 年）

指标名称	人数（人）	人天数（人天）	指标名称	人数（人）	人天数（人天）
合计	**689900**	**1628201**	日本	8079	
港澳同胞	176259	362769	韩国	9063	
台湾同胞	90193	181687	美国	8243	
外国人	423448	1083745	加拿大	6214	
# 东盟	280860		英国	7945	
印度尼西亚	29892		法国	6419	
马来西亚	33716		德国	4292	
菲律宾	28212		意大利	5039	
新加坡	30438		澳大利亚	4620	
泰国	34199		新西兰	3472	
越南	95531				
缅甸	9737				
文莱	5943				
柬埔寨	7018				
老挝	6174				

9-20 星级宾馆酒店接待能力

指标名称	单 位	2019 年	2018 年
星级宾馆酒店数	个	51	50
五星级	个	2	2
四星级	个	13	13
三星级	个	32	31
二星级	个	4	4
客房总数	间	8541	8332
床位总数	张	14637	13521

9-21 个体工商业基本情况

（2019年）

指标名称	户数（户）	#城镇	从业人员（人）	#城镇	资金数额（万元）	#城镇
全市	**364021**	**214516**	**989122**	**395280**	**5416116**	**1945908**
农、林、牧、渔业	10641	6134	29427	11552	612543	168989
采矿业	31	18	477	191	3424	1266
制造业	13032	7689	56100	22440	184186	68148
电力、热力、燃气及水生产和供应业	46	27	123	49	1292	478
建筑业	535	316	2013	805	15199	5623
批发和零售业	199280	117575	448257	179303	2650821	980803
交通运输、仓储和邮政业	9919	5852	10844	4338	347732	128660
住宿和餐饮业	65788	38815	247817	99127	846369	313156
信息传输、软件和信息技术服务业	959	566	2168	867	18003	6661
金融业	17	11	47	23	316	75
房地产业	115	34	295	69	1885	317
租赁和商务服务业	9774	5767	22645	9058	121766	45053
科学研究和技术服务业	758	447	2153	861	9491	3511
水利、环境和公共设施管理业	22	13	73	29	243	89
居民服务、修理和其他服务业	48989	28904	151249	60500	504281	186583
教育	180	22	491	89	2808	782
卫生和社会工作	1992	1175	7632	3053	26634	9854
文化、体育和娱乐业	1922	1134	7256	2902	67637	25025
其他	21	17	55	24	1486	835

注：本表数据根据工商局统计报表整理。

9-22 私营企业基本情况

（2019 年）

指标名称	合计				
	户数（户）	#分支机构(户)	投资者人数（人）	雇工人数（人）	注册资本（万元）
全市	**250103**	**21322**	**552008**	**905263**	**182994523**
农、林、牧、渔业	8392	732	15046	33495	3937254
采矿业	499	15	939	3314	359423
制造业	8232	431	17315	58732	5786694
电力、热力、燃气及水生产和供应业	581	179	1855	2113	1506293
建筑业	16675	1504	33796	49297	12556534
批发和零售业	100449	8593	223203	372852	26251225
交通运输、仓储和邮政业	4825	756	9344	15954	1774979
住宿和餐饮业	4261	850	8478	14341	872413
信息传输、软件和信息技术服务业	9778	646	19480	29664	3324432
金融业	1185	276	2987	5014	45816117
房地产业	9332	1227	18987	31749	6746303
租赁和商务服务业	47703	3301	117030	160581	49071504
科学研究和技术服务业	26430	1265	58144	83176	21075301
水利、环境和公共设施管理业	195	29	958	1724	363277
居民服务、修理和其他服务业	5942	790	13139	24532	1253509
教育	719	78	1056	2149	131837
卫生和社会工作	595	122	836	1923	531541
文化、体育和娱乐业	3636	130	8096	12088	1574704
其他	674	398	1319	2565	61183

9-22 续表

指标名称	其中：城镇			
	户数（户）	投资者人数（人）	雇工人数（人）	注册资本（万元）
全市	**162608**	**309126**	**570315**	**38003184**
农、林、牧、渔业	5455	8426	21102	1906823
采矿业	324	526	2088	75478
制造业	5351	9696	37001	2374708
电力、热力、燃气及水生产和供应业	378	1039	1331	876321
建筑业	10839	18926	31057	2636872
批发和零售业	65292	124994	234897	8122757
交通运输、仓储和邮政业	3136	5233	10051	372745
住宿和餐饮业	2770	4748	9035	290206
信息传输、软件和信息技术服务业	6356	10909	18688	698130
金融业	770	1673	3159	3121384
房地产业	6066	10633	20002	1416723
租赁和商务服务业	31007	65537	101166	10305015
科学研究和技术服务业	17180	32561	52401	4425813
水利、环境和公共设施管理业	168	536	1086	131561
居民服务、修理和其他服务业	3862	7358	15455	340936
教育	467	591	1354	69685
卫生和社会工作	387	468	1211	221623
文化、体育和娱乐业	2363	4534	7615	590687
其他	437	738	1616	25717

十 服务业、科技

CHAPTER 10 SERVICE INDUSTRY, SCIENCE AND TECHNOLOGY

10-1 全市规模以上服务业企业财务状况

（2019 年）　　单位：万元

指 标	单位数（个）	资产总计	负债总计	所有者权益总计	营业收入	营业成本
总计	**661**	**116836921**	**60203718**	**56633203**	**12213440**	**10090568**
按行业类型分						
交通运输、仓储和邮政业	93	83700941	42371688	41329253	6012627	5455176
信息传输、软件和信息技术服务业	67	4458499	2142082	2316417	2211201	1849106
房地产业	95	12041494	6209509	5831986	607669	318782
租赁和商务服务业	164	12591534	7150306	5441228	1682042	1289050
科学研究和技术服务业	111	1078275	597687	480587	975659	701065
水利、环境和公共设施管理业	14	1792528	1047022	745506	151560	122884
居民服务、修理和其他服务业	26	61374	43957	17417	72130	41536
教育	9	19727	11782	7945	41106	14984
卫生和社会工作	25	211155	180817	30338	106911	71516
文化、体育和娱乐业	57	881395	448868	432527	352536	226469
按登记注册类型分						
内资企业	**643**	**115407346**	**59386093**	**56021253**	**11949712**	**9914453**
国有企业	30	1465751	865711	600040	350722	242532
集体企业	6	22271	13846	8425	15506	3726
股份合作企业	2	2011	1077	934	4693	4182
有限责任公司	253	105454898	53206054	52248844	7843136	6697779
股份有限公司	24	6083751	3761645	2322106	1278074	1080591
私营企业	323	2362279	1528954	833325	2431330	1875582
其他企业	5	16386	8807	7578	26252	10063
港、澳、台商投资企业	**12**	**422149**	**213503**	**208646**	**184403**	**160161**
合资经营企业（港或澳、台资）	5	84459	65927	18533	24961	48942
港、澳、台商独资经营企业	7	337689	147576	190113	159442	111219
外商投资企业	**6**	**1007426**	**604122**	**403305**	**79325**	**15955**
中外合资经营企业	3	73103	55976	17127	13044	4177
中外合作经营企业	1	923832	539856	383976	52481	1708
外资企业	2	10491	8290	2201	13800	10069
按所有制分类						
公有制企业	183	109798392	55836741	53961651	7398032	6439520
非公有制企业	478	7038530	4366977	2671552	4815408	3651049

10–1 续表

单位：万元

指 标	销售费用	管理费用	财务费用	利润总额	平均用工人数（人）
总计	**352125**	**1012468**	**848193**	**816877**	**285525**
按行业类型分					
交通运输、仓储和邮政业	36820	274266	508212	283456	111315
信息传输、软件和信息技术服务业	150622	202481	–5557	21893	27120
房地产业	27019	111953	156905	109643	33065
租赁和商务服务业	50697	152735	176489	249521	66449
科学研究和技术服务业	21601	156412	2597	75687	28647
水利、环境和公共设施管理业	2900	16193	9438	9714	3228
居民服务、修理和其他服务业	13002	9522	1674	5960	3845
教育	4568	17266	137	3932	1563
卫生和社会工作	15432	20114	476	–1488	3623
文化、体育和娱乐业	29463	51527	–2178	58560	6670
按登记注册类型分					
内资企业	**328586**	**998542**	**811612**	**765525**	**281371**
国有企业	7937	63330	16377	21237	7634
集体企业	6338	5712	–112	300	1016
股份合作企业	89	299	–0.4	314	131
有限责任公司	168858	535512	682429	532762	146085
股份有限公司	35253	111322	96584	68747	16612
私营企业	107496	274357	16292	136770	109155
其他企业	2615	8010	43	5396	738
港、澳、台商投资企业	**19775**	**7156**	**1470**	**27764**	**3515**
合资经营企业（港或澳、台资）	4356	2636	1277	1974	2596
港、澳、台商独资经营企业	15419	4521	193	25790	919
外商投资企业	**3765**	**6771**	**35110**	**23588**	**639**
中外合资经营企业	1347	2416	–95	3927	215
中外合作经营企业		3703	35173	19363	153
外资企业	2418	651	32	298	271
按所有制分类					
公有制企业	141458	575022	784221	287307	132118
非公有制企业	210667	437447	63971	529569	153407

10-2 全市科技活动综合情况

（2019 年）

指标名称	单位	2019 年	2018 年	增速（%）
单位个数	个	1805	1353	33.4
有 R&D 活动	个	331	249	32.9
R&D 人员合计	人	22378	26225	–14.7
R&D 人员折合全时当量合计	人年	10420	13198	–21.0
R&D 经费内部支出	万元	525513	468428	12.2
# 基础研究支出	万元	99331	103988	–4.5
# 应用研究支出	万元	88303	73029	20.9
# 试验发展支出	万元	337045	291411	15.7
科技机构数	个	324	292	11.0
机构人员	人	7954	9657	–17.6
机构 R&D 经费支出	万元	146600	268840	–45.5
专利申请数	件	5414	3967	36.5
# 发明专利	件	2536	2128	19.2
发表科技论文	篇	17109	15542	10.1
来自政府部门的研发资金	万元	277958	229200	21.3

10-3 规模以上工业企业科技研发活动情况

指标名称	单位	2019年	2018年	增速（%）
单位个数	个	999	994	0.5
有R&D活动	个	169	110	53.6
R&D人员合计	人	5372	4358	23.3
R&D人员折合全时当量合计	人年	3222	2288	40.8
R&D经费内部支出	万元	112500	118130	-4.8
#基础研究支出	万元	362	22	1545.5
#应用研究支出	万元	1495	2859	-47.7
#试验发展支出	万元	110643	115250	-4.0
科技机构数	个	86	68	26.5
机构人员	人	2331	2524	-7.6
#博士毕业	人	84	73	15.1
#硕士毕业	人	386	415	-7.0
机构R&D经费支出	万元	98587	98698	-0.1
专利申请数	件	1373	1324	3.7
#发明专利	件	770	498	54.6
发表科技论文	篇	729	309	135.9
来自政府部门的研发资金	万元	10900	9555	14.1

注：2018年规模以上工业企业科技研发活动数据包含按在地统计原则统计的两个自治区直管企业。

10–4 规模以上非工业企业科技研发活动情况

指标名称	单位	2019 年	2018 年	增速（%）
单位个数	个	634	225	181.8
有 R&D 活动	个	53	21	152.4
R&D 人员合计	人	3425	2036	68.2
R&D 人员折合全时当量合计	人年	2117	1289	64.2
R&D 经费内部支出	万元	98057	92381	6.1
# 基础研究支出	万元	1922	6363	–69.8
# 应用研究支出	万元	4583	3881	18.1
# 试验发展支出	万元	91552	82137	11.5
科技机构数	个	19	7	171.4
机构人员	人	1485	743	99.9
# 博士毕业	人	6	37	–83.8
# 硕士毕业	人	165	182	–9.3
机构 R&D 经费支出	万元	90317	54527	65.6
专利申请数	件	464	185	150.8
# 发明专利	件	175	92	90.2
发表科技论文	篇	489	394	24.1
来自政府部门的研发资金	万元	2250	1046	115.2

规模以上非工业企业范围：特、一级总承包，一级专业承包建筑业企业法人单位；规模以上交通运输、仓储和邮政业，信息传输、软件和信息技术服务业，租赁和商务服务业，科学研究和技术服务业，水利、环境和公共设施管理业，卫生和社会工作，文化、体育和娱乐业等企业法人单位。

十一 财政金融保险

CHAPTER 11 GOVERNMENT FINANCE, BANKING AND INSURANCE

11-1 全市主要年份财政、金融

单位：万元

年份	财政收入	#一般公共预算收入	一般公共预算支出	金融机构存款余额	#住户存款余额	金融机构贷款余额
1950	394	394	190	1364	21	34
1965	4479	4479	2116	39443	1426	18356
1978	20102	20102	7074	110660	5735	59521
1980	23682	23682	7410	110309	10358	71873
1985	35447	35447	17967	212380	43646	167691
1986	38873	38873	26745	226697	61348	222735
1987	44078	44078	28971	262623	82535	270298
1988	51071	51071	40532	260827	100160	297861
1989	57352	57352	39426	328250	138715	287226
1990	63930	63930	47677	464879	197821	346755
1991	70051	70051	48397	552636	258819	383694
1992	73459	73459	48401	685440	341946	444498
1993	106465	106465	66850	1077025	515981	657827
1994	150232	73492	85826	1537665	802162	880566
1995	171074	91236	94609	2063550	1123696	1107552
1996	190465	103583	105844	2724968	1439865	1385499
1997	215806	116778	119471	3014072	1618159	1731336
1998	245249	131583	139884	4461444	2001576	3460657
1999	270113	149700	172851	5268177	2190918	4262816
2000	364639	216484	290667	6834187	2938619	4779409
2001	452926	291860	348556	7424543	3329511	5260807
2002	525342	312805	452615	8547872	3916029	7701981
2003	610594	362435	524981	9434021	4514961	9597681
2004	746328	432526	621191	10909576	5157925	12087669
2005	1002186	451954	735508	12636347	5982307	13816546
2006	1203609	566191	930781	15853616	6814522	16625434
2007	1508393	701510	1180007	18715101	7147919	19223502
2008	1911682	928812	1660830	23204808	8886542	23166252
2009	2313664	1204628	2035519	32313624	11161975	32781209
2010	3008775	1560958	2612785	40214534	13758853	41423040
2011	3635192	1862928	3018491	47281399	15810297	48450689
2012	4219938	2297183	3765096	56271788	18638024	55012783
2013	4736644	2562467	4172858	64835258	21566911	61158787
2014	5265905	2748518	4657759	70644876	23217437	70914611
2015	5724781	2970501	5267231	82577730	27003678	82286621
2016	6138706	3127921	5869793	89017247	29245457	94237920
2017	6879808	3321500	6463707	93675341	31766881	104704409
2018	7532002	3589560	6979853	100931251	35428272	120521342
2019	8006867	3709285	7891986	107183153	39603083	139643528

注：2000 年以后为行政区划调整后的数据，其余年份为原南宁口径。

11-2 全市财政收入

（2019 年）

单位：万元

指标名称	收入	指标名称	收入
财政收入	**8006867**	车船税	67404
上划中央收入	3421150	耕地占用税	46765
#上划所得税收入	1278127	契税	270345
上划自治区税收收入	876432	烟叶税	
一般公共预算收入	3709285	环境保护税	2459
增值税	797939	其他税收收入	167
营业税		专项收入	315362
企业所得税	500317	行政事业性收费收入	129015
个人所得税	100123	罚没收入	83989
资源税	11191	国有资本经营收入	55999
城市维护建设税	248198	国有资源（资产）有偿使用收入	304458
房产税	202692	捐赠收入	1851
印花税	79790	政府住房基金收入	31346
城镇土地使用税	62001	其他收入	75195
土地增值税	322679		

11-3 全市财政支出

（2019 年）

单位：万元

指标名称	支出	指标名称	支出
本年支出合计	**7891986**	交通运输	112739
一般公共服务	690450	资源勘探信息等	130207
国防	15336	商业服务业等事务	35132
公共安全	498219	金融支出	7936
教育	1408642	自然资源海洋气象等	72206
科学技术	106667	住房保障	184895
文化旅游体育与传媒	117501	粮油物资储备管理事务	9879
社会保障和就业	924707	灾害防治及应急管理	64282
卫生健康支出	769245	其他支出	14761
节能环保	239992	债务付息	214415
城乡社区事务	1479607	债务发行费用	368
农林水	794800		

11-4 市区财政收入

（2019 年）

单位：万元

指标名称	收入	指标名称	收入
财政收入	**7472354**	车船税	62047
上划中央收入	3268427	耕地占用税	21964
＃上划所得税收入	1230065	契税	250699
上划自治区税收收入	826950	烟叶税	
一般公共预算收入	3376977	环境保护税	859
增值税	733818	其他税收收入	144
营业税		专项收入	300470
企业所得税	481954	行政事业性收费收入	108879
个人所得税	95699	罚没收入	70379
资源税	5771	国有资本经营收入	11421
城市维护建设税	238862	国有资源（资产）有偿使用收入	282937
房产税	194482	捐赠收入	1381
印花税	75704	政府住房基金收入	26212
城镇土地使用税	55477	其他收入	56954
土地增值税	300864		

11-5 市区财政支出

（2019 年）

单位：万元

指标名称	支出	指标名称	支出
本年支出合计	**5659280**	交通运输	85274
一般公共服务	491973	资源勘探信息等	116811
国防	14130	商业服务业等事务	33108
公共安全	411065	金融支出	7821
教育	965305	自然资源海洋气象等	54442
科学技术	100001	住房保障	147432
文化旅游体育与传媒	100458	粮油物资储备管理事务	6654
社会保障和就业	599433	灾害防治及应急管理	58500
卫生健康支出	428148	其他支出	14385
节能环保	198988	债务付息	191312
城乡社区事务	1288660	债务发行费用	282
农林水	345098		

11-6 各县区财政收入

（2019 年）　　　　单位：万元

指标名称	武鸣区	隆安县	马山县	上林县	宾阳县	横 县
财政收入	**188426**	**52703**	**36736**	**48379**	**201265**	**195430**
上划中央收入	63608	17955	12470	13619	48175	60504
#上划所得税收入	20252	5215	3549	3957	14410	20931
上划自治区收入	20332	5856	4272	4784	15637	18933
上划市地税收入	-172					
公共财政预算收入	104486	28892	19994	29976	137453	115993
增值税	27297	7909	5331	5644	20451	24786
营业税						
企业所得税	7888	2068	1284	1111	4802	9098
个人所得税	1800	447	399	609	1830	1139
资源税	2863	991	99	1147	1646	1537
城市维护建设税	3351	788	838	895	2920	3895
房产税	2334	786	517	558	3077	3272
印花税	1012	497	198	1063	1284	1044
城镇土地使用税	2024	875	644	366	2013	2626
土地增值税	8167	917	869	3029	6790	10210
车船税	2613	513	640	802	1648	1754
耕地占用税	5644	1529	123	1175	19446	2528
契税	5863	1278	1316	3926	4473	8653
烟叶税						
环境保护税	385	184	38	95	223	1060
其他税收收入					34	-11
专项收入	5502	1897	2550	1257	3922	5266
行政事业性收费收入	11218	2364	2014	2864	5488	7406
罚没收入	2663	2388	923	1521	4841	3937
国有资本经营收入					32111	12467
国有资源（资产）有偿使用收入	7978	2942	1485	2586	9703	4805
捐赠收入	790		3	321	88	58
政府住房基金收入	2885	458	659	1003	1436	1578
其他收入	2209	61	64	4	9227	8885

注：武鸣区数据不包含广西东盟经济开发区。

11-6 续表

指标名称	兴宁区	青秀区	江南区	西乡塘区	良庆区	邕宁区
财政收入	**480240**	**2091667**	**318347**	**474661**	**692111**	**227580**
上划中央收入	219242	1027053	137962	198626	300396	92971
# 上划所得税收入	123927	456188	64852	77312	157215	48456
上划自治区收入	59821	361683	35399	59974	83132	24510
上划地市税收	94699	320847	75025	94590	164216	56487
公共财政预算收入	3022	18814	2168	3619	4652	1463
增值税	103456	363270	67793	117852	139715	52149
营业税	29216	94605	23501	38546	44639	14678
企业所得税						
个人所得税	26630	84978	9261	13336	35725	9393
资源税	3615	23485	1893	4989	2897	1518
城市维护建设税	26	4	151	2662	9	29
房产税	6833	37294	4747	7630	10366	3345
印花税	8460	33797	4701	7505	5852	2435
城镇土地使用税	5208	27162	5762	5262	9825	2522
土地增值税	945	2120	923	1214	1126	281
车船税	4122	10072	7030	4515	15581	6119
耕地占用税						
契税	167	1007	−10	149	2	195
烟叶税						
环境保护税						
其他税收收入						
专项收入	102	−139	4		121	−3
行政事业性收费收入	3314	17242	2112	3665	5030	1483
罚没收入	2407	13699	2925	4563	1758	676
国有资本经营收入	7051	4435	1707	8159	5038	477
国有资源（资产）有偿使用收入						
捐赠收入	5353	11655	2719	12227	1746	9000
政府住房基金收入	7	6		506		
其他收入						

注：江南区数据不含南宁国家经济技术开发区，西乡塘区数据不含南宁高新技术产业开发区。

11-7 各县区财政支出

（2019 年）

单位：万元

指标名称	武鸣区	隆安县	马山县	上林县	宾阳县	横 县
本年支出合计	**426759**	**330358**	**398461**	**381225**	**559140**	**563522**
一般公共服务	52997	30970	26859	25808	54097	60743
国防	318	533	220	446		7
公共安全	18878	11301	11480	15730	28281	20362
教育	113533	51523	65700	76143	116442	133529
科学技术	1963	291	308	67	301	5699
文化体育与传媒	4025	3210	4415	3077	4102	2239
社会保障和就业	62063	41601	50473	55778	85002	92420
医疗卫生	53734	38300	54283	45940	78832	123742
节能环保	1581	3495	5651	5149	7093	19616
城乡社区事务	15322	7448	30361	26925	97397	28816
农林水事务	52935	115134	119473	98367	53065	63663
交通运输	17351	4933	8316	8076	3927	2213
资源勘探电力信息等事务	2316	5640	1638	463	4925	730
商业服务业等事务	333	114	982	189	308	431
金融支出	40	40	2		53	20
自然资源海洋气象等	11388	4696	4672	5253	1978	1165
住房保障	6716	6395	8051	8554	12909	1554
粮油物资储备管理事务	604	648	372	333	1687	185
灾害防治及应急管理	1491	1004	1184	1788	1436	370
其他支出		271		26	49	30
债务付息	9149	2780	4003	3093	7247	5980
债务发行费用	22	31	18	20	9	8

注：武鸣区数据不含广西东盟经济开发区。

11-7 续表

指标名称	兴宁区	青秀区	江南区	西乡塘区	良庆区	邕宁区
本年支出合计	**239990**	**482158**	**210882**	**373646**	**246241**	**291031**
一般公共服务	24480	54894	21248	26099	31536	21497
国防	373		531		475	412
公共安全	25408	51952	20904	31694	18822	11054
教育	43121	108677	49493	97176	67164	57764
科学技术	281	1737	7275	1409	4762	2627
文化体育与传媒	1172	2954	1148	1687	2719	7285
社会保障和就业	28536	34916	31405	54980	30440	37721
医疗卫生	15672	35136	17061	35147	13073	32336
节能环保	596	1310	3805	7122	2465	13862
城乡社区事务	67689	120142	28349	63775	23820	20097
农林水事务	18422	48816	13544	30742	27604	40648
交通运输	2804	2874	413	2316	1444	8891
资源勘探电力信息等事务	294	2388	5245	2098	1085	19630
商业服务业等事务	812	2258	823	2355	610	1333
金融监管等事务支出			16			
自然资源海洋气象等	251	371	268	5514	463	352
住房保障	8451	10727	7758	10146	16564	8553
粮油物资储备管理事务		109	316	98	613	247
灾害防治及应急管理	1531	2222	1134	812	1191	1129
其他支出	2	453	103	421	61	3863
债务付息支出	95	222	43	55	1330	1726
债务发行费用支出						4

注：江南区数据不含南宁国家经济技术开发区，西乡塘区数据不含南宁高新技术产业开发区。

11-8 全社会金融机构存款余额

（2019 年）

单位：万元

指标名称	存 款	指标名称	存 款
各项存款合计	**107183153**	# 活期存款	20916693
（一）境内存款	**107003409**	定期及其他存款	16703547
1. 住户存款	39603083	3. 财政性存款	3625566
# 活期存款	21587277	4. 机关团体存款	20793279
定期及其他存款	18015806	5. 非银行业金融机构存款	5361240
2. 非金融企业存款	37620240	**（二）境外存款**	**179744**

11-9 全社会金融机构贷款余额

（2019 年）

单位：万元

指标名称	贷 款	指标名称	贷 款
各项贷款合计	**139643528**	2. 非金融企业及机关团体贷款	95450583
（一）境内贷款	**139183113**	（1）短期贷款	18493302
1. 住户贷款	43732531	（2）中长期贷款	70160708
（1）短期贷款	4040222	（3）票据融资	6404096
# 消费贷款	2713586	（4）融资租赁	323948
经营贷款	1326636	（5）各项垫款	68529
（2）中长期贷款	39692309	3. 非银行业金融机构贷款	
消费贷款	35733306	**（二）境外贷款**	**460414**
经营贷款	3959003		

11-10 市区金融机构存款余额

（2019 年）

单位：万元

指标名称	存 款	指标名称	存 款
各项存款合计	**98437593**	# 活期存款	20204610
（一）境内存款	**98259987**	定期及其他存款	16540086
1. 住户存款	32548147	3. 财政性存款	3520357
# 活期存款	17410216	4. 机关团体存款	20085561
定期及其他存款	15137931	5. 非银行业金融机构存款	5361226
2. 非金融企业存款	36744696	**（二）境外存款**	**177606**

11-11 市区金融机构贷款余额

（2019 年）

单位：万元

指标名称	贷 款	指标名称	贷 款
各项贷款合计	**133898647**	2. 非金融企业及机关团体贷款	93585288
（一）境内贷款	**133438259**	（1）短期贷款	17807882
1. 住户贷款	39852971	（2）中长期贷款	68997115
（1）短期贷款	3363247	（3）票据融资	6387814
# 消费贷款	2392826	（4）融资租赁	323948
经营贷款	970422	（5）各项垫款	68529
（2）中长期贷款	36489724	3. 非银行业金融机构贷款	
消费贷款	33835242	**（二）境外贷款**	**460387**
经营贷款	2654482		

11-12 各县金融机构存款余额

（2019 年）

单位：万元

指标名称	隆安县	马山县	上林县	宾阳县	横 县
各项存款合计	**1187020**	**938336**	**1117946**	**2521815**	**2980443**
（一）境内存款	**1186919**	**938299**	**1117802**	**2521218**	**2979184**
1. 住户存款	941139	755407	877481	2000738	2480171
（1）活期存款	585467	475489	548746	1198829	1368529
（2）定期及其他存款	355672	279918	328735	801909	1111641
2. 非金融企业存款	126169	61561	121557	307722	258535
（1）活期存款	106165	58929	112511	206726	227753
（2）定期及其他存款	20004	2633	9047	100996	30782
3. 财政性存款	8144	11351	11071	9893	64750
4. 机关团体存款	111467	109980	107688	202860	175723
5. 非银行业金融机构存款			4	4	5
（二）境外存款	**101**	**36**	**144**	**597**	**1259**

11-13 各县金融机构贷款余额

（2019 年）

单位：万元

指标名称	隆安县	马山县	上林县	宾阳县	横 县
各项贷款合计	**786911**	**611400**	**772131**	**1707338**	**1867100**
（一）境内贷款	**786911**	**611374**	**772131**	**1707338**	**1867100**
1. 住户贷款	388794	378968	598762	1214680	1298355
（1）短期贷款	143759	55816	114933	148203	214263
消费贷款	37770	36853	53046	101317	91774
经营贷款	105989	18962	61887	46886	122489
（2）中长期贷款	245035	323153	483829	1066477	1084092
消费贷款	183417	174501	251926	693752	594467
经营贷款	61618	148652	231903	372725	489625
2. 非金融企业及机关团体贷款	398117	232405	173369	492658	568745
（1）短期贷款	158420	58367	53102	176657	238873
（2）中长期贷款	239697	174038	120267	309004	320587
（3）票据融资				6997	9285
（4）融资租赁					
（5）各项垫款					
3. 非银行业金融机构贷款					
（二）境外贷款		**27**			

11-14 保险业务情况

（2019 年）

单位：万元

指标名称	全 市	市 区
保费收入合计	**2115163**	**1954211**
各项赔款及给付合计	**716128**	**662462**
财产保险业务		
保费收入	**831799**	**781990**
# 财产险	40327	38565
机动车辆险	479168	446236
责任险	49882	48142
工程险	19857	19751
货运险	2799	2744
其他险种	239766	226551
各项赔款及给付	**512167**	**478711**
# 财产保险	483071	454177
意外险	14928	13081
健康险	14169	11454
人身保险业务		
保费收入	**1200041**	**1096855**
# 寿险	879869	797315
意外险	48926	46096
健康险	271246	253445
各项赔款及给付	**203961**	**183751**
# 寿险	156588	139496
意外险	8162	7684
健康险	39211	36571

11-15 各县保险业务情况

（2019 年）

单位：万元

指标名称	隆安县	马山县	上林县	宾阳县	横 县
保费收入合计	**19876**	**15204**	**17523**	**51203**	**57148**
各项赔款及给付合计	**7880**	**6558**	**8013**	**15718**	**15497**
财产保险业务					
保费收入	**6737**	**8198**	**7456**	**13921**	**13497**
# 财产险	572	22	279	376	513
机动车辆险	3082	4477	4540	11384	9449
责任险	328	154	374	646	237
工程险	7	…		98	1
货运险	1	5	15	18	15
其他险种	2747	3539	2248	1400	3281
各项赔款及给付	**4837**	**4573**	**5113**	**9827**	**9107**
# 财产保险	3273	4567	4184	8952	7917
意外险	200	195	330	437	685
健康险	1363	-189	599	437	504
人身保险业务					
保费收入	**11437**	**6843**	**8495**	**35439**	**40971**
# 寿险	9814	5606	7124	28376	31634
意外险	237	356	209	865	1164
健康险	1387	881	1161	6199	8173
各项赔款及给付	**3043**	**1985**	**2900**	**5891**	**6390**
# 寿险	2538	1490	2576	5040	5447
意外险	98	128	27	66	160
健康险	407	368	297	785	783

十二 广西及省会城市主要统计指标

CHAPTER 12 MAIN INDICATORS OF GUANGXI AND PROVINCIAL CAPITAL CITIES

12-1 广西主要年份国民经济主要统计指标

指标名称	单位	2015 年	2016 年	2017 年	2018 年	2019 年
地区生产总值	亿元	16803.12	18317.64	20396.25	20352.51	21237.14
第一产业	亿元	2565.97	2796.8	2906.87	3019.37	3387.74
第二产业	亿元	7694.74	8273.66	9297.84	8072.94	7077.43
# 工业	亿元	6338.28	6816.64	7663.71	6288.72	
第三产业	亿元	6542.41	7247.18	8191.54	9260.20	10771.97
地区生产总值指数	%	108.1	107.3	107.3	106.8	106.0
第一产业	%	104	103.4	103.7	105.6	105.6
第二产业	%	108.1	107.4	107	104.3	105.7
# 工业	%	107.7	107.3	107		
第三产业	%	109.7	108.6	108.9	109.4	106.2
社会消费品零售总额	亿元	5771.50	6349.76	7037.98	7663.52	8200.87
全社会固定资产投资	亿元	15654.95	18236.78	20499.11		
指数	%	117.8	112.4	112.4	110.8	109.5
地方财政收入	亿元	1515.08	1556.27	1615.13	2790.35	2969.22
指数	%	106.5	102.71	103.8	107.1	106.4
城镇居民人均可支配收入	元	26416	28324	30502	32436	34745
指数	%	107.1	107.2	107.7	106.3	107.1
农民人均可支配收入	元	9467	10359	11325	12435	13676
指数	%	109	109.4	109.3	109.8	110.0
居民消费价格指数(城市)	%	101.5	101.6	101.6	102.4	103.7

注：地区生产总值、农林牧渔业总产值、工业总产值绝对值按当年价计算，指数按可比价计算（以上年为 100）。

12-2 各省会城市年末总人口

单位：万人

城市名称	2015 年	位次	2016 年	位次	2017 年	2018 年	位次	2019 年	位次
南　宁	**740.23**	**9**	**751.74**	**9**	**715.33**	**725.41**	**16**	**734.48**	**15**
昆　明	555.57	17	559.79	17	678.30	685.00	17	695.00	16
成　都	1228.10	1	1398.90	1	1604.50	1633.00	1	1658.10	1
贵　阳	391.79	19	401.35	19	480.2*	488.19	19	497.14	18
西　安	815.66	6	824.93	7	905.68*	1000.37	7	1020.35	8
兰　州	321.90	21	324.23	21	372.96	375.36	21	379.09	20
乌鲁木齐	266.83	22	267.87	22	350.40	350.58	22	355.20	21
呼和浩特	238.58	23	241.00	23	311.50	312.60	23	313.7	22
银　川	216.40	24	219.11	24	222.54	225.06	26	229.31	25
西　宁	201.17	25	203.28	25	235.50	237.10	24	238.71	23
拉　萨	53.03	27	53.78	27	54.36*	55.44*		55.89*	
广　州	854.19	4	870.49	4	1449.84	1490.44	2	1530.59	2
福　州	678.37	13	687.06	14	766.00	774.00	13	780.00	14
杭　州	723.55	11	736.00	10	946.80	980.60	8	1036.00	6
南　京	653.40	15	662.79	15	833.50	843.62	9	850.00	10
海　口	164.80	26	167.03	26	227.21	230.23	25	232.79	24
沈　阳	730.40	10	734.40	11	829.40	831.60	10	832.20	12
哈尔滨	961.40	3	962.10	3	1092.90	1085.80	5	1076.30	4
长　春	753.80	8	753.40	8	748.9*	751.30	14	753.8*	
石家庄	965.10	2	1078.46	2	1087.99	1095.16	4	1039.42	5
太　原	367.39	20	370.25	20	437.97	442.14	20	446.19	19
合　肥	717.72	12	729.83	12	796.50	808.70	12	818.90	13
南　昌	520.38	18	522.79	18	546.35	554.55	18	560.06	17
济　南	625.73	16	632.83	16	732.12	746.04	15	890.87	9
郑　州	810.50	7	827.10	6	988.10	1013.60	6	1035.20	7
武　汉	829.27	5	833.84	5	1089.29	1108.10	3	1121.20	3
长　沙	661.83	14	696.00	13	791.81	815.47	11	839.45	11

注：1、带“*”统计口径为户籍人口（不参与排位），其余为常住人口；
　　2、因 2017 年各市人口统计口径不统一，故不进行排位。

12-3 各省会城市地区生产总值

单位：亿元

城市名称	2015年	位次	2016年	位次	2017年	位次	2018年比2017年增长（%）	位次	2019年	位次
南　宁	**3410.07**	**18**	**3703.33**	**18**	**4118.83**	**18**	**5.4**	**24**	**4506.56**	**18**
昆　明	3970	17	4300.43	17	4857.64	17	8.4	9	6475.88	12
成　都	10801.16	3	12170.23	2	13889.39	2	8.0	12	17012.65	2
贵　阳	2891.16	20	3157.7	20	3537.96	19	9.9	1	4039.60	19
西　安	5810.03	10	6257.18	10	7469.85	8	8.2	10	9321.19	11
兰　州	2095.99	23	2264.23	23	2523.54	23	6.5	22	2837.36	22
乌鲁木齐	2680	22	2459.0	22	2743.82	21	7.6	15	3413.26	21
呼和浩特	3090.52	19	3173.59	19	2743.72	22	3.9	27	2791.46	23
银　川	1480.73	24	1617.28	24	1803.17	24	7.2	19	6.6*	
西　宁	1131.62	26	1248.16	26	1284.91	26	9.0	4	7.5*	
拉　萨	376.73	27	424.95	27	479.25	27	9.3	2	617.88	25
广　州	18100.41	1	19610.94	1	21503.15	1	6.2	23	23628.60	1
福　州	5618.1	13	6197.77	11	7104.02	11	8.6	6	9392.30	10
杭　州	10053.58	4	11050.49	4	12556.16	4	6.7	21	15373.00	4
南　京	9720.77	5	10503.02	5	11715.1	5	8.0	12	14030.15	5
海　口	1161.28	25	1257.67	25	1390.48	25	7.6	15	1671.93	24
沈　阳	7280.5	8	5460	15	5865	15	5.4	24	6470.30	13
哈尔滨	5751.2	11	6101.6	12	6355	14	5.1	26	5249.40	17
长　春	5530	14	5928.5	13	6530	12	7.2	19	5904.10	14
石家庄	5440.6	15	5857.8	14	6460.9	13	7.4	17	5809.90	15
太　原	2735.34	21	2955.6	21	3382.18	20	9.2	3	4028.51	20
合　肥	5660.3	12	6274.3	9	7213.45	9	8.5	7	9409.40	9
南　昌	4000.01	16	4354.99	16	5003.19	16	8.9	5	5596.18	16
济　南	6100.23	9	6536.12	8	7201.96	10	7.4	17	9443.40	8
郑　州	7315.19	7	7994.16	7	9130.2	7	8.1	11	11589.70	6
武　汉	10905.6	2	11912.61	3	13410.34	3	8.0	12	16223.21	3
长　沙	8510.13	6	9323.7	6	10535.51	6	8.5	7	11574.22	7

注：1、因2018年各市GDP总量不公布使用，故用增速代替。

2、2019年带“*”为增速（不参与排位），单位为“%”；

12-4 各省会城市第一产业增加值

单位：亿元

城市名称	2015 年	位次	2016 年	位次	2017 年	位次	2018 年比 2017 年增长（%）	位次	2019 年	位次
南　宁	**371.1**	**5**	**395.93**	**5**	**404.18**	**6**	**4.3**	**5**	**507.27**	**4**
昆　明	188.1	16	200.51	16	210.13	16	6.3	2	270.29	15
成　都	373.15	4	474.94	4	500.9	3	3.6	8	612.18	1
贵　阳	129.89	19	137.14	19	147.33	19	6.6	1	161.34	18
西　安	220.2	15	232.01	15	281.12	11	3.3	10	279.13	14
兰　州	56.22	23	60.36	22	61.47	22	6.0	3	51.68	22
乌鲁木齐	31.2	26	28.37	26	29.62	26	2.2	19	27.69	24
呼和浩特	126.23	20	113.49	20	107.74	20	2.1	21	114.21	20
银　川	57.46	22	58.61	23	61.38	23	3.6	8	2.0*	
西　宁	37.46	24	39.15	24	41.80	24	4.2	7	4.2*	
拉　萨	13.8	27	15.12	27	17.54	27	3.0	15	20.10	25
广　州	228.09	14	240.04	14	233.49	15	2.5	17	251.37	16
福　州	434.74	3	492.65	2	519.49	2	4.3	5	526.47	3
杭　州	287.69	11	304.84	10	311.67	10	1.8	23	326.00	10
南　京	232.39	13	252.51	13	263.01	14	0.6	26	289.82	12
海　口	58.12	21	67.68	21	63.72	21	4.5	4	71.18	21
沈　阳	341.4	9	266.4	12	268.20	13	3.2	11	284.00	13
哈尔滨	672.6	1	691.2	1	688.80	1	-0.1	27	569.50	2
长　春	343.3	7	323.5	8	315.10	9	1.7	24	348.10	8
石家庄	494.4	2	480.9	3	480.50	4	3.2	11	449.50	5
太　原	37.43	25	38.22	25	40.82	25	0.7	25	42.48	23
合　肥	263.4	12	270.2	11	272.75	12	2.2	19	291.90	11
南　昌	171.26	17	181.77	17	192.13	17	3.2	11	212.89	17
济　南	305.39	10	317.31	9	317.40	8	2.5	17	343.10	9
郑　州	150.96	18	156.35	18	158.60	18	2.1	21	140.90	19
武　汉	359.81	6	390.62	6	408.20	5	2.9	16	378.99	6
长　沙	341.78	8	370.95	7	379.45	7	3.2	11	359.69	7

注：1、因 2018 年各市 GDP 总量不公布使用，故用增速代替。

2、2019 年带“*”为增速（不参与排位），单位为“%”；

12-5 各省会城市第二产业增加值

单位：亿元

城市名称	2015 年	位次	2016 年	位次	2017 年	位次	2018 年比 2017 年增长（%）	位次	2019 年	位次
南　宁	**1345.1457**	**18**	**1426.5**	**18**	**1599.5**	**18**	**2.2**	**27**	**1044.97**	**20**
昆　明	1588.4	17	1660.46	17	1865.97	16	10.0	3	2078.75	15
成　都	4723.49	3	5232.02	2	5998.2	2	7.0	13	5244.62	3
贵　阳	1108.52	19	1218.79	19	1375.18	19	7.9	10	1496.67	18
西　安	2165.54	15	2197.81	14	2596.08	13	8.5	6	3167.44	11
兰　州	782.65	24	790.09	23	881.74	22	4.9	23	945.38	21
乌鲁木齐	788.8	22	704.94	24	827.63	23	5.4	21	906.14	22
呼和浩特	867.08	21	884.43	21	755.75	24	2.4	26	823.84	23
银　川	787.11	23	825.46	22	908.6	21	5.5	20	6.1*	
西　宁	543.47	25	595.64	25	556.44	25	8.8	5	6.1*	
拉　萨	140.95	27	162.8	27	189.38	27	17.4	1	236.14	25
广　州	5786.21	1	5925.87	1	6015.29	1	5.4	21	6454.00	1
福　州	2482.44	11	2598.31	11	2962.94	10	8.4	8	3830.99	8
杭　州	3910.6	6	3977.39	6	4387.19	6	5.8	17	4875.00	5
南　京	3916.11	5	4117.2	5	4454.87	5	6.5	15	5040.86	4
海　口	223.67	26	233.56	26	252.22	26	6.0	16	276.00	24
沈　阳	3499	8	2135.6	15	2261.4	15	5.7	18	2178.60	14
哈尔滨	1862.8	16	1896.7	16	1820.7	17	2.7	25	1127.30	19
长　春	2770.9	10	2926.2	9	3175.2	9	7.3	12	2495.40	13
石家庄	2452.9	12	2638	10	2913.9	11	4.8	24	1831.70	16
太　原	1020.14	20	1068.04	20	1271.42	20	10.3	2	1518.64	17
合　肥	3097.9	9	3189.2	8	3643.08	8	9.5	4	3415.30	9
南　昌	2179.96	14	2307.24	13	2666.1	12	8.5	6	2653.82	12
济　南	2307	13	2368.9	12	2569.22	14	7.8	11	3265.20	10
郑　州	3625.52	7	3780.68	7	4247.5	7	8.1	9	4617.00	6
武　汉	4981.54	2	5227.05	3	5861.35	3	5.7	18	5988.88	2
长　沙	4478.2	4	4513.23	4	4998.26	4	6.8	14	4439.32	7

注：1、因 2018 年各市 GDP 总量不公布使用，故用增速代替。
　　2、2019 年带“*”为增速（不参与排位），单位为“%”；

12-6 各省会城市第三产业增加值

单位：亿元

城市名称	2015年	位次	2016年	位次	2017年	位次	2018年比2017年增长（%）	位次	2019年	位次
南　宁	**1693.8309**	**19**	**1880.89**	**18**	**2115.15**	**18**	**7.8**	**17**	**2954.32**	**17**
昆　明	2193.5	16	2439.46	16	2781.54	16	7.3	23	4126.84	12
成　都	5704.52	3	6463.27	3	7390.30	3	9.0	10	11155.86	2
贵　阳	1652.75	21	1801.77	21	2015.45	20	11.3	1	2381.59	21
西　安	3424.29	10	3827.36	9	4592.65	8	8.3	13	5874.62	8
兰　州	1257.11	23	1413.78	23	1580.34	23	7.4	22	1840.30	23
乌鲁木齐	1860	18	1725.67	22	1886.56	21	8.6	12	2479.43	19
呼和浩特	2097.21	17	2175.67	17	1880.23	22	4.6	26	1853.41	22
银　川	636.16	25	733.21	25	833.18	25	9.2	7	6.5*	
西　宁	550.69	26	613.37	26	686.67	26	9.4	6	9.3*	
拉　萨	221.98	27	247.04	27	272.33	27	4.6	26	361.64	25
广　州	12086.11	1	13445.03	1	15254.37	1	6.6	24	16923.23	1
福　州	2700.92	12	3106.81	11	3621.60	11	9.2	7	5034.84	11
杭　州	5855.29	2	6768.26	2	7857.30	2	7.5	19	10172.00	3
南　京	5572.27	4	6133.31	5	6997.22	5	9.1	9	8699.47	5
海　口	879.49	24	956.43	24	1074.54	24	8.1	15	1324.75	24
沈　阳	3440.1	9	3058	12	3335.40	12	5.4	25	4007.60	13
哈尔滨	3215.8	11	3513.8	10	3845.50	10	7.5	19	3552.60	14
长　春	2415.8	14	2678.8	15	3039.70	15	7.8	17	3060.60	16
石家庄	2493.3	13	2738.9	14	3066.40	14	10.2	3	3528.70	15
太　原	1677.77	20	1849.34	20	2069.94	19	8.8	11	2467.39	20
合　肥	2298.9	15	2814.8	13	3297.62	13	8.0	16	5702.20	10
南　昌	1648.79	22	1865.98	19	2144.96	17	10.1	4	2729.47	18
济　南	3487.84	8	3849.91	8	4315.34	9	7.5	19	5835.10	9
郑　州	3538.71	7	4057.14	7	4724.10	7	8.3	13	6831.80	6
武　汉	5564.25	5	6294.94	4	7140.79	4	10.1	4	9855.34	4
长　沙	3690.15	6	4439.52	6	5157.80	6	10.7	2	6775.21	7

注：1、因 2018 年各市 GDP 总量不公布使用，故用增速代替。
2、2019 年带“*”为增速（不参与排位），单位为“%”；

12-7 各省会城市人均地区生产总值

单位：亿元

城市名称	2015年	位次	2016年	位次	2017年	位次	2018年	位次	2019年	位次
南　宁	**49066**	**27**	**52723**	**27**	**57948**	**25**	**55901**	**25**	**61738**	**22**
昆　明	59686	20	64162	21	71906	19	76387	20	93853	12
成　都	74273	13	76960	13	86911	13	94782	12	103386	9
贵　阳	63003	19	67771	18	74493	18	78449	18	81995	17
西　安	67343	17	71357	15	78346	15	85114	16	92256	13
兰　州	56972	23	61207	23	67882	21	73042	22	75217	20
乌鲁木齐	74340	12	69565	16	78306	16	88441	14	94813	11
呼和浩特	101977	6	102739	6	110561	6	93200	13	89138	15
银　川	69594	16	74269	14	81656	14	84964	17		
西　宁	49200	26	53800	26	54800	26	54400	27		
拉　萨	59233	21	64803	20			76700	19	86750	16
广　州	138377	1	142394	1	150678	1	155491	1	156427	2
福　州	75259	11	82253	9	93290	8	102037	6	120879	5
杭　州	112268	4	121394	4	134607	4	102037	6	152465	3
南　京	118171	2	127264	2	141103	2	152886	2	165681	1
海　口	52501	24	56284	24	61583	23	66042	23	72218	21
沈　阳	87833	7	65851	19	70722	20	75766	21	77777	19
哈尔滨	59027	22	63445	22	66301	22	57837	24	55175	23
长　春	72592	15	78667	12	86931	12	95663	11	78456	18
石家庄	51248	25	54526	25	59645	24	55723	26	52859	24
太　原	63483	18	68234	17	77536	17	88272	15	90698	14
合　肥	73102	14	80136	11	91113	11	97470	9	115623	6
南　昌	75879	10	81598	10	93145	9	95825	10	100415	10
济　南	85919	8	90999	7	98967	7	106302	5	106416	8
郑　州	77217	9	82872	8	93143	10	101349	8	113139	7
武　汉	104132	5	111468	5	123831	5	135136	4	145545	4
长　沙	115443	3	123681	3	135388	3	136920	3		

12-8 各省会城市固定资产投资

单位：亿元

城市名称	2015年	位次	2016年	位次	2017年	位次	2018年比2017年增长（%）	位次	2019年比2018年增长（%）	位次
南　宁	**3366.89**	**18**	**3824.73**	**17**	**4307.95**	**16**	**11.8**	**6**	**9.9**	**9**
昆　明	3497.88	17	3920.07	16	4217.9	17	5.5	23	2.8	17
成　都	7007	2	8370.5	1	9404.2	1	10.0	13	10.0	8
贵　阳	2804.45	19	3380.73	18	3850.6	18	15.0	3	1.5	21
西　安	5165.98	11	5191.36	10	7556.47	5	8.5	18	1.1	22
兰　州	1803.75	21	1990.95	20	1315.35	25	12.1	5	−4.7	24
乌鲁木齐	1708.39	22	1607.78	24	2020	19	10.0	13	2.0	20
呼和浩特	1618.6	23	1849.2	21	1490.8	22	−26.5	27	5.2	16
银　川	1540.88	24	1723.31	22	1719.05	20	−21.9	26	−6.2	25
西　宁	1295.95	25	1399.3	25	1600.03	21	9.0	17	2.6	19
拉　萨	546.04	27	582.27	27	611.73	27	13.1	4	−3.1	23
广　州	5405.95	9	5703.59	8	5919.83	9	8.2	19	16.5	1
福　州	4853.61	12	5184.36	11	5823.39	11	11.7	7	9.0	11
杭　州	5556.32	7	5842.42	7	5856.65	10	10.8	11	11.6	4
南　京	5425.98	8	5533.56	9	6215.2	8	9.4	16	8.0	13
海　口	1012.05	26	1271.73	26	1415.5	24	−6.2	24	−15.4	26
沈　阳	5326	10	1631.6	23	1484	23	15.3	2	13.2	2
哈尔滨	4595.7	13	5040.1	12	5395.5	12	−7.2	25	7.3	14
长　春	4400	14	4659	13	5194.8	13	6.7	21	−19.0	27
石家庄	5689.9	6	5916	6	6310.1	7	6.4	22	6.2	15
太　原	2025.61	20	2027.71	19	964.86	26	26.2	1	10.2	5
合　肥	5851.9	5	6501.17	5	6351.43	6	7.1	20	9.0	11
南　昌	4000.07	15	4540.26	14	5115.18	14	10.9	9	10.2	5
济　南	3498.4	16	3974.3	15	4363.6	15	9.6	15	12.6	3
郑　州	6288	4	6998.6	3	7573.44	3	10.9	9	2.8	17
武　汉	7680.89	1	7093.17	2	7871.66	2	10.6	12	9.8	10
长　沙	6363.29	3	6693.32	4	7567.77	4	11.5	8	10.1	7

12-9 各省会城市社会消费品零售总额

单位：亿元

城市名称	2015 年	位次	2016 年	位次	2017 年	位次	2018 年比 2017 年增长（%）	位次	2019 年	位次
南　宁	**1786.68**	**17**	**1980.36**	**17**	**2204.16**	**17**	**9.0**	**14**	**2307.4**	**14**
昆　明	2061.66	16	2310.09	16	2590.95	16	10.0	5	3056.6	12
成　都	4946.19	3	5647.4	2	6403.5	2	10.0	5	7478.4	1
贵　阳	1060.17	23	1195.34	23	1335.28	22	8.0	18	1380.4	19
西　安	3405.38	10	3730.7	11	4329.51	7	9.6	10	6.0*	
兰　州	1152.15	21	1263.33	21	1358.72	21	7.4	20	1454.9	17
乌鲁木齐	1152	22	1236.69	22	1317	23	5.0	25	1389.2	18
呼和浩特	1353.53	20	1481.46	20	1570.95	20	5.6	24	1646.5	16
银　川	477.63	25	514.19	25	562.31	25	4.8	26	6.2*	
西　宁	461.94	26	513.07	26	560.79	26	6.7	21	592.6	21
拉　萨	205.8	27	229.67	27	258.76	27	14.2	1	322.2	22
广　州	7932.96	1	8706.49	1	9402.59	1	7.6	19	7.8*	
福　州	3488.74	8	3763.14	9	4193.87	8	11.3	2	5120.3	7
杭　州	4697.23	4	5176.2	4	5717.43	4	9.0	14	6215.0	3
南　京	4590.17	5	5088.2	5	5604.66	5	8.4	16	6135.7	4
海　口	595.53	24	653.89	24	726.12	24	5.9	23	785.6	20
沈　阳	3883.2	6	3985.9	7	3989.8	12	9.2	11	4479.6	9
哈尔滨	3394.5	11	3744.2	10	4044.8	11	4.2	27	5.6*	
长　春	2409.3	14	2650.3	14	2922.8	14	6.2	22	3.9*	
石家庄	2680.9	13	2975.2	13	3296	13	9.1	12	3545.4	10
太　原	1540.8	19	1666.24	19	1767.82	19	8.1	17	1952.8	15
合　肥	2183.65	15	2445.7	15	2728.51	15	9.1	12	3234.5	11
南　昌	1662.87	18	1868	18	2096.96	18	11.1	3	2369.3	13
济　南	3410.3	9	3764.8	8	4146.1	9	10.0	5	5162.2	6
郑　州	3294.71	12	3665.83	12	4057.22	10	9.7	9	4671.5	8
武　汉	5102.24	2	5610.59	3	6196.3	3	10.5	4	7449.6	2
长　沙	3690.59	7	4117.4	6	4547.68	6	9.9	8	5247.0	5

注：1、因 2018 年各市社会消费品总额不公布使用，故用增速代替。

2、2019 年带“*”为增速（不参与排位），单位为“%”；

12-10 各省会城市海关进出口贸易总额

城市名称	2015 年	单位	2016 年	单位	2017 年	单位	2018 年	单位	2019 年	单位
南　宁	**364.46**	**亿元**	**416.23**	**亿元**	**607.09**	**亿元**	**738.79**	**亿元**	**747.79**	**亿元**
昆　明	123.64	亿美元	66.81	亿美元	78.18	亿美元	131.20	亿美元	131.87	亿美元
成　都	2454.9	亿元	2713.4	亿元	3941.8	亿元	4983.20	亿元	5822.70	亿元
贵　阳	91.22	亿美元	39.04	亿美元	29.92	亿美元	34.94	亿美元	41.51	亿美元
西　安	1761.92	亿元	1828.46	亿元	2545.41	亿元	3303.87	亿元	3243.06	亿元
兰　州	315.07	亿元	281	亿元	125.11	亿元	133.18	亿元	119.41	亿元
乌鲁木齐	361.91	亿元	323.73	亿元	460.34	亿元	513.50	亿元	512.64	亿元
呼和浩特	20.72	亿美元	13.09	亿美元	15.99	亿美元	116.70	亿元	124.30	亿元
银　川	32.67	亿美元	163.47	亿元	270.62	亿元	168.83	亿元	157.60	亿元
西　宁	114.13	亿元	85.08	亿元	32.91	亿元	31.28	亿元	26.38	亿元
拉　萨	41.29	亿元	41.21	亿元	44.27	亿元	40.96	亿元	41.08	亿元
广　州	8306.41	亿元	8566.92	亿元	9714.36	亿元	9810.15	亿元	9995.81	亿元
福　州	2065.48	亿元	2082.2	亿元	2336.06	亿元	2452.75	亿元	2525.80	亿元
杭　州	665.66	亿美元	4485.97	亿元	5085.08	亿元	5245.30	亿元	5597.00	亿元
南　京	532.4	亿美元	3315.33	亿元	4143	亿元	4317.20	亿元	4828.15	亿元
海　口	270.49	亿元	258.18	亿元	210.22	亿元	341.17	亿元	331.38	亿元
沈　阳	140.8	亿美元	113.3	亿美元	128.5	亿美元	149.50	亿美元	1072.80	亿元
哈尔滨	47.8	亿美元	39.7	亿美元	33.5	亿美元	209.70	亿美元	251.50	亿元
长　春	139.9	亿美元	141.6	亿美元	952.5	亿元	1054.60	亿元	995.80	亿元
石家庄	121.4	亿美元	116.1	亿美元	862.2	亿元	915.50	亿元	1178.80	亿元
太　原	106.77	亿美元	879.38	亿元	915.25	亿元	1086.29	亿元	1119.56	亿元
合　肥	1262.99	亿元	186.87	亿美元	249.59	亿美元	308.13	亿美元	2221.20	亿元
南　昌	114.64	亿美元	619.7	亿元	669.2	亿元	787.55	亿元	1061.77	亿元
济　南	99.1	亿美元	639.7	亿元	708.1	亿元	825.00	亿元	1103.30	亿元
郑　州	570.3	亿美元	3645.66	亿元	4015.65	亿元	4105.00	亿元	4129.91	亿元
武　汉	280.7	亿美元	1570.1	亿元	1936.2	亿元	2146.00	亿元	2440.20	亿元
长　沙	806.47	亿元	746.75	亿元	938.02	亿元	1283.34	亿元	2002.03	亿元

12-11 各省会城市海关出口贸易总额

城市名称	2015 年	单位	2016 年	单位	2017 年	单位	2018 年	单位	2019 年	单位
南　宁	**202.48**	**亿元**	**211.13**	**亿元**	**275.69**	**亿元**	**355.09**	**亿元**	**363.91**	**亿元**
昆　明	94.54	亿美元	41.33	亿美元	29.43	亿美元	37.63	亿美元	36.04	亿美元
成　都	1483.88	亿元	1451	亿元	2064.9	亿元	2746.9	亿元	3309.80	亿元
贵　阳	78.97	亿美元	32.61	亿美元	22.71	亿美元	15.15	亿美元	30.45	亿美元
西　安	819.86	亿元	946.75	亿元	1552.38	亿元	1957.49	亿元	1730.21	亿元
兰　州	277.71	亿元	231	亿元	72.88	亿元	75.6	亿元	71.83	亿元
乌鲁木齐	298.18	亿元	277.73	亿元	360.67	亿元	361.36	亿元	334.36	亿元
呼和浩特	12.48	亿美元	6.82	亿美元	7.6	亿美元	55.9	亿元	63.50	亿元
银　川	25.11	亿美元	19.87	亿美元	195.99	亿元	127.79	亿元	104.40	亿元
西　宁	98.49	亿元	75.6	亿元	19.13	亿元	10.98	亿元	14.61	亿元
拉　萨	31.33	亿元	28.3	亿元	28.59	亿元	27.24	亿元	34.44	亿元
广　州	5034.67	亿元	5187.05	亿元	5792.15	亿元	5607.58	亿元	5257.98	亿元
福　州	1312.28	亿元	1406.8	亿元	1482.4	亿元	1654.82	亿元	1802.00	亿元
杭　州	500.56	亿美元	3313.8	亿元	3455.61	亿元	3417.1	亿元	3613.00	亿元
南　京	315.03	亿美元	1952.28	亿元	2333	亿元	2500.7	亿元	3006.85	亿元
海　口	59.77	亿元	52.23	亿元	55.46	亿元	67.24	亿元	86.33	亿元
沈　阳	67.9	亿美元	45.2	亿美元	317.7	亿元	342.1	亿元	315.90	亿元
哈尔滨	23.6	亿美元	16.8	亿美元	91.7	亿元	103.5	亿元	119.80	亿元
长　春	19.2	亿美元	19.1	亿美元	129.8	亿元	152.5	亿元	148.60	亿元
石家庄	73.2	亿美元	70.2	亿美元	531.2	亿元	571.6	亿元	655.10	亿元
太　原	65.92	亿美元	549.71	亿元	572.16	亿元	663.25	亿元	651.72	亿元
合　肥	851.51	亿元	126.35	亿美元	145.66	亿美元	1203.46	亿元	1392.45	亿元
南　昌	85.94	亿美元	379.75	亿元	428.27	亿元	451.67	亿元	645.78	亿元
济　南	59.96	亿美元	40.8	亿元	451	亿元	519.3	亿元	622.50	亿元
郑　州	312.7	亿美元	2100.62	亿元	2327.94	亿元	2577.14	亿元	2678.25	亿元
武　汉	151.5	亿美元	905.8	亿元	1157.6	亿元	1272.7	亿元	1362.30	亿元
长　沙	538.25	亿元	502.31	亿元	587.89	亿元	823.15	亿元	1396.43	亿元

12-12 各省会城市一般公共预算收入

单位：亿元

城市名称	2015年	位次	2016年	位次	2017年	位次	2018年	位次	2019年	位次
南　宁	**297.05**	**20**	**312.79**	**20**	**332.15**	**20**	**359.0**	**21**	**370.93**	**20**
昆　明	502.22	13	530	13	560.86	13	595.6	14	630.03	13
成　都	1154.4	4	1175.4	5	1275.5	4	1424.2	5	1483	5
贵　阳	374.15	18	366.32	19	377.77	18	903.3	7	417.26	18
西　安	650.91	8	641.1	9	654.5	11	684.7	12	702.55	11
兰　州	185.58	23	215.5	23	234.2	22	253.3	22	233.23	22
乌鲁木齐	368.67	19	369.67	18	400.78	17	458.3	18	472.46	16
呼和浩特	247.4	22	269.7	22	201.63	23	204.7	23	203.12	23
银　川	171.28	24	173.2	24	177.46	24	181.2	24	154.7	25
西　宁	94.79	26	75.22	26	79.2	27	92.9	27	101.79	27
拉　萨	62.42	27	70.79	27	89.63	26	110.1	26	117.04	26
广　州	1349.09	1	1393.85	2	1533.06	2	1632.3	2	1697.21	2
福　州	560.46	12	598.91	12	634.16	12	680.4	13	668.08	12
杭　州	1233.88	3	1402.38	1	1567.42	1	1825.1	1	1966	1
南　京	1020.03	5	1142.6	6	1271.91	5	1470.0	4	1580.03	3
海　口	111.5	25	115.51	25	125.36	25	169.9	25	185.34	24
沈　阳	606.2	10	620.9	10	656.2	9	720.6	10	730.3	10
哈尔滨	407.7	14	376.2	17	368.1	19	384.4	19	370.9	21
长　春	388.2	16	415.5	14	450.1	15	478.0	16	420	17
石家庄	375	17	410.7	15	460.7	14	519.7	15	569.1	14
太　原	274.24	21	282.69	21	311.85	21	373.2	20	386.62	19
合　肥	571.54	11	614.85	11	655.9	10	712.5	11	745.99	9
南　昌	389.22	15	402.18	16	417.08	16	461.8	17	476.08	15
济　南	614.3	9	641.2	8	677.2	8	752.8	9	874.2	8
郑　州	942.9	6	1011.2	7	1056.67	6	1152.1	6	1222.53	6
武　汉	1245.63	2	1322.1	3	1402.93	3	1528.7	3	1564.12	4
长　沙	718.95	7	1231.02	4	800.35	7	879.7	8	950.23	7

12-13 各省会城市地方财政支出

单位：亿元

城市名称	2015 年	位次	2016 年	位次	2017 年	2018 年	位次	2019 年	位次
南　宁	**527.69**	**18**	**586.98**	**18**	**646.31**	**697.9**	**18**	**789.20**	**18**
昆　明	615.51	16	689.14	16	775.9	756.8	16	820.86	17
成　都	1478.6	2	1597.2	2	1759.63	1837.5	3	2006.80	3
贵　阳	503.59	19	525.61	19	578.08	627.5	20	718.72	19
西　安	916.81	8	942.52	8	1045.09	1151.6	8	1247.99	8
兰　州	343.51	23	424.16	20	434.53	465.7	22	456.66	22
乌鲁木齐	446.66	20	417.56	23	458.58	659.8	19	620.28	20
呼和浩特	367.67	22	420.9	22	402.27	357.0	24	421.70	23
银　川	309.27	24	397.04	24	341.53	370.8	23	346.60	25
西　宁	280.03	25	287.81	25	560.79	297.5	26	328.04	26
拉　萨	200.4	26	248.48	26	257.47	300.1	25	366.01	24
广　州	1728.15	1	1943.68	1	2185.99	2505.8	1	2865.12	1
福　州	723.68	13	831.24	11	940.82	923.4	14	952.17	14
杭　州	1205.48	3	1404.31	4	1540.92	1717.1	5	1952.90	4
南　京	1045.18	6	1173.79	6	1353.96	1532.7	6	1658.60	6
海　口	171.13	27	206.17	27	198.5	237.4	27	265.18	27
沈　阳	808.6	10	829.4	12	848	964.9	12	1048.20	13
哈尔滨	824.8	9	876.3	9	958.5	962.2	13	1101.10	11
长　春	765.7	12	770.6	13	875.7	894.3	15	896.00	15
石家庄	682.3	14	746.1	14	804.2	994.7	11	1051.40	12
太　原	420.09	21	424.07	21	479.06	542.5	21	610.62	21
合　肥	772.66	11	859.85	10	965.34	1004.9	10	1122.67	10
南　昌	547.5	17	587.69	17	654.28	752.1	17	834.11	16
济　南	658.6	15	741	15	834.2	1018.3	9	1197.30	9
郑　州	1103.36	5	1321.6	5	1514.94	1763.3	4	1910.60	5
武　汉	1191.6788	4	1524.7	3	1728.28	1929.5	2	2237.10	2
长　沙	922.06	7	1041.43	7	1186.57	1329.5	7	1425.98	7

12-14 各省会城市金融机构存款余额

单位：亿元

城市名称	2015年	位次	2016年	位次	2017年	位次	2018年	位次	2019年	位次
南　宁	**8257.77**	**20**	**8901.72**	**20**	**9367.53**	**20**	**10093.13**	**20**	**10718.32**	**19**
昆　明	11879.67	11	12655.68	12	13466.56	12	13583.62	13	14909.26	13
成　都	29474.92	2	31434.00	3	34423.3	3	37826.00	3	39828.00	3
贵　阳	8772.22	18	9928.30	17	10814.51	17	11418.52	18	11979.46	18
西　安	17796.38	6	19073.96	6	20047.62	7	21266.72	7	23340.84	7
兰　州	7803.12	21	8623.11	21	8513.59	21	8814.26	21	8875.50	21
乌鲁木齐	6984.6	22	7406.60	22	8320.71	22	8477.90	22	8927.50	20
呼和浩特	5364.66	23	6178.80	23	6312.6	23	5803.82	23	5918.89	22
银　川	3017.77	26	3343.40	26	3587.23	26	3718.57	26	4027.40	24
西　宁	3548.43	25	3756.01	25	3883.79	25	3802.21	25	4020.89	25
拉　萨	2123.1	27	2566.10	27	2732.78	27	2805.06	27	2888.54	26
广　州	41574.49	1	45937.34	1	49332.53	1	54788.06	1	59131.20	1
福　州	10875.62	13	12076.50	13	13136.68	13	14204.30	12	1547.91	27
杭　州	29003.07	3	33386.04	2	36483.24	2	39810.50	2	45287.00	2
南　京	25887.77	4	28355.89	4	30764.63	4	34524.86	4	35536.08	4
海　口	3962.82	24	4989.30	24	5420.27	24	4899.31	24	4949.36	23
沈　阳	13867.9	9	14446.30	10	15752.9	10	17746.20	9	18869.50	9
哈尔滨	9688.6	17	9804.00	18	10512.6	18	11616.00	16	12353.10	16
长　春	9848.6	15	11122.20	14	11540.9	16	11551.20	17	12681.90	15
石家庄	9800.2	16	11077.90	15	11703	14	13315.79	14	15051.70	12
太　原	10593.91	14	11070.04	16	11621.28	15	12317.27	15	13117.20	14
合　肥	10967.91	12	13479.68	11	14235.41	11	15677.27	11	16417.25	11
南　昌	8342.63	19	9503.00	19	10011.39	19	10733.08	19	12096.80	17
济　南	13553	10	15537.40	8	16560.6	9	17060.10	10	18646.10	10
郑　州	16936.27	7	19000.70	7	20349.6	6	22710.55	6	24461.23	6
武　汉	19057.17	5	22196.21	5	24499.41	5	26331.62	5	28658.90	5
长　沙	14065.66	8	15488.77	9	17141.80	8	18633.60	8	21048.45	8

12-15 各省会城市金融机构贷款余额

单位：亿元

城市名称	2015 年	位次	2016 年	位次	2017 年	位次	2018 年	位次	2019 年	位次
南 宁	**8228.66**	**17**	**9423.79**	**16**	**10470.44**	**15**	**12052.13**	**17**	**13964.35**	**16**
昆 明	11976.49	9	13520.32	9	14789.35	9	16224.73	9	17854.43	10
成 都	21970.64	3	25009.00	3	28359.3	3	32637	3	36464.00	3
贵 阳	7875.58	18	9153.20	17	10403.12	16	12508.73	15	14141.31	13
西 安	13714.02	6	15282.65	7	16954.81	7	19891.6	7	22436.65	7
兰 州	6892.02	20	8663.00	19	9643.55	20	11269.24	19	12028.51	19
乌鲁木齐	4957.43	23	5287.20	23	6235.78	23	7001.8	23	7817.82	22
呼和浩特	6073.88	22	7051.80	22	7646.00	22	8056.96	22	8599.35	21
银 川	3653.98	26	4076.57	26	4460.31	26	5028.54	26	5359.54	24
西 宁	4095.93	24	4633.43	25	5109.15	25	5468.39	25	5347.69	25
拉 萨	1205.45	27	2011.51	27	2757.11	27	3134.86	27	3303.94	26
广 州	26136.95	1	28885.54	1	33312.7	1	40749.32	1	47103.31	1
福 州	10638.44	11	12124.69	12	13320.41	12	15364.34	11	2000.54	27
杭 州	22395.29	2	26169.00	2	29270.94	2	36598.3	2	42245.00	2
南 京	18217.8	4	22268.94	4	25159.48	4	29065.66	4	33585.88	4
海 口	3656.03	25	5268.49	24	5600.33	24	5700.68	24	6220.53	23
沈 阳	11343.8	10	12798.20	11	13160.6	13	14911.6	12	16811.90	11
哈尔滨	8492.3	16	9048.70	18	9968.3	19	11079.8	20	12181.80	18
长 春	8935.1	15	9966.10	15	10375.7	17	11488.3	18	13096.40	17
石家庄	6121.1	21	7175.90	21	8925	21	10171.75	21	11406.70	20
太 原	9027.59	14	10103.36	14	11340.29	14	12684.21	14	14063.12	14
合 肥	9636.57	13	12064.18	13	13401.22	11	14196.54	13	15854.83	12
南 昌	7376.05	19	8604.57	20	10209.28	18	12124.64	16	14047.32	15
济 南	9674.2	12	13096.00	10	14350.3	10	16059.9	10	18768.70	9
郑 州	12650.26	7	15422.40	6	17992.4	6	22055.67	6	26476.78	6
武 汉	16018.3	5	20754.87	5	23947.76	5	28270.77	5	32114.31	5
长 沙	12323.87	8	13866.96	8	16027.07	8	18360.89	8	21248.71	8

12-16 各省会城市居民消费价格总指数

单位：%

城市名称	2015年	位次	2016年	位次	2017年	位次	2018年	位次	2019年	位次
南　宁	**101.9**	**6**	**101.4**	**21**	**102.3**	**5**	**102.5**	**4**	**103.4**	**1**
昆　明	102.4	2	101.7	16	100.5	27	101.7	22	102.3	23
成　都	101.1	21	102.2	11	102	8	101.4	26	102.8	12
贵　阳	102.3	3	101.1	25	101	26	101.7	22	102.7	14
西　安	100.7	25	100.9	26	102	8	101.9	19	102.7	14
兰　州	101.3	17	100.8	27	101.5	16	101.7	22	102.2	24
乌鲁木齐	100.7	25	101.5	20	102.8	3	102.2	13	102.0	27
呼和浩特	101.8	8	101.4	21	101.4	17	102.1	15	102.6	18
银　川	101.6	12	101.7	16	101.7	15	102.2	13	102.2	24
西　宁	102.5	1	102.1	12	101.4	17	102.7	2	102.5	20
拉　萨	102.2	4	102.6	5	101.4	17	101.1	27	102.2	24
广　州	101.7	10	102.7	2	102.3	5	102.4	6	103.0	8
福　州	101.7	10	102.3	9	101.1	25	101.5	25	102.5	20
杭　州	101.8	8	102.6	5	102.5	4	102.3	10	103.1	5
南　京	102.0	5	102.7	2	101.9	11	102.4	6	103.1	5
海　口	101.2	19	103.0	1	103.3	2	102.4	6	103.3	2
沈　阳	101.2	19	101.7	16	101.4	17	103.0	1	102.4	22
哈尔滨	101.4	15	101.8	15	103.5	1	102.5	4	102.6	18
长　春	101.3	17	101.4	21	101.3	23	102.0	16	102.9	9
石家庄	101	24	101.6	19	101.4	17	102.3	10	102.7	14
太　原	100.4	27	101.2	24	101.8	13	101.8	21	102.7	14
合　肥	101.6	12	102.6	5	101.4	17	102.0	16	102.9	9
南　昌	101.6	12	102.1	12	102.1	7	102.3	10	102.8	12
济　南	101.9	6	102.7	2	102	8	102.6	3	103.3	2
郑　州	101.1	21	102.3	9	101.8	13	102.4	6	103.1	5
武　汉	101.4	15	102.4	8	101.9	11	101.9	19	103.2	4
长　沙	101.1	21	101.9	14	101.3	23	102.0	16	102.9	9

12-17 各省会城市城镇居民人均可支配收入

单位：元

城市名称	2015 年	位次	2016 年	位次	2017 年	位次	2018 年	位次	2019 年	位次
南　宁	**29106**	**17**	**30728**	**20**	**33217**	**19**	**35276**	**23**	**37675**	**25**
昆　明	33955	10	36739	10	39788	10	42988	10	46289	10
成　都	33476	11	35902	11	38918	11	42128	11	45878	11
贵　阳	27241	24	29502	25	32186	25	35115	24	38240	21
西　安	39007	6	35630	12	38536	12	38729	16	41850	16
兰　州	27088	25	29661	23	32331	24	35014	25	38095	23
乌鲁木齐	31500	14	34200	15	37028	15	40101	14	42667	14
呼和浩特	37362	7	40220	6	43518	6	46565	7	49397	7
银　川	28261	20	30478	21	32981	21	35586	20	38217	22
西　宁	25232	27	27539	27	30043	27	32500	27	34846	27
拉　萨	26908	26	29383	26	32408	23	35842	19	39686	18
广　州	46735	2	50941	2	55400	2	59982	2	65052	2
福　州	27782	22	37833	9	40973	9	44457	8	47920	8
杭　州	48316	1	52185	1	56276	1	61172	1	66068	1
南　京	46104	3	49997	3	54538	3	59308	3	64372	3
海　口	28535	19	30775	19	33320	18	36137	18	38977	19
沈　阳	36664	8	39135	8	41359	8	44054	9	46786	9
哈尔滨	30977	16	33190	17	35546	17	37828	17	40007	17
长　春	29090	18	31069	18	33168	20	35332	22	37844	24
石家庄	28097	21	30459	22	32929	22	35563	21	38550	20
太　原	27727	23	29632	24	31469	26	33672	26	36362	26
合　肥	31989	12	34852	13	37972	13	41484	12	45404	12
南　昌	31942	13	34619	14	37675	14	40844	13	44136	13
济　南	39889	5	43052	5	46642	5	50146	5	51913	5
郑　州	31099	15	33214	16	36050	16	39042	15	42087	15
武　汉	36436	9	39737	7	43405	7	47359	6	51706	6
长　沙	39961	4	43294	4	46948	4	50792	4	55211	4

12-18 各省会城市农民人均可支配收入

单位：元

城市名称	2015年	2016年	位次	2017年	位次	2018年	位次	2019年	位次
南　宁	**9408**	**11398**	**25**	**12515**	**25**	**13654**	**24**	**15047**	**24**
昆　明	11444	12555	21	13698	20	14895	18	16356	18
成　都	17690	18605	6	20298	6	22135	6	24357	6
贵　阳	11918	12967	18	14264	18	15648	17	17275	17
西　安	15778	15191	12	16522	12	13286	25	14588	25
兰　州	9621	10391	26	11305	26	12368	26	13605	26
乌鲁木齐	15200	16400	9	17839	10	19623	9	21448	9
呼和浩特	13491	14517	15	15710	14	17190	13	18974	13
银　川	11148	12037	23	13087	23	14160	23	15282	23
西　宁	8865	9678	27	10548	27	11504	27	12577	27
拉　萨	10378	11448	24	12994	24	14369	21	16216	19
广　州	19323	21449	3	23484	3	26020	3	28868	3
福　州	15203	16347	10	17865	9	19419	10	21320	10
杭　州	25719	27908	1	30397	1	33193	1	36255	1
南　京	19483	21156	4	23133	4	25263	4	27636	4
海　口	11635	12679	19	13763	19	14886	19	16116	20
沈　阳	13498	14445	16	15461	17	16530	16	18124	16
哈尔滨	13375	14439	17	15614	15	16934	14	18238	15
长　春	11749	12576	20	13431	21	14237	22	15455	22
石家庄	11609	12345	22	13345	22	14518	20	15853	21
太　原	13626	14591	14	15595	16	16860	15	18377	14
合　肥	15733	17059	8	18694	8	20389	8	22462	8
南　昌	13693	14952	13	16364	13	17866	12	19498	11
济　南	14232	15346	11	16594	11	17924	11	19454	12
郑　州	17125	18426	7	19974	7	21652	7	23536	7
武　汉	17722	19152	5	20887	5	22652	5	24776	5
长　沙	23601	25448	2	27360	2	29714	2	32329	2

指标解释

EXPLANATORY NOTES ON STATISTICAL INDI-CATORS

主要指标解释

地区生产总值 是按市场价格计算的地区生产总值的简称。它是一个国家(地区)所有常住单位在一定时期内生产活动的最终成果。地区生产总值有三种表现形态，即价值形态、收入形态和产品形态。从价值形态看，它是所有常住单位在一定时期内所生产的全部货物和服务价值超过同期投入的全部非固定资产货物和服务价值的差额，即所有常住单位的增加值之和；从收入形态看，它是所有常住单位在一定时期内所创造并分配给常住单位和非常住单位的初次分配收入之和；从产品形态看，它是最终使用的货物和服务减去进口货物和服务。在实际核算中，地区生产总值的三种表现形态表现为三种计算方法，即生产法、收入法和支出法。三种方法分别从不同的方面反映地区生产总值及其构成。

可比价格 指在不同时期的价值指标对比时，扣除了价格变动的因素，以确切反映物量的变化。按可比价格计算有两种方法：一种是直接用产品产量乘某一年的不变价格计算；另一种是用价格指数换算。

不变价格 指用同类产品的年平均价格作为固定价格，来计算各年产品价值。按不变价格计算的产品价值消除了价格变动因素，不同时期对比可以反映生产的发展速度。新中国成立后，随着工农业产品价格水平的变化，国家统计局先后五次制定了全国统一的工业产品不变价格和农业产品不变价格，从1949年到1957年使用1952年工(农)业产品不变价格，从1957年到1971年使用1957年不变价格，1971年到1981年使用1970年不变价格，从1981年到1990年使用1980年不变价格，从1990年开始使用1990年不变价格。

平均每年增长速度 在我国计算平均增长速度有两种方法，一种是习惯上经常使用的“水平法”，又称几何平均法，是以间隔期最后一年的水平同基期水平对比来计算平均每年增长(或下降)速度。另一种是“累计法”，又称代数平均法或方程法，是以间隔期内各年水平的总和同基期水平对比来计算平均每年增长(或下降)速度。

在一般正常情况下，两种方法计算的平均每年增长速度比较接近，但在经济发展不平衡，出现大起大落时，两种方法计算的结果差别较大。

国有经济单位 指生产资料归国家所有的各种企业、事业单位，以及各级国家机关、人民团体等单位。

集体经济单位 指生产资料归公民集体所有的各种企业、事业单位。包括农村各种经济组织经营的农、林、牧、副、渔业，乡、村经营的企业、事业单位；城市、县、镇以及街道举办的集体经济性质的企业、事业单位。

私营经济单位 指生产资料归公民私人所有的单位。包括私营独资企业、私营合伙企业和私营有限责任公司。

联营经济单位 指不同所有制性质的企业之间或者企业、事业单位之间共同投资组成新的经济实体。包括紧密型联营企业，半紧密型联营企业和松散型联营企业。

股份制经济单位 指全部注册资本由全体股东共同出资，并以股份形式投资举办企业。主要包括股份有限公司和有限责任公司。

外商投资经济单位 指外国投资者根据中华人民共和国有关涉外经济的法律、法规，以合资、合作或独资的形式在中国大陆境内开办企业。包括中外合资经营企业、中外合作经营企业和外资企业。

港澳台投资经济单位 指港、澳、台地区投资者参照中华人民共和国有关涉外经济的法律、法规，以合资、合作或独资的形式在大陆举办企业。包括合资经营企业、合作经营企业和独资企业。

三次产业 根据社会生产活动历史发展的顺序对产业结构的划分，产品直接取自自然界的部门称为第一产业，对初级产品进行再加工的部门称为第二产业。为生产和消费提供各种服务的部门称为第三产业。它是世界上通用的产业结构分类，但各国的划分不尽一致。我国的三次产业划分是：

第一产业：农业(包括种植业、林业、牧业、副业和渔业)。

第二产业：工业(包括采矿业，制造业，电力、燃气及水的生产和供应业)和建筑业。

第三产业：除第一、第二产业以外的其他各业。第三产业包括：交通运输、仓储和邮政业，信息传输、计算机服务和软件业，批发和零售业，住宿和餐饮业，金融业，房地产业，租赁和商务服务业，科学研究、技术服务和地质勘察业，水利、环境和公共设施管理业，居民服务和其他服务业，教育，卫生，社会保障和社会福利业，文化、体育和娱乐业，公共管理和社会组织、国际组织。

劳动者报酬 劳动者报酬是指劳动者因从事生产活动所获得的全部报酬。它包括劳动者获得的各种形式工资、奖金和津贴，既包括货币形式的，也包括实物形式的，它还包括劳动者所享受的公费医疗和医药卫生费、上下班交通补贴和单位支付的社会保险费等。单位支付的社会保险费，就是单位直接支付给负责社会保险的政府单位（一般指劳动部门）的社会保险金或为本单位职工离退休、发生死亡、伤残、医疗保险等而支付的保险费。对于个体经济来说，其所有者所获得的劳动报酬和经营利润不易区分，这两部分统一作为劳动者报酬处理。

生产税净额 指生产税减生产补贴后的差额。生产税指政府对生产单位生产、销售和从事经营活动以及因从事生产活动使用某些生产要素，如固定资产、土地、劳动力所征收的各种税、附加费和规费。具体包括销售税金及附加、增值税、管理费中开支的各种税、应交纳的养路费、排污费和水电费附加、烟酒专卖上缴政府的专项收入等。生产补贴与生产税相反，是政府对生产单位的单方面收入转移，因此视为负生产税处理，包括政策亏损补贴、粮食系统价格补贴、外贸企业出口退税收入等。

固定资产折旧 指一定时期内为弥补固定资产损耗按照核定的固定资产折旧率提取的固定资产折旧，或按国民经济核算统一规定的折旧率虚拟计算的固定资产折旧。它反映了固定资产在当期生产中的转移价值。各种类型企业和企业化管理的事业单位的固定资产折旧指实际计提并计入成本费用中的折旧费；不计提折旧的单位，如政府机关、非企业化管理的事业和居民住房的固定资产折旧则是按照统一规定的折旧率和固定资产原值计算的虚拟折旧。原则上，固定资产折旧应按固定资产的重置价值来计算，但是我国目前尚不具备对全社会固定资产进行重估价的基础，所以暂时只能采用上述方法来计算。

营业盈余 指常住单位创造的增加值扣除劳动者报酬、生产税净额和固定资产折旧后的余额。它相当于企业的营业利润加上生产补贴，但要扣除从利润中开支的工资和福利以及从税后利润中提取的公益金等。

人口数 指一定时点、一定地区范围内的有生命的个人的总和。

年度统计的年末人口数是指每年 12 月 31 日 24 时的人口数。年度统计的全国人口总数内未包括台湾省和港澳同胞以及海外华侨人数。

人口自然增长率 指在一定时期内（通常为一年）人口自然增加数（出生人数减死亡人数）与该时期内平均人数（或期中人数）之比，一般用千分率表示。计算公式：

$$人口自然增长率=\frac{本年出生人数-本年死亡人数}{年平均人数}1000‰$$

人口自然增长率 = 人口出生率 - 人口死亡率

经济活动人口 指在 16 岁以上，有劳动能力，参加或要求参加社会经济活动的人口。包括：从业人员和失业人员。

从业人员 指从事一定社会劳动并取得劳动报酬或经营收入的人员。包括：

(1) 全部职工

(2) 再就业的离退休人员

(3) 私营业主

(4) 个体户主

(5) 私营和个体从业人员

(6) 乡镇企业从业人员

(7) 农村从业人员

(8) 其他从业人员（包括民办教师、宗教职业者、现役军人等）

这一指标反映了一定时期内全部劳动力资源的实际利用情况，是研究我国基本国情国力的重要指标。

各单位的从业人员是指在各级国家机关、政党机关、社会团体及企业、事业单位中工作，并取得劳动报酬的全部人员。包括职工、再就业的离退休人员、民办教师以及在各单位中工作的外方人员和港、澳、台方人员。

城镇私营和个体从业人员 城镇私营从业人员指在工商管理部门注册登记，其经营地址设在县城关镇（含城关镇）以上的私营企业从业人员。包括：私营企业投资者和雇工。城镇个体从业人员指在工商管理部门注册登记，并持有城镇户口或城镇长期居住，经批准从事个体工商经营的从业人员。包括：个体经营者和在个体工商户劳动的家庭帮工和雇工。

城镇登记失业人员及失业率 指有非农业户口，在一定的劳动年龄内，有劳动能力，无业而要求就业，并在当地就业服务机构进行求职登记的人员。城镇登记失业率指城镇登记失业人数同城镇从业人数与城镇登记失业

人数之和的比。计算公式为

$$城镇登记失业率 = \frac{城镇登记失业人数}{城镇从业人数 + 城镇登记失业人数} \times 100\%$$

职工 指在国有经济、城镇集体经济、联营经济、股份制经济、外商和港、澳、台投资经济、其他经济单位及其附属机构工作，并由其支付工资的各类人员。

合同制职工 指各单位根据国务院国发(1986)77号文件和国务院第99号的规定，通过签订有固定期限劳动合同、无固定期限劳动合同和以完成一项工作为期限劳动合同所使用的职工。包括实行全员劳动合同制单位的全部职工。

国有经济单位职工 指在国有经济单位及其附属机构工作，并由其支付工资的各类人员，国有经济单位职工不包括：返聘的离退休人员、民办教师、在国有经济单位工作的外方人员和港、澳、台人员。

城镇集体经济单位职工 指在城镇集体经济单位及其管理部门工作，并由其支付工资的各类人员。

其他经济单位职工 指在联营经济、股份制经济、外商投资经济、港、澳、台投资经济单位工作，并由其支付工资的各类人员。

职工工资总额 指各单位在一定时期内直接支付给本单位全部职工的劳动报酬总额。

工资总额的计算原则应以直接支付给职工的全部劳动报酬为根据。各单位支付给职工的劳动报酬以及其他根据有关规定支付的工资，不论是计入成本的还是不计入成本的，不论是按国家规定列入计征奖金税项目的，还是未列入计征奖金税的，不论是以货币形式支付的还是以实物形式支付的，均包括在工资总额内。

职工平均工资 指企业、事业、机关单位的职工在一定时期内平均每人所得的货币工资额。它表明一定时期职工工资收入的高低程度，是反映职工工资水平的主要指标。计算公式为：

$$职工平均工资 = \frac{报告期实际支付的全部职工工资总额}{报告期全部职工平均人数}$$

职工平均实际工资 指扣除物价变动因素后的职工平均工资。计算公式为：

$$职工平均实际工资 = \frac{报告期职工平均工资}{报告期城镇居民消费价格指数}$$

农林牧渔业总产值 是以货币表现的农、林、牧、渔业全部产品的总量，它反映一定时期内农业生产总规模和总成果。

农、林、牧、渔业的统计范围包括国有经济的各种专业农(农、林、牧、渔)场以及国家各级机关团体学校、部队；集体所有制的乡、镇、村各级办农场；工矿企业经营的农、林、牧、渔业，农村各种经济组织和农户经营的农林牧渔业的农民家庭兼营的商品性工业等。

(1) 农业 包括种植业和其他农业。

种植业 包括谷物、豆类、薯类、棉、油料、糖料、麻类、烟叶、蔬菜、药材、瓜类和其他农作物的种植，以及茶园、桑园、果园的生产经营。

其他农业 包括采集野生植物的果实、纤维、树胶、树脂、油料以及柴草、野生药材、菌类等及农民家庭兼营的商品性工业。

(2) 林业 包括林木的栽培(不包括茶园、桑园和果园的栽培、管理和收获等活动)、林产品的采集和村及村以下合作经济组织和农户的竹木采伐。

(3) 牧业 包括除渔业养殖以外的一切动物饲养和放牧以及野生动物的捕猎和饲养。

(4) 渔业 包括水生动物和海藻类植物的养殖和捕捞。

农业总产值的计算方法通常是按农林牧渔业产品及其副产品的产量分别乘以各自单位产品价格求得，少数生产周期较长，当年没有产品或产品产量不易统计的，则采用间接方法匡算其产值，然后将四业产品产值相加即为农业总产值。

1957年以前的农业总产值中包括了厩肥和农民自给性手工业(如农民自制衣服、鞋、袜，自已从事粮食初步加工等)。1958年及以后的农业总产值，林业中增加了村及村以下竹木采伐产值；牧业中取消费厩肥产值；副业中取消了农民自给性手工业产值，增加了村及村以下办的工业产值；渔业中增加了海洋捕捞水产品产值。1980年及以后的农业总产值，在副业中增加了农民家庭兼营工业商品部分的产值。从1984年起村及村以下办工业产值划归工业。从1993年起，取消副业。将野生动物的捕猎划入牧业，野生植物采集和农民家庭兼营商品性工业划归农业。

粮食产量 指全社会的产量。包括国有经济经营的、集体统一经营的和农民家庭经营的粮食产量，还包括工矿企业办的农场和其他生产单位的产量。粮食除包括稻谷、小麦、玉米、高粱、谷子及其他杂粮外，还包括薯类和豆类。其产量计算方法，豆类按去豆荚后的干豆计算；薯类(包括甘薯和马铃薯，不包括芋头和木薯)1963年以前按每4公斤鲜薯折1公斤粮食计算，从1964年开始及以后改为按5公斤鲜薯折1公斤粮食计算。城市郊区作为蔬菜的薯类(如：马铃薯等)按鲜品计算，并且不做为粮食统计。其他粮食一律按脱粒后的原粮计算。

水产品产量 指人工养殖的水产品和天然生长的水产品的捕捞量。包括海水的鱼类、虾蟹类、贝类和藻类以及内陆水域的鱼类、虾蟹类和贝类，不包括淡水生植物。

猪、牛、羊肉产量 指当年出栏并已屠宰后除去头蹄下水后带骨肉(即胴体重)的重量。

灌溉面积 指具有一定的水源，地块比较平整，灌溉工程或设备已经配套，在一般年景下当年能够进行正常灌溉的耕地面积。

农用化肥施用量 指本年内实际用于农业生产的化肥数量。包括氮肥、磷肥、钾肥和复合肥。化肥施用量要求按折纯量计算数量。折纯法化肥施用量是把氮肥、磷肥和钾肥分别按含氮、含五氧化二磷、含氧化钾的百分之一百成份折算后的数量。复合肥按其所含主要成分折算。

工业 指从事自然资源的开采，对采掘品和农产品进行加工和再加工的物质生产部门。具体包括：⑴对自然资源的开采，如采矿、晒盐、森林采伐等(但不包括禽兽捕猎和水产捕捞)；⑵对农副产品的加工、再加工，如粮油加工、食品加工、轧花、缫丝、纺织、制革等；⑶对采掘品的加工、再加工，如炼铁、炼钢、化工生产、石油加工、机器制造、木材加工等，以及电力、自来水、煤气的生产和供应等；⑷对工业品的修理、翻新，如机器设备的修理、交通运输工具(包括小卧车)的修理等。

工业统计调查单位 工业统计调查单位分为两类：独立核算法人工业企业和工业活动单位。

(1) 独立核算法人工业企业 是指从事工业生产经营活动的单位。 独立核算法人工业企业应同时具备以下条件：①依法成立，有自己的名称、组织机构和场所，能够承担民事责任；②独立拥有和使用资产，承担负债，有权与其他单位签订合同；③独立核算盈亏，并能够编制资产负债表。

(2) 工业活动单位 是指在一个场所从事一种或主要从事一种工业生产活动的经济单位。它包括独立核算工业企业按主营业务活动(即工业生产活动)划分的主营业务活动单位和非工业企业所属的工业生产活动单位(即原非独立核算工业生产单位)。工业活动单位， 一般应同时具备以下三个条件：①具有一个场所，从事一种或主要从事一种工业活动；②单独组织工业生产、经营或业务活动；③单独核算收入和支出。

国有经济工业(即过去的全民所有制工业或国营工业) 指生产资料归国家所有的一种经济类型。包括中央和地方各级国家机关、部队、科研机构、学校、人民团体和国有经济企事业单位等举办的国有经济工业。1957年以前的公私合营和私营工业，后均改造为国营工业，1992年改为国有工业，这部分工业的资料不单独分列时，均包括在国有工业内。

集体经济工业 指生产资料归公民集体所有的一种经济类型，是社会主义公有制经济的组成部分。包括城乡所有使用集体投资举办的企业，以及部分个人通过集资自愿放弃所有权并依法经工商行政管理机关认定为集体所有制的企业。

其他经济类型工业 指除国有经济、集体经济、私营经济、个体经济、联营经济以外的其他经济类型工业企业(单位)。包括股份制经济(股份有限公司，有限责任公司)；外商投资经济(中外合资经营、中外合作经营、外资企业)；港、澳、台投资经济(与大陆合资经营、与大陆合作经营、港、澳、台资企业)及其他经济类型的工业。

轻工业 指主要提供生活消费品和制作手工工具的工业。按其所使用的原料不同，可分为两大类：(1) 以农产品为原料的轻工业， 是指直接或间接以农产品为基本原料的工业。主要包括食品制造、饮料制造、烟草加工、纺织、缝纫、皮革和毛皮制作、造纸以及印刷等工业；(2) 以非农产品为原料的轻工业，是指以工业品为原料的轻工业。主要包括文教体育用品、化学药品制造、合成纤维制造、日用化学制品、日用玻璃制品、日用金属制品、手工工具制造、医疗器械制造、文化和办公用机械制造等工业。

重工业 是指为国民经济各部门提供物质技术基础的主要生产资料的工业。按其生产性质和产品用途，可以分为下列三类：(1) 采掘(伐)工业， 是指对自然资源的开采，包括石油开采、煤炭开采、金属矿开采、非金属矿开采和木材采伐等工业；(2) 原材料工业，指向国民经济各部门提供基本材料、 动力和燃料的工业。包括金属冶炼及加工、炼焦及焦炭化学、化工原料、水泥、人造板以及电力、石油和煤炭加工等工业；(3) 加工工业，是指对工业原材料进行再加工制造的工业。包括装备国民经济各部门的机械设备制造工业、金属结构、水泥制品等工业，以及为农业提供的生产资料如化肥、农药等工业。

根据上述划分原则，修理业中以重工业产品为修理作业对象的划为重工业，反之划为轻工业。

工业总产值　是以货币表现的工业企业在一定时期内生产的已出售或可供出售工业产品总量，它反映一定时间内工业生产的总规模和总水平。它包括：在本企业内不再进行加工，经检验、包装入库(规定不需包装的产品除外)的成品价值，工业性作业价值，自制半成品、在产品期末初差额价值。工业总产值采用"工厂法"计算，即以工业企业作为一个整体，按企业工业生产活动的最终成果来计算，企业内部不允许重复计算，不能把企业内部各个车间(分厂)生产的成果相加。但在企业之间、行业之间、地区之间存在着重复计算。

轻重工业总产值的划分也是按"工厂法"计算的，即一个工业企业在正常情况下生产的主要产品的性质属于轻工业，则该企业的全部总产值作为轻工业总产值；一个工业企业生产的主要产品的性质属于重工业，则该企业的全部总产值作为重工业总产值。

工业增加值　是指工业行业在报告期内以货币表现的工业生产活动的最终成果。

固定资产原价　固定资产原值指企业在建造、购置、安装、改建、扩建、技术改造某项固定资产时所支出的全部货币总额。它一般包括买价、包装费、运杂费和安装费等。

固定资产净值　是指固定资产原价减去历年已提折旧额后的净额。

利税总额　指企业利润总额、产品销售税金及附加和应交增值税之和。

产品销售收入　指企业销售产品的销售收入和提供劳务等主要经营业务取得的业务总额。

产品销售税金及附加　指企业销售产品和提供工业性劳务等主要经营业务应负担的城市维护建设税、消费税、资源税和教育费附加。

产值利税率　指报告期已实现的利润、税金总额(包括利润总额、产品销售税金及附加和应交增值税)占同期全部工业总产值的百分比，计算公式为：

$$\text{产值利税率}(\%)=\frac{\text{利税总额}}{\text{工业总产值}}\times 100\%$$

全员劳动生产率　指根据产品的价值量指标计算的平均每一个职工在单位时间内的产品生产量。是考核企业经济活动的重要指标，是企业生产技术水平、经营管理水平、职工技术熟练程度和劳动积极性的综合表现。目前我国的全员劳动生产率是将工业企业的工业增加值除以同一时期全部职工的平均人数来计算的。计算公式：

$$\text{全员劳动生产率}=\frac{\text{工业增加值}}{\text{全部职工平均人数}}$$

为了使各年度的全员劳动生产率数字可以比较，1990年以前各年的全员劳动生产率均按指数换算成1990年不变价格。

总负债　指企业承担并需要偿还的全部债务。包括流动负债和长期负债、递延税项等，即为企业资产负债表的负债合计项。

(1) 流动负债　指企业在一年内或者超过一年的一个营业周期内需要偿还的债务合计，其中包括短期借款、应付及预收款项、应付工资、应交税金和应交利润等。

(2) 长期负债　指企业在一年以上或者超过一年的一个生产周期以上需要偿还的债务合计，其中包括长期借款、应付债务、长期应付款项等。

所有者权益　指企业投资人对企业净资产的所有权。企业净资产等于企业全部资产减去全部负债后的余额，其中包括投资者对企业的最初投入，以及资本公积金、盈余公积金和未分配利润，对股份制企业即为股东权益。

货(客)运量　指在一定时期内，各种运输工具实际运送的货物(旅客)数量。是反映运输业为国民经济和人民生活服务的数量指标，也是制定和检查运输生产计划，研究运输发展规模和速度的重要指标。货运按吨计算，客运按人计算。货物不论运输距离长短，货物类别，均按实际重量统计；旅客不论行程远近或票价多少，均按一人一次作为客运量统计。半价票、小孩票也按一人统计。

货物(旅客)周转量　指在一定时期内，由各种运输工具运送的货物(旅客)数量与其相应运输距离的乘积之总和；是反映运输业生产总成果的重要指标，也是编制和检查运输生产计划，计算运输效率、劳动生产率以及核算运输单位成本的主要基础资料。通常以吨公里和人公里为计算单位。计算货物周转量通常按发出站与到达站之间的最短距离，也就是计费距离计算。

邮电业务总量 指以货币表现的邮电部门用于传递信息和提供其他邮电服务的总数量。它综合反映了一定时期邮电工作的总成果，是研究邮电业务量构成和发展趋势的重要指标。根据邮电管理体制不同，分为中央国营业务总量和地方国营业务总量。它用各种邮电分类业务量，如函件件数、电报份数、长话张数、市内电话和农村电话的年均户数、订销报刊累计份数等，分别乘以相应的平均单价(不变价)，加总后再加上出租电路和设备的收入、代用户维护电话交换机和线路等设备的收入、其他业务收入求得。

市内电话 指接入县城(包括个别城镇)及县以上城市的市内电话网上，并按市内电话进行经营管理的电话。按计费办法分为包月制和计次制两种。

(1) 住宅电话 指话机装在居民住宅里的电话。它包括私人付费、公费和免费三个部分。

(2) 私人付费电话 指住宅居民自费安装并自己缴纳通话费的电话。

无线寻呼电话用户 指携带小型寻呼机，接收市话用户通过无线寻呼中心，在规定范围内向其发出声音、数字或文字显示信息的用户。目前在邮电部门办理登记手续的无线寻呼电话用户，每一部寻呼机按一户计算。

移动电话用户 指在邮电部门登记，通过移动电话交换机进入移动电话网、占有移动电话号码的电话用户。用户数量以实际办理登记手续进入邮电部门移动电话网的户数进行计算，一部或一台移动电话统计为一户。

全社会固定资产投资 固定资产投资是社会固定资产再生产的主要手段。通过建造和购置固定资产的活动，国民经济不断采用先进技术装备，建立新兴部门，进一步调整经济结构和生产力的地区分布，增强经济实力，为改善人民物质文化生活创造物质条件。这对我国的社会主义现代化建设具有重要意义。

固定资产投资额 是以货币表现的建造和购置固定资产活动的工作量，它是反映固定资产投资规模、速度、比例关系和使用方向的综合性指标。全社会固定资产投资包括国有经济单位投资、城乡集体经济单位投资、其他各种经济类型的单位投资和城乡居民个人投资。按照我国现行计划管理体制，全社会固定资产投资总额分为基本建设、更新改造、房地产开发投资和其他固定资产投资四个部分；城乡集体经济单位投资包括城镇集体所有制单位投资和农村集体所有制单位投资；其他各种经济类型单位投资包括联营经济、股份制经济、中外合资经营、中外合作经营、外资、与大陆合资经营、与大陆合作经营、港澳台独资及其他经济的单位投资。城乡居民个人投资包括城市、县城、镇、工矿区所辖范围内的个人建房和农村个人建房及购买生产性固定资产的投资。

基本建设投资 基本建设是企业、事业、行政单位以扩大生产能力或工程效益为主要目的的新建、扩建工程及有关工作。包括 (1) 列入中央和各级地方本年基本建设计划的建设项目，以及虽未列入本年基本建设计划，但使用以前年度基建计划内结转投资(包括利用基建设备材料)在本年继续施工的建设项目；(2) 本年基本建设计划内投资与更新改造计划内投资结合安排的新建项目和新增生产能力(或工程效益)达到大中型项目标准的扩建项目，以及为改变生产力布局而进行的全厂性迁建项目；(3) 国有单位既未入基建计划，也未列入更新改造计划的总投资在 5 万元以上的新建、扩建、恢复项目和为改变生产力布局而进行的全厂性迁建项目，以及行政、事业单位增建业务用房和行政单位增建生活福利设施的项目。

更新改造投资 更新改造是指企业、事业单位对原有设施进行固定资产更新和技术改造，以及相应配套的工程和有关工作(不包括大修理和维护工程)。包括：(1) 列入中央和各级地方本年更新改造计划的项目和虽未列入本年更新改造计划，但使用上年更新改造计划内结转的投资在本年继续施工的项目；(2) 本年更新改造计划内投资与基本建设计划内投资结合安排的对企、事业单位原有设施进行技术改造或更新的项目，和增建主要生产车间、分厂等其新增生产能力(或工程效益)未达到大中型项目标准的项目，以及由于城市环境保护和安全生产的需要而进行的迁建工作；(3) 国有企、事业单位既未列入基建计划也未列入更新改造计划，总投资在 5 万元以上的属于改建或更新改造性质的项目，以及由于城市环境保护和安全生产的需要而进行的迁建工程。

房地产开发投资 包括各种经济类型的房地产开发公司、商品房建设公司及其他房地产开发单位统一开发的包括统代建、拆迁还建的住宅、厂房、仓库、饭店、宾馆、度假村、写字楼、办公楼等房屋建筑物和配套的服务设施、土地开发工程，如道路、给水、排水、供电、供热、通讯、平整场地等基础设施工程的投资。包括非房地产企业实际从事房地产开发或经营活动，不包括单纯的土地交易活动。

新增生产能力 指通过固定资产投资活动而增加的设计能力或工程效益，它是用实物形态表示的固定资产投资的成果。新增生产能力的计算，是以能独立发挥生产能力或效益的单项工程(或项目)为对象。当单项工程(或项目)建成，经有关部门鉴定合格，正式移交投入生产，即可计算新增生产能力。

新增生产能力或工程效益有以下几种表现形式：

(1) 以建设项目或单位工程建成后的年产能力表示。如煤炭开采、石油开采等。

(2) 以建设项目或单项工程建成后处理原料的能力表示。如选矿工程的年处理矿石能力，洗煤厂年洗原煤能力等。

(3) 以新增的主要设备数量或容量表示。如棉纺锭枚数，发电机组容量等。

(4) 以建筑物容积、容量、面积或长度表示。如水库容量、铁路公路里程等。

新增生产能力的数量一般按设计能力计算。设计能力是指设计文件中规定的在正常情况下能够达到的生产能力，而不论投产后的实际产量如何。以设备数量、建筑物容积、面积、长度等表示的新增生产能力(或效益)，则按建成的实际数量计算。

施工和竣工房屋建筑面积 房屋建筑面积是从房屋外墙线算起的各层平面面积的总和，包括房屋结构(如柱、墙)占用的面积和地下室面积。多层建筑按各自然层面积总和计算，包括房屋内的楼隔层，突出墙面的眺望间、门斗、有柱雨罩的面积。不包括突出墙面结构的构件、艺术装饰等所占的面积，如台阶等。凹阳台、挑阳台按其水平投影面积一半计算建筑面积。

住宅建筑面积 指施工和竣工房屋建筑面积中供居住用的施工和竣工房屋建筑面积。

竣工面积 指在报告期内房屋建筑按照设计要求已全部完工，达到住人和使用条件，经验收鉴定合格，正式移交使用单位的建筑面积。

房屋建筑面积竣工率 指一定时期内房屋竣工面积占同期房屋施工面积的比率。它是从房屋建筑施工速度的角度反映投资效果和建筑业经济效益的指标。

新增固定资产 指通过投资活动所形成的新的固定资产价值。包括已经建成投入生产或交付使用的工程价值和达到固定资产标准的设备、工程、器具的价值及有关应摊入的费用。它是以价值形式表示的固定资产投资成果的综合性指标，可以综合反映不同时期、不同部门、不同地区的固定资产投资成果。

建设项目投产率 指一定时期内全部建成投入生产项目个数占同期正式施工项目个数的比率。它是从项目建设速度的角度反映投资效果的指标。

固定资产交付使用率 指一定时期新增固定资产与同期完成投资额的比率。它是反映各个时期固定资产动用速度，衡量建设过程中投资效果的一个综合性指标。

年底自来水生产能力 指年底城建部门管理的自来水厂和自备水源的社会单位取水、净化、送水、出厂输水干管等环节的实际生产能力。

年底供水管道长度 指从送水泵到用户水表之间所有管道的长度。

全年供水总量 指公用自来水厂和自备水源的社会单位全年的供水总量，包括有效供水量及损失水量。

生活用水量 指居民日常生活与公共福利设施的用水量。包括居民、饮食店、旅馆、医院、理发店、浴池、洗衣店、游泳池、商店、学校、机关、部队等单位的用水量。

城市人口用水普及率 指城市用水的非农业人口数(不包括临时人口和流动人口)与城市非农业人口总数之比。计算公式：

用水普及率 = (城市用水的非农业人口数 ÷ 城市非农业人口数) × 100%

全年供气总量 指全年售给各类用户的全部煤气量。包括工业用量、家庭用量和其他用量。

城市用气普及率 指使用煤气(包括人工煤气、液化石油气、天然气)的城市非农业人口数(不包括临时人口和流动人口)与城市非农业人口总数之比。计算公式：

$$城市煤气普及率=\frac{城市用气的非农业人口数}{城市非农业人口总数}$$

年底实有铺装道路长度 指除土路外，路面经过铺装宽度在 3.5 米以上的道路，包括高级、次高级道路和普通道路。

城市下水道总长度 指所有排水总管、干管、支管及暗渠、检查井、连接井进出水口等长度之和。

城市污水日处理能力 指污水处理厂每昼夜处理污

水量的设计能力。

年末实有公共汽(电)车 指年底可参加营运的全部车辆数，包括年底营运车辆数和库存查封未参加营运的车辆，不包括非营运车辆，如架线车、油罐车、工程车、货车及其他专用车辆和借入的客运车辆。

城市园林绿地面积 指城市公共绿地、专用绿地、生产绿地、防护绿地、郊区风景名胜区的全部面积。

公共绿地 指供游览休息的各种公园、动物园、植物园、陵园以及花园、游园和供游览休息用的林荫道绿地、广场绿地。不包括一般栽植的行道树及林荫道的面积。

能源生产总量 指一定时期内全国(地区)一次能源生产量的总和，是观察全国(地区)能源生产水平、规模、构成和发展速度的总量指标。一次能源生产量包括原煤、原油、天然气、水电及其他动力能(如风能、地热能等)发电量。不包括低热值燃料生产量、生物质能、太阳能等的利用和由一次能源加工转换而成的二次能源产量。

能源消费总量 指一定时期内全国(地区)物质生产部门、非物质生产部门和生活消费的各种能源的总和，是观察能源消费水平、构成和增长速度的总量指标，能源消费总量包括原煤和原油及其制品、天然气、电力。不包括低热值燃料、生物质能和太阳能等的利用。能源消费总量分为三部分，即终端能源消费量、能源加工转换损失量和损失量。

(1) 终端能源消费量 指一定时期内全国(地区)物质生产部门、非物质生产部门和生活消费的各种能源在扣除了用于加工转换二次能源消费量和损失量以后的数量。

(2) 能源加工转换损失量 指一定时期内全国(地区)投入加工转换的各种能源数量之和与产出各种能源产品之和的差额。它是观察能源在加工转换过程中损失量变化的指标。

(3) 能源损失量 指一定时期内能源在输送、分配、储存过程中发生的损失和由客观原因造成的各种损失量。不包括各种气体能源放空、放散量。

社会消费品零售额 指各种经济类型的批发零售贸易业、餐饮业、制造业和其他行业对城乡居民和社会集团的消费品零售额。这个指标反映通过各种商品流通渠道向居民和社会集团供应的生活消费品来满足他们生活需要，是研究人民生活，社会消费品购买力、货币流通等问题的重要指标。社会消费品零售额包括：(1) 售给城乡居民作为生活用的商品和修建房屋用的建筑材料；(2) 售给机关、团体、学校、部队、企业、事业单位的职工食堂和旅店(招待所)附设专门供本店旅客食用，不对外营业的食堂的各种食品、燃料；企业、单位和国营农场直接售给本单位职工和职工食堂的自己生产的产品；(3) 售给部队干部、战士生活用的粮食、副食品、衣着品、日用品、燃料；(4) 售给来华的外国人、华侨、港澳台同胞的消费品；(5) 居民自费购买的中、西药品、中药材及医疗用品；(6) 报社、出版社直接售给居民和社会集团的报纸、图书、杂志、集邮公司出售的新、旧纪念邮票、特种邮票、首日封、集邮册、集邮工具等；(7) 旧货寄售商店自购、自销部分的商品；(8) 煤气公司、液化石油气站售给居民和社会集团的煤气灶具和罐装液化石油气；(9) 农民售给非农业居民和社会集团的商品。不包括售给国民经济各部门企业、事业单位(包括国有经济的农场)生产经营用的各种原料、燃料、设备、工具等和给批发零售贸易业、餐饮业作为转卖用的商品、旧货寄售商店受托寄售卖出的商品、服务业的营业收入、邮局出售邮票的收入、自来水、电力、煤气生产(供应)单位的产品供应收入，也不包括农民之间的商品销售。

批发零销贸易业商品购、销、存总额 指以各种经济类型的批发、零售贸易业(不包括个体)为总体的商品购、销、存。

商品购进总额 指从本企业(单位)以外的单位和个人购进(包括从国外直接进口)作为转卖或加工后转卖的商品。这个指标反映批发零售贸易业从国内、国外市场上购进商品的总量。商品购进总额包括：(1) 从工农业生产者购进的商品；(2) 从出版社、报社的出版发行部门购进的图书、杂志和报纸；(3) 从各种经济类型的批发零售贸易企业(单位)购进的商品；(4) 从其他单位购进的商品，如从机关、团体、企业、单位购进的剩余物资，从餐饮业、服务业购进的商品，从海关、市场管理部门购进的缉私和没收的商品，从居民收购的废旧商品等；(5) 从国(境)外直接进口的商品。不包括企业(单位)为自身经营用，和未通过买卖行为而收入的商品以及销售退回、商品升溢等。

商品销售总额 指对本企业(单位)以外的单位和个人出售(包括对国(境)外直接出口)的商品。这个指标反映批发零售贸易业在国内市场上销售商品以及出口商品的总量。商品销售总额包括：(1) 售给城乡居民和社会集团消费用的商品；(2) 售给工业、农业、建筑业、运输邮电业、批发零售贸易业、餐饮业、服务业等作为生产、经营使用的商品；(3) 售给批发零售贸易业作为转卖或加工后转卖的商品；(4) 对国（境）外直接出口的商品。不包括：出售本企业（单位）自用的废旧包装用品，未通过买卖行为付出的商品，经本单位介绍，由买卖双方直接结算，本单位只收取手续费的业务，购货退出的商品以及商品损耗和损失等。

城乡集市贸易成交额 指在农村集市和城市集市上买卖双方(包括农民、非农业居民、机关、团体、工商企业、个体商贩）成交的全部商品金额，是反映集市贸易规模的综合性指标。

批零贸易业法人机构 指独立核算批发零售贸易业、餐饮业法人企业。独立核算法人批发零售贸易企业、餐饮企业应同时具备以下条件：

(1) 依法成立，有自己的名称、组织机构和场所，能够承担民事责任；

(2) 独立拥有和使用（或授权使用）资产，承担负债，有权与其他单位签订合同；

(3) 会计上独立核算，并能编制资产负债表。

批零贸易业网点 指本批发零售贸易企业（单位）设立的从事批发、零售贸易业务的自然单位［包括本企业（单位）自身］，凡具有独立固定的营业场所，配备一定的业务人员，不论单位大小，不论是否单独核算，均按自然网点计算，即有一个点就算一个网点。不包括同一营业场所内各柜组以及派出的流动推销小组，流动售货车等。

城市居民消费价格指数 是反映城市居民所购买的生活消费品和服务项目价格变动趋势及其程度的相对数。编制城市居民消费价格指数，可以观察和分析消费品的零售价格和服务项目价格变动对职工货币工资的影响，作为研究职工生活和确定工资政策的依据。

利用外资 指我国各级政府、部门、企业和其他经济组织通过对外借款、吸收外商直接投资以及用其他方式筹措的境外现汇、设备、技术等。

对外借款 是我国利用外资的主要部分。包括我国通过外国政府贷款，国际金融组织贷款，外国银行商业贷款，出口信贷以及对外发行债券，股票等方式，从境外筹措的资金。

外商直接投资 是指外国企业和经济组织或个人（包括华侨、港澳台胞以及我国在境外注册的企业）按我国有关政策、法规，用现汇、实物、技术等在我国境内开办外商独资企业、与我国境内的企业或经济组织共同举办中外合资经营企业、合作经营企业或作合作开发资源的投资（包括外商投资收益的再投资）以及经政府有关部门批准的项目投资总额内，企业从境外借入的资金。

旅游人数 指来我国参观、访问、旅行、探亲、访友、休养、考察、参加会议和从事经济、科技、文化、教育、体育、宗教等活动的外国人、华侨、港澳和台湾同胞的人数。不包括外国在我国的常住机构，如使领馆、通讯社、企业办事处的工作人员；来我国常驻的外国专家、留学生以及在岸逗留不过夜人员。

国际旅游（外汇）收入 指入境旅游的外国人、华侨、港澳台同胞在中国大陆旅游过程中发生的一切旅游支出，对于国家来说就是国际旅游（外汇）收入。

进出口总额 海关进出口总额指实际进出我国国境的货物总金额。包括对外贸易实际进出口货物，来料加工装配进出口货物，国家间、联合国及国际组织无偿援助物资和赠送品，华侨、港澳台同胞和外籍华人捐赠品，租赁期满归承租人所有的租赁货物，进料加工进出口货物，边境地方贸易及边境地区小额贸易进出口货物（边民互市贸易除外），中外合资经营企业、中外合作经营企业、外商独资经营企业进出口货物和公用物品，到、离岸价格在规定限额以上的进出口货样和广告品（无商业价值、无使用价值和免费提供出口的除外），从保税仓库提取在中国境内销售的进口货物，以及其他进出口货物。进出口总额用以观察一个国家在对外贸易方面的总规模。我国规定出口货物按离岸价格统计，进口货物按到岸价格统计。

财政收入 国家财政参与社会产品分配所取得的收入，是实现国家职能的财力保证。财政收入所包括的内容几经变化，目前主要包括：

(1) **各项税收** 包括增值税、营业税、消费税、土地增值税、城市维护建设税、资源税、城市土地使用税、印花税、固定资产投资方向调节税、个人所得税、企业所得税、关税、农牧业税和耕地占用税等。

(2) **专项收入** 包括征收排污费、征收城市水资源费收入，教育费附加收入等。

(3) **其他收入** 包括基本建设贷款归还收入、国家能源交通重点建设基金收入、国家预算调节基金等。

(4) 国有企业计划亏损补贴 这项为负收入，冲减财政收入。

中央财政收入和地方财政收入 按财政体制划分的中央本级收入和地方本级收入。1994 年分税制财政体制以后，属于中央财政的收入包括关税、海关代征消费税和增值税，消费税，中央企业所得税，地方银行和外资银行及非银行金融企业所得税，铁道、银行总行、保险总公司等集中缴纳的营业税、所得税、利润和城市维护建设税，增值税的 75% 部分，海洋石油资源税和证券 (印花) 税 50% 部分。属于地方财政的收入包括营业税，地方企业所得税，个人所得税，城镇土地使用税，固定资产投资方向调节税，城镇维护建设税，房产税，车船使用税，印花税，屠宰税，农牧业税，农业特产税，耕地占用税，契税，增值税 25% 部分，证券交易税 (印花税) 的 50% 部分和除海洋石油资源税以外的其他资源税。

中央财政支出和地方财政支出 根据政府在经济和社会活动中的不同职责，划分中央和地方政府的责权，按照政府的责权划分确定的支出。中央财政支出包括国防支出，武装警察部队支出，中央级行政管理费和各项事业费，重点建设支出以及中央政府调整国民经济结构、协调地区发展，实施宏观调控的支出。地方财政支出主要包括地方行政管理和各项事业费，地方统筹的基本建设、技术改造支出，支援农村生产支出，城市维护和建设经费，价格补贴支出等。

预算外资金收支 预算外资金是有关单位凭借国家权力或由国家授权而取得的没有纳入国家预算管理的财政性资金。其收入包括地方财政部门的各项附加收入，集中事业收入，专项收入等，事业行政单位的专用基金，经营性服务纯收入，行政事业性收费，专项资金，中小学勤工俭学收入，税收分成等。其支出包括固定资产投资支出，城市维护支出，福利奖励支出，行政事业支出等。

信贷资金 国家银行用于发放贷款的资金叫信贷资金。中国人民银行信贷资金的来源有各项存款、对国际金融机构负债、流通中货币、银行自有资金及当年结益等。信贷资金的运用有各项贷款、黄金占款、外汇占款、财政借款及在国际金融机构中的资产等。

存款 企业、机关、团体或居民根据可以收回的原则，把货币资金存入银行或其他信用机构保管并取得一定利息的一种信用活动形式。根据存款对象的不同可划分为企业存款、财政存款、机关团体存款、基本建设存款、城镇储蓄存款、农村存款等科目。它是银行信贷资金的主要来源。

城乡居民储蓄存款余额 包括城镇居民储蓄存款和农民个人储蓄存款两部分。不包括居民的手存现金和工矿企业、部队、机关团体等集团存款。储蓄存款余额，是指城乡居民存入银行及农村信用社储蓄的时点数 (存入数扣除取出数的余额)，如月末、季末或年末数额。

贷款 银行或其他信用机构根据必须归还的原则，按一定利率， 为企业、个人等提供资金的一种信用活动形式。我国银行贷款分为流动资金贷款、固定资产贷款、城乡个体工商户贷款以及农业贷款等科目。

承保额 又叫保险金额。 它是保险人对被保险人负担损失补偿或约定给付的金额。它是保险合同上的最高责任额，也是计算保费的依据。

保费 又叫保险费。是保险人根据保险合同的有关规定， 为被保险人取得因约定危险事故发生所造成的经济损失补偿 (或给付) 权利，付给保险人的代价。包括财产险和人身险储金收入。

赔款 保险事故发生后，经查证确属保险责任范围以内的保险标的损失，保险人根据保险合同的规定履行赔偿义务，给予被保险人的款项叫做赔款。赔款可分为已决赔款和未决赔款两种。